厚大®法考
Judicial Examination

法考精神体系

历年精粹　透视命题

刑 法 *498* 题

思路点拨　举一反三

罗　翔◎编著｜厚大出品

中国政法大学出版社

《《《 厚大在线 》》》

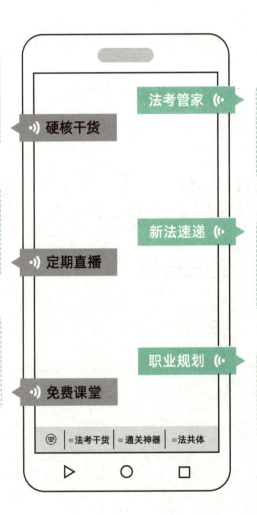

八大学科学习方法、新旧大纲对比及增删减总结、考前三页纸等你解锁。

硬核干货

备考阶段计划、心理疏导、答疑解惑,专业讲师与你相约"法考星期天"直播间。

定期直播

图书各阶段配套名师课程的听课方式,课程更新时间获取,法考必备通关神器。

免费课堂

法考管家

法考公告发布、大纲出台、主客观报名时间、准考证打印等,法考大事及时提醒。

新法速递

新修法律法规、司法解释实时推送,最高院指导案例分享;牢牢把握法考命题热点。

职业规划

了解各地实习律师申请材料、流程,律师执业手册等,分享法律职业规划信息。

法考干货 | 通关神器 | 法共体

更多信息
关注厚大在线

HOUDA

如果问哪个群体会真正认真地学习法律，我想答案可能是备战法考的考生。

当厚大的老总力邀我们全力投入法考的培训事业，他最打动我们的一句话就是：这是一个远比象牙塔更大的舞台，我们可以向那些真正愿意去学习法律的同学普及法治的观念。

应试化的法律教育当然要帮助同学们以最便捷的方式通过法考，但它同时也可以承载法治信念的传承。

一直以来，人们习惯将应试化教育和大学教育对立开来，认为前者不登大雅之堂，充满填鸭与铜臭。然而，没有应试的导向，很少有人能够真正自律到系统地学习法律。在许多大学校园，田园牧歌式的自由放任也许能够培养出少数的精英，但不少学生却是在游戏、逃课、昏睡中浪费生命。人类所有的成就靠的其实都是艰辛的训练；法治建设所需的人才必须接受应试的锤炼。

应试化教育并不希望培养出类拔萃的精英，我们只希望为法治建设输送合格的人才，提升所有愿意学习法律的同学整体性的法律知识水平，培育真正的法治情怀。

厚大教育在全行业中率先推出了免费视频的教育模式，让优质的教育从此可以遍及每一个有网络的地方，经济问题不会再成为学生享受这些教育资源的壁垒。

最好的东西其实都是免费的，阳光、空气、无私的爱，越是弥足珍贵，越是免费的。我们希望厚大的免费课堂能够提供最优质的法律教育,一如阳光遍洒四方,带给每一位同学以法律的温暖。

没有哪一种职业资格考试像法考一样,科目之多、强度之大令人咂舌,这也是为什么通过法律职业资格考试是每一个法律人的梦想。

法考之路,并不好走。有沮丧、有压力、有疲倦,但愿你能坚持。

坚持就是胜利,法律职业资格考试如此,法治道路更是如此。

当你成为法官、检察官、律师或者其他法律工作者,你一定会面对更多的挑战、更多的压力,但是我们请你持守当初的梦想,永远不要放弃。

人生短暂,不过区区三万多天。我们每天都在走向人生的终点,对于每个人而言,我们最宝贵的财富就是时间。

感谢所有参加法考的朋友,感谢你愿意用你宝贵的时间去助力中国的法治建设。

我们都在借来的时间中生活。无论你是基于何种目的参加法考,你都被一只无形的大手抛进了法治的熔炉,要成为中国法治建设的血液,要让这个国家在法治中走向复兴。

数以万计的法条,盈千累万的试题,反反复复的训练。我们相信,这种貌似枯燥机械的复习正是对你性格的锤炼,让你迎接法治使命中更大的挑战。

亲爱的朋友,愿你在考试的复习中能够加倍地细心。因为将来的法律生涯,需要你心思格外的缜密,你要在纷繁芜杂的证据中不断搜索,发现疑点,去制止冤案。

亲爱的朋友,愿你在考试的复习中懂得放弃。你不可能学会所有的知识,抓住大头即可。将来的法律生涯,同样需要你在坚持原则的前提下有所为、有所不为。

亲爱的朋友,愿你在考试的复习中沉着冷静。不要为难题乱了阵脚,实在不会,那就绕道而行。法律生涯,道阻且长,唯有怀抱从容淡定的心才能笑到最后。

法律职业资格考试不仅仅是一次考试,它更是你法律生涯的一次预表。

我们祝你顺利地通过考试。

不仅仅在考试中,也在今后的法治使命中——

不悲伤、不犹豫、不彷徨。

但求理解。

厚大®全体老师　谨识

真题正确的打开方式

对于任何标准化的考试，真题的重要性都毋庸置疑。对于法考而言，情况更是如此。一个只看真题的同学有可能通过考试，但不看真题的同学绝对无法通过。我身边有许多时间紧张、最后只复习了一两个月就应考的同学，他们很多都顺利通过了考试。

秘诀是什么？就是反复看，反复做真题。

那么，如何来使用这本真题集呢？

首先，我们要通过真题来熟悉考点。

对考点的熟悉有三个层次：

第一，感受考点。刑法是一门比较稳定的学科，值得考的东西大部分都考过了。只要对真题有足够的了解，你会发现，刑法考点的重复率非常高，每年考的内容至少有七成是重复的，重点非常明确。越多地熟悉真题，你就会对考点有越多直观的感受。慢慢地，你会觉得法考也没有那么神秘，那么可怕。

第二，深化考点。每一个重要的知识点，司考（法考）都考过多次。正着考反着考，考完原则考例外。因此，考生可以通过真题对这些知识点进行全方面的了解，不断深化对考点的理解。

第三，预测考点。法考的试题是题库抽题，审题人定题，每年的题库都要保证有新题的加入。这些新题一般都是各高校青年教师的

"作品"。青年教师们在出题的时候都会仔细参考原有的真题，他们很容易发现真题的新情况，并会进行适当的改进，将题目的难度稍微提高。因此你会发现一个非常有趣的现象，那就是每年试题中新考查的知识点，第二年都会再次考查，而且会考得更难，第三年甚至还会出现。

比如片面共犯制度，我印象中首次出现是 1995 年律考，再次出现则是将近 20 年后的 2014 年。当年的题目非常简单，几乎是送分题（共同犯罪是指二人以上共同故意犯罪，但不能据此否认片面的共犯，2014/2/10-单）。

但是次年，就变得稍微复杂一点。要求考生不仅要知道片面共犯这个概念，而且还要会运用。（有同学可能对片面共犯还不太熟悉。简单地说，片面共犯就是我知道我在和你一起干，但你根本不知道，犯罪意图的交流是单向的；而普通的共犯，犯罪意图的交流则是双向的。）

15 周岁的甲非法侵入某尖端科技研究所的计算机信息系统，18 周岁的乙对此知情，仍应甲的要求为其编写侵入程序。关于本案，下列哪一选项是错误的？（2015/2/7-单）

A. 如认为责任年龄、责任能力不是共同犯罪的成立条件，则甲、乙成立共犯

B. 如认为甲、乙成立共犯，则乙成立非法侵入计算机信息系统罪的从犯

C. 不管甲、乙是否成立共犯，都不能认为乙成立非法侵入计算机信息系统罪的间接正犯

D. 由于甲不负刑事责任，对乙应按非法侵入计算机信息系统罪的片面共犯论处

☞答案是 D，因为甲、乙犯罪意图的交流是双向的，所以甲、乙不是片面共犯。

与 2014 年的题目相比，这道题目稍微难点。2016 年则考得更复杂，在卷四的案例分析题出现了这个知识点。

（赵某杀人后，让孙某和其抛尸）二人一起将钱某抬至汽车的后座，由赵某开车，孙某坐在钱某身边。开车期间，赵某不断地说"真不该一时冲动"，"悔之晚矣"。其间，孙某感觉钱某身体动了一下，仔细察看，发现钱某并没有死。但是，孙某未将此事告诉赵某。到野外后，赵某一人挖坑并将钱某埋入地下（致钱某窒息身亡），孙某一直站在旁边没做什么，只是反复催促赵某动作快一点。（2016/4/2）

如果认为两人成立共同犯罪，这是片面共犯吗？当年有很多同学认为构成片面共犯，但显然不是，因为犯罪意图的交流是双向的。

连续考查了三年，那么 2017 年考不考？

不仅考，而且考得更难，2017 年刑法卷中最难的一道试题也许就是片面共犯制度了。

> 甲知道乙计划前往丙家抢劫，为帮助乙取得财物，便暗中先赶到丙家，将丙打昏后离去（丙受轻伤）。乙来到丙家时，发现丙已昏迷，以为是丙疾病发作晕倒，遂从丙家取走价值 5 万元的财物。关于本案的分析，下列哪些选项是正确的？（2017/2/54-多）
>
>   A. 若承认片面共同正犯，甲对乙的行为负责，对甲应以抢劫罪论处，对乙以盗窃罪论处
>
>   B. 若承认片面共同正犯，根据部分实行全部责任原则，对甲、乙二人均应以抢劫罪论处
>
>   C. 若否定片面共同正犯，甲既构成故意伤害罪，又构成盗窃罪，应从一重罪论处
>
>   D. 若否定片面共同正犯，乙无须对甲的故意伤害行为负责，对乙应以盗窃罪论处
>
>   ☞答案是 ACD，至于为什么，很复杂，这里我就不多说了，书中有详细的解释。

再次提醒各位，一定要通过真题来预测考点，每年新出现的知识点，来年一定会考，而且会考得更复杂。大家可以通过真题的时间顺序来感受一下这个规律。当然，这更多的也是对授课老师的提醒，让老师们有对新知识的敏感度。

其次，我们要通过真题举一反三，穷尽考点。

在做真题的时候，千万不要满足于只做对答案，而要对真题所涉及的知识点进行全方位地把握，穷尽该真题所有已考和未考的知识点。有时你可以把自己想象为出题的青年教师，你会如何推陈出新，把旧题变成新题呢？据我所知，很多新题都是在旧题的基础上加工的。

首届法考有一道非常复杂的试题：

> 甲和乙（精神病人）系夫妻，甲是乙的监护人。一日，甲、乙一同去乙的父母家，期间发生口角，乙疯狂地拿刀刺向其父母。乙行凶过程中甲未曾阻拦，并在行凶结束后，在乙的父母一息尚存时，锁门离去。之后甲还帮乙洗去了凶器和衣服上的血迹。现问，甲的行为是否构成故意杀人罪，是否构成帮助毁灭证据罪？

这至少涉及三道相关的真题：

> 2013/2/51-B 项："甲为县公安局长，妻子乙为县税务局副局长。乙在家收受贿赂时，甲知情却不予制止。甲的行为不属于不作为的帮助，不成立受贿罪共犯。"（说法正确）

> 2014/2/5-C 项："甲看见儿子乙（8 周岁）正掐住丙（3 周岁）的脖子，因忙于炒菜，便未理会。等炒完菜，甲发现丙已窒息死亡。甲不成立不作为犯罪。"（说法错误）

2014/2/61-A项："甲、乙共同盗窃了丙的财物。为防止公安人员提取指纹，甲在丙报案前擦掉了两人留在现场的指纹。"（甲不成立帮助毁灭证据罪）

前两道真题告诉我们，丈夫对妻子本没有监护义务，对妻子的犯罪行为没有制止义务，但如果妻子为精神病人，丈夫就属于妻子的监护人，自然就如父母对未成年子女一样存在监护义务，也就存在制止义务，因此丈夫构成故意杀人罪。后面一道真题则告诉我们，犯罪人本人是不能构成帮助毁灭证据罪的，因此丈夫不构成帮助毁灭证据罪。

每一年的考试都是对之前考试的延续，因此在考点上有相当比例是重合的。同时，每一年的考试也都是对前一次考试的超越。命题人在前人的总积累上，百尺竿头更进一步。

如果对每一道真题都可以全面把握，领悟吃透，你想不通过法考都很难。

最后，我们要通过反复训练，吃三堑长一智。

人们经常在一个地方重复摔跤，一错再错是人之常态。吃一堑长一智的人属于天才，大部分人吃多堑也不长一智。

法考也不例外，大部分同学总是在错过的地方重复出错。因此，大家一定要反复重做错的题，摔三个跟头总得长个教训吧。最好不要在本书上直接勾选答案，而是应该拿一个本子做题，然后把做错的题标记在书上，下次再做。

2018~2023年的法考试题和答案均未公布，但我根据考生回忆的出题考点及试题情况，编写了匹配2018~2023年真题考点的模拟题放在各考点历年真题之后。其中2020~2023年的模拟题得到了厚大法考陈橙、卢杨和王子阳等同仁的帮助，在此表示感谢。

我的建议是，这本真题卷大家至少要做三遍。

错题则要做三个三遍！

祝各位法考旗开得胜，成为法治建设的中流砥柱！

学习交流以及更多资料：微信公众号@罗翔说刑法

罗 翔

2024 年 1 月

目 录

CONTENTS

第 2 编　刑 法 分 则

刑法的概念和机能、刑法的基本原则 专题 **01**

1. 甲给机场打电话谎称"3架飞机上有炸弹"，机场立即紧急疏散乘客，对飞机进行地毯式安检，3小时后才恢复正常航班秩序。关于本案，下列哪一选项是正确的？（2013/2/1-单）

A. 为维护社会稳定，无论甲的行为是否严重扰乱社会秩序，都应追究甲的刑事责任

B. 为防范危害航空安全行为的发生，保护人民群众，应以危害公共安全相关犯罪判处甲死刑

C. 从事实和法律出发，甲的行为符合编造、故意传播虚假恐怖信息罪的犯罪构成，应追究其刑事责任

D. 对于散布虚假信息，危及航空安全，造成国内国际重大影响的案件，可突破司法程序规定，以高效办案取信社会

选项解析 A项，根据《刑法》第291条之一的规定，编造、故意传播虚假恐怖信息罪要求"严重扰乱社会秩序"，所以，如果没有达到"严重扰乱社会秩序"的程度，同时又不构成其他犯罪，就不能追究行为人的刑事责任。故A项错误。

B项，甲的行为是"编造、故意传播虚假恐怖信息"，其行为危害的并不是公共安全，而是社会管理秩序，所以对甲不应以危害公共安全相关犯罪论处。故B项错误。

C项，在本案中，甲谎称飞机上有炸弹，编造、故意传播虚假恐怖信息，符合《刑法》第291条之一规定的编造、故意传播虚假恐怖信息

罪的犯罪构成，应追究其刑事责任。故C项正确。

D项，公平正义是社会法治理念的基本内涵之一，其要求司法机关在处理案件时，不仅要做到实体公正，而且要做到程序公正。程序公正是实体公正得以实现的重要途径和重要保证，对于任何案件都要按照法定程序处理，否则，实体公正便难以实现，判决结果也难以取信社会。故D项错误。

参考答案 C

2. 关于罪刑法定原则有以下观点：
①罪刑法定只约束立法者，不约束司法者
②罪刑法定只约束法官，不约束侦查人员
③罪刑法定只禁止类推适用刑法，不禁止适用习惯法
④罪刑法定只禁止不利于被告人的事后法，不禁止有利于被告人的事后法

下列哪一选项是正确的？（2012/2/3-单）

A. 第①句正确，第②③④句错误

B. 第①②句正确，第③④句错误

C. 第④句正确，第①②③句错误

D. 第①③句正确，第②④句错误

选项解析 罪刑法定原则的本质在于限制权力，它不仅约束立法权，而且也约束司法权，同时还约束行政权。所以，在整个刑事诉讼过程中，无论是侦查人员、检察人员还是审判人员、监管人员，都要受到罪刑法定原则的约束，故第

①句和第②句错误。

罪刑法定原则要求在对《刑法》进行解释时，要进行严格解释，禁止类推解释。同时，罪刑法定原则要求规定犯罪和刑罚的法律必须是最高立法机关制定的成文法，不能是习惯法，故第③句错误。

罪刑法定原则禁止不利于行为人的事后法，但不禁止有利于行为人的事后法，也就是我国《刑法》第12条规定的从旧兼从轻原则，故第④句正确。故C项正确。

参考答案 C

解题思路 本题属于单多选，也即表面上的单选，实质上的多选。解答这种题目需要对四个观点进行依次判断。第④句很容易判断出来是正确的，因此不看其他选项即可准确定位C项为正确答案。

3. 罪刑法定原则的要求是：

（1）禁止溯及既往（____的罪刑法定）；

（2）排斥习惯法（____的罪刑法定）；

（3）禁止类推解释（____的罪刑法定）；

（4）刑罚法规的适当（____的罪刑法定）。

下列哪一选项与题干空格内容相匹配？（2010/2/1-单）

A. 事前——成文——确定——严格

B. 事前——确定——成文——严格

C. 事前——严格——成文——确定

D. 事前——成文——严格——确定

选项解析 禁止溯及既往，体现了事前的罪刑法定；排斥习惯法，即要求犯罪与刑罚必须由立法者通过特定程序以文字的形式记载下来，刑事司法应该以成文法为准，而不能适用习惯法，这显然体现的是成文的罪刑法定；合理解释刑法、禁止类推解释，体现了严格的罪刑法定；刑罚法规的适当包括刑法明确性、禁止处罚不当罚的行为、禁止不确定刑三方面的内容，这显然体现的是确定的罪刑法定。故D项当选。

参考答案 D

解题思路 事前的罪刑法定四个选项都相同，所以不用再看，排斥习惯法显然对应成文，所以只需要在A、D两项中进行选择，禁止类推

解释的本质就是严格解释刑法，这样即可得出答案。

4. 关于罪刑法定原则，下列哪一选项是正确的？（2006/2/1-单）

A. 罪刑法定原则的思想基础之一是民主主义，而习惯最能反映民意，所以，将习惯作为刑法的渊源并不违反罪刑法定原则

B. 罪刑法定原则中的"法"不仅包括国家立法机关制定的法，而且包括国家最高行政机关制定的法

C. 罪刑法定原则禁止不利于行为人的溯及既往，但允许有利于行为人的溯及既往

D. 刑法分则的部分条文对犯罪的状况不作具体描述，只是表述该罪的罪名。这种立法体例违反罪刑法定原则

选项解析 根据罪刑法定的制定法原则，习惯不得作为刑法的渊源，只有国家最高立法机关才能制定刑法。故A、B项错误。需要说明的是，行政法规虽然不能规定犯罪和刑罚，但可以对犯罪构成的某些方面进行填补，空白罪状也是符合罪刑法定原则的。

C项比较简单，罪刑法定原则禁止不利于行为人的溯及既往，但是有利于行为人的可以溯及既往，这符合罪刑法定原则的限权精神，所以我国刑法采取的是从旧兼从轻原则。故C项正确。

D项所说的"刑法分则的部分条文对犯罪的状况不作具体描述，只是表述该罪的罪名"，这其实是简单罪状，如故意杀人罪、伪造货币罪都采取了这种罪状模式，它并不违反罪刑法定原则。故D项错误。

参考答案 C

解题思路 很容易发现C项是正确的，其他选项不用看。

5. 关于社会主义法治理念与罪刑法定原则的关系有以下观点：

①罪刑法定的思想基础是民主主义与尊重人权主义，具备社会主义法治理念的本质属性

②罪刑法定既约束司法者，也约束立法

者，符合依法治国理念的基本要求

③罪刑法定的核心是限制国家机关权力，保障国民自由，与执法为民的理念相一致

④罪刑法定是依法治国理念在刑法领域的具体表现

关于上述观点的正误，下列哪一选项是正确的？（2013/2/2-单）

A. 第①句正确，第②③④句错误

B. 第①③句正确，第②④句错误

C. 第①②③句正确，第④句错误

D. 第①②③④句均正确

选项解析 罪刑法定原则的思想基础具备社会主义法治理念的本质属性，第①句正确。

罪刑法定原则对立法权、司法权和行政权都要限制，这是法治理念在刑法领域的具体体现，第②④句正确。

执法为民的理念要求保障和维护人民民主权利、保障和维护公民基本权利和自由，而罪刑法定原则的思想基础就是民主主义和尊重人权主义，要求限制国家机关权力，保障国民自由。可见，罪刑法定原则与执法为民的理念是相一致的，第③句正确。

参考答案 D

解题思路 当出现宏大的论述时，一般都是正确的。

刑法的解释　专题

6. 关于刑法解释，下列哪些选项是错误的？（2015/2/51-多）

A. 《刑法》规定"以暴力、胁迫或者其他手段强奸妇女的"构成强奸罪。按照文理解释，可将丈夫强行与妻子性交的行为解释为"强奸妇女"

B. 《刑法》对抢劫罪与强奸罪的手段行为均使用了"暴力、胁迫"的表述，且二罪的法定刑相同，故对二罪中的"暴力、胁迫"应作相同解释

C. 既然将为了自己饲养而抢劫他人宠物的行为认定为抢劫罪，那么，根据当然解释，对为了自己收养而抢劫他人婴儿的行为更应认定为抢劫罪，否则会导致罪刑不均衡

D. 对中止犯中的"自动有效地防止犯罪结果发生"，既可解释为自动采取措施使得犯罪结果未发生；也可解释为自动采取防止犯罪结果发生的有效措施，而不管犯罪结果是否发生

选项解析 从文理解释的角度看，根据法律条文的规定，只要违背妇女意志，以暴力、胁迫或者其他手段强行与其发生性关系的，就属于强奸行为。因此，如果丈夫违背妻子的意愿与其发

生性关系，可以解释为"强奸妇女"。值得注意的是，从文理解释的角度分析，自杀也属于故意杀人罪，但自伤不属于故意伤害罪，因为前者法条的表述为"故意杀人的"，后者法条的表述是"故意伤害他人的"。故 A 项正确，不当选。

体系解释具有相对性，抢劫罪与强奸罪侵犯的客体不同，对象也不同，因此，对于暴力、胁迫的手段不能作相同的解释。故 B 项错误，当选。

为了自己饲养而抢劫他人宠物的行为被认定为抢劫罪，侵犯的是他人的财产权，但是，为了自己收养而抢劫他人婴儿的行为侵犯的是人身权，人不是物，因此不是抢劫罪所能涵盖的范围。故 C 项错误，当选。

成立犯罪中止要求中止行为的有效性，即必须没有发生作为既遂标志的犯罪结果。故 D 项错误，当选。

参考答案 BCD

✎ 主客命题点

（1）婚内强奸：丈夫教唆他人强奸妻子，毫无争议地可以构成强奸罪的教唆犯。通说认为，在婚姻关系不正常的情况下，婚内强奸才构成强奸罪，这属于缩小解释。

（2）抢劫婴儿的定性：根据不同的目的，定性也不相同。比如，以出卖为目的抢劫婴儿，构成拐卖儿童罪；以收养为目的抢劫婴儿，构成拐骗儿童罪；以勒索为目的抢劫婴儿，构成绑架罪；以索债为目的抢劫婴儿，构成非法拘禁罪。

（3）以出卖为目的抢劫婴儿，不仅构成拐卖儿童罪，而且属于拐卖儿童罪的加重情节——以出卖为目的，使用暴力、胁迫或者麻醉方法绑架妇女、儿童的。

✒️ 主客命题点

（1）如何理解倒卖文物中的"倒卖"、挪用公款中的"挪用"？只卖不倒是否构成"倒卖"？挪而不用是否构成"挪用"？结论当然是肯定的。

（2）以危险方法危害公共安全罪的认定。危险方法必须和放火、决水、爆炸、投放危险物质具有等价值性。

7. 关于刑法用语的解释，下列哪一选项是正确的？（2014/2/3-单）

A. 按照体系解释，刑法分则中的"买卖"一词，均指购买并卖出；单纯的购买或者出售，不属于"买卖"

B. 按照同类解释规则，对于刑法分则条文在列举具体要素后使用的"等""其他"用语，应按照所列举的内容、性质进行同类解释

C. 将明知是捏造的损害他人名誉的事实，在信息网络上散布的行为，认定为"捏造事实诽谤他人"，属于当然解释

D. 将盗窃骨灰的行为认定为盗窃"尸体"，属于扩大解释

选项解析 体系解释具有相对性，因此，买卖并不一定都需要购买并卖出，单纯地购买或卖出也可以解释为买卖。故 A 项错误。本项考查的依据是最高人民法院 13 号指导案例"王召成等非法买卖、储存危险物质案"，裁判要点指出，"非法买卖"毒害性物质，是指违反法律和国家主管部门规定，未经有关主管部门批准许可，擅自购买或者出售毒害性物质的行为，并不需要兼有买进和卖出的行为。

C 项并非根据逻辑"理所当然"推出的结论，所以非当然解释。故 C 项错误。

D 项是类推解释，故 D 项错误。但是，需要说明的是，2015 年《刑法修正案（九）》增加了盗窃、侮辱、故意毁坏尸体、尸骨、骨灰罪，将这个法律漏洞以立法的形式修补。

参考答案 B

8. 下列哪些选项不违反罪刑法定原则？（2014/2/51-多）

A. 将明知是痴呆女而与之发生性关系导致被害人怀孕的情形，认定为强奸"造成其他严重后果"

B. 将卡拉 OK 厅未经著作权人许可大量播放其音像制品的行为，认定为侵犯著作权罪中的"发行"

C. 将重度醉酒后在高速公路超速驾驶机动车的行为，认定为以危险方法危害公共安全罪

D. 《刑法》规定了盗窃武装部队印章罪，未规定毁灭武装部队印章罪。为弥补处罚漏洞，将毁灭武装部队印章的行为认定为毁灭"国家机关"印章

选项解析 痴呆女无性自主权，与其发生性关系的，无论对方是否同意，都构成强奸罪。同时，从妇产医学角度，有些妇女（如有精神疾病、特殊遗传病等）怀孕之后，母亲或胎儿可能面临较高的生命风险或突发孕产状况，如果处理不及时合理很容易发生危及生命的事件。因此，强奸致人怀孕与致人重伤、死亡具有同等的危害，将强奸痴呆女致其怀孕解释为强奸妇女"造成其他严重后果"属于典型的同类解释。故 A 项当选。

发行要求侵权复制品有一定的载体，取得侵权产品之人可以随时反复使用。显然，将"播放"解释为"发行"明显超越了"发行"这个词语的极限，是一种超出语言最大范围的类推解释，因而违背罪刑法定原则。故 B 项不当选。

重度醉酒后在高速公路上超速驾车在社会危害性上与放火、爆炸等具有等价值性，根据

同类解释方法，这属于以危险方法危害公共安全罪。故 C 项当选。

武装部队是特殊的国家机关，将毁灭武装部队印章的行为认定为毁灭"国家机关"印章完全符合罪刑法定原则。故 D 项当选。

参考答案 ACD

解题思路 B 项属于日常生活中常见的行为，自然不宜认定为犯罪。

✍ 主客命题点

> 侵犯著作权罪中的复制发行的理解：司法解释认为，复制发行包括又复制又发行、只复制不发行，还包括只发行不复制。其中的只发行不复制的前提必须是持有侵权产品。
>
> 　　例1：将盗版光盘予以出租，获利颇丰，这构成侵犯著作权罪。
>
> 　　例2：某视频网站有大量网友粘贴的侵权视频，其他人点播观看该视频需要向网站付费，这也构成侵犯著作权罪。
>
> 　　例3：丁将盗版光盘予以出售，获利颇丰，这直接构成销售侵权复制品罪。

9. 关于刑法解释，下列哪一选项是错误的？（2013/2/3-单）

A. 学理解释中的类推解释结论，纳入司法解释后不属于类推解释

B. 将大型拖拉机解释为《刑法》第 116 条破坏交通工具罪的"汽车"，至少是扩大解释乃至是类推解释

C. 《刑法》分则有不少条文并列规定了"伪造"与"变造"，但不排除在其他一些条文中将"变造"解释为"伪造"的一种表现形式

D. 《刑法》第 65 条规定，不满 18 周岁的人不成立累犯；《刑法》第 356 条规定，因走私、贩卖、运输、制造、非法持有毒品罪被判过刑，又犯本节规定之罪的，从重处罚。根据当然解释的原理，对不满 18 周岁的人不适用《刑法》第 356 条

选项解析 无论是司法解释还是立法解释都不能

类推，因此，学理解释中的类推解释结论不应进入司法解释。故 A 项错误，当选。

将破坏交通工具罪中的"汽车"解释为包括"大型拖拉机"，一般而言属于扩大解释，但并不绝对。如果拖拉机没有从事公共交通运输使命，就不能认定为公共交通工具，此时将大型拖拉机解释为破坏交通工具罪的"汽车"，就有类推解释之嫌。故 B 项正确，不当选。

体系解释具有相对性，刑法分则有不少条文并列规定了"伪造"与"变造"，但在有些条文中，只规定了"伪造"行为，没有规定"变造"行为。比如，《刑法》第 196 条规定的信用卡诈骗罪中，只有使用伪造的信用卡的行为，没有使用变造的信用卡的行为，如果行为人使用所谓"变造"的信用卡（如磁条内的信息被变更的信用卡），应认定为使用伪造的信用卡，此时所谓的"变造"就可以解释为是"伪造"的一种形式，因此，"伪造"可以包括"变造"。将"变造"解释为"伪造"，并没有超出公民对于法条含义的预测可能性，没有违反罪刑法定原则。故 C 项正确，不当选。

毒品再犯可以适用缓刑和假释，而累犯不得适用缓刑和假释，所以累犯重于毒品再犯，根据举重以明轻的当然解释方法，未满 18 周岁的人也不适用毒品再犯。故 D 项正确，不当选。

参考答案 A

✍ 主客命题点

> 累犯和毒品再犯可能存在竞合。例如，因贩卖毒品罪判处 5 年有期徒刑，刑满释放后 5 年内又犯运输毒品罪，应当判处有期徒刑的，这既是毒品再犯，又是累犯，不能缓刑和假释，但只能从重处罚一次。

10. 下列哪种说法是正确的？（2006/2/20-单）

A. 将强制猥亵妇女罪中的"妇女"解释为包括男性在内的人，属于扩大解释

B. 将故意杀人罪中的"人"解释为"精神正常的人"，属于应当禁止的类推解释

C. 将伪造货币罪中的"伪造"解释为包括变造货币，属于法律允许的类推解释

D. 将为境外窃取、刺探、收买、非法提供国家秘密、情报罪中的"情报"解释为"关系国家安全和利益、尚未公开或者依照有关规定不应公开的事项"，属于缩小解释

选项解析 "妇女"不可能包括男性，因此，将"妇女"解释为包括男性在内的人，就属于类推解释，因为它超出了公民的预测可能性。故 A 项错误。但要注意《刑法修正案（九）》将强制猥亵、侮辱妇女罪修改为强制猥亵、侮辱罪，男性也可能成为本罪的犯罪对象。

对词义限制解释不属于类推解释的范畴，将故意杀人罪中的"人"解释为"精神正常的人"，不属于类推解释，而是属于违背刑法目的的缩小解释，将法律变成了恶法。故 B 项错误。因此，缩小解释也不一定就符合罪刑法定原则。

在我国《刑法》中，有伪造货币罪和变造货币罪的区别，所以，不可以将伪造货币罪中的"伪造"解释为包括变造货币。故 C 项错误。

缩小解释，是指当刑法条文的字面通常含义比刑法的真实含义广时，限制字面含义使之符合刑法的真实含义。"情报"的范围包含一切信息在内，但司法解释将其限制为关系国家安全和利益、尚未公开或者依照有关规定不应公开的事项，当然属于缩小解释。故 D 项正确。

参考答案 D

11. ①对于同一刑法条文中的同一概念，既可以进行文理解释也可以进行论理解释

②一个解释者对于同一刑法条文的同一概念，不可能同时既作扩大解释又作缩小解释

③刑法中类推解释被禁止，扩大解释被允许，但扩大解释的结论也可能是错误的

④当然解释追求结论的合理性，但并不必然符合罪刑法定原则

关于上述四句话的判断，下列哪些选项是错误的？（2011/2/51-多）

A. 第①句正确，第②③④句错误

B. 第①②句正确，第③④句错误

C. 第①③句正确，第②④句错误

D. 第①③④句正确，第②句错误

选项解析 文理解释是首选的解释方法，如果文

理解释不符合刑法目的，就可以进行论理解释。故第①句正确。

扩大解释和缩小解释是论理解释的两种效果，对同一个刑法条文的同一概念不可能同时既作扩大解释又作缩小解释。故第②句正确。

罪刑法定原则的当然要求是禁止类推解释，扩大解释是被允许的。但最终解释结论能否被采纳还要看其是否符合刑法目的。故第③句正确。

当然解释，入罪时举轻以明重，如果没有同时符合逻辑之当然和实质之当然，就可能是违反罪刑法定原则的。故第④句正确。

可见，四个选项均是错误的。

参考答案 ABCD

12. 关于罪刑法定原则与刑法解释，下列哪些选项是正确的？（2016/2/51-多）

A. 对甲法条中的"暴力"作扩大解释时，就不可能同时再作限制解释，但这并不意味着对乙法条中的"暴力"也须作扩大解释

B. 《刑法》第 237 条规定的强制猥亵、侮辱罪中的"侮辱"，与《刑法》第 246 条规定的侮辱罪中的"侮辱"，客观内容相同、主观内容不同

C. 当然解释是使刑法条文之间保持协调的解释方法，只要符合当然解释的原理，其解释结论就不会违反罪刑法定原则

D. 对刑法分则条文的解释，必须同时符合两个要求：一是不能超出刑法用语可能具有的含义，二是必须符合分则条文的目的

选项解析 在同一个法条中，不可能既进行扩大解释，又进行限制解释。但在刑法条文中，存在很多"暴力"的表述，根据刑法解释理论，在不同语境下应当对"暴力"作出不同的解释，有的条文中需要进行扩大解释，有的条文中则需要进行限制解释，这并不违反罪刑法定原则。故 A 项正确。

构成强制猥亵、侮辱罪中的"侮辱"必须与猥亵具有等价性，这在客观上不同于侮辱罪中的"侮辱"。同时，强制侮辱罪的对象只限于妇女，但侮辱罪的对象可以是男性，也可以是女性。二者的区别不仅在于主观，也在于客观。

故 B 项错误。

当然解释是使刑法条文之间保持协调的解释方法，入罪时举轻以明重的当然解释必须同时具备实质之当然和形式之当然，才符合罪刑法定原则。如果仅有实质之当然，而不符合形式之当然，那么这种当然解释可能是一种类推解释，不符合罪刑法定原则。故 C 项错误。

对刑法分则条文的解释，必须同时符合两个要求：①不能超出刑法用语可能具有的含义；②必须符合分则条文的目的。故 D 项正确。

参考答案 AD

13. ①立法解释是由立法机关作出的解释，既然立法机关在制定法律时可以规定"携带凶器抢夺的"以抢劫罪论处，那么，立法解释也可以规定"携带凶器盗窃的，以抢劫罪论处"。

②当然，立法解释毕竟是解释，所以，立法解释不得进行类推解释。

③司法解释也具有法律效力，当司法解释与立法解释相抵触时，应适用新解释优于旧解释的原则。

④不过，司法解释的效力低于立法解释的效力，所以，立法解释可以进行扩大解释，司法解释不得进行扩大解释。

关于上述四句话正误的判断，下列哪一选项是正确的？（2008/2/20-单）

A. 第①句正确，其他错误
B. 第②句正确，其他错误
C. 第③句正确，其他错误
D. 第④句正确，其他错误

选项解析 第①句错误。法律解释包括立法解释在内，均是说明性的，不是创造性的，不能创造规则，当然不能将不是抢劫的行为解释为抢劫行为，也就是不能将携带凶器盗窃的行为解释为抢劫行为。所以这句话错误的实质在于：将立法解释与立法等同起来。

第②句正确。类推解释突破了法律的规定进行解释，也是一种创造性的活动，与法律解释的"说明性"的本质相冲突。无论是立法解释还是司法解释，均不能进行类推。

第③句错误。在我国，立法解释是由全国人大常委会作出的，司法解释是由最高人民法院、最高人民检察院作出的，前者的效力高于后者，冲突时立法解释的效力优先。

第④句错误。无论是立法解释还是司法解释，均可以运用扩大解释，因为扩大解释并没有超出刑法规范的应有含义。

故 B 项正确，A、C、D 项均错误。

参考答案 B

解题思路 第②句很容易判断正确，其他选项就没有必要再看。

📝 主客命题点

（1）相对刑事责任年龄人对抢夺罪不承担刑事责任，但携带凶器抢夺，因为构成抢劫罪，所以要承担刑事责任；

（2）司法解释和立法解释由于不能类推，不能创造新的规则，因此都可以溯及既往。

14. 关于刑法的解释，下列选项正确的有：（2019-回忆版-多）

A. 按照体系解释，传播淫秽物品罪与传播性病罪中的"传播"含义一致

B. 将副乡长冒充市长招摇撞骗解释为"冒充"国家机关工作人员招摇撞骗，违反文理解释原理

C. 依据论理解释，倒卖文物罪中，"倒卖"是指以牟利为目的，买入或者卖出国家禁止经营的文物

D. "体罚虐待被监管人"解释为"体罚或者虐待被监管人"，符合文理解释原理

选项解析 体系解释具有相对性，传播性病罪必须在卖淫嫖娼的性行为中传播性病，但传播淫秽物品罪的传播并无这种限制。故 A 项错误。

冒充国家机关工作人员既包括非国家机关工作人员冒充国家机关工作人员，也包括下级国家机关工作人员冒充上级国家机关工作人员，这符合对"冒充"一词的理解，因此，这是一种文理解释。故 B 项错误。

最高人民法院、最高人民检察院《关于办理妨害文物管理等刑事案件适用法律若干问题

的解释》第6条第1款规定，出售或者为出售而收购、运输、储存《文物保护法》规定的"国家禁止买卖的文物"的，应当认定为《刑法》第326条规定的"倒卖国家禁止经营的文物"。这对"倒卖"一词进行了扩张，因此属于论理解释，倒卖并不一定要求既买又卖。故 C 项正确。

"体罚虐待"虽然没有用顿号隔开，但根据中文的基本理解，可以解释为"体罚或者虐待"。故 D 项正确。

参考答案 CD

 主客命题点

> 盗窃文物后又销售的，应当以盗窃罪和倒卖文物罪数罪并罚。

15. 关于刑法的解释，下列说法正确的有：
（2019-回忆版-多）
A. 伪造货币罪中的"货币"指"正在流通的货币"，属于缩小解释
B. 为境外窃取、刺探、收买、非法提供国家秘密情报罪中的"情报"应当作缩小解释
C. 同一语词在不同罪名中的解释应当保持一致
D. 将故意杀人罪中的"人"解释为"他人"属于当然解释

选项解析 伪造货币罪中的货币如果从文理解释来看，可以包括流通和不流通的货币，现在将"货币"解释为"正在流通的货币"，这是一种目的性的缩小解释。故 A 项正确。

最高人民法院《关于审理为境外窃取、刺探、收买、非法提供国家秘密、情报案件具体应用法律若干问题的解释》把为境外窃取、刺探、收买、非法提供国家秘密情报罪中的"情报"解释为"关系国家安全和利益、尚未公开或者依照有关规定不应公开的事项"，这是典型的缩小解释。故 B 项正确。

体系解释具有相对性，同一语词在不同罪名中的解释不一定要保持一致，比如强奸罪中的"暴力威胁"和抢劫罪中的"暴力威胁"就不是

一样的。故 C 项错误。

故意杀人罪中"人"从文理上看是包括本人的，把其解释为"他人"是一种缩小解释，而非当然解释。故 D 项错误。

参考答案 AB

16. 关于刑法的解释，下列说法正确的有：
（2018-回忆版-多）
A. 张三将其仇人的坟墓掘开并将骨头扔掉，他认为白骨不是尸体，故不构成侮辱尸体罪。他对白骨的解释属于无权解释、主观目的解释
B. 法官李某审理案件中认为伪造货币罪中的货币不包括生肖纪念币。该解释为有权解释、文义解释
C. 最高人民法院某副院长在接受媒体采访时表示，"醉驾入刑"应当结合刑法总则中的"情节显著轻微，危害不大，不认为是犯罪"的规定来理解，因此并非只要醉驾就一定入刑。这属于体系解释方法的运用
D. 李某认为组织卖淫罪不仅包括女性，还包括男性，理由是现在同性卖淫现象很普遍，要发挥法律的社会功能。其对相关条文的解释为客观目的解释

选项解析 主观目的的解释是一种根据立法原意所进行的解释，张三并未参考立法资料进行解释，他只是根据文理进行解释。故 A 项错误。

法官的解释并非有权解释，有权解释只包括立法解释和司法解释，而司法解释必须是最高司法机关作出的解释。故 B 项错误。

刑法分则的条款必须结合刑法总则的规定来理解，这是典型的体系解释。故 C 项正确。

客观目的的解释是根据社会生活的客观需要对法律的一种解释，即便立法者在当时没有想到同性卖淫现象，但考虑到客观的社会需要，也可以进行这种解释。故 D 项正确。

参考答案 CD

17.《刑法修正案（八）》于2011年5月1日起施行。根据《刑法》第12条关于时间效力的规定，下列哪一选项是错误的？（2013/2/4-单）

A. 2011年4月30日前犯罪，犯罪后自首又有重大立功表现的，适用修正前的《刑法》条文，应当减轻或者免除处罚

B. 2011年4月30日前拖欠劳动者报酬，2011年5月1日后以转移财产方式拒不支付劳动者报酬的，适用修正后的《刑法》条文

C. 2011年4月30日前组织出卖人体器官的，适用修正后的《刑法》条文

D. 2011年4月30日前扒窃财物数额未达到较大标准的，不得以盗窃罪论处

选项解析 对于"犯罪后自首又有重大立功表现"的，按照修正前的《刑法》，在量刑时"应当减轻或免除处罚"，而《刑法修正案（八）》删除了此规定，可见，修正前的《刑法》对行为人更为有利。所以，对于2011年4月30日前犯罪，犯罪后自首又有重大立功表现的，适用修正前的《刑法》条文。故A项正确，不当选。

行为人"以转移财产方式拒不支付劳动者报酬"的犯罪行为发生在2011年5月1日后的，应适用修正后的《刑法》条文。故B项正确，不当选。

组织出卖人体器官的行为在《刑法修正案（八）》生效之前，没有明确的《刑法》条文予以规定，可见，修正前的《刑法》条文对行为人是有利的，修正后的《刑法》条文对行为人不利。对于2011年4月30日之前组织出卖人体器官的，应适用修正前的《刑法》条文，而不应适用修正后的《刑法》条文。故C项错误，当选。

在《刑法修正案（八）》生效之前，《刑法》第264条规定的盗窃罪中并没有单独规定"扒窃"这种行为方式，行为人以扒窃的方式盗窃的，视为普通的盗窃，要构成盗窃罪要求数额较大。在《刑法修正案（八）》中，增加了"扒窃"这种行为方式，且不要求数额较大。所以，对于扒窃行为而言，修正后的《刑法》对行为人不利。对于2011年4月30日之前的扒窃行为是否构成盗窃罪，应适用修正前的《刑法》条文，如果未达到数额较大，则不能认定为盗窃罪。故D项正确，不当选。

参考答案 C

解题思路 其他修改可能大家比较陌生，但组织出卖人体器官罪这种重要犯罪的修改相信大家不会陌生，对于之前的行为自然没有溯及力。

18. 关于刑事管辖权，下列哪些选项是正确的？（2007/2/51-多）

A. 甲在国外教唆陈某到中国境内实施绑架行为，中国司法机关对甲的教唆犯罪有刑事管辖权

B. 隶属于中国某边境城市旅游公司的长途汽车在从中国进入E国境内之后，因争抢座位，F国的汤姆一怒之下杀死了G国的杰瑞。对汤姆的杀人行为不适用中国刑法

C. 中国法院适用普遍管辖原则对劫持航空器的丙行使管辖权时，定罪量刑的依据是中国缔结或者参加的国际条约

D. 外国人丁在中国领域外对中国公民犯罪的，即使按照中国刑法的规定，该罪的最低刑为3年以上有期徒刑，也可能不适用我国刑法

选项解析 A项，根据《刑法》第6条第3款的规定，犯罪的行为或者结果有一项发生在我国领域内的，就认为是在我国领域内犯罪。在共同犯罪中，共同犯罪的行为或者共同犯罪的结果有一部分发生在我国领域内，就认为是在我国领域内犯罪，进而，我国对共同犯罪全案就可以行使属地管辖权。故A项正确。

B项，汤姆实施的是故意杀人行为，不是国际罪行，不适用普遍管辖。汤姆的犯罪地在E国境内，并且不是在我的船舶或者航空器上，

而是在长途汽车上，故不适用属地管辖。所以，对汤姆不适用中国刑法。故 B 项正确。

C 项，根据《刑法》第 9 条的规定，我国法院在适用普遍管辖原则审理案件时，适用的是我国刑法而非国际条约。故 C 项错误。

D 项，对于保护管辖权，有两点必须注意：①保护管辖权针对的是"重罪"——按照我国刑法最低刑为 3 年以上有期徒刑；②双重犯罪标准，即我国刑法和犯罪地的法律都认为是犯罪。在符合以上条件的前提下，刑法规定的是"可以"适用我国刑法，而不是"应当"。故 D 项正确。

参考答案 ABD

19. 关于刑事司法解释的时间效力，下列哪一选项是正确的？（2017/2/1-单）

A. 司法解释也是刑法的渊源，故其时间效力与《刑法》完全一样，适用从旧兼从轻原则

B. 行为时无相关司法解释，新司法解释实施时正在审理的案件，应当依新司法解释办理

C. 行为时有相关司法解释，新司法解释实施时正在审理的案件，仍须按旧司法解释办理

D. 依行为时司法解释已审结的案件，若适用

新司法解释有利于被告人的，应依新司法解释改判

选项解析 刑法的渊源包括刑法典、单行刑法和附属刑法，司法解释不是刑法的渊源，其时间效力不能直接比照刑法时间效力适用。故 A 项错误。

关于司法解释的时间效力问题，2001 年最高人民法院、最高人民检察院联合颁布的《关于适用刑事司法解释时间效力问题的规定》第 2 条规定："对于司法解释实施前发生的行为，行为时没有相关司法解释，司法解释施行后尚未处理或者正在处理的案件，依照司法解释的规定办理。"故 B 项正确。

上述规定第 3 条规定："对于新的司法解释实施前发生的行为，行为时已有相关司法解释，依照行为时的司法解释办理，但适用新的司法解释对犯罪嫌疑人、被告人有利的，适用新的司法解释。"故 C 项错误。

上述规定第 4 条规定："对于在司法解释施行前已办结的案件，按照当时的法律和司法解释，认定事实和适用法律没有错误的，不再变动。"故 D 项错误。

参考答案 B

20. 关于构成要件要素，下列哪一选项是错误的？（2014/2/4-单）

A. 传播淫秽物品罪中的"淫秽物品"是规范的构成要件要素、客观的构成要件要素

B. 签订、履行合同失职被骗罪中的"签订、履行"是记述的构成要件要素、积极的构成要件要素

C. 被害人"基于认识错误处分财产"是诈骗罪中的客观的构成要件要素、不成文的构成要件要素

D. "国家工作人员"是受贿罪的主体要素、规范的构成要件要素、主观的构成要件要素

选项解析 "淫秽物品"是客观的，同时存在价值判断，所以是规范的构成要件要素、客观的构成要件要素。故 A 项正确，不当选。

"签订、履行"没有价值判断，是记述的构成要件要素，同时也是入罪要素，所以是积极的构成要件要素。故 B 项正确，不当选。

成立诈骗，被害人必须"基于认识错误处分财产"，虽然法律上没有这么规定，这是不成文的构成要件要素。主观的构成要件要素和客观的构成要件要素是根据行为人而非被害人标准来认定的。诈骗罪的客观方面有五个环节：行为人虚构事实、隐瞒真相，被害人陷入认识错误，被害人基于认识错误处分财物，行为人获得财产，被害人遭受财物损失。这五个环节都是客观的构成要件要素，而非主观的构成要件

要素。故 C 项正确，不当选。

"国家工作人员"是受贿罪的客观的构成要件要素，而非主观的构成要件要素。故 D 项错误，当选。

参考答案 D

解题思路 主体要素是客观的构成要件要素，而非主观的构成要件要素，很容易看出错误选项。

21. 《刑法》第246条规定："以暴力或者其他方法公然侮辱他人或者捏造事实诽谤他人，情节严重的，处3年以下有期徒刑、拘役、管制或者剥夺政治权利。"关于本条的理解，下列哪些选项是正确的？（2012/2/51-多）

A. "以暴力或者其他方法"属于客观的构成要件要素

B. "他人"属于记述的构成要件要素

C. "侮辱""诽谤"属于规范的构成要件要素

D. "3年以下有期徒刑、拘役、管制或者剥夺政治权利"属于相对确定的法定刑

选项解析 "以暴力或者其他方法"属于客观的外在行为，属于客观的构成要件要素。故 A 项正确。

行为对象是否属于"他人"，只需要法官的认识活动即可确定，无需进行价值判断，属于记述的构成要件要素。故 B 项正确。

"侮辱""诽谤"需要司法人员的规范评价

和价值判断，是规范的构成要件要素。故 C 项正确。

D 项考查法定刑的种类，"3 年以下有期徒刑、拘役、管制或者剥夺政治权利"属于相对确定的法定刑，当然也可以说是相对不确定的法定刑。故 D 项正确。

参考答案 ABCD

22. 关于构成要件要素的分类，下列哪些选项是正确的？（2008/2/51-多）

A. 贩卖淫秽物品牟利罪中的"贩卖"是记述的构成要件要素，"淫秽物品"是规范的构成要件要素

B. 贩卖毒品罪中的"贩卖"是记述的构成要件要素，"毒品"是规范的构成要件要素

C. 强制猥亵妇女罪中的"妇女"是记述的构成要件要素，"猥亵"是规范的构成要件要素

D. 抢劫罪的客观构成要件要素是成文的构成要件要素，"非法占有目的"是不成文的构成要件要素

选项解析 "贩卖"就是有偿转让。判断一个行为是否属于贩卖，不需要法官进行价值判断即可确定，属于记述的构成要件要素。"淫秽物品"的认定，需要法官进行价值判断，属于规范的构成要件要素。故 A 项正确。

判断一个物品是否属于"毒品"，具有客观的标准，不需要法官进行价值判断即可确定，故"毒品"属于记述的构成要件要素。故 B 项错误。

在刑法中，已满 14 周岁的女性即为"妇女"，无需进行价值判断，属于记述的构成要件要素。"猥亵"的认定则需要结合法官的价值判断方能确定，属于规范的构成要件要素。故 C 项正确。

抢劫罪的客观构成要件已经由刑法明文规定，属于成文的构成要件要素，而"非法占有目的"刑法没有规定，但是属于成立抢劫罪所必需的，属于不成文的构成要件要素。故 D 项正确。

参考答案 ACD

✎ 主客命题点

《刑法》中规定了 10 种诈骗罪，包括 8 种金融诈骗罪，1 种合同诈骗罪，1 种普通的诈骗罪。诈骗罪都需要有非法占有目的，但只有在集资诈骗罪、贷款诈骗罪和合同诈骗罪中，非法占有目的属于成文的构成要件要素。

23. 关于单位犯罪，下列哪些选项是错误的？（2010/2/53-多）

A. 单位只能成为故意犯罪的主体，不能成为过失犯罪的主体

B. 单位犯罪时，单位本身与直接负责的主管人员、直接责任人员构成共同犯罪

C. 对单位犯罪一般实行双罚制，但在实行单罚制时，只对单位处以罚金，不处罚直接负责的主管人员与直接责任人员

D. 对单位犯罪只能适用财产刑，既可能判处罚金，也可能判处没收财产

选项解析 通常情况下，单位犯罪的主观罪过是故意，但不排除单位犯罪可能由过失构成，如《刑法》第229条第3款规定的出具证明文件重大失实罪、第137条规定的工程重大安全事故罪等。故 A 项错误，当选。

单位犯罪时，只存在一个主体，即单位，单位的组成人员事实上是具体实施单位犯罪的人，虽然他们也因此而承担刑事责任，但单位与单位中的组成人员不能成立共同犯罪关系。故 B 项错误，当选。

单位犯罪原则上实行双罚制。我国刑法的单罚制仅对单位的直接责任人员判处刑罚。故 C 项错误，当选。

对单位犯罪适用财产刑时，根据《刑法》第31条的规定，对于犯罪单位只能适用罚金刑一种。故 D 项错误，当选。

参考答案 ABCD

主客命题点

（1）工程重大安全事故罪是一个纯正的单位过失犯罪，也即它只能由单位构成，而且是过失犯罪。

（2）单位犯罪时，单位中的自然人虽然不构成共同犯罪，但在量刑时，可以根据作用大小，区分主犯、从犯；不好区分的，也可不区分主犯、从犯，按照其在单位犯罪中所起的作用判处刑罚。

24. 关于单位犯罪，下列选项错误的是：（2008延/2/92-任）

A. 甲注册某咨询公司后一直亏损，后发现为他人虚开增值税专用发票可以盈利，即以此为主要业务，该行为属于咨询公司单位犯罪

B. 乙公司在实施保险诈骗罪以后，因为没有年检而被工商管理局吊销营业执照。案发后对该公司不再追诉，只能对原公司中的直接负责的主管人员和其他直接责任人员追究刑事责任

C. 丙虚报注册资本成立进出口公司，主要从事正当业务经营，后经公司股东集体讨论，以公司的名义走私汽车，利益均分。由于该进出口公司成立时不符合法律规定，该

走私行为属于个人犯罪

D. 丁等 5 名房地产公司领导以公司名义非法经营烟草业务，所得利益归 5 人均分。该行为属于单位犯罪

【选项解析】公司、企业、事业单位设立后，以实施犯罪为主要活动的，不得以单位犯罪论处。故 A 项错误，当选。

根据最高人民检察院《关于涉嫌犯罪单位被撤销、注销、吊销营业执照或者宣告破产的应如何进行追诉问题的批复》的规定，涉嫌犯罪的单位被吊销营业执照的，只追究直接责任人员的刑事责任。故 B 项正确，不当选。

由单位的决策机构按照决策程序作出，并由具体责任人实施，为单位谋取利益的行为，是单位行为，构成单位犯罪。丙虽然在成立公司时违法，但是只要公司没有被撤销，其就具有单位行为的能力。故 C 项错误，当选。

根据最高人民法院《关于审理单位犯罪案件具体应用法律有关问题的解释》第 3 条的规定，盗用单位名义实施犯罪，违法所得由实施犯罪的个人私分的，直接以自然人犯罪定罪处罚而不以单位犯罪论。丁等 5 名房地产公司领导以公司名义非法经营烟草业务，所得利益归 5 人均分，属于该条规定的情形，按照个人犯罪论处。故 D 项错误，当选。

【参考答案】ACD

25. 甲女得知男友乙移情，怨恨中送其一双滚轴旱冰鞋，企盼其运动时摔伤。乙穿此鞋运动时，果真摔成重伤。关于本案的分析，下列哪一选项是正确的？（2013/2/5-单）

A. 甲的行为属于作为的危害行为

B. 甲的行为与乙的重伤之间存在刑法上的因果关系

C. 甲具有伤害乙的故意，但不构成故意伤害罪

D. 甲的行为构成过失致人重伤罪

【选项解析】甲的行为是社会允许的行为，不是危害行为。故 A 项错误。

刑法上的因果关系，是指危害行为与危害结果之间的因果关系。既然甲的行为不属于危害行为，那么甲的行为与乙的重伤之间就不存在

刑法上的因果关系。故 B 项错误。

甲仅仅具有伤害乙的主观故意，但没有伤害乙的危害行为，所以，不构成故意伤害罪。故 C 项正确。

成立过失犯罪也要求行为与结果之间具有因果关系，如前所述，甲的行为与乙的重伤之间没有因果关系，甲也不构成过失致人重伤罪。故 D 项错误。

【参考答案】C

26. 关于行为主体，下列说法正确的是：（2020-回忆版-单）

A. 单位分支机构或内设机构不是独立法人单位，不能成为单位犯罪的主体

B. 犯罪集团和聚众犯罪的首要分子是一种特殊的身份犯

C. 已满 14 周岁不满 16 周岁的未成年人在绑架过程中杀害被绑架人的，对杀人行为承担刑事责任，对绑架行为不承担刑事责任

D. 单位犯罪本质上是单位主管人员与其他直接责任人员构成的特殊的共同犯罪

【选项解析】根据司法解释的规定，单位分支机构或内设机构虽然不是独立法人单位，但也能成为单位犯罪的主体。故 A 项错误。

身份犯中的身份必须在开始犯罪时就具有，如果是在犯罪过程中形成的身份，则不属于身份犯中的身份。犯罪集团和聚众犯罪的首要分子均属于在犯罪过程中形成的身份，因此不属于身份犯中的身份。故 B 项错误。

《刑法》明确规定，已满 14 周岁不满 16 周岁的人，犯故意杀人、故意伤害致人重伤或者死亡、强奸、抢劫、贩卖毒品、放火、爆炸、投放危险物质罪的，应当负刑事责任。因此，已满 14 周岁不满 16 周岁的未成年人在绑架过程中杀害被绑架人的，对杀人行为承担刑事责任，对绑架行为不承担刑事责任。故 C 项正确。

单位犯罪是单位本身的犯罪，而不是单位主管人员与其他直接责任人员构成的特殊的共同犯罪，也不是单位与成员个人之间的共同犯罪。故 D 项错误。

【参考答案】C

27. 关于不作为犯罪，下列哪一选项是正确的？（2016/2/1-单）

A. "法无明文规定不为罪"的原则当然适用于不作为犯罪，不真正不作为犯的作为义务必须源于法律的明文规定

B. 在特殊情况下，不真正不作为犯的成立不需要行为人具有作为可能性

C. 不真正不作为犯属于行为犯，危害结果并非不真正不作为犯的构成要件要素

D. 危害公共安全罪、侵犯公民人身权利罪、侵犯财产罪中均存在不作为犯

选项解析 不真正的不作为犯的作为义务可以来源于法律的明文规定，也可以来源于业务规则、合同关系等其他地方。故 A 项错误。

成立不作为犯，行为人必须具有作为的可能性，否则不成立不作为犯。故 B 项错误。

不真正的不作为犯中有大量的结果犯，比如通过不作为方式来实施故意杀人，只有出现死亡结果，才构成不作为的故意杀人罪。故 C 项错误。

危害公共安全罪（如不作为的放火罪）、侵犯公民人身权利罪（如不作为的故意杀人罪）、侵犯财产罪（如隐瞒真相型的诈骗罪）中既存在作为犯，又存在不作为犯。故 D 项正确。

参考答案 D

解题思路 刑法分则中的十类犯罪都存在不作为犯，所以 D 项很容易判断。

📝 主客命题点

（1）纯正的不作为犯的作为义务必须来源于刑法的明文规定；

（2）对于不作为犯而言，如果不作为与危害结果没有因果关系，是不可能成立犯罪的。

28. 关于不作为犯罪，下列哪些选项是正确的？（2015/2/52-多）

A. 儿童在公共游泳池溺水时，其父甲、救生员乙均故意不救助。甲、乙均成立不作为犯罪

B. 在离婚诉讼期间，丈夫误认为自己无义务救助落水的妻子，致妻子溺水身亡的，成立过失的不作为犯罪

C. 甲在火灾之际，能救出母亲，但为救出女友而未救出母亲。如无排除犯罪的事由，甲构成不作为犯罪

D. 甲向乙的咖啡投毒，看到乙喝了几口后将咖啡递给丙，因担心罪行败露，甲未阻止丙喝咖啡，导致乙、丙均死亡。甲对乙是作为犯罪，对丙是不作为犯罪

选项解析 A 项中，甲对于年幼的孩子具有救助的义务，救生员乙由于其职业的要求同样具有救助的义务，能救助而故意不救，因此，甲、乙均成立不作为犯罪。故 A 项正确。

B 项属于评价错误，不影响故意的成立，因此，丈夫成立故意犯罪而非过失犯罪。故 B 项错误。

C 项属于义务冲突，甲对母亲的救助义务是法律义务，对女友的救助义务是道德义务，法律义务高于道德义务，因此，甲构成不作为犯罪。故 C 项正确。

D 项中，甲故意往乙的咖啡中投毒，希望毒死乙的结果发生，属于作为的犯罪。由于甲往乙的咖啡中投毒的行为存在危险，因而甲在丙喝乙的咖啡时具有阻止的义务，但是甲并未阻止，致使丙死亡结果的发生，属于当为而不为的不作为犯罪。故 D 项正确。

参考答案 ACD

29. 关于不作为犯罪的判断，下列哪一选项是错误的？（2014/2/5-单）

A. 小偷翻墙入院行窃，被护院的藏獒围攻。主人甲认为小偷活该，任凭藏獒撕咬，小偷被咬死。甲成立不作为犯罪

B. 乙杀丙，见丙痛苦不堪，心生悔意，欲将

丙送医。路人甲劝阻乙救助丙，乙遂离开，丙死亡。甲成立不作为犯罪的教唆犯

C. 甲看见儿子乙（8周岁）正掐住丙（3周岁）的脖子，因忙于炒菜，便未理会。等炒完菜，甲发现丙已窒息死亡。甲不成立不作为犯罪

D. 甲见有人掉入偏僻之地的深井，找来绳子救人，将绳子的一头扔至井底后，发现井下的是仇人乙，便放弃拉绳子，乙因无人救助死亡。甲不成立不作为犯罪

选项解析 A项中，甲的宠物导致他人的法益处于危险之中，甲有阻止的义务。必须说明的是，甲让狗咬小偷本来是正当化行为，但正当化行为也可能过度，如果构成防卫过当，那么由于防卫过当是犯罪，自然可以反推行为人有作为义务，甲成立不作为犯罪。故 A 项正确，不当选。

B项中，乙有救助义务，甲劝乙勿救，这属于不作为的教唆。故 B 项正确，不当选。

C项中，甲的未成年孩子导致他人的法益处于危险之中，甲有救助义务，但甲并未理会，因此，甲成立不作为犯罪。故 C 项错误，当选。

D项中，救助仇人是道德义务，而非法定义务，这不属于自愿接受行为，因为还没有开始救助，未对法益无助状态形成主控支配。故 D 项正确，不当选。

参考答案 C

✐ 主客命题点

（1）甲遭遇乙性侵，将乙推入河中，乙大呼救命，甲置之不理。甲的行为属于特殊防卫，不构成犯罪。

（2）甲遭乙追杀，看到丙骑着摩托车，将丙从摩托车上推下，骑着丙的摩托车逃跑。甲的行为是紧急避险。但若丙后因腿骨摔断无法行走而被冻死，甲明知冬夜寒冷，没有返回救助致丙冻死，甲的行为属于避险过当，成立不作为犯罪。

30. 甲对正在实施一般伤害的乙进行正当防卫，致乙重伤（仍在防卫限度之内）。乙已无

侵害能力，求甲将其送往医院，但甲不理会而离去。乙因流血过多死亡。关于本案，下列哪一选项是正确的？（2013/2/7-单）

A. 甲的不救助行为独立构成不作为的故意杀人罪

B. 甲的不救助行为独立构成不作为的过失致人死亡罪

C. 甲的行为属于防卫过当

D. 甲的行为仅成立正当防卫

选项解析 正当防卫是否会导致作为义务存在一定的争议，但主流观点采取合并说，也即从整体来看甲的行为是否属于防卫过当。由于甲的防卫行为导致了他人死亡，死亡结果超出了防卫限度，因此在整体上就应该评价为防卫过当。故 C 项正确，D 项错误。换言之，只要承认防卫过当制度，事实上采取的就是合并说，即反推行为人有救助义务。

显然，A、B 项采取的都是分割说，即前段行为成立正当防卫，后段行为成立不作为犯罪，这种做法与刑法规定的防卫过当制度矛盾。故 A、B 项错误。

但需要说明的是，如果发生死亡结果也没有超过防卫限度，即出现死亡结果也是正当防卫，防卫人自然就没有救助义务。

参考答案 C

解题思路 本题是单选题，A、B、D 三项都是分割说的观点，故可以排除。

31. 关于不作为犯罪，下列哪些选项是正确的？（2013/2/51-多）

A. 船工甲见乙落水，救其上船后发现其是仇人，又将其推到水中，致其溺亡。甲的行为成立不作为犯罪

B. 甲为县公安局长，妻子乙为县税务局副局长。乙在家收受贿赂时，甲知情却不予制止。甲的行为不属于不作为的帮助，不成立受贿罪共犯

C. 甲意外将 6 岁幼童撞入河中。甲欲施救，乙劝阻，甲便未救助，致幼童溺亡。因只有甲有救助义务，乙的行为不成立犯罪

D. 甲将弃婴乙抱回家中，抚养多日后感觉麻烦，便于夜间将乙放到菜市场门口，期待次日晨被人抱走抚养，但乙被冻死。甲成立不作为犯罪

选项解析 A项，甲发现被救者是仇人，又将其推到水中，致其溺亡的行为，成立作为犯罪，而非不作为犯罪。故A项错误。

B项，甲、乙是夫妻，乙在家中受贿，甲没有监督义务，所以，甲不成立不作为的帮助犯，不成立受贿罪的共犯。夫妻之间只有扶助义务，而没有监督义务。需要提醒的是，虽然甲是公安局局长，但他无期待可能性去阻止妻子的犯罪行为。故B项正确。

C项，甲意外将6岁幼童撞入河中，其具有救助义务，乙劝阻，使甲产生了放弃救助的犯罪故意，乙成立不作为故意杀人罪的教唆犯。故C项错误。

D项，自愿接受行为，对无助法益形成了主控支配义务。故D项正确。

参考答案 BD

主客命题点

（1）甲意外将6岁幼童撞入河中，欲施救，乙将甲打昏，让甲无法救助，致幼童溺亡。这属于救助因果关系的阻挠，乙的阻挠行为是幼童死亡的原因，乙构成故意杀人罪。

（2）甲将弃婴乙抱回家中，抚养多日后，女友发现，让其必须将乙扔掉，甲无奈，便于夜间将乙放到菜市场门口，期待次日早晨被人抱走抚养，但乙被冻死。甲和女友成立不作为犯罪，女友属于不作为的教唆犯。

32. 下列哪些选项成立不作为犯罪？（2008延/2/52-多）

A. 过路人甲看见某公寓发生火灾而不报警，导致公寓全部被烧毁

B. 成年人乙带邻居小孩出去游玩，小孩溺水，乙发现后能够救助而不及时抢救，致使小孩被淹死

C. 丙重男轻女，认为女儿不能延续香火，将年仅1岁的女儿抱到火车站，放在长椅上后匆匆离开。因为天冷，等警察发现女孩将其送到医院时，女孩已经死亡

D. 司机丁意外撞倒负完全责任的行人刘某后，没有立即将刘某送往医院，刘某死亡。事后查明，即使司机丁将刘某送往医院，也不可能挽救刘某的生命

选项解析 A项，《消防法》规定的义务未得到刑法确认。故A项不当选。

B项，乙带领小孩出去游玩形成了一种委托关系，对小孩的法益有一种监护性的义务，当小孩处于溺水的危险境地，乙当然负有救助的义务。在能够救助的情况下不救助的，当然成立不作为犯罪。故B项当选。

C项，丙对女儿有法定的抚养义务，有能力抚养而拒绝抚养的，成立不作为犯罪，其将1岁的女儿遗弃在车站的行为通常认为构成遗弃罪。故C项当选。

成立不作为犯罪，不仅要存在不作为，而且在客观上还要有结果回避可能性，即只有当不作为造成或者可能造成危害结果时，才成立不作为犯罪。D项，丁对刘某虽然有救助义务，但刘某的死亡与丁的不作为没有因果关系，因而丁不成立不作为的犯罪。故D项不当选。

参考答案 BC

主客命题点

在遗弃案件中，如果对死亡结果有放任，则遗弃罪和故意杀人罪存在想象竞合现象，有时遗弃罪的处罚可能更重。

33. 下列哪一选项构成不作为犯罪？（2012/2/4-单）

A. 甲到湖中游泳，见武某也在游泳。武某突然腿抽筋，向唯一在场的甲呼救。甲未予理睬，武某溺亡

B. 乙女拒绝周某求爱，周某说"如不答应，我就跳河自杀"。乙明知周某可能跳河，仍不同意。周某跳河后，乙未呼救，周某溺亡

C. 丙与贺某到水库游泳。丙为显示泳技，将不

善游泳的贺某拉到深水区教其游泳。贺某忽然沉没，丙有点害怕，忙游上岸，贺某溺亡

D. 丁邀秦某到风景区漂流，在漂流筏转弯时，秦某的安全带突然松开致其摔落河中。丁未下河救人，秦某溺亡

选项解析 A项，武某在游泳时腿抽筋进而处于危险状态，不是由甲造成的，所以，甲没有法律上的救助义务，不构成不作为犯罪。故 A 项不当选。

B项，男女朋友之间，没有法律上的救助义务，乙没有创造危险，周某属于自我答责，乙不构成不作为犯罪。故 B 项不当选。

C项，丙为显示泳技，将不善游泳的贺某拉到深水区教其游泳，丙的这个先前行为使贺某处于危险之中，当贺某溺水时，丙具有排除危险的义务。丙在能救助的情况下不救助，导致贺某溺亡，构成不作为犯罪。故 C 项当选。

D项，丁只是邀请秦某到风景区漂流，在漂流筏转弯时，秦某的安全带突然松开致其摔落河中不是由丁造成的，所以，丁没有法律上的救助义务，不构成不作为犯罪。故 D 项不当选。

参考答案 C

34. 关于不作为犯罪，下列哪些选项是正确的？（2011/2/52-多）

A. 宠物饲养人在宠物撕咬儿童时故意不制止，导致儿童被咬死的，成立不作为的故意杀人罪

B. 一般公民发现他人建筑物发生火灾故意不报警的，成立不作为的放火罪

C. 父母能制止而故意不制止未成年子女侵害行为的，可能成立不作为犯罪

D. 荒山狩猎人发现弃婴后不救助的，不成立不作为犯罪

选项解析 动物的饲养人对动物造成的风险当然有救助义务，故意不履行该义务的，成立不作为的故意杀人罪。故 A 项正确。

《消防法》规定的义务未得到刑法确认。故 B 项错误。

父母对未成年的子女具有监督的义务，不履行该监督义务的，即使是未成年子女造成了他人

伤害，父母也可能成立不作为犯。故 C 项正确。

狩猎人并没有创设风险，当然没有救助义务，不成立不作为犯罪。故 D 项正确。

参考答案 ACD

主客命题点

宠物饲养人在宠物撕咬儿童时故意不制止，他人将宠物打死的，他人成立正当防卫。

35. 关于不作为犯罪，下列哪些选项是正确的？（2010/2/52-多）

A. 甲在车间工作时，不小心使一根铁钻刺入乙的心脏，甲没有立即将乙送往医院而是逃往外地。医院证明，即使将乙送往医院，乙也不可能得到救治。甲不送乙就医的行为构成不作为犯罪

B. 甲盗伐树木时砸中他人，明知不立即救治将致人死亡，仍有意不救。甲不救助伤者的行为构成不作为犯罪

C. 甲带邻居小孩出门，小孩失足跌入粪塘，甲嫌脏不愿施救，就大声呼救，待乙闻声赶来救出小孩时，小孩死亡。甲不及时救助的行为构成不作为犯罪

D. 甲乱扔烟头导致所看仓库起火，能够扑救而不救，迅速逃离现场，导致火势蔓延财产损失巨大。甲不扑救的行为构成不作为犯罪

选项解析 不作为与危害结果之间没有因果关系，缺乏结果回避的可能性。A项，甲成立作为的过失致人死亡罪。故 A 项错误。

先前的犯罪行为创设了风险的，具有作为义务。B项，甲构成盗伐林木罪和故意杀人罪，应当数罪并罚。故 B 项正确。

C项，甲将一个未成年人带出来，存在委托关系，当然有救助的义务。故 C 项正确。

D项，甲乱扔烟头的先行行为导致所看仓库起火，创设了风险，甲当然有灭火的义务，不履行灭火义务而放任火灾发生的，成立不作为的放火罪。故 D 项正确。

参考答案 BCD

主客命题点

在结果犯的情况下，如果没有出现结果，就不可能成立不作为犯，也不会出现不作为未遂的现象。比如，甲不小心将一根铁钻刺入乙心脏后，非常开心，希望乙死亡，没有送医，但后查明即便送医也无法救活。在此情况下，甲过失造成了危险，本来有救助的作为义务，主观上也有犯罪故意，但由于不作为和死亡结果没有因果关系，因此，甲的行为只构成作为的过失致人死亡罪，而不构成不作为的故意犯罪。

36. 甲和乙（精神病人）系夫妻，甲是乙的监护人。一日，甲、乙一同去乙的父母家，期间发生口角，乙疯狂地拿刀刺向其父母。乙行凶过程中甲未曾阻拦，并在行凶结束后、乙的父母一息尚存时，锁门离去。之后，甲还帮乙洗去了凶器和衣服上的血迹。根据案情，下列选项正确的是：（2018-回忆版-单）

A. 甲成立帮助毁灭、伪造证据罪

B. 如果经鉴定，即使当时甲将乙的父母立即送医，乙的父母也无法生还，则甲仍成立不作为的故意杀人罪既遂

C. 甲成立故意杀人罪和帮助毁灭、伪造证据罪，数罪并罚

D. 乙的不作为杀人与其父母的死亡结果之间有因果关系

选项解析 甲是乙的监护人，有监护义务，对于乙的杀人行为有阻止义务，因此，甲构成故意杀人罪，帮助毁灭、伪造证据罪不能由本犯构成。故 A、C 项错误。

甲所违反的是阻止义务，而非救助义务，因此，本案应该考虑的回避可能性不是送医是否能够使其生还，而是如果阻止是否能够挽回其生命。换言之，本案的因果关系是甲没有履行阻止义务导致他人死亡，而非甲的事后未救助导致他人死亡。故 B 项正确。

乙的行为是一种积极的作为，而非不作为。故 D 项错误。

参考答案 B

37. 下列说法正确的有：（2018-回忆版-多）

A. 某单位领导指示司机用单位的车帮助运送被拐卖妇女、儿童。这成立单位犯罪

B. 甲追赶小偷，小偷无路可走，自己跳进湖中后溺水，甲虽然水性很好，但没有救助，小偷死亡。甲的行为构成不作为犯罪

C. 张三失手摔了 3 岁的儿子，孩子头部出了一些血，张三没送医院，结果孩子死亡。张三的行为构成不作为犯罪

D. 姐姐生了女娃不想要，让妹妹给扔了，妹妹扔到了菜市场门口。妹妹的行为不构成犯罪

选项解析 A 项，拐卖妇女、儿童罪无单位犯罪，但是强迫劳动罪有单位犯罪。故 A 项错误。

B 项，如果小偷跳河是迫不得已，那么甲就存在救助义务。但是，如果小偷有很多种选择，跳河并非迫不得已，那么甲就没有救助义务。故 B 项正确。

B 项的原型是《刑事审判参考》第 475 号颜克于等故意杀人案。颜克于等人发现周家龙有盗窃自行车的嫌疑，遂尾随追赶周家龙至南浔镇的安达码头，廖红军与何洪林对周家龙用拳头打，颜克于、韩应龙分别手持石块、扳手击打周家龙的头部等，致使周家龙头皮裂创流血。周家龙挣脱后，颜克于等人分头继续追赶周家龙。周家龙从停在安达码头的长兴 0009 货船逃到鲁济宁 0747 货船，廖红军随颜克于紧跟周家龙追到鲁济宁 0747 货船，两人将周家龙围堵在鲁济宁 0747 货船船尾，周家龙被迫跳入河中。韩应龙听到廖红军喊"小偷跳河了"，随即也赶到鲁济宁 0747 货船上。颜克于、廖红军、韩应龙在船上看着周家龙向前游了数米后又往回游，但因体力不支而逐渐沉入水中，颜克于等人均未对周家龙实施任何救助行为，看着周家龙在河中挣扎后沉下水去，直到看不见周家龙的身影，颜克于等人才下了船离开。后接警的公安人员将周家龙打捞上来时，周家龙已溺水死亡。权威判例认为：本案中，颜克于等人对周家龙的殴打、追赶行为导致周家龙跳入河中，在水中挣扎，周家龙的生命已经处于危险状态，而殴打、追赶的先行行为系颜克于等人亲自实施，

故他们对周家龙的危险具有救助义务。同时，颜克于等人主观上对周家龙的死亡有放任心态，故成立故意杀人罪，但属于情节较轻。

C项，张三对孩子有送医义务，因此在客观上属于不作为犯罪，但其主观心态是过失，所以成立不作为的过失致人死亡罪。故C项正确。

D项，两姐妹的行为属于不作为的共犯，姐姐有抚养孩子的作为义务，成立遗弃罪，妹妹虽然无法成立遗弃罪的实行犯，但可以成立帮助犯。不作为犯中的作为义务主体可以视为一种特定的身份，没有这种作为义务的人可以成立不作为犯的帮助犯或教唆犯。故D项错误。

参考答案 BC

38. 下列成立不作为犯罪的有：（2019-回忆版-多）

A. 甲作为单亲妈妈，吸毒成瘾，某日拿着刚到手的政府救助金去外地找毒友吸毒，却把自己1周岁的婴儿关在房子里。10天后，甲回来，孩子已被饿死。甲成立不作为的故意杀人罪

B. 甲明知邻居乙有精神病，若复发极可能致死。某日，两人发生争吵，甲故意刺激乙导致其发病，且未救助，乙最终死亡。甲成立不作为的故意杀人罪

C. 甲交通肇事撞倒乙，乙流血不止，甲为了避免承担责任把乙拖到偏僻的桥洞里，后乙死亡。甲成立不作为的故意杀人罪

D. 派出所办理某案件时逮捕了被告人，被告人向承办警察甲表示，自己家里有小孩无人看管，但甲忙于工作忘记核查，导致孩子被饿死。甲成立不作为的故意杀人罪

选项解析 A项，母亲有抚养孩子的法定义务，甲明知其将幼子关在家中的行为可能发生死亡结果，仍放任了这种结果的发生，所以构成不作为的故意杀人罪。故A项当选。

B项，甲诱发了他人的疾病发作，客观上有救助义务，主观上存在放任死亡的心态，所以构成不作为的故意杀人罪。故B项当选。

C项，根据司法解释的规定，行为人在交通肇事后为逃避法律追究，将被害人带离事故现

场后隐藏或者遗弃，致使被害人无法得到救助而死亡或者严重残疾的，应当分别依照《刑法》第232条、第234条第2款的规定，以故意杀人罪或者故意伤害罪定罪处罚。故C项当选。

D项，甲将小孩父母逮捕，让小孩处于危险之中，甲有救助义务，但由于疏忽大意忘记救助，所以成立不作为的过失犯罪（玩忽职守罪）。甲没有杀人的故意，不构成故意杀人罪。故D项不当选。

参考答案 ABC

✎ 主客命题点

　　如果警察甲故意不救助，导致孩子死亡，则甲构成滥用职权罪和故意杀人罪的想象竞合。

39. 下列哪些情况可构成不作为犯罪？（2020-回忆版-多）

A. 哥哥看到成年的弟弟杀死自己的父亲而不制止的，可构成不作为的故意杀人罪

B. 父亲看到自己13岁的孩子实施盗窃行为而不制止的，可构成不作为的盗窃罪

C. 丈夫看到妻子重伤害岳母而不制止的，可构成不作为的故意伤害罪

D. 母亲看到女儿遗弃自己的孩子而不制止的，可构成遗弃罪

选项解析 A项，弟弟杀害的是父亲，哥哥有救助父亲的义务，能制止而不制止的，可构成不作为的故意杀人罪。故A项当选。

B项，父亲对自己监护对象的危险行为负有阻止义务，能制止而不制止的，可构成不作为的盗窃罪。故B项当选。

C项，丈夫对岳母没有法定的扶养救助义务，不构成不作为的故意伤害罪。故C项不当选。

D项，《民法典》第1074条第1款规定，有负担能力的祖父母、外祖父母，对于父母已经死亡或者父母无力抚养的未成年孙子女、外孙子女，有抚养的义务。因此，在父母健在的时候，祖父母对于孙子女、外孙子女没有法定的抚养义务。故D项不当选。

参考答案 AB

40. 甲在乙家以杀害故意殴打乙，乙被迫将燃烧着炭火的炭盆掀翻，试图以此制止甲的行为。甲将乙击昏后，发现掀翻的炭盆已经引燃室内杂物，为烧死乙并毁灭罪证，甲未将火苗扑灭便离开现场。炭盆随后引发大火，将乙家和其他邻居的数栋房屋焚毁。乙也在大火中吸入过量有毒气体死亡。甲以为乙是被烧死的。下列说法正确的是：（2020-回忆版-单）

A. 虽然大火是乙引起的，但甲有灭火义务，故甲构成放火罪

B. 甲以为乙被烧死，实际是吸入有毒气体而死亡，故甲对乙的死亡仅构成故意杀人罪未遂

C. 甲的行为既有作为也有不作为，但作为与不作为互相排斥，故对甲不能数罪并罚

D. 不论如何评价甲的行为，在本案中对甲仅能以一个罪名处罚

选项解析 A 项，乙的正当防卫行为不中断甲的杀害行为与引起大火之间的因果关系，因为乙的正当防卫行为属于正常的介入因素，因此，基于先行行为，甲有灭火义务。甲故意不灭火，构成不作为的放火罪。故 A 项正确。

B 项，甲以为乙被烧死，实际是吸入有毒气体而死亡，甲存在狭义的因果关系认识错误，无论采取何种观点，甲对乙的死亡都构成故意杀人罪既遂。故 B 项错误。

C、D 项，甲的行为既有作为（即杀人行为）也有不作为（即放火行为），虽然作为与不作为不是互相排斥的关系，乙的死亡结果也只能评价一次，但甲的行为一方面应认定为故意杀人罪既遂，另一方面，对于放火行为，仍需评价其危害公共安全的法益侵害，即构成放火罪的基本犯，前后数罪并罚。故 C、D 项错误。

参考答案 A

41. 关于不作为犯，下列说法正确的有：（2021-回忆版-多）

A. 甲从深山里抱回来一个婴儿，养了几天，妻子乙不想要了，于是放农贸市场门口被

人抱走了。甲、乙构成遗弃罪

B. 甲加班用电磁炉煮面，导致文件被点燃，因为害怕担责而逃跑，导致办公室着火。甲构成不作为的放火罪

C. 甲的过失行为造成了乙重伤，同时产生了生命危险，甲故意不救助导致乙死亡（如果甲救助乙，乙就不会死亡）。甲构成过失致人死亡罪

D. 甲故意致乙重伤，明知不抢救乙就会死亡，仍然不抢救，导致乙死亡。甲构成故意伤害（致人死亡）罪

选项解析 A 项，甲从深山抱回来一个婴儿和妻子乙抚养，二人对婴儿产生了抚养义务。养了几天，妻子乙不想要了，于是放农贸市场门口被人抱走了，二人对没有独立生活能力的人，负有抚养义务而拒绝抚养，构成遗弃罪。故 A 项正确。

B 项，甲加班用电磁炉煮面，导致办公室着火，甲有灭火的义务而不履行，是不作为犯罪。同时，甲放任办公室着火，对办公室着火的结果具有故意。因此，甲构成不作为的放火罪。故 B 项正确。

C 项，过失犯罪能够成为作为义务的发生根据，在甲的过失行为造成了乙重伤，同时产生了生命危险时，甲故意不救助因而导致乙死亡的，构成不作为的故意杀人罪。故 C 项错误。

D 项，故意犯罪可以成为作为义务的来源，因此，甲构成故意杀人罪，而非故意伤害（致人死亡）罪。故 D 项错误。

参考答案 AB

42. 关于不作为犯罪，下列说法正确的是：（2023-回忆版-单）

A. 甲、乙在宿舍同住，发生火灾，甲惊醒，来不及叫醒乙即逃离，乙后被烧死。甲构成不作为犯罪

B. 甲住宿的时候发现宾馆的用电线路暴露，离开时未提醒，后线路短路，引发火灾。甲不构成不作为犯罪

C. 嫖客甲去卖淫女乙家里嫖娼，准备发生性行为的时候，乙心脏病发作，甲怕自己嫖

娼之事败露，未救助乙就离开。甲构成不作为犯罪

D. 公交车司机甲在公交车上发现小偷在偷东西，没有阻止也未提醒。甲不构成不作为犯罪

选项解析 本题考查不作为犯的内容。

A项，甲对舍友乙并无保护义务，不构成不作为犯罪。故 A 项错误。

B项，甲作为住客对宾馆的安全隐患没有报告和管理义务，不构成不作为犯罪。故 B 项正确。

C项，嫖客甲对卖淫女乙的住宅没有支配力，进而没有管理和保护义务，其不救助的行为不构成不作为犯罪。故 C 项错误。

D项，公交车司机甲与乘客之间形成了合同关系，对于属于其管理之下的车厢，甲具有排他的支配性义务，构成不作为犯罪。故 D 项错误。

参考答案 B

43. 甲欲杀害乙，乙无路可逃，遂把手里的火把扔向甲，甲躲闪之际，乙逃走，火把将路边的草丛点燃，烧了几户房屋，导致重大财产损失。关于本案的分析，下列说法正确的有：（2023-回忆版-多）

A. 甲没有先行行为，不构成不作为犯罪

B. 甲具有作为义务，构成不作为犯罪

C. 乙的行为具有必要性和相当性，不成立犯罪

D. 乙虽然是为了逃命，但造成火灾属于重大损害，构成防卫过当

选项解析 本题考查不作为犯罪和违法阻却事由。

A、B项，因为甲的先行行为导致了乙的防卫行为，所以甲对房屋的损害具有作为义务，若其没有实施救火行为，则可能构成不作为犯罪。故 A 项错误，B 项正确。

C、D项，乙面对杀人行为可以对甲实施特

殊防卫，造成他人财产损失的，属于紧急避险。故 C 项正确，D 项错误。

参考答案 BC

44. 下列选项中，甲的行为构成不作为犯罪的是：（2023-回忆版-单）

A. 乙要进入危险山林旅游，途中遇到山民甲，甲两次劝说乙不要进入山林，乙不听甲的劝说，执意进入山林。次日，甲发现奄奄一息的乙，没有救助便离开，乙死亡

B. 甲、乙彼此不认识，偶然间遇到，一见如故，后约定一起去爬山，快到山顶时，遇到山体塌方，甲在能救助乙的情况下没有救助乙，致乙死亡

C. 警察甲在非职务期间去外地旅游，在酒吧看见乙实施卖淫行为，但其认为不在自己工作时间内，遂放任不管

D. 甲、乙经常在甲的家里吸毒。某日，甲、乙又一起吸毒，乙突然口吐白沫，甲害怕事情败露自己被抓，遂逃跑，乙死亡

选项解析 本题考查不作为犯。

A项，甲并未创造乙遭遇法益侵害的危险，故对乙自陷风险的行为没有救助义务。故 A 项不当选。

B项，甲、乙相约爬山，但并未提前约定互相照顾的义务，故甲无救助义务。故 B 项不当选。

C项，《人民警察法》第19条规定："人民警察在非工作时间，遇有其职责范围内的紧急情况，应当履行职责。"警察对于外地的酒吧没有职责范围内的义务，故甲不构成不作为犯罪。故 C 项不当选。

D项，甲、乙在甲家中吸毒，甲作为特定领域的管理者，对出现特殊状况的乙负有救助义务，故其在可以救助的情况下放任乙发病死亡的行为构成不作为犯罪。故 D 项当选。

参考答案 D

行为对象、结果和状态 专题 07

45. 下列哪一犯罪属抽象危险犯？（2015/2/14-单）

A. 污染环境罪

B. 投放危险物质罪

C. 破坏电力设备罪

D. 生产、销售假药罪

选项解析 一般认为，具体危险犯即传统的危险犯，抽象危险犯则是传统的行为犯。具体危险犯的危险是司法认定的危险，而抽象危险犯的危险是立法推定的危险。A 项是结果犯，B、C 项中的危险都需要司法机关用证据加以证明，而 D 项中的危险无需司法机关证明，只要有生产、销售假药的行为，就直接推定有法益侵犯之危险。故 D 项当选。

参考答案 D

46. 关于危害结果，下列哪一选项是正确的？（2017/2/2-单）

A. 危害结果是所有具体犯罪的构成要件要素

B. 抽象危险是具体犯罪构成要件的危害结果

C. 以杀死被害人的方法当场劫取财物的，构成抢劫罪的结果加重犯

D. 骗取他人财物致使被害人自杀身亡的，成立诈骗罪的结果加重犯

选项解析 危害结果并非所有具体犯罪的构成要件要素，行为犯（抽象危险犯）的成立并不以危害结果的发生为要件。故 A 项错误。

抽象危险不需要司法上的具体判断，只要以一般社会生活经验认为具有发生侵害结果的危险即可，不是具体犯罪构成的危害结果。故 B 项错误。

抢劫包含手段行为与目的行为，其中任一行为致人重伤、死亡的，均属于抢劫致人重伤、死亡，构成抢劫罪的结果加重犯。故 C 项正确。

法律没有规定诈骗致人死亡这种结果加重犯。故 D 项错误。但是，根据最高人民法院、最高人民检察院《关于办理诈骗刑事案件具体应用法律若干问题的解释》第 2 条的规定，造成被害人自杀、精神失常或者其他严重后果的，如果达到了数额标准，可以酌情从严惩处。

参考答案 C

因果关系 专题 08

47. 关于因果关系的认定，下列哪一选项是正确的？（2016/2/2-单）

A. 甲重伤王某致其昏迷。乞丐目睹一切，在甲离开后取走王某财物。甲的行为与王某的财产损失有因果关系

B. 乙纠集他人持凶器砍杀李某，将李某逼至江边，李某无奈跳江被淹死。乙的行为与李某的死亡无因果关系

C. 丙酒后开车被查。交警指挥丙停车不当，致石某的车撞上丙车，石某身亡。丙的行为与石某死亡无因果关系

D. 丁敲诈勒索陈某。陈某给丁汇款时，误将

3 万元汇到另一诈骗犯账户中。丁的行为与陈某的财产损失无因果关系

选项解析 A 项中，介入因素为乞丐的盗窃行为，这个介入因素过于异常，独立导致结果的发生，与前行为无因果关系，甲只创设了他人受到伤害的危险，并没有创设他人财产损失的危险，他人财产的损失不能归责于甲的伤害行为。故 A 项错误。

B 项中，介入因素是李某的跳江行为，这是前行为高概率所导致的行为，所以前行为与结果之间有因果关系。故 B 项错误。

C 项中，丙按照交警指示停车的行为没有创

设法律所禁止的危险，是交警的不当指挥创设了法律所禁止的危险，所以丙的行为不属于刑法上的危害行为，与石某的死亡结果之间自然无因果关系。故 C 项正确。

D 项中，丁的行为导致陈某处分财物，造成财产损失，二者之间存在因果关系。但是，即便存在因果关系，丁也不构成敲诈勒索罪的既遂，只构成敲诈勒索罪的未遂。故 D 项错误。

参考答案 C

主客命题点

（1）甲重伤王某致其昏迷。乞丐目睹一切，在甲离开后取走王某财物，王某苏醒，但以为乞丐是甲同伙，所以假装昏迷。乞丐的取财行为属于主观上想盗窃，客观上抢劫，所以构成盗窃罪的既遂。

（2）在电信诈骗案件中，有下列情形之一的，应当认定为《刑法》第266条规定的"其他严重情节"，以诈骗罪（未遂）定罪处罚：①发送诈骗信息5000条以上的，或者拨打诈骗电话500人次以上的；②在互联网上发布诈骗信息，页面浏览量累计5000次以上的。具有上述情形，数量达到相应标准10倍以上的，应当认定为《刑法》第266条规定的"其他特别严重情节"（诈骗罪的加重犯），以诈骗罪（未遂）定罪处罚。

48. 关于因果关系，下列哪些选项是正确的？（2015/2/53－多）

A. 甲驾车经过十字路口右拐时，被行人乙扔出的烟头击中面部，导致车辆失控撞死丙。只要肯定甲的行为与丙的死亡之间有因果关系，甲就应当承担交通肇事罪的刑事责任

B. 甲强奸乙后，威胁不得报警，否则杀害乙。乙报警后担心被甲杀害，便自杀身亡。如无甲的威胁乙就不会自杀，故甲的威胁行为与乙的死亡之间有因果关系

C. 甲夜晚驾车经过无照明路段时，不小心撞倒丙后继续前行，随后的乙未注意，驾车从丙身上轧过。即使不能证明是甲直接轧

死丙，也必须肯定甲的行为与丙的死亡之间有因果关系

D. 甲、乙等人因琐事与丙发生争执，进而在电梯口相互厮打，电梯门受外力挤压变形开启，致丙掉入电梯通道内摔死。虽然介入了电梯门非正常开启这一因素，也应肯定甲、乙等人的行为与丙的死亡之间有因果关系

选项解析 A 项中，虽然甲的行为和丙的死亡结果之间具有因果关系，但是甲车辆之所以失控是因为乙的行为，甲在主观上不存在故意或者过失，应属于意外事件，因此不承担交通肇事罪的刑事责任。另外需要提醒，即便甲的行为和交通事故之间存在因果关系，根据司法解释的规定，也必须由甲承担事故的主要责任或全部责任，才可能以交通肇事罪追究刑事责任。故 A 项错误。

B 项中，乙报警后因担心被杀而选择自杀，这种自杀是低概率事件，并非甲的强奸行为所导致，且甲的威胁行为并没有现实的危险性，因此不存在因果关系。故 B 项错误。

C 项中，由于甲将丙撞倒在地后没有及时救助，导致乙之后的再次碾压行为，这是高概率事件，因此，甲的行为与丙的死亡结果之间存在因果关系。故 C 项正确。

D 项中，甲、乙等人因琐事与丙发生争执，选择在电梯口相互厮打的行为具有一定的危险性，虽然介入了电梯门非正常开启的因素，但是这种介入因素与前行为具有伴随性，不影响因果关系的成立。故 D 项正确。

参考答案 CD

主客命题点

连环肇事案的定性问题：

（1）甲在车速非常快的道路上撞人，被害人躺在路中央。5分钟后乙从此经过，再次碾压被害人致其死亡。甲的行为构成故意杀人罪，因为死亡具有极高概率，存在放任的故意。

（2）甲在普通道路上撞人，被害人躺在路上。半小时后乙从此经过，再次碾压被害人致其死亡。甲属于交通肇事罪中的逃

逸致人死亡。

（3）甲在普通道路上撞人，被害人躺在路上。半小时后乙从此经过，再次碾压被害人。如果查明，乙碾压之前被害人已经死亡，则甲属于交通肇事后逃逸，不属于逃逸致人死亡。

（4）甲在普通道路上撞人，被害人躺在路上。半小时后乙从此经过，再次碾压被害人。如果区分不出死亡时间，则甲不属于逃逸致人死亡，但属于交通肇事后逃逸。

49. 关于因果关系的判断，下列哪一选项是正确的？（2014/2/6-单）

A. 甲伤害乙后，警察赶到。在警察将乙送医途中，车辆出现故障，致乙长时间得不到救助而亡。甲的行为与乙的死亡具有因果关系

B. 甲违规将行人丙撞成轻伤，丙昏倒在路中央，甲驾车逃窜。1分钟后，超速驾驶的乙发现丙时已来不及刹车，将丙轧死。甲的行为与丙的死亡没有因果关系

C. 甲以杀人故意向乙开枪，但由于不可预见的原因导致丙中弹身亡。甲的行为与丙的死亡没有因果关系

D. 甲向乙的茶水投毒，重病的乙喝了茶水后感觉更加难受，自杀身亡。甲的行为与乙的死亡没有因果关系

选项解析 A项中，车辆出现故障，导致乙长时间得不到救助而亡，这是一个独立介入因素，车辆出现故障属于小概率事件，切断了因果关系。故A项错误。

B项中，行人丙被甲撞成轻伤，昏倒在路中央，极易被其他车辆撞伤，因此，甲的行为与丙的死亡结果有因果关系。故B项错误。

C项中，丙就是被甲打死的，因果关系并不需要考虑主观心态。故C项错误。

D项中，乙是自杀而死，这种自杀不具有高概率，介入因素独立切断了因果关系。故D项正确。

一般说来，自杀属于独立的介入因素，切断

了前行为和后结果的因果关系。诸如被害人被毁容后自杀，介入因素具有独立性，故可否定因果关系。但是，这也存在例外，如果前行为在经验法则上足以导致被害人自杀，则行为人的行为与被害人的死亡结果之间存在刑法上的因果关系。这又包括两种情况：①为了挽救自己的生命而迫不得已，比如甲持刀追杀乙，一直追至顶楼，步步紧逼，乙无奈跳楼而死；②司法实践中普遍认为存在高概率关系的，比如在虐待罪、暴力干涉婚姻自由罪中的自杀，属于结果加重犯。

参考答案 D

50. 关于因果关系的认定，下列哪些选项是正确的？（2013/2/52-多）

A. 甲、乙无意思联络，同时分别向丙开枪，均未击中要害，因两个伤口同时出血，丙失血过多死亡。甲、乙的行为与丙的死亡之间具有因果关系

B. 甲等多人深夜追杀乙，乙被迫跑到高速公路上时被汽车撞死。甲等多人的行为与乙的死亡之间具有因果关系

C. 甲将妇女乙强拉上车，在高速公路上欲猥亵乙，乙在挣扎中被甩出车外，后车躲闪不及将乙轧死。甲的行为与乙的死亡之间具有因果关系

D. 甲对乙的住宅放火，乙为救出婴儿冲入住宅被烧死。乙的死亡由其冒险行为造成，与甲的放火行为之间没有因果关系

选项解析 A项，考查重叠的因果关系。2个以上相互独立的行为，单独不能导致结果的发生（具有导致结果发生的危险），但两个危险行为合并在一起造成了结果时，就是重叠的因果关系。甲、乙开枪均未击中丙的要害，但因伤口同时出血，丙失血过多死亡，构成重叠的因果关系。故A项正确。

B项，乙在被甲等多人追杀，被迫跑到高速公路上时，被汽车撞死并不异常，故不能导致因果关系中断，甲等多人的追杀行为和乙的死亡结果之间存在因果关系。故B项正确。

C项，甲将妇女乙强拉上车，在高速公路上

欲猥亵乙，乙在挣扎中被甩出车外，被后车轧死并不异常，不能中断甲的行为和乙的死亡结果之间的因果关系，甲的行为和乙的死亡结果之间存在因果关系。故 C 项正确。

D 项，甲对乙的住宅放火，乙冲进火海救婴儿并不异常，不能中断甲的放火行为和乙的死亡结果之间的因果关系，甲的放火行为和乙的死亡结果之间存在因果关系。故 D 项错误。

参考答案 ABC

 主客命题点

注意竞合的因果关系：

甲意图毒杀丙，投放毒药 5 克，后乙也投放毒药 5 克。已知毒药的致死量是 5 克，丙随后死亡。甲、乙和丙的死亡都存在因果关系，如果乙不知道甲投毒，则属于同时犯，两人都分别构成故意杀人罪的既遂。如果乙知道甲投毒，则属于片面实行犯，通说认为可以降格为片面帮助犯，追究故意杀人罪的刑事责任；但如果不承认片面实行犯属于共同犯罪，那就属于故意杀人罪的间接正犯。

51. 关于因果关系，下列哪一选项是错误的？（2011/2/3-单）

A. 甲将被害人衣服点燃，被害人跳河灭火而溺亡。甲行为与被害人死亡具有因果关系

B. 乙在被害人住宅放火，被害人为救婴儿冲入宅内被烧死。乙行为与被害人死亡具有因果关系

C. 丙在高速路将被害人推下车，被害人被后面车辆轧死。丙行为与被害人死亡具有因果关系

D. 丁毁坏被害人面容，被害人感觉无法见人而自杀。丁行为与被害人死亡具有因果关系

选项解析 虽然被害人是跳河灭火而溺水身亡，但从案发当时的情况来看，被害人衣服被点燃，其跳入河水中的概率很高，并非异常的因素，所以，不会中断前行为与死亡结果之间的因果关系。甲的行为与被害人的死亡结果之间仍然存在因果关系。故 A 项正确，不当选。

乙放火后，被害人在家中为救婴儿而被烧死。从案发当时的情况来看，家里着火，被害人在家中去救婴儿是一个正常的现象，所以，不会中断乙的放火行为与被害人的死亡结果之间的因果关系，乙的行为与被害人的死亡结果之间具有因果关系。故 B 项正确，不当选。

丙在高速公路上将被害人推下汽车，后面的车辆将被害人轧死。从案发当时的情况来看，在高速公路上将被害人推下汽车，被害人遭到后面汽车碰撞的概率是很高的。故 C 项正确，不当选。

丁将被害人毁容后，被害人跳楼自杀属于异常的因素。故 D 项错误，当选。

参考答案 D

52. 关于刑法上的因果关系，下列哪一判断是正确的？（2010/2/3-单）

A. 甲开枪射击乙，乙迅速躲闪，子弹击中乙身后的丙。甲的行为与丙的死亡之间不具有因果关系

B. 甲追赶小偷乙，乙慌忙中撞上疾驶汽车身亡。甲的行为与乙的死亡之间具有因果关系

C. 甲、乙没有意思联络，碰巧同时向丙开枪，且均打中了丙的心脏。甲、乙的行为与丙的死亡之间不具有因果关系

D. 甲以杀人故意向乙的食物中投放了足以致死的毒药，但在该毒药起作用前，丙开枪杀死了乙。甲的行为与乙的死亡之间不具有因果关系

选项解析 A 项，客观上就是甲的枪击行为导致了丙的死亡结果的出现，故甲的行为与丙的死亡结果之间存在因果关系。本项是打击错误，行为人甲欲枪杀乙，但开枪的结果却是将丙打死，根据法定符合说，甲的行为成立故意杀人罪既遂。故 A 项错误。

B 项，追赶中遭遇车祸是低概率事件，没有因果关系，追赶行为也并非刑法上的危害行为。故 B 项错误。

C 项是竞合的因果关系，也即 2 个以上行为分别都能导致结果的发生，但在没有意思联络的情况下，竞合在一起发生了结果。在这种情

况下，如果除去一个条件则结果仍会发生，但除去所有条件则结果不会发生，所以，一般认为所有条件都是结果发生的原因。因此，甲、乙的行为与丙的死亡结果之间均有因果关系。故 C 项错误。

D 项，丙切断了因果关系，介入因素独立起作用，因此，甲的行为在客观上与乙的死亡结果之间没有因果关系，甲成立故意杀人罪的未遂。故 D 项正确。

参考答案 D

53. 关于因果关系，下列哪些选项是正确的？（2017/2/52-多）

A. 甲以杀人故意用铁棒将刘某打昏后，以为刘某已死亡，为隐藏尸体将刘某埋入雪沟，致其被冻死。甲的前行为与刘某的死亡有因果关系

B. 乙夜间驾车撞倒李某后逃逸，李某被随后驶过的多辆汽车辗轧，但不能查明是哪辆车造成李某死亡。乙的行为与李某的死亡有因果关系

C. 丙将海洛因送给13周岁的王某吸食，造成王某吸毒过量身亡。丙的行为与王某的死亡有因果关系

D. 丁以杀害故意开车撞向周某，周某为避免被撞跳入河中，不幸溺亡。丁的行为与周某的死亡有因果关系

选项解析 A 项，甲将刘某打昏后以为其已死亡，遂将其尸体埋入雪沟，致使刘某被冻死，这属于事前的因果关系认识错误。通说认为，第一个行为与死亡结果之间的因果关系并未中断，应肯定第一个行为与结果之间的因果关系，且所发生的结果与行为人意图实现的结果相一致，因此，应以故意杀人罪既遂论处。故 A 项正确。

B 项，如果李某被前车撞死，则乙的行为与李某的死亡结果之间当然有因果关系。如果李某系被第二辆车撞死，则乙未履行救助义务导致李某被其他车辆撞死，其行为与李某的死亡结果之间也存在因果关系。鉴于本案无法证明李某死于第几次撞击，所以本案不能认定为交通肇事逃逸致人死亡，但可以认定为交通肇

事罪中的肇事后逃逸（3~7 年有期徒刑）。故 B 项正确。

C 项，13 周岁的王某不具有辨认和控制能力，无法认识到过量吸食毒品造成的危害，丙向王某赠送毒品的行为与王某的死亡结果之间具有直接的因果关系。如果王某是成年人，则为自我答责。故 C 项正确。

D 项，丁实施的杀害行为具有高度的危险性，导致周某不得不跳河求生，这具有高度盖然性，丁的行为与周某因跳河溺水死亡的结果之间具有因果关系。故 D 项正确。

参考答案 ABCD

54. 关于因果关系，下列哪一选项是正确的？（2015/2/1-单）

A. 甲跳楼自杀，砸死行人乙。这属于低概率事件，甲的行为与乙的死亡之间无因果关系

B. 集资诈骗案中，如出资人有明显的贪利动机，就不能认定非法集资行为与资金被骗结果之间有因果关系

C. 甲驾车将乙撞死后逃逸，第三人丙拿走乙包中贵重财物。甲的肇事行为与乙的财产损失之间有因果关系

D. 司法解释规定，虽交通肇事重伤 3 人以上但负事故次要责任的，不构成交通肇事罪。这说明即使有条件关系，也不一定能将结果归责于行为

选项解析 如果跳楼自杀导致他人死亡，且自杀者未死，则构成过失致人死亡罪，其自杀行为与他人的死亡结果之间存在因果关系。故 A 项错误。

在集资诈骗案中，被害人的过错并不影响诈骗罪的成立，诈骗者的诈骗行为与被害人陷入认识错误之间存在因果关系。故 B 项错误。

C 项中，甲的肇事行为并不会创造财产损害的危险，介入了第三人丙的独立行为，这种介入因素具有异常性。因此，甲的行为与乙的财产损失之间没有因果关系。故 C 项错误。

认定因果关系不等于认定刑事责任，还要看行为人是否符合交通肇事罪的其他要素。按照司法解释的规定，因交通违章造成死亡1人或者

重伤3人以上的，只有认定行为人承担全部或者主要责任时，方可构成交通肇事罪。因此，负次要责任的，对肇事行为不承担刑事责任。故 D 项正确。

参考答案 D

55. 关于因果关系的判断，下列说法正确的有：（2019-回忆版-多）

A. 甲酒驾逆行，开车横冲直撞，轧飞井盖致张三重伤。甲的行为与张三的重伤结果之间存在因果关系

B. 乙受重伤，但不同意在手术确认单上签字，医院没进行手术，后乙死亡。医院的行为和乙的死亡结果之间存在因果关系

C. 丙警察押运犯人，由于疏忽大意没有盯紧，犯人上厕所时逃跑了。警察的失职与犯人的逃跑之间存在因果关系

D. 丁被警察追赶，猛推路人，路人心脏病发作死亡。丁的行为与路人的死亡结果之间存在因果关系

选项解析 A 项中，甲的危险驾驶行为轧飞井盖，很容易导致他人受伤，因此存在因果关系。故 A 项正确。

B 项中，乙的死亡属于不签字导致的自我答责，医院的行为和乙的死亡结果之间不存在因果关系。故 B 项错误。

C 项中，丙的过失行为与犯人的逃跑之间存在因果关系，如果他履行职责，则可以避免犯人的逃跑，丙的行为构成失职致使在押人员脱逃罪。故 C 项正确。

D 项中，丁的行为诱发了路人的心脏病，而且猛推行为创造了社会所不允许的危险，属于危害行为，所以存在因果关系。故 D 项正确。

参考答案 ACD

56. 关于刑法的因果关系，下列选项正确的有：（2019-回忆版-多）

A. 甲为了获取财物，向租房人群群发短信并附上自己的银行卡号，乙信以为真，遂将短信发送给丙，丙向甲的银行卡转账。甲

的行为与丙的财物损失之间有因果关系

B. 甲交通肇事逃逸，将乙撞倒在路边，后丙驱车经过未发现乙，驾车从乙身上轧过，现无法查明乙的死亡是甲的肇事所致还是丙驱车轧过所致。甲的行为与乙的死亡结果之间有因果关系

C. 甲医生将毒素注入住院治疗的仇人乙体内使其死亡，后查明乙属于特殊体质，即使按照正常的操作规范注入药物也会死亡。甲的行为与乙的死亡结果之间有因果关系

D. 甲投毒致乙四肢无力，丙经过发现四肢无力的仇人乙，遂将其杀害。甲的行为与乙的死亡结果之间有因果关系

选项解析 在 A 项中，甲的欺骗行为导致乙转发短信，这具有经验上的高度伴随性，介入因素并未独立导致损害结果，所以甲的欺骗行为与丙的财物损失之间存在因果关系。故 A 项正确。

在 B 项中，如果乙死于第一辆车碾压，则甲的行为自然和乙的死亡结果存在因果关系；如果乙死于第二次碾压，这种介入因素也从属于甲的肇事行为，则甲的行为与乙的死亡结果之间也存在因果关系。故 B 项正确。

在 C 项中，如果乙是被甲医生毒死的，则存在因果关系；如果甲医生正常操作导致乙死亡，甲医生的行为也与乙的死亡有因果关系，那么甲医生的违规操作与乙的死亡结果就更存在因果关系，甲医生的行为构成故意杀人罪。故 C 项正确。

在 D 项中，丙创造了独立的危险，所以甲的行为与乙的死亡结果之间没有因果关系。故 D 项错误。

参考答案 ABC

57. 下列情形中，甲的行为与被害人的死亡结果之间不具有因果关系的有：（2020-回忆版-多）

A. 甲对乙施加暴力，劫取乙的财物后离去。乙受过度惊吓，回家途中因精神恍惚坠入河中溺亡

B. 甲前往乙家讨债。甲敲门时，乙发现是甲，为了躲债，尝试从阳台爬入下一层的阳台，

不慎失足坠亡

C. 甲、乙合谋，由乙将丙引诱至甲家地下室，甲枪杀丙。乙驾车载丙前往甲家的途中，二人因琐事争吵起来，乙被丙的言语激怒，在车上将丙杀死

D. 黑社会性质组织成员乙听从组织领导甲的命令，负责对丙进行拘禁，却因疏忽致丙逃脱。乙恼羞成怒，来到丙的家中，将丙杀害

选项解析 A项，甲的抢劫行为与乙的死亡结果之间介入了"乙回家途中因精神恍惚坠入河中溺亡"这一异常的介入因素，其独立导致了乙的死亡。因此，甲的抢劫行为与乙的死亡结果之间不具有因果关系，甲不构成抢劫致人死亡。故A项当选。

B项，甲的讨债行为属于合法行为，不具有法益侵害性。因此，甲的行为与乙的死亡结果之间不具有因果关系。故B项当选。

C项，甲的故意杀人行为尚未着手。因此，甲的行为与丙的死亡结果之间不具有因果关系，乙单独认定为故意杀人罪既遂即可。故C项当选。

D项，对组织、领导犯罪集团的首要分子，按照集团所犯的全部罪行处罚，但是乙杀害丙并非该黑社会性质组织的命令，甲对此行为不承担责任。故D项当选。

参考答案 ABCD

58. 下列情形中，具有刑法上因果关系的有：（2020-回忆版-多）

A. 甲与乙约定赛车，结果甲失控撞死行人丙。乙的行为与丙的死亡结果之间有因果关系

B. 甲在沙滩上把乙打成昏迷状态后离开，乙因头朝下被埋入沙子窒息而死。甲的行为与乙的死亡结果之间有因果关系

C. 甲抢劫乙，使用暴力致乙死亡。甲的抢劫行为与乙的死亡结果之间有因果关系

D. 甲驾驶车辆强行并线，导致其他车辆发生车祸。甲的行为与车祸的发生之间有因果关系

选项解析 A项，甲和乙约定赛车，虽然创造了

危险，但是甲失控导致行人丙死亡的结果并不能归责于乙。故A项不当选。

B项，属于事前故意，乙被埋入沙子窒息而死属于高概率事件，存在相当因果关系。故B项当选。

C项，抢劫创造了人身和财产法益的危险，所以甲的抢劫行为与乙的死亡结果之间有因果关系，甲属于抢劫致人死亡。故C项当选。

D项，甲创造了交通安全法益的危险，其他车辆发生车祸属于高概率事件，所以存在因果关系。故D项当选。

参考答案 BCD

59. 关于刑法上的因果关系判断，下列说法正确的有：（2022-回忆版-多）

A. 甲申请贷款时按照银行工作人员的要求提供了材料，但材料是伪造的。甲取得贷款后，因经营受损，到期未能归还。只要认为甲的行为与银行损失之间具有因果关系，甲的行为就构成犯罪

B. 在溺水者乙即将抓住一个可以救命的属于甲的漂浮物时，甲立即拿走了该漂浮物，导致乙得不到救助而死亡。甲的行为与乙的死亡结果之间具有因果关系

C. 甲、乙没有意思联络，均向丙开了一枪，均打中非要害部位，丙因为两处受伤部位流血过多而亡。甲、乙的行为与丙的死亡结果之间具有因果关系

D. 甲、乙没有意思联络，均欲向丙投毒。乙到达现场时发现甲正暗中向丙的饮水中投毒，便没有再投毒。后丙中毒死亡。甲、乙的行为与丙的死亡结果之间均不具有因果关系

选项解析 A项中，即便认为存在因果关系，甲也可能因为不具备成立犯罪的其他要素，从而不构成犯罪，因果关系只是入罪的一个要素，而非全部要素。故A项错误。

B项中，甲的行为导致了乙溺死的结果，因此存在因果关系。故B项正确。

C项中，"多因一果"的情况存在因果关系，这属于重叠的因果关系。故C项正确。

D 项中，丙被甲毒死，仅甲的行为与丙的死亡结果之间有因果关系。故 D 项错误。

参考答案 BC

60. 甲、乙是没有编制的辅警，在巡逻的时候遇到一个面色苍白、身体虚弱的男子，就把该男子送到救助站门口，让该男子自己下车，甲、乙随即离开。第二天，救助站发现该男子在路边，就将他送到医院。两日后，该男子死亡。经鉴定，如果能得到及时救助，该男子就不会死亡。关于本案，下列选项正确的是：（2022-回忆版-单）

A. 甲、乙已经把该男子送到救助站，不可能构成玩忽职守罪

B. 即使不构成玩忽职守罪，也应认定甲、乙构成过失致人死亡罪

C. 本案系"多因一果"，甲、乙的行为与该男子的死亡结果之间均具有因果关系

D. 甲、乙是没有编制的辅警，不能构成渎职罪

选项解析 本案中，甲、乙虽然是没有编制的辅警，但也可以成为渎职犯罪的主体。辅警具有救助义务，在存在重大过失的情况下，是可以构成玩忽职守罪的。故 A、D 项错误。

需要说明的是，在无法成立特殊的过失致人死亡犯罪（如交通肇事罪、玩忽职守罪）的情况下时，不得以过失致人死亡罪兜底适用。故 B 项错误。

本案系"多因一果"，甲、乙的行为与该男子的死亡结果之间均具有因果关系。故 C 项正确。

参考答案 C

构成要件——故意　专题 **09**

61. 下列哪一行为构成故意犯罪？（2012/2/5-单）

A. 他人欲跳楼自杀，围观者大喊"怎么还不跳"，他人跳楼而亡

B. 司机急于回家，行驶时闯红灯，把马路上的行人撞死

C. 误将熟睡的孪生妻妹当成妻子，与其发生性关系

D. 作客的朋友在家中吸毒，主人装作没看见

选项解析 自杀是他人的自愿选择，围观者的帮助行为不成立故意杀人罪，帮助自杀一般不构成犯罪。故 A 项不当选。

司机主观上没有犯罪故意，不成立故意犯罪。司机构成的是一个过失犯罪——交通肇事罪。故 B 项不当选。

行为人误将熟睡的妻妹当成妻子，与其发生性关系，这属于对象认识错误，由于主观上没有犯罪故意，不构成故意犯罪。故 C 项不当选。

行为人明知朋友在其家中吸毒而装作没看见，主观上具有容留他人吸毒的犯罪故意，客观上具有容留他人吸毒的犯罪行为，构成容留他人吸毒罪。故 D 项当选。

参考答案 D

✐ 主客命题点

> 帮助自杀与间接正犯的关系：
>
> 教唆或帮助他人自杀一般不构成犯罪，但如果对方是精神病人或未成年人，则有可

> 能成立故意杀人罪的间接正犯。同时，如果利用他人自杀，将他人当成杀他自己的工具，则也是故意杀人罪的间接正犯，比如让酒鬼从高楼跳下来摔死。

62. 农民甲醉酒在道路上驾驶拖拉机，其认为拖拉机不属于《刑法》第 133 条之一规定的机动车。关于本案的分析，下列哪一选项是正确的？（2016/2/4-单）

A. 甲未能正确评价自身的行为，存在事实认识错误

B. 甲欠缺违法性认识的可能性，其行为不构成犯罪

C. 甲对危险驾驶事实有认识，具有危险驾驶的故意

D. 甲受认识水平所限，不能要求其对自身行为负责

选项解析 机动车是规范性的构成要件要素中的法律评价要素，对于拖拉机是否属于机动车这种评价本身的错误是一种法律认识错误，不排除故意的成立。因此，甲的错误是一种评价错误，这是法律错误，并非事实错误。故 A 项错误。

评价错误一般不否定故意，所以甲具备违法性认识的可能性。故 B 项错误。

甲具备危险驾驶的故意。故 C 项正确，D 项错误。

参考答案 C

63. 2010 年某日，甲到乙家，发现乙家徒四壁。见桌上一块玉坠，断定是不值钱的仿制品，甲便顺手拿走。后甲对丙谎称玉坠乃秦代文物，值 5 万元，丙以 3 万元买下。经鉴定乃清代玉坠，市值 5000 元。关于本案的分析，下列哪一选项是错误的？（2013/2/6-单）

A. 甲断定玉坠为不值钱的仿制品具有一定根据，对"数额较大"没有认识，缺乏盗窃犯罪故意，不构成盗窃罪

B. 甲将所盗玉坠卖给丙，具有可罚性，不属于不可罚的事后行为

C. 不应追究甲盗窃玉坠的刑事责任，但应追究甲诈骗丙的刑事责任

D. 甲诈骗丙的诈骗数额为 5 万元，其中 3 万元既遂，2 万元未遂

选项解析 盗窃罪在一般情况下，要求行为人在行为时认识到财物"数额较大"。"数额较大"是一种规范性构成要件要素，在判断行为人是否存在这种认识时，要遵循"行为人所属的外行人的平行判断"。在本案中，甲到乙家，发现乙"家徒四壁"，"断定"桌子上的玉坠为"不值钱的仿制品"，这是符合一般人的生活经验的，因此，甲对玉坠实际价值数额较大没有认识，不具有盗窃的犯罪故意，不构成盗窃罪。故 A 项正确，不当选。另外，虽然入户盗窃不要求数额较大，但入户盗窃 2011 年才被规定在《刑法》中，对 2010 年的行为无溯及力。

甲将自认为不值钱的仿制品冒充文物卖给丙，侵犯了新的法益（丙的财产权），具有可罚性，应单独评价，对丙成立诈骗罪。故 B、C 项正确，不当选。

甲虽然谎称玉坠为秦代文物，值 5 万元，但最终丙支付了 3 万元，因此，甲对丙的诈骗数额为 3 万元，而非 5 万元。故 D 项错误，当选。

参考答案 D

 专题 10 构成要件——过失

64. 关于犯罪故意、过失与认识错误的认定，下列哪些选项是错误的？（2013/2/53-多）

A. 甲、乙是马戏团演员，甲表演飞刀精准，从未出错。某日甲表演时，乙突然移动身体位置，飞刀掷进乙胸部致其死亡。甲的行为属于意外事件

B. 甲、乙在路边争执，甲推乙一掌，致其被路过车辆轧死。甲的行为构成故意伤害（致死）罪

C. 甲见楼下没人，将家中一块木板扔下，不料砸死躲在楼下玩耍的小孩乙。甲的行为属于意外事件

D. 甲本欲用斧子砍死乙，事实上却拿了铁锤砸死乙。甲的错误属于方法错误，根据法定符合说，应认定为故意杀人既遂

选项解析 A 项，马戏团的表演是社会所允许的危险，甲无法预见到乙会突然移动身体。故 A 项正确，不当选。

B 项，甲推乙一掌，不具有刑法上的伤害故意，不构成故意犯罪，即使甲的行为有危险性，也只构成过失致人死亡罪。故 B 项错误，当选。

C 项，甲预见到高层乱扔东西可能造成的后果，却轻信能够避免，这属于过于自信的过失。故 C 项错误，当选。

D 项，方法错误，又称为打击错误，是指由于行为本身的误差，导致行为人所欲攻击的对象与实际受害的对象不一致，但这种不一致仍然没有超出同一犯罪构成。本案中，甲只是在选择犯罪工具时有偏差，而犯罪工具的偏差不是方法错误。故 D 项错误，当选。

参考答案 BCD

65. 下列哪些案件不构成过失犯罪？（2012/2/52-多）

A. 老师因学生不守课堂纪律，将其赶出教室，学生跳楼自杀

B. 汽车修理工恶作剧，将高压气泵塞入同事肛门充气，致其肠道、内脏严重破损

C. 路人见义勇为追赶小偷，小偷跳河游往对岸，路人见状离去，小偷突然抽筋溺毙

D. 邻居看见6楼儿童马上要从阳台摔下，遂伸手去接，因未能接牢，儿童摔成重伤

选项解析 A项，老师将学生赶出教室并非危害行为。故A项当选。

B项，汽车修理工属于间接故意，对伤害结果持放任的心态，不属于过于自信的过失，这是当年著名的甘肃小传旺案。故B项当选。

C项，路人对小偷抽筋溺毙既没有预见也不可能预见，既不属于过于自信的过失，也不属于疏忽大意的过失，而属于意外事件。故C项当选。

D项，邻居的行为既没有犯罪的过失，也没有犯罪的行为，不属于过失犯罪。故D项当选。

参考答案 ABCD

主客命题点

主人追小偷，如果小偷迫不得已跳入河中，且小偷水性不好，则此时主人有救助义务。

66. 关于过失犯的论述，下列哪一选项是错误的？（2011/2/6-单）

A. 只有实际发生危害结果时，才成立过失犯

B. 认识到可能发生危害结果，但结果的发生违背行为人意志的，成立过失犯

C. 过失犯罪，法律有规定的才负刑事责任。这里的"法律"不限于刑事法律

D. 过失犯的刑事责任一般轻于与之对应的故意犯的刑事责任

选项解析 过失犯罪必然是结果犯，如果没有发生危害结果，则不可能成立过失犯罪。故A项正确，不当选。

故意犯罪与过失犯罪的区别在于：故意犯罪中，行为人对危害结果的发生是一种希望或者容忍的心态；而过失犯罪中，行为人对危害结果的发生是一种排斥的心态。故B项正确，不当选。

定罪量刑只能以刑法的明确规定为准，这是

罪刑法定的当然要求。故C项错误，当选。

过失犯罪以刑法有明文规定的才处罚，处罚过失犯罪本身就是例外，对其具体的处罚，一般轻于与之对应的故意犯罪的刑事责任。故D项正确，不当选。

参考答案 C

67. 关于罪过，下列哪些选项是错误的？（2010/2/51-多）

A. 甲的玩忽职守行为虽然造成了公共财产损失，但在甲未认识到自己是国家机关工作人员时，就不存在罪过

B. 甲故意举枪射击仇人乙，但因为没有瞄准，将乙的名车毁坏。甲构成故意杀人未遂

C. 甲翻墙入院欲毒杀乙的名犬以泄愤，不料该犬对甲扔出的含毒肉块不予理会，直扑甲身，情急之下甲拔刀刺杀该犬。甲不构成故意毁坏财物罪，而属于意外事件

D. 甲因疏忽大意而致人死亡，甲应当预见而没有预见的危害结果，既可能是发生他人死亡的危害结果，也可能只是发生他人重伤的危害结果

选项解析 A项，国家机关工作人员属于法律评价要素，只需要行为人认识到基础事实就可以。对于是否属于国家机关工作人员，这是法律评价问题，不需要犯罪分子本人认识到。评价错误不影响故意成立。故A项错误，当选。

B项，甲想杀人，结果毁坏了汽车，人与汽车分别属于两个犯罪构成，这属于抽象的事实错误，甲的行为应定故意杀人罪（未遂）。故B项正确，不当选。

C项，甲的行为是自招危险，不成立紧急避险，而应当成立故意毁坏财物罪。故C项错误，当选。

D项，罪过是针对构成要件结果而言的，过失致人死亡罪的构成要件结果是死亡，所以重伤结果不是行为人应当预见的内容。故D项错误，当选。

参考答案 ACD

68. 看守所值班武警甲擅离职守，在押的犯

罪嫌疑人乙趁机逃走，但刚跑到监狱外的树林即被抓回。关于本案，下列哪一选项是正确的？（2010/2/2-单）

A. 甲主观上是过失，乙是故意
B. 甲、乙是事前无通谋的共犯
C. 甲构成私放在押人员罪
D. 乙不构成脱逃罪

选项解析 甲在主观上具有过失，其行为成立《刑法》第400条第2款规定的失职致使在押人员脱逃罪。乙脱逃的行为当然是故意的，成立脱逃罪。共同犯罪，是指2人以上共同故意犯罪，本案中，两行为人一个主观上是故意，一个是过失，故二者不成立共同犯罪。故A项正确。

参考答案 A

69. 下列选项属于过失犯罪的是：（2019-回忆版-单）

A. 甲不知道自己销售的产品是伪劣产品，销售金额达15万元以上，同时该产品致部分消费者受轻伤
B. 某法官由于自己专业水平不足导致无罪的被告人被判有罪
C. 警察接到报警电话，但报案人因口齿不清，警察误以为是戏谑便挂断电话，导致出警不及时，现场受害者增加3人
D. 在生产作业过程中操作不当，导致现场爆炸，多人死亡

选项解析 A项中，即便存在过失，过失对轻伤也不承担责任。故A项不当选。

玩忽职守罪要求行为人严重不负责任，B项中，专业水平不足导致误判这并非严重不负责任，所以不构成玩忽职守罪。故B项不当选。

同理，C项中，警察也并非严重不负责任，

所以也不构成玩忽职守罪。故C项不当选。

D项属于典型的业务过失，构成重大责任事故罪。故D项当选。

参考答案 D

70. 关于故意、过失的表述，下列选项正确的有：（2019-回忆版-多）

A. 司机遵守交通规则，正常驾车行驶，行人横穿马路，造成交通事故被撞死，司机不存在过失
B. 在所有的故意犯罪中，不可能存在只能由间接故意构成的犯罪而不能由直接故意构成的犯罪
C. 如果故意和过失存在位阶关系，那么在认定犯罪时，只能由故意降格为过失，而不能由过失升格为故意
D. 只有当故意无法认定时，才能根据事实认识错误来认定故意

选项解析 在A项中，司机正常驾驶，没有违反交通法规，这属于意外事件。故A项正确。

在B项中，直接故意是原则，间接故意是例外，不可能存在只能由间接故意构成，而不能由直接故意构成的犯罪。如果某种犯罪可以由间接故意构成，那么直接故意更可以构成。故B项正确。

在C项中，如果故意和过失存在位阶关系，那么根据存疑有利于被告的推定，当不构成故意的时候，可以考虑构成过失，但不能因为不构成过失，就升格为故意。故C项正确。

在D项中，当缺乏对构成要件的事实认识时，就排除了故意的成立。故D项错误。

参考答案 ABC

11 专题 构成要件——事实上的认识错误

71. 关于认识错误的判断，下列哪些选项是错误的？（2011/2/53-多）

A. 甲为使被害人溺死而将被害人推入井中，但

井中没有水，被害人被摔死。这是方法错误，甲行为成立故意杀人既遂
B. 乙准备使被害人吃安眠药熟睡后将其勒死，

但未待实施勒杀行为，被害人因吃了乙投放的安眠药死亡。这是构成要件提前实现，乙行为成立故意杀人既遂

C. 丙打算将含有毒药的巧克力寄给王某，但因写错地址而寄给了汪某，汪某吃后死亡。这既不是对象错误，也不是方法错误，丙的行为成立过失致人死亡罪

D. 丁误将生父当作仇人杀害。具体符合说与法定符合说都认为丁的行为成立故意杀人既遂

选项 解析 A 项，甲的行为属于狭义的因果关系的错误，不影响故意的成立，构成故意杀人罪既遂，但是这不是方法错误。故 A 项错误，当选。

B 项，乙的行为属于因果关系的错误中的构成要件的提前实现，乙主观上想杀人，客观上也杀死了人，行为与结果之间存在因果关系，因此，成立故意杀人罪既遂。故 B 项正确，不当选。

C 项，如果认为寄送即为着手，那么这就是着手后的错误，属于打击错误。刑法中的错误是实行行为中对危害结果的错误，不考虑预备行为，也不考虑与构成要件无关的事实的错误。写错地址是预备行为，同时也与构成要件无关，所以这种错误是无需考虑的。例如，（配制毒酒案）甲配制毒酒欲于次日毒杀乙，毒酒置于客厅桌上，甲外出打牌，忘关家门。当晚乙找甲聊天，误喝毒酒而死。由于甲配制毒酒的行为仅为预备行为，因此，此案就与打击错误或对象错误无关。在本案中，真正的错误是寄送毒药毒死他人，所以，如果采取投寄主义，那就是着手后的错误。无论如何，按照法定符合说，本案构成故意杀人罪的既遂。选择题如果没有特别说明，一般都采取法定符合说。故 C 项错误，当选。

D 项，误将生父当作仇人杀害，属于同一构成要件内的对象认识错误，具体符合说和法定符合说的处理是一致的。故 D 项正确，不当选。

参考 答案 AC

✎ 主客命题点

在构成要件的提前实现中，乙准备使被害人吃安眠药熟睡后将其勒死，如果安眠

药投放剂量较小，但由于被害人体质特殊，未待实施勒杀行为，被害人就因吃了乙投放的安眠药死亡。在此情况下，由于乙的投放安眠药的行为一般不会致人死亡，所以并非故意杀人行为，只能评价为过失致人死亡和故意杀人罪（未遂）。

72. 甲与乙因情生仇。一日黄昏，甲持锄头路过乙家院子，见甲妻正在院内与一男子说话，以为是乙举锄就打，对方重伤倒地后遂发现是乙哥哥。甲心想，打伤乙哥哥也算解恨。关于甲的行为，下列哪些选项是错误的？（2010/2/54-多）

A. 甲的行为属于对象错误，成立过失致人重伤罪

B. 甲的行为属于方法错误，成立故意伤害罪

C. 根据法定符合说，甲对乙成立故意伤害（未遂）罪，对乙哥哥成立过失致人重伤罪

D. 甲的行为不存在任何认识错误，理所当然成立故意伤害罪

选项 解析 这属于同一构成要件，也即具体事实认识错误中的对象错误。无论采取法定符合说还是具体符合说，甲的行为都成立故意伤害罪（致人重伤）。据此，A、B、C、D 项均错误，均当选。

参考 答案 ABCD

73. 甲想杀害身材高大的乙，打算先用安眠药使乙昏迷，然后勒乙的脖子，致其窒息死亡。由于甲投放的安眠药较多，乙吞服安眠药后死亡。对此，下列哪一选项是正确的？（2008/2/3-单）

A. 甲的预备行为导致了乙死亡，仅成立故意杀人预备

B. 甲虽已着手实行杀人行为，但所预定的实行行为（勒乙的脖子）并未实施完毕，故只能认定为未实行终了的未遂

C. 甲已着手实行杀人行为，应认定为故意杀人既遂

D. 甲的行为是故意杀人预备与过失致人死亡罪的想象竞合犯，应从一重罪论处

选项解析 本题考查因果关系的错误。一般认为，只要存在因果关系，因果关系的认识错误就不影响故意的成立。甲对乙投放过量安眠药的行为本身具有侵害乙生命的危险，属于故意杀人罪的着手行为，乙因服用过量安眠药而死亡，满足了故意杀人罪既遂的主客观条件，应成立故意杀人罪既遂。故C项正确。

参考答案 C

74. 甲欲杀乙，便向乙开枪，但开枪的结果是将乙和丙都打死。关于本案，下列哪些选项是正确的？（2008/2/54-多）

A. 根据具体符合说，甲对乙成立故意杀人既遂，对丙成立过失致人死亡罪

B. 根据法定符合说，甲对乙与丙均成立故意杀人既遂

C. 不管是根据具体符合说，还是根据法定符合说，甲对乙与丙均成立故意杀人既遂

D. 不管是根据具体符合说，还是根据法定符合说，甲对乙成立故意杀人既遂，对丙成立过失致人死亡罪

选项解析 本题考查同一构成要件的打击错误，存在具体符合说和法定符合说的争论。按照具体符合说，人与人不能等价，要分别评价，因此甲对乙成立故意杀人罪既遂，对丙成立过失致人死亡罪。按照法定符合说，人与人可以等价，只评价一次，因此甲对乙与丙均成立故意杀人罪既遂。故A、B项正确。

参考答案 AB

75. 甲意图勒死乙，将乙勒昏后，误以为乙已经死亡。为毁灭证据，又用利刃将所谓的"尸体"分尸。事实上，乙并非死于甲的勒杀行为，而是死于甲的分尸行为。关于本案，下列哪一选项是正确的？（2008延/2/4-单）

A. 甲的行为构成故意杀人（未遂）罪和过失致人死亡罪

B. 甲的行为构成故意杀人（未遂）罪、过失

致人死亡罪和侮辱尸体罪

C. 甲的行为构成故意杀人（既遂）罪和侮辱尸体罪

D. 甲的行为构成故意杀人（既遂）罪

选项解析 本题考查因果关系认识错误的问题。本案系事前的故意，根据通说，在存在相当因果关系的情况下，因果关系的认识错误一般不影响故意的成立。杀人之后毁坏尸体、湮灭证据是高概率事件，所以甲的分尸行为与乙的死亡结果之间存在相当因果关系。故D项正确。

参考答案 D

✎ 主客命题点

　　事前故意经常在主观题中出现，因此，需要掌握事前故意的两种学说：一种是相当因果关系说，这是通说，成立故意杀人罪既遂；另一种是区分说，成立故意杀人罪未遂和过失致人死亡罪。

76. 甲在海边以杀人的故意将乙击倒，以为乙已死亡，但其实乙只是陷入昏迷。后甲离开。关于甲的行为，下列选项正确的有：（2023-回忆版-多）

A. 如果甲通知丙去收尸，丙到现场后发现乙清醒了，遂用石头将其砸死，则甲构成故意杀人罪未遂

B. 如果甲次日回到现场，打算收尸，将昏迷的乙扔到海中，乙被水呛死，则甲构成故意杀人罪既遂

C. 如果甲离开后，乙因趴在地上吸入沙子导致窒息死亡，则甲构成故意杀人罪未遂

D. 如果乙醒来后，因为头昏脑涨跌入海中被淹死，则甲构成故意杀人罪既遂

选项解析 本题考查故意杀人罪中的因果关系和共同犯罪问题。

　　A项，因果关系被切断，乙是被丙砸死的，甲构成故意杀人罪未遂。故A项正确。

　　B项，事前故意，是指行为人误认为第一个行为已经造成危害结果，出于其他目的实施了第二个行为，但实际上第二个行为才导致预期结果的发生。事前故意必须发生在同一个时空

场合，在整体上可以被评价为一个行为。但在 B 项中，甲的行为在时间和空间上已经被切断，甲的前行为已经构成故意杀人罪未遂，次日的抛尸行为导致乙溺水身亡，单独评价为过失致人死亡罪，前后两罪数罪并罚。故 B 项错误。

C 项，尽管乙的死亡结果直接归因于沙子造成的窒息，但该结果的发生系甲的前行为所引起的，因此，甲的前行为与乙的死亡结果之间具有因果关系，甲构成故意杀人罪既遂。故 C 项错误。

D 项，甲制造了乙的法益受损的危险，人在海边昏迷醒来时落水的危险很大，因此，甲的行为与乙的死亡结果之间存在因果关系，甲构成故意杀人罪既遂。故 D 项正确。

参考答案 **AD**

77. 甲为杀害仇人林某在偏僻处埋伏，见一黑影过来，以为是林某，便开枪射击。黑影倒地后，甲发现死者竟然是自己的父亲。事后查明，甲的子弹并未击中父亲，其父亲患有严重心脏病，因听到枪声后过度惊吓死亡。关于甲的行为，下列哪一选项是正确的？（2007/2/5-单）

A. 甲构成故意杀人罪既遂
B. 甲构成故意杀人罪未遂
C. 甲构成过失致人死亡罪
D. 甲对林某构成故意杀人罪未遂，对自己的父亲构成过失致人死亡，应择一重罪处罚

选项解析 本题考查对象错误和刑法中的因果关系问题。本案是典型的对象错误，法定符合说和具体符合说的处理结论都是一致的，行为人主观上想杀人，而客观上又杀了人，那么就符合故意杀人罪的构成要件，成立故意杀人罪的既遂。同时，因果关系的认识错误，只要存在因果关系就不影响故意的成立。在本案中，甲的枪击行为与其父的死亡结果之间存在因果关系。甲对其父亲的死亡成立故意杀人罪既遂。故 A 项正确。

参考答案 **A**

78. 吴某被甲、乙合法追捕。吴某的枪中只有一发子弹，认识到开枪既可能打死甲也可能

打死乙。设定吴某对甲、乙均有杀人故意，下列哪一分析是正确的？（2016/2/5-单）

A. 如吴某一枪没有打中甲和乙，子弹从甲与乙的中间穿过，则对甲、乙均成立故意杀人罪未遂
B. 如吴某一枪打中了甲，致甲死亡，则对甲成立故意杀人罪既遂，对乙成立故意杀人罪未遂，实行数罪并罚
C. 如吴某一枪同时打中甲和乙，致甲死亡、乙重伤，则对甲成立故意杀人罪既遂，对乙仅成立故意伤害罪
D. 如吴某一枪同时打中甲和乙，致甲、乙死亡，则对甲、乙均成立故意杀人罪既遂，实行数罪并罚

选项解析 吴某对甲、乙的死亡都存在犯罪故意，所以这不属于打击错误。一个行为触犯数个罪名，应当按照想象竞合原理来处理。

吴某主观上想杀人，客观上没有出现死亡结果，对甲、乙均成立故意杀人罪未遂。故 A 项正确。

吴某对甲、乙两人都有杀的故意，所以对甲成立故意杀人罪既遂，对乙成立故意杀人罪未遂，但由于其只实施了一个行为，因此，应当从一重罪处理。故 B 项错误。

即便认为故意杀人罪和故意伤害罪在伤害的范围内重合，吴某的行为对乙也同时成立故意杀人罪的未遂和故意伤害罪的既遂，想象竞合，从一重罪，仍应以故意杀人罪的未遂论处，说"仅"成立故意伤害罪明显不妥。故 C 项错误。

一行为触犯数罪名，想象竞合，不可能数罪并罚。故 D 项错误。

参考答案 **A**

79. 警察带着警犬（价值 3 万元）追捕逃犯甲。甲枪中只有一发子弹，认识到开枪既可能只打死警察（希望打死警察），也可能只打死警犬，但一枪同时打中二者，导致警察受伤、警犬死亡。关于甲的行为定性，下列哪一选项是错误的？（2015/2/3-单）

A. 如认为甲只有一个故意，成立故意杀人罪未遂

B. 如认为甲有数个故意，成立故意杀人罪未遂与故意毁坏财物罪，数罪并罚

C. 如甲仅打中警犬，应以故意杀人罪未遂论处

D. 如甲未打中任何目标，应以故意杀人罪未遂论处

选项解析 本题属于概括性故意，而非打击错误。甲既有杀人的故意，又有毁坏财物的故意，但甲只实施了一个行为，一行为触犯数罪名，属于想象竞合犯，应当从一重罪论处，不应数罪并罚。故B项错误，当选。

参考答案 B

80. 甲在乙骑摩托车必经的偏僻路段精心设置路障，欲让乙摔死。丙得知甲的杀人计划后，诱骗仇人丁骑车经过该路段，丁果真摔死。关于本案，下列哪些选项是正确的？（2015/2/56-多）

A. 甲的行为和丁死亡之间有因果关系，甲有罪

B. 甲的行为属对象错误，构成故意杀人罪既遂

C. 丙对自己的行为无认识错误，构成故意杀人罪既遂

D. 丙利用甲的行为造成丁死亡，可能成立间接正犯

选项解析 关于因果关系的中断，一定是介入因素独立创造了一个新的危险，而在此案中，作为介入因素的丙只是利用了甲所创造的危险，因此，因果关系没有中断。本案的着手并非是设置路障时，而是路障发生作用时（只有当人马上要掉进路障才会对生命权发生现实侵犯的危险），所以甲是在偏僻的路段设置路障未着手时错误，是对象错误，构成故意杀人罪既遂。故A、B项正确。

丙出于杀死丁的主观心态，诱骗丁路过甲设置的路障，致使丁死亡，构成故意杀人罪既遂。故C项正确。

间接正犯的本质是利用非共犯的第三人来实施犯罪。D项中，丙利用的正是甲精心设计的犯罪工具，而甲对此并不知情，甲和丙也无法成立共同犯罪，因此，丙可能成立间接正犯。故D项正确。

参考答案 ABCD

解题思路 当选项中出现"可能"一词时，一般都是正确的。

📝 主客命题点

根据法定符合说，由于关注抽象的人，因此，甲试图杀一个抽象的人，丙帮助甲杀害抽象的人，丙属于片面帮助犯。但按照具体符合说，甲想杀具体的人，丙利用甲杀害丁，所以丙是间接正犯，两人不成立共同犯罪。这也是为什么题目中使用的是"可能"一词。

81. 关于事实认识错误，下列哪一选项是正确的？（2014/2/7-单）

A. 甲本欲电话诈骗乙，但拨错了号码，对接听电话的丙实施了诈骗，骗取丙大量财物。甲的行为属于对象错误，成立诈骗既遂

B. 甲本欲枪杀乙，但由于未能瞄准，将乙身旁的丙杀死。无论根据什么学说，甲的行为都成立故意杀人既遂

C. 事前的故意属于抽象的事实认识错误，按照法定符合说，应按犯罪既遂处理

D. 甲将吴某的照片交给乙，让乙杀吴某，但乙误将王某当成吴某予以杀害。乙是对象错误，按照教唆犯从属于实行犯的原理，甲也是对象错误

选项解析 A项中，接听电话才是着手，因此是着手时发生的错误，属于对象错误。故A项正确。

B项是着手后的错误，属于打击错误，法定符合说认为甲的行为成立故意杀人既遂，但具体符合说认为甲的行为对乙成立故意杀人未遂，对丙成立过失致人死亡罪。故B项错误。

C项中，事前的故意是一种具体的事实认识错误，没有跨越犯罪构成。故C项错误。

D项中，共同犯罪人的认识错误应当分别判断，教唆犯的从属性并不包括认识错误的从属性。特别说明的是，认识错误只及于自身，不及于共犯人。比如，张三买凶杀人，雇请李四欲杀害王五，遂将正在买菜的"王五"指给李四看，后李四将"王五"杀害，但事实上，张三误将王六当成王五。显然，作为实行犯的李

四并未产生认识错误，但教唆犯张三却产生了认识错误，但不能认为因为教唆犯要从属于实行犯，所以教唆犯没有认识错误。D 项的问题在于用共犯从属性来判断认识错误。故 D 项错误。

参考答案 A

✏ 主客命题点

> 共同犯罪中的认识错误应当分别判断。甲、乙共同杀丙，误伤旁边的丁，致其死亡。按照法定符合说，甲、乙都构成故意杀人罪既遂；但按照具体符合说，两人都对丙构成故意杀人罪未遂，都对丁存在过失，如果丁只中一弹，无法区分系谁所射，则只能认定两人对丁的死亡都不承担责任。

82. 甲、乙合谋杀害丙，计划由甲对丙实施砍杀，乙持枪埋伏于远方暗处，若丙逃跑则伺机射杀。案发时，丙不知道乙的存在。为防止甲的不法侵害，丙开枪射杀甲，子弹与甲擦肩而过，击中远处的乙，致乙死亡。关于本案，下列哪些选项是正确的？（2017/2/53-多）

A. 丙的行为属于打击错误，依具体符合说，丙对乙的死亡结果没有故意

B. 丙的行为属于对象错误，依法定符合说，丙对乙的死亡结果具有故意

C. 不论采取何种学说，丙对乙都不能构成正当防卫

D. 不论采用何种学说，丙对甲都不构成故意杀人罪未遂

选项解析 本题非常复杂。

首先，丙的行为是一种客观错误，而非主观错误，所以是打击错误，按照具体符合说，丙对乙的死亡结果只具有过失，不具有故意。故 A 项正确，B 项错误。

其次，丙在客观上对乙的行为属于防卫，由于丙主观上有防卫认识和防卫意志，客观上有防卫事实，所以成立正当防卫。如果按照法定符合说，防卫认识不需要非常具体的认识，只要有概括性认识即可。在本案中，丙认识到有人在攻击他，虽然没有具体认识到有两个人攻击，但仍存在概括性的防卫认识。丙所误击的

第三人乙客观上属于不法侵害人，这可以成立正当防卫。故 C 项错误。

最后，由于丙对甲具有正当防卫的意图，所以其对甲不可能成立故意杀人罪未遂。故 D 项正确。

参考答案 AD

✏ 主客命题点

> 在本案中，法定符合说采取抽象防卫说，丙主观上想打坏人，客观上也打了坏人，所以是正当防卫。具体符合说采取具体防卫说，丙主观上想打甲，但客观上打了乙，由于乙客观上也是坏人，所以是偶然防卫。因此，无论按照哪种观点，丙对甲都不可能成立故意杀人罪未遂。

83. 情形一：行为人欲打电话诈骗富人甲，却误对接电话的穷人乙诈骗 1 万元，行为人不知乙接电话。根据 X 学说，构成诈骗罪既遂。

情形二：行为人想拐卖 15 岁的女孩，但却拐卖了不满 14 岁的男童。根据 Y 学说，构成拐卖妇女罪未遂。

下列说法正确的是：（2020-回忆版-单）

A. X、Y 均是具体符合说

B. X、Y 均是法定符合说

C. X 是具体符合说；Y 是法定符合说

D. X 是具体符合说；Y 是抽象符合说

选项解析 无论是情形一还是情形二，均属于对象错误。情形一属于具体的事实认识错误，无论按照法定符合说还是具体符合说，都构成诈骗罪的既遂。需要说明的是，在具体的事实认识错误中，只存在具体符合说与法定符合说之争；在抽象的事实认识错误中，才存在抽象符合说与法定符合说之争。情形二属于选择性罪名中的对象错误，按照法定符合说，行为人主观上想拐卖妇女，客观上拐卖了儿童，可以理解为其主观上想拐卖妇女或儿童，客观上拐卖的是儿童，所以主客观在儿童的范围内重合，构成拐卖儿童罪既遂；但按照具体符合说的思维，妇女和儿童没有重合，所以行为人构成拐卖妇女罪的未遂。故 A 项正确。

至于抽象符合说，则是一种几乎被淘汰的理论，它认为在抽象的事实认识错误中，主观上想实施重罪，客观上实施了轻罪，无论轻罪和重罪是否存在重合，都可以构成轻罪的既遂。比如，主观上想杀人，客观上杀了猪，可以构成故意毁坏财物罪的既遂。

参考答案 A

84. 兹有如下案例，空格处应填入的内容是：

例1：甲欲杀乙，黑暗中误将丙杀害。根据_____认定甲构成故意杀人罪既遂。

例2：甲欲杀乙，不小心子弹射偏，击中丙，丙死亡。根据_____认定甲构成故意杀人罪既遂。（2020-回忆版-单）

A. 抽象符合说；具体符合说

B. 法定符合说；具体符合说

C. 具体符合说；具体符合说

D. 法定符合说；法定符合说

选项解析 无论是例1还是例2，均属于具体的事实认识错误，只存在具体符合说与法定符合说之争。在抽象的事实认识错误中，才存在抽象符合说与法定符合说之争。故A项不当选。

同时，例1中，甲属于对象错误，无论采取具体符合说还是法定符合说，均能够认定甲的行为构成故意杀人罪既遂。例2中，甲属于打击错误，按照具体符合说，甲针对乙构成故意杀人罪未遂，针对丙构成过失致人死亡罪；按照法定符合说，甲针对乙、丙均构成故意杀人罪既遂。故B、C项不当选，D项当选。

参考答案 D

85. 甲、乙出于共同杀害的故意，致丙重伤，看丙没气了，两人以为丙死亡。乙先行离开，让甲留下来处理"尸体"。甲在处理时发现丙尚有气息，遂猛踢其头部一脚，致其死亡。关于本案的分析，下列说法正确的是：（2022-回忆版-单）

A. 甲、乙均构成故意杀人罪既遂

B. 甲构成故意杀人罪既遂，乙构成故意杀人罪未遂

C. 乙存在事前的故意，不影响故意杀人罪既遂的认定

D. 乙构成故意杀人罪未遂，甲构成故意杀人罪未遂与故意杀人罪既遂，数罪并罚

选项解析 在本案中，乙的行为没有导致丙死亡，故而认定为故意杀人罪未遂；甲之后杀人的行为单独认定为故意杀人罪（既遂）。因此，甲总体评价为故意杀人罪，无需数罪并罚。在本案中，后行为导致因果关系被切断，故不存在事前的故意。甲、乙的第一组行为成立故意杀人罪未遂的共同犯罪，甲的第二组行为单独构成故意杀人罪既遂。对于甲而言，后行为吸收了前行为，故只评价为故意杀人罪既遂。故B项正确，A、C、D项错误。

参考答案 B

86. 甲、乙共同向丙射击，欲杀害之，未料甲击中乙，致乙死亡。事后查明，丙也在朝甲瞄准射击。关于本案，下列说法正确的是：（2022-回忆版-单）

A. 甲存在打击错误，按照法定符合说，其对乙的死亡结果具有故意

B. 甲存在对象错误，按照具体符合说，其对乙的死亡结果具有过失

C. 无论采取何种观点，甲的行为均成立正当防卫

D. 无论采取何种观点，甲的行为均不构成故意杀人罪既遂

选项解析 本案属于打击错误而不是对象错误。故B项错误。

按照法定符合说，甲存在犯罪故意。故A项正确。

同时，按照具体符合说，甲的行为并非正当防卫。故C项错误。

另外，如果按照法定符合说的立场，甲也可能构成故意杀人罪既遂。故D项错误。

当然，即便认为甲成立偶然防卫（比如根据法定符合说的立场，把乙和丙两人视为抽象的一人），按照某些行为无价值的观点，也可以构成故意杀人罪既遂。总之，一般说来，若题目中出现"无论采取何种观点"的表述，通常

都是错误的。

 参考答案 A

87. 刘某雇佣甲杀仇人乙，给甲看了乙的照片，甲却将丙误认为是乙而杀害。关于本案的分析，下列说法正确的有：（2023-回忆版-多）

A. 甲属于对象错误，根据共犯从属性，刘某也属于对象错误

B. 甲针对乙构成犯罪预备，根据共犯从属性，刘某也构成犯罪预备

C. 无论采取何种观点，甲均构成故意杀人罪既遂

D. 无论采取何种观点，刘某均构成故意杀人罪既遂

选项解析 本题考查犯罪形态。

A 项，共犯中的认识错误需要进行个别判断，与共犯从属性无关。本案实行犯甲属于对象错误，但是教唆犯刘某属于打击错误。故 A 项错误。

B 项，阶段具有一致性，由于甲产生了对象错误，针对乙构成故意杀人罪预备，因此，刘某也对乙构成故意杀人罪预备。故 B 项正确。

C、D 项，实行犯甲存在对象错误，无论采用具体符合说还是法定符合说，针对丙均构成故意杀人罪既遂。教唆犯刘某存在打击错误，若采用法定符合说，针对丙构成故意杀人罪既遂；但是，若采用具体符合说，针对丙构成过失致人死亡罪或者意外事件。故 C 项正确，D 项错误。

参考答案 BC

第5讲 违法阻却事由

88. 甲、乙共同对丙实施严重伤害行为时，甲误打中乙致乙重伤，丙乘机逃走。关于本案，下列哪些选项是正确的？（2016/2/52-多）

A. 甲的行为属打击错误，按照具体符合说，成立故意伤害罪既遂

B. 甲的行为属对象错误，按照法定符合说，成立故意伤害罪既遂

C. 甲误打中乙属偶然防卫，但对丙成立故意伤害罪未遂

D. 不管甲是打击错误、对象错误还是偶然防卫，乙都不可能成立故意伤害罪既遂

选项解析 打击错误和对象错误的区别在于：打击错误是客观错误，是着手后错误；对象错误是主观错误，是着手时错误。本案中，甲的行为属于打击错误而非对象错误。根据法定符合说，对象错误和打击错误均不影响犯罪既遂的成立，而具体符合说则相反。本案中，根据法定符合说，甲的行为成立故意伤害罪既遂，根据具体符合说，甲的行为成立故意伤害罪未遂和过失致人重伤罪。故 A、B 项错误。

偶然防卫，是指在客观上加害人正在或即将对被告人或他人的人身进行不法侵害，但被告人主观上没有防卫意识，出于非法侵害的目的而对加害人使用了武力，客观上起到了防卫的效果。本案中，甲的行为属于偶然防卫。偶然防卫如何处理存在争议，但这并不影响甲的行为对丙成立故意伤害罪未遂，因为乙才是偶然防卫的对象而非丙。故 C 项正确。

乙虽然与甲实施共同犯罪行为，但由于其最终未能伤害丙，反而伤害了自己，作为实际上的被害人，乙的行为并未对其他人造成实际伤害后果，因此，乙无论如何也不可能成立故意伤害罪既遂。注意：故意伤害罪必须是造成他人伤害，即便按照法定符合说的等价理论（对他人的伤害等同于对自己的伤害），乙也不构成故意伤害罪。故 D 项正确。

参考答案 CD

89. 甲深夜盗窃 5 万元财物，在离现场 1 公里的偏僻路段遇到乙。乙见甲形迹可疑，紧拽住甲，要甲给 5000 元才能走，否则就报警。甲见无法脱身，顺手一拳打中乙左眼，致其眼部受到轻伤，甲乘机离去。关于甲伤害乙的行为定性，下列哪一选项是正确的？（2014/2/8-单）

A. 构成转化型抢劫罪

B. 构成故意伤害罪

C. 属于正当防卫，不构成犯罪

D. 系过失致人轻伤，不构成犯罪

选项解析 甲的盗窃行为已经结束，对于他人对甲的侵犯，可以进行正当防卫。如果不允许正当防卫，就会导致"黑吃黑"现象的猖獗，导致丛林法则盛行。更何况，甲所盗窃的财物最终也要被国家追缴并退赔被害人。故 C 项正确。

参考答案 C

90. 严重精神病患者乙正在对多名儿童实施重大暴力侵害，甲明知乙是严重精神病患者，仍使用暴力制止了乙的侵害行为，虽然造成乙重伤，但保护了多名儿童的生命。

观点：

①正当防卫针对的"不法侵害"不以侵害者具有责任能力为前提

②正当防卫针对的"不法侵害"以侵害者具有责任能力为前提

③正当防卫针对的"不法侵害"不以防卫人是否明知侵害者具有责任能力为前提

④正当防卫针对的"不法侵害"以防卫人明知侵害者具有责任能力为前提

结论：

a. 甲成立正当防卫

b. 甲不成立正当防卫

就上述案情，观点与结论对应错误的是下列哪些选项？（2014/2/52-多）

A. 观点①②与 a 结论对应；观点③④与 b 结论对应

B. 观点①③与 a 结论对应；观点②④与 b 结论对应

C. 观点②③与 a 结论对应；观点①④与 b 结论对应

D. 观点①④与 a 结论对应；观点②③与 b 结论对应

[选项]**解析** 如果采纳观点①"正当防卫针对的'不法侵害'不以侵害者具有责任能力为前提"，那么甲对乙的防卫行为仍成立正当防卫，这是三阶层犯罪构成的观点；而如果采纳观点②，甲的行为则不成立正当防卫，这是传统的四要件的观点。如果采纳观点③"正当防卫针对的'不法侵害'不以防卫人是否明知侵害者具有责任能力为前提"，那么甲的行为也属于正当防卫；但如果采纳观点④，由于甲已经知道乙为精神病人，故其并非正当防卫。所以，只有 B 项中观点与结论的对应是正确的，不当选。故 A、C、D 项错误，当选。

[参考]**答案** ACD

91. 关于正当防卫的论述，下列哪一选项是正确的？（2012/2/7-单）

A. 甲将罪犯顾某扭送派出所途中，在汽车后座上死死扼住激烈反抗的顾某头部，到派出所时发现其已窒息死亡。甲成立正当防卫

B. 乙发现齐某驾驶摩托车抢劫财物即驾车追赶，二车并行时摩托车撞到护栏，弹回与乙车碰撞后侧翻，齐某死亡。乙不成立正当防卫

C. 丙发现邻居刘某（女）正在家中卖淫，即将刘家价值 6000 元的防盗门砸坏，阻止其卖淫。丙成立正当防卫

D. 丁开枪将正在偷越国（边）境的何某打成重伤。丁成立正当防卫

[选项]**解析** 扭送属于法令行为，不属于正当防卫。A 项属于法令行为的过当。故 A 项错误。

B 项，乙的行为是驾车追赶劫匪齐某，齐某死亡是由于齐某自己驾车不慎，撞到护栏后与乙车相撞导致的，与乙的追赶行为没有因果关系。而乙的追赶行为本身根本不可能被认为是犯罪，所以，也就没有必要认定乙属于正当防卫。正当防卫必须是防卫行为导致危害结果。故 B 项正确。

注意：并非对任何违法犯罪行为都可以进行正当防卫，只是对那些具有进攻性、破坏性、紧迫性的不法侵害，在采取正当防卫可以减轻或者避免法益侵害结果的情况下，才宜进行正当防卫。比如，假冒注册商标罪、重婚罪、贿赂犯罪等虽然是犯罪行为，却不能对之进行正当防卫。C 项，卖淫行为虽然属于违法行为，但其不属于具有进攻性、破坏性、紧迫性的不法侵害，因此，不能对卖淫行为进行正当防卫。所以，丙不成立正当防卫。故 C 项错误。

正当防卫中，不法侵害所针对的法益必须是特殊的，一般而言是个人法益，个人法益不以本人的个人法益为限，也包括他人的个人法益。如果侵害国家法益、社会法益的行为同时也危及了个人法益，公民可以进行正当防卫。反之，与个人法益无关联性的、单纯的国家法益、社会法益则不应当属于正当防卫所要保护的范围。D 项，何某偷越国（边）境的行为只是单纯地侵犯了国家对于边境的管理制度这一国家法益，

不属于正当防卫的法益保护范围，所以，丁的行为不构成正当防卫。故 D 项错误。

参考答案 B

✎ 主客命题点

> 正当防卫行为客观上造成了损失。如果损失不是行为人的行为所导致的，或者行为根本没有造成损失，那自然不属于正当防卫。例如，小偷偷东西，主人大叫抓小偷，小偷慌忙逃跑，掉到水沟，溺毙。主人的行为与小偷的死亡结果之间没有因果关系，其行为并未导致小偷死亡，所以不属于正当防卫。

92. 陈某抢劫出租车司机甲，用匕首刺甲一刀，强行抢走财物后下车逃跑。甲发动汽车追赶，在陈某往前跑了 40 米处将其撞成重伤并夺回财物。关于甲的行为性质，下列哪一选项是正确的？（2007/2/2-单）

A. 法令行为　　　　B. 紧急避险
C. 正当防卫　　　　D. 自救行为

选项解析 在财产性违法犯罪情况下，行为虽然已经既遂，但被当场发现并同时受到追捕的，则认为不法侵害尚未结束，一直延续到不法侵害人将其所取得的财物藏匿至安全场所为止，追捕者在此之前可以适用正当防卫。甲对于逃跑中的抢劫犯陈某的追赶，符合正当防卫的时间条件。同时，面对持刀的陈某，甲的行为没有明显超过必要限度，成立正当防卫。故 C 项正确。

参考答案 C

93. 乙基于强奸故意正在对妇女实施暴力，甲出于义愤对乙进行攻击，客观上阻止了乙的强奸行为。

观点：

①正当防卫不需要有防卫认识

②正当防卫只需要防卫认识，即只要求防卫人认识到不法侵害正在进行

③正当防卫只需要防卫意志，即只要求防卫人具有保护合法权益的意图

④正当防卫既需要有防卫认识，也需要有防卫意志

结论：

a. 甲成立正当防卫

b. 甲不成立正当防卫

就上述案情，观点与结论对应正确的是哪一选项？（2011/2/7-单）

A. 观点①观点②与 a 结论对应；观点③观点④与 b 结论对应

B. 观点①观点③与 a 结论对应；观点②观点④与 b 结论对应

C. 观点②观点③与 a 结论对应；观点①观点④与 b 结论对应

D. 观点①观点④与 a 结论对应；观点②观点③与 b 结论对应

选项解析 通说认为，成立正当防卫需要行为人主观上具有防卫意图，防卫意图包括防卫认识与防卫意志。防卫认识是指防卫人认识到不法侵害正在进行；防卫意志是指防卫人出于保护国家、公共利益、本人或他人的人身、财产和其他权利免受正在进行的不法侵害的目的。防卫意图的重点在于防卫认识。只要行为人认识到自己的行为是与正在进行的不法侵害相对抗，一般就应当认为具有防卫意图。

在本案中，如果认为无需存在防卫认识即可成立正当防卫，那么只要甲在客观上针对的是不法侵害，即属于正当防卫，故观点①可以推出 a 结论；如果认为只需有防卫认识即可成立正当防卫，那么只要甲认识到不法侵害正在进行就可成立正当防卫，故观点②可以推出 a 结论；如果认为必须有防卫意志，即具有保护女方权益的意志，才成立正当防卫，那么甲是出于义愤而攻击对方，并不能推导出他具有保护女方权益的意志，所以只能推导出 b 结论；如果认为既要有防卫认识，又要有防卫意志才能成立正当防卫，那么甲出于义愤而攻击对方，有防卫认识，而没有防卫意志，也不成立正当防卫，只能推导出 b 结论。故 A 项当选。

参考答案 A

94. 关于正当防卫，下列哪一选项是错误的？

（2009/2/3-单）

A. 制服不法侵害人后，又对其实施加害行为，成立故意犯罪

B. 抢劫犯使用暴力取得财物后，对抢劫犯立即进行追击的，由于不法侵害尚未结束，属于合法行为

C. 动物被饲主唆使侵害他人的，其侵害属于不法侵害；但动物对人的自发侵害，不是不法侵害

D. 基于过失而实施的侵害行为，不是不法侵害

选项解析 已经制服了不法侵害人，说明犯罪行为已经结束，此时的防卫行为明显属于防卫不适时，成立故意犯罪。故 A 项正确，不当选。

在财产性犯罪中，虽然犯罪人已经取得财物，但可能通过当场取回财物，对抢劫犯进行追击的，仍然成立正当防卫。故 B 项正确，不当选。

动物被饲主唆使侵害他人的，动物属于工具，故而应当认定为人的不法侵害，因为不法意味着违法，而只有人能够成为违法的主体。动物对人的自发侵害不属于不法侵害，打死动物的，不成立正当防卫。注意：正当防卫中的不法侵害必须是人的不法侵害，因为正当防卫是"正"对"不正"。故 C 项正确，不当选。

过失也是犯罪，同是不法侵害，可以对其进行正当防卫。故 D 项错误，当选。

参考答案 D

95. 甲以杀人故意砍杀乙，乙反击。甲的仇人丙误以为乙故意伤害甲，遂以伤害之目的与乙共同伤害甲。乙误以为丙见义勇为，遂共同致甲重伤。乙、丙的行为如何定性？（2019-回忆版-多）

A. 无论如何，乙、丙均构成犯罪

B. 无论如何，乙、丙均不构成犯罪

C. 乙的行为属于正当防卫

D. 丙的行为属于偶然防卫

选项解析 在本案中，乙遭遇到不法侵害，其反击的行为属于正当防卫，根据《刑法》第 20 条第 3 款规定的特殊正当防卫，遭遇严重危及人身安全的暴力犯罪，造成对方伤亡的，不负刑事

责任。故 A 项不当选。

但是，丙的行为虽然客观上在和不法侵害作斗争，属于偶然防卫，但其主观上缺乏防卫认识和防卫意志，所以按照通说（防卫意识必要说），是不构成正当防卫的，应当以故意犯罪论处。故 B 项不当选。

因此，C、D 项当选。

参考答案 CD

解题思路 当出现"无论如何"这种表述时，一般都是错误选项，因为总有理论推导出不同结论。

96. 下列行为可以认定为正当防卫的有：（2019-回忆版-多）

A. 甲、乙在船上争执，乙自己不慎跌入水中，乙不会游泳便在水中呵斥甲救自己，甲害怕高大的乙上来侵害自己便没救，后乙被丙救了。即使甲对乙有救助义务，也因是正当防卫而不受刑事处罚

B. 乙在人迹罕至的地方开车撞了丙欲逃逸，被路过的甲看到，甲让乙及时送丙去医院，乙不去，于是甲将乙打伤。甲构成正当防卫

C. 甲半夜因为听到厨房有动静遂起床，结果发现瘦弱的小偷乙上半身已经进入室内，一条腿挂在外，卡在中间，甲看见后拿起厨房的刀猛砍乙头部致其重伤。甲构成正当防卫

D. 父亲甲撞见歹徒乙持刀抢劫女儿丙，于是与乙发生激斗，最终将歹徒反杀。甲成立正当防卫

选项解析 A 项中，乙自己不慎跌入河中，危险是其自己造成的，甲并无救助义务。同时，即便认为甲有救助义务，但由于本案并未造成实际损害，所以不是正当防卫。故 A 项不当选。

B 项中，对于不作为犯罪和过失犯罪都可以进行正当防卫，因此，对于乙的不作为行为，他人可以正当防卫。故 B 项当选。

C 项中，乙已经丧失犯罪能力，不法侵害已经结束，不能再进行正当防卫，甲的行为成立故意犯罪。故 C 项不当选。

D 项中，甲见到女儿处于严重危及人身安全

的危险之中，造成不法侵害人乙伤亡的，属于特殊正当防卫，不构成犯罪。故 D 项当选。

参考答案 BD

97. 甲在自家巷子口附近看到乙提着麻袋走出来，怀疑乙是偷狗之人，遂叫乙站住。乙放下麻袋就跑，甲紧追不舍，乙不慎被脚下石头绊倒。甲追上后，为了教训乙，对倒在地上的乙实施暴力，致其脑出血而死亡。经查明，乙确有偷狗行为，麻袋里是偷的狗。甲的行为如何定性？（2020-回忆版-单）

A. 正当防卫

B. 假想防卫

C. 防卫过当

D. 故意伤害（致人死亡）罪

选项解析 在财产犯罪中，不法侵害人虽已取得财物，但通过追赶、阻击等措施能够追回财物的，可以视为不法侵害仍在进行；对于不法侵害人确已失去侵害能力或者确已放弃侵害的，应当认定为不法侵害已经结束。本案中，乙摔倒在地时已经失去侵害能力，但是甲仍然对乙实施暴力，则属于事后防卫，以故意伤害（致人死亡）罪论处。故 A、B、C 项不当选，D 项当选。

参考答案 D

98. 刘某持西瓜刀闯进超市抢劫，超市员工陈某反击。二人扭打中，陈某夺下刀然后扔掉，碰巧砸中旁边的王某头部，致其重伤。刘某未取得财物，见状逃跑，出了超市后骑自行车逃跑。陈某追上，扑上前去，将刘某连人带车摔倒在地，刘某摔伤（轻伤），陈某也摔伤（重伤）。下列说法正确的是：（2020-回忆版-单）

A. 刘某对王某的重伤负刑事责任

B. 陈某致王某受重伤，属于正当防卫，不负刑事责任

C. 陈某致王某受重伤，属于防卫过当

D. 刘某对陈某的重伤不负刑事责任，不构成抢劫罪致人重伤

选项解析 刘某的抢劫行为与王某的重伤之间没有因果关系，因此，刘某对王某的重伤不负刑事责任。故 A 项错误。

陈某造成无辜的王某受重伤的行为，属于对王某的误伤，这种误伤并非在防卫意图的支配下，因此，不属于正当防卫，也不具有防卫性质。故 B、C 项错误。

虽然司法解释规定，在财产犯罪中，不法侵害人虽已取得财物，但通过追赶、阻击等措施能够追回财物的，可以视为不法侵害仍在进行。但本案中，不法侵害人刘某未取得财物而逃跑，此时陈某追赶，不存在夺回财物的问题，不是正当防卫行为，属于公民的扭送行为。刘某单纯的逃跑导致扭送人陈某受重伤，该结果不能归属于刘某，因为刘某的逃跑行为本身不具有法益侵害性。故 D 项正确。

参考答案 D

99. 乙、丙共同杀甲，甲无奈之下把丙拉到面前，挡住了乙的一刀。后丙死亡。甲的行为如何定性？（2022-回忆版-单）

A. 正当防卫　　　　B. 紧急避险

C. 防卫过当　　　　D. 避险过当

选项解析 丙是侵害人以外的第三人，甲不构成正当防卫；生命不可紧急避险，甲属于避险过当。故 D 项当选，A、B、C 项不当选。

参考答案 D

100. 甲骂乙是 200 斤的肥猪，乙将甲推倒在地，并用手掐身材瘦弱的甲的脖子。甲觉得呼吸困难无法反抗，遂抓起酒瓶砸乙。甲见乙不能动弹后，因为害怕就拿起玻璃碎片捅乙，最终导致乙重伤。甲的行为如何评价？（2023-回忆版-单）

A. 正当防卫

B. 防卫过当

C. 故意伤害罪既遂

D. 过失致人重伤罪

选项解析 本题考查正当防卫和防卫过当的有关问题。

在本案中，乙不能动弹，丧失了攻击能力，甲捅乙的行为属于事后防卫。故 A、B 项不当选。

甲明知道乙已经丧失了攻击能力，仍然继续，并非假想防卫，而是属于故意犯罪。故 C 项当项，D 项不当选。

参考答案 C

紧急避险与其他违法阻却事由 专题 13

101. 关于正当防卫与紧急避险，下列哪一选项是正确的？（2016/2/6-单）

A. 为保护国家利益实施的防卫行为，只有当防卫人是国家工作人员时，才成立正当防卫

B. 为制止正在进行的不法侵害，使用第三者的财物反击不法侵害人，导致该财物被毁坏的，对不法侵害人不可能成立正当防卫

C. 为摆脱合法追捕而侵入他人住宅的，考虑到人性弱点，可认定为紧急避险

D. 为保护个人利益免受正在发生的危险，不得已也可通过损害公共利益的方法进行紧急避险

选项解析 为了保护国家利益，任何人都可以进行正当防卫。比如，对于盗窃国家财产的行为，任何人都可以进行正当防卫。故 A 项错误。

为制止正在进行的不法侵害，使用第三者的财物反击不法侵害人的，对于财物的拥有者而言，这可能成立紧急避险，但是如果同时对不法侵害人造成了人身损害，则可以成立正当防卫。故 B 项错误。

紧急避险的前提条件是为了保护合法权益，为了保护非法权益是不能成立紧急避险的。故 C 项错误。

为保护个人利益免受正在发生的危险，不得已也可通过损害公共利益的方法进行紧急避险。比如，为了保护自己的生命权，不得已损害国家财产，当然可以成立紧急避险。故 D 项正确。

参考答案 D

102. 甲遭乙追杀，情急之下夺过丙的摩托车骑上就跑，丙被摔骨折。乙开车继续追杀，甲为逃命飞身跳下疾驶的摩托车奔入树林，丙 1 万元的摩托车被毁。关于甲行为的说法，下列哪一选项是正确的？（2009/2/4-单）

A. 属于正当防卫

B. 属于紧急避险

C. 构成抢夺罪

D. 构成故意伤害罪、故意毁坏财物罪

选项解析 正当防卫是"正对不正"，紧急避险是"正对正"。本案中，伤害的是无辜的第三者丙，因此，属于紧急避险。故 B 项正确。

本案中，甲的行为没有超过必要限度，因为甲面临的是杀身之危，即使造成了第三者丙一定的损害，也不宜认为是避险过当。如果把此题改动为"甲遭乙追杀，情急之下夺过乙的摩托车骑上就跑，乙被摔骨折"，那么，甲对乙人身的攻击成立正当防卫，但取财行为属于紧急避险，两者可能出现竞合。

参考答案 B

103. 关于被害人承诺，下列哪一选项是正确的？（2008/2/5-单）

A. 儿童赵某生活在贫困家庭，甲征得赵某父母的同意，将赵某卖至富贵人家。甲的行为得到了赵某父母的有效承诺，并有利于儿童的成长，故不构成拐卖儿童罪

B. 在钱某家发生火灾之际，乙独自闯入钱某的住宅搬出贵重物品。由于乙的行为事后并未得到钱某的认可，故应当成立非法侵入住宅罪

C. 孙某为戒掉网瘾，让其妻子丙将其反锁在没有电脑的房间一星期。孙某对放弃自己人身自由的承诺是无效的，丙的行为依然成立非法拘禁罪

D. 李某同意丁砍掉自己的一个小手指，而丁却砍掉了李某的大拇指。丁的行为成立故意伤害罪

选项解析 A项中，人不能交易，父母也无权处分孩子的人身权。故 A 项错误。

B项中，乙的行为属于推定性承诺，不构成犯罪。故 B 项错误。

C项中，作为成年人的孙某承诺放弃自己短暂的自由当然是有效的，丙的行为不构成犯罪。故 C 项错误。

D项中，丁实施的行为超出了李某的承诺范围，构成犯罪。故 D 项正确。

参考答案 D

104. 鱼塘边工厂仓库着火，甲用水泵从乙的鱼塘抽水救火，致鱼塘中价值 2 万元的鱼苗死亡。仓库中价值 2 万元的商品因灭火及时未被烧毁。甲承认仓库边还有其他几家鱼塘，为报复才从乙的鱼塘抽水。关于本案，下列哪一选项是正确的？（2015/2/4-单）

A. 甲出于报复动机损害乙的财产，缺乏避险意图

B. 甲从乙的鱼塘抽水，是不得已采取的避险行为

C. 甲未能保全更大的权益，不符合避险限度要件

D. 对2万元鱼苗的死亡，甲成立故意毁坏财物罪

选项解析 避险意图是紧急避险成立的主观要件，即行为人实行紧急避险必须是为了保护合法利益。甲从乙的鱼塘抽水救火，主观上是为了救火，属于"为了使他人的人身、财产和其他权利免受正在发生的危险"，有报复动机但并不影响避险意图的成立。故 A 项错误。

紧急避险是通过损害一个合法权益而保全另一合法权益，所以对于紧急避险的可行性必须严格限制。只有在不得已即没有其他方法可以避免危险时，才允许实行紧急避险。甲的仓库边虽然有其他的鱼塘，但在当时的情况下，火势紧急，无论从哪一家鱼塘抽水，都会造成损失，因此，从乙的鱼塘抽水是不得已的避险行为。故 B 项正确。

紧急避险的限度条件是要求避险行为不能超过其必要限度，造成不应有的损害。乙鱼塘鱼苗的价值和甲仓库商品的价值相当，但火灾

还可能危及人身和公共安全，所以保护的利益大于损失的利益。故 C 项错误。

甲选择用乙鱼塘的水灭火是在不得已的情形下实施的，所以甲的行为构成紧急避险，对于 2 万元鱼苗的死亡，甲不成立故意毁坏财物罪。故 D 项错误。

参考答案 B

105. 经被害人承诺的行为要排除犯罪的成立，至少符合下列四个条件：

①被害人对被侵害的_____具有处分权限；

②被害人对所承诺的_____的意义、范围具有理解能力；

③承诺出于被害人的_____意志；

④被害人必须有_____的承诺。

下列哪一选项与题干空格内容相匹配？（2011/2/8-单）

A. 法益——事项——现实——真实

B. 事项——法益——现实——真实

C. 事项——法益——真实——现实

D. 法益——事项——真实——现实

选项解析 被害人对所侵害的法益具有处分权限。被害人只能承诺个人法益，而不能承诺社会法益，即不能承诺公共利益。被害人对所承诺的事项的意义、范围具有理解能力，即承诺者需要对某一事项本身具有理解能力。承诺须出于被害人的真实意志，被骗的承诺是无效的。被害人必须有现实的承诺，而非可能的承诺，如果行为人仅仅是想象被害人会承诺，则不能阻却其行为的犯罪性。故 D 项当选。

参考答案 D

✎ 主客命题点

对风险的承诺是一种对可能性的承诺，并非现实的承诺，它属于对危险的接受，与对结果的承诺是两个不同的问题。比如，被害人明知他人酒后驾车危险但仍乘坐该车，结果发生了伤亡事故，这也只是对风险的承诺，对于该驾驶人员不能直接按照被害人同意原理而认定其行为不构成犯罪。

106. 关于正当防卫与紧急避险的比较，下列哪一选项是正确的？（2017/2/4-单）

A. 正当防卫中的不法"侵害"的范围，与紧急避险中的"危险"相同

B. 对正当防卫中不法侵害是否"正在进行"的认定，与紧急避险中危险是否"正在发生"的认定相同

C. 对正当防卫中防卫行为"必要限度"的认定，与紧急避险中避险行为"必要限度"的认定相同

D. 若正当防卫需具有防卫意图，则紧急避险也须具有避险意图

选项解析 正当防卫中的不法"侵害"直接来源于不法侵害人，紧急避险中的"危险"来源除了不法侵害人以外，还包含自然力量或野生动物的攻击等。故 A 项错误。

正当防卫中不法侵害"正在进行"是指不法侵害已经开始但尚未结束；紧急避险中危险"正在发生"则指危险已经发生或迫在眉睫并且尚未消除。紧急避险的时间条件比正当防卫更松，如果不法侵害还未开始，那么对于犯罪预备不能进行正当防卫，但有可能进行紧急避险。比如，张三听闻房客早八点要去杀人，就将房门锁了起来，这属于紧急避险。故 B 项错误。

正当防卫中防卫行为的"必要限度"是制止不法侵害、保护法益所必需的限度；紧急避险中避险行为的"必要限度"是所造成的损害要小于所避免的损害、足以排除危险所必需的限度。二者并不相同。故 C 项错误。

主张正当防卫需具有防卫意图的，主张紧急避险也需具有避险意图，防卫意识必要说也是通说的观点。故 D 项正确。

参考答案 D

107. 关于被害人承诺理论（不考虑数额和情节），下列选项正确的是：（2019-回忆版-单）

A. 甲误以为自己的爱马患了致命疾病，要求兽医乙对其进行安乐死。事后查明，市面上已经有了治疗该疾病的特效药。甲的承

诺无效

B. 城市居民甲收到乡下邻居乙的短信，问可否将其乡下住宅的院墙拆除。甲本欲回复"不可以"，但漏打了"不"字，乙遂将院墙拆除。甲的承诺无效

C. 乙组织贩卖人体器官，与甲约定以 10 万元的价格将其肾脏移植给他人。甲的承诺无效

D. 甲误以为马路灯光反射到室内的是火光，情急之下找不到钥匙，恳请路人乙破门灭火，乙照办。甲的承诺无效

选项解析 如果行为人没有意识到承诺人出现认识错误，则不影响承诺的有效性。在 A、B、D 项中，承诺人都出现了认识错误，但行为人对此并不知情，所以承诺有效。在 C 项中，器官买卖是法律所禁止的，只有通过合法途径捐献器官时，捐献者的承诺才可能有效；通过非法途径捐献器官的，其承诺的有效性被刑法所否定。因此，这种承诺是无效的。当然，这种承诺可以排除故意伤害罪的成立，但构成组织出卖人体器官罪。故 C 项正确。

参考答案 C

主客命题点

如果承诺人出现认识错误，行为人利用了这种错误，那么承诺就是无效的，行为人构成犯罪。比如，甲以为张三是其丈夫，和张三发生性关系；张三知道甲产生了误解，但将错就错。张三的行为构成强奸罪。

108. 《刑法》第 20 条第 3 款（特殊防卫）规定的"杀人、抢劫、强奸、绑架"是指_____而不是_____。在实施不法侵害过程中存在杀人、抢劫、强奸、绑架等严重危及人身安全的暴力犯罪行为的，如以暴力手段抢劫枪支、弹药、爆炸物或以绑架手段拐卖妇女、儿童的，可实施_____，有关行为没有严重危及人身安全的，应适用_____的法律规定。关于对应空格的填写，下列选项正确的是：（2021-回忆版-单）

A. 具体罪名；具体犯罪行为；特殊防卫；一般防卫

B. 具体犯罪行为；具体罪名；一般防卫；特殊防卫

C. 具体罪名；具体犯罪行为；一般防卫；特殊防卫

D. 具体犯罪行为；具体罪名；特殊防卫；一般防卫

选项解析 最高人民法院、最高人民检察院、公安部《关于依法适用正当防卫制度的指导意见》第16条规定，准确理解和把握"杀人、抢劫、强奸、绑架"。《刑法》第20条第3款规定的"杀人、抢劫、强奸、绑架"，是指具体犯罪行为而不是具体罪名。在实施不法侵害过程中存在杀人、抢劫、强奸、绑架等严重危及人身安全的暴力犯罪行为的，如以暴力手段抢劫枪支、弹药、爆炸物或者以绑架手段拐卖妇女、儿童的，可以实行特殊防卫。有关行为没有严重危及人身安全的，应当适用一般防卫的法律规定。故 D 项正确。

参考答案 D

109. 警察甲回家路上被乙持刀抢劫，遂佯装害怕，然后趁其不备偷袭乙，致其重伤。甲的行为如何定性？（2022-回忆版-单）

A. 正当防卫　　　B. 防卫不适时

C. 紧急避险　　　D. 防卫过当

选项解析 本案中，不法侵害属于正在进行的状态之中，根据《刑法》第20条第1款的规定，为了使国家、公共利益、本人或者他人的人身、财产和其他权利免受正在进行的不法侵害，而采取的制止不法侵害的行为，对不法侵害人造成损害的，属于正当防卫，不负刑事责任。因此，甲属于正当防卫。故 A 项当选。

参考答案 A

110. 甲、乙二人与丙素有仇怨，欲伺机报复。某日，甲、乙得知丙在歌舞厅消费，于是跟踪前往。甲、乙商定由甲进去寻找丙，乙在后门蹲守。甲进去数分钟后，丙从后门出来，在乙还没有看到丙时，丙基于之前的纠纷掏出随身携带的铁棍击打乙，乙掏出随身携带的小刀予以回击，最后二人均负轻伤。关于甲、乙、丙三人行为的评价，下列说法正确的是：（2023-回忆版-单）

A. 若乙成立正当防卫，甲也成立正当防卫

B. 乙虽然一开始就有伤害意图，但不影响正当防卫的成立

C. 由于乙有过错，因此针对丙成立防卫过当

D. 不管采用何种刑法学说，丙都不成立正当防卫

选项解析 本题考查《刑法》总则中正当防卫的内容。

A 项，甲主观上没有防卫意图，客观上没有防卫行为，不成立正当防卫。故 A 项错误。

B 项，乙虽然有伤害意图，但尚未实施实质性的侵害行为，面对丙率先实施的持械行凶，乙为保护自身的人身安全进行防卫，成立正当防卫。故 B 项正确。

C 项，即使乙存在犯罪意图，但对于丙率先发起的侵害行为，其仍然有防卫的权利，而且只造成了轻伤，不可能成立防卫过当。故 C 项错误。

D 项，丙的行为属于偶然防卫，刑法学界对此存在防卫认识必要说和防卫认识不要说两种观点，对其认定也有所不同。若采用防卫认识不要说，则只要丙客观上制止了不法侵害，就成立正当防卫。故 D 项错误。

参考答案 B

111. 关于刑事责任能力，下列哪一选项是正确的？（2016/2/3-单）

A. 甲第一次吸毒产生幻觉，误以为伍某在追杀自己，用木棒将伍某打成重伤。甲的行为成立过失致人重伤罪

B. 乙以杀人故意刀砍陆某时突发精神病，继续猛砍致陆某死亡。不管采取何种学说，乙都成立故意杀人罪未遂

C. 丙因实施爆炸被抓，相关证据足以证明丙已满15周岁，但无法查明具体出生日期。不能追究丙的刑事责任

D. 丁在14周岁生日当晚故意砍杀张某，后心生悔意将其送往医院抢救，张某仍于次日死亡。应追究丁的刑事责任

选项解析 A项属于原因自由行为，故意或过失导致自己陷入无责任能力状态，应当追究故意或过失的刑事责任。甲是第一次吸毒，对吸毒产生的后果持过失心态，所以应当追究过失的责任。故A项正确。但如果甲多次吸毒，知道吸毒会产生幻觉，仍然吸食，产生类似后果，则要追究故意犯罪的责任。

B项属于精神正常时犯罪，实行犯罪过程中精神病发作，丧失责任能力，该如何处理的问题。关于这个问题，至少有三种学说：①原因自由行为。行为人属于自陷危险，一般都按照故意犯罪的既遂处理。②行为一体论。将具有责任能力时的实行行为与陷入无责任能力的实行行为作为一个行为来处理。③作为因果关系的错误来处理。在陷入无责任能力状态前，就已经存在犯罪的未遂，对行为人是否适用既遂的刑法，取决于无责任能力状态的出现是否对因果关系有重大偏离，如果有，那就不属于既遂。一般认为，在这类案件中，偏离不重大，所以一般都成立既遂。换言之，一般认为，对此案应追究故意杀人罪既遂的责任。故B项错误。

C项，只要有证据证明行为人在14周岁以上，即使无法查明具体出生日期，也不影响追究其刑事责任。故C项错误。

D项，14周岁以上才负刑事责任，此处的14周岁指的是生日次日，因此，丁在实施（作为）行为时还未满14周岁，不应当追究其刑事责任。故D项错误。虽然《刑法修正案（十一）》增加了"已满12周岁不满14周岁的人，犯故意杀人、故意伤害罪，致人死亡或者以特别残忍手段致人重伤造成严重残疾，情节恶劣，经最高人民检察院核准追诉的，应当负刑事责任"的规定，但本项并没有说明报最高人民检察院核准，所以按照新的修正案，也不可追诉。

参考答案 A

📝 主客命题点

原因自由中的假想防卫应当如何处理？

例1：甲经常吸毒，一次吸毒产生幻觉，以为李四要攻击自己，遂将李四打成重伤。

例2：甲第一次吸毒产生幻觉，以为李四要攻击自己，遂将李四打成重伤。

这两个案件应当如何处理？假想防卫其实是一种责任减免事由，它符合故意伤害的构成要件，且具有违法性，只是在责任论上具有责任减免事由，可以否定故意，如果有过失则以过失犯罪论处，如果没有过失则属于意外事件。在例1中，甲属于故意的原因自由行为，故意不能被否定，因此，成立故意伤害罪；在例2中，甲属于过失的原因自由行为，其过失让自己陷入无能力状态，因此，成立过失致人重伤罪。

112. 关于责任年龄与责任能力，下列哪一选项是正确的？（2015/2/2-单）

A. 甲在不满14周岁时安放定时炸弹，炸弹于甲已满14周岁后爆炸，导致多人伤亡。甲对此不负刑事责任

B. 乙在精神正常时着手实行故意伤害犯罪，伤害过程中精神病突然发作，在丧失责任能力时抢走被害人财物。对乙应以抢劫罪论处

C. 丙将毒药投入丁的茶杯后精神病突然发作，丁在丙丧失责任能力时喝下毒药死亡。对丙应以故意杀人罪既遂论处

D. 戊为给自己杀人壮胆而喝酒，大醉后杀害他人。戊不承担故意杀人罪的刑事责任

选项解析 行为包括作为和不作为。A项中，甲在不满14周岁时安装定时炸弹的作为行为不构成犯罪。但是，如果行为人实施了一定的行为，则其在具备相应的辨认、控制能力时就具有防止结果发生的义务。虽然甲安放定时炸弹时不满14周岁，但是甲在满14周岁之后对于自己14周岁以前的行为所可能引起的危险具有排除的义务，其不作为的行为发生在满14周岁之后，应以不作为犯罪追究甲的刑事责任。故A项错误。（本项可以和上题2016/2/3-D项进行对比学习）

间歇性精神病人的行为是否成立犯罪，应以其实施行为时是否具有刑事责任能力为标准。B项中，乙在精神正常时着手实行故意伤害行为，如果构成犯罪，则应对故意伤害行为负责。但

是乙在实施抢走被害人财物行为时丧失责任能力，此时乙对于抢劫行为不具备辨认和控制能力，不能以抢劫罪追究其刑事责任。故B项错误。

C项中，丙将毒药放入丁的茶杯，实施故意杀人行为时精神是正常的，而且故意杀人行为已经实施完毕，丙具有辨认、控制能力，因此，丙应当承担故意杀人罪既遂的刑事责任。故C项正确。

《刑法》第18条第4款规定："醉酒的人犯罪，应当负刑事责任。"因此，D项中，戊为了壮胆，故意在喝醉后实施杀人行为，应当承担故意杀人罪的刑事责任。故D项错误。

参考答案 C

113. 甲患抑郁症欲自杀，但无自杀勇气。某晚，甲用事前准备的刀猛刺路人乙胸部，致乙当场死亡。随后，甲向司法机关自首，要求司法机关判处其死刑立即执行。对于甲责任能力的认定，下列哪一选项是正确的？（2011/2/4-单）

A. 抑郁症属于严重精神病，甲没有责任能力，不承担故意杀人罪的责任

B. 抑郁症不是严重精神病，但甲的想法表明其没有责任能力，不承担故意杀人罪的责任

C. 甲虽患有抑郁症，但具有责任能力，应当承担故意杀人罪的责任

D. 甲具有责任能力，但患有抑郁症，应当对其从轻或者减轻处罚

选项解析 精神病人是否负刑事责任，要看其是否丧失了辨认能力或控制能力。本题并未对此有交代。抑郁症不属于严重的精神病，从题干可以看出，甲具有一定的辨认或控制能力。故C项正确。

参考答案 C

解题思路 《刑法》中规定的应当从轻或减轻仅限于一老一小，所以也可以轻易得出D项错误的结论。

114. 《刑法》规定，在拐卖妇女、儿童过

程中奸淫被拐卖的妇女的，仅定拐卖妇女、儿童罪。15周岁的甲在拐卖幼女的过程中，强行奸淫幼女。对此，下列哪些选项是错误的？（2008/2/53-多）

A. 《刑法》第17条第2款没有规定15周岁的人对拐卖妇女、儿童罪负刑事责任，所以，甲不负刑事责任

B. 拐卖妇女、儿童罪包含了强奸罪，15周岁的人应对强奸罪承担刑事责任，所以，对甲应认定为拐卖妇女、儿童罪

C. 15周岁的人犯强奸罪的应当负刑事责任，所以，对甲应认定为强奸罪

D. 拐卖妇女、儿童罪重于强奸罪，既然15周岁的人应对强奸罪承担刑事责任，就应对拐卖妇女、儿童罪承担刑事责任，所以，对甲应以拐卖妇女、儿童罪与强奸罪实行并罚

选项解析 根据最高人民法院《关于审理未成年人刑事案件具体应用法律若干问题的解释》第5条的规定，已满14周岁不满16周岁的人实施《刑法》第17条第2款规定以外的行为，如果同时触犯了《刑法》第17条第2款规定的，应依照《刑法》第17条第2款的规定确定罪名，定罪处罚。因此，15周岁的甲实施拐卖幼女的行为虽不以拐卖儿童罪承担刑事责任，但其奸淫幼女的行为却属于强奸行为，应按照强奸罪处理。故C项正确，不当选；A、B、D项错误，当选。

参考答案 ABD

115. 关于刑事责任能力的认定，下列哪一选项是正确的？（2017/2/3-单）

A. 甲先天双目失明，在大学读书期间因琐事致室友重伤。甲具有限定刑事责任能力

B. 乙是聋哑人，长期组织数名聋哑人在公共场所扒窃。乙属于相对有刑事责任能力

C. 丙服用安眠药陷入熟睡，致同床的婴儿被压迫窒息死亡。丙不具有刑事责任能力

D. 丁大醉后步行回家，嫌他人小汽车挡路，将车砸坏，事后毫无记忆。丁具有完全刑事责任能力

选项解析 A项，法律规定，又聋又哑的人、盲人可以从轻或减轻、免除处罚。这属于减轻刑事责任能力人，而非限制刑事责任能力人。故A项错误。

B项，聋哑人、盲人由于生理上的原因，无法像正常人一样形成辨别是非的观念，因此可以从宽。聋哑仅指既聋且哑的人，盲人仅指双目失明的人，通常是天生的聋哑人、盲人或从小就失聪、失明的人。如果生理因素对其是非辨认能力没有影响，则不宜从宽处理。聋哑人属于减轻刑事责任能力人，对所有类型的犯罪都要承担刑事责任，只是可以从宽处理，不能认为是相对刑事责任能力人。相对刑事责任能力人仅限于对特定犯罪承担责任的人。故B项错误。

C项，丙服用安眠药陷入熟睡，不影响其责任能力的判断，致同床的婴儿被压迫窒息死亡，属于过失致人死亡。故C项错误。

D项，醉酒的人犯罪的，应当负刑事责任，属于完全刑事责任能力人。故D项正确。

参考答案 D

116. 王某多次吸毒，某日下午在市区超市门口与同居女友沈某发生争吵。沈某欲离开，王某将其按倒在地，用菜刀砍死。后查明：王某案发时因吸毒出现精神病性障碍，导致辨认控制能力减弱。关于本案的刑罚裁量，下列哪一选项是错误的？（2017/2/10-单）

A. 王某是偶犯，可酌情从轻处罚

B. 王某刑事责任能力降低，可从轻处罚

C. 王某在公众场合持刀行凶，社会影响恶劣，可从重处罚

D. 王某与被害人存在特殊身份关系，可酌情从轻处罚

选项解析 量刑情节以刑法是否有明文规定为标准可以分为法定情节与酌定情节。法定情节是刑法明文规定在量刑时应当予以考虑的情节；酌定情节是刑法未作明文规定，量刑时酌情考虑的情节。故A、C项正确，不当选。

王某由于吸毒行为出现精神病性障碍属于原因自由行为。根据原因自由行为的法理，对

于故意或过失导致自己陷入限制责任能力状态而实施犯罪的，应当追究刑事责任，没有法定的从轻处罚情节。故 B 项错误，当选。

王某与被害人之间为男女朋友关系，由于婚姻家庭、邻里纠纷等民间矛盾激化引发的故意杀人案件，犯罪人案发后积极赔偿、真诚悔罪、取得家属谅解的，可以依法从宽处罚。故 D 项正确，不当选。

参考答案 B

---

117. 甲明知乙系精神病人，只有辨认能力而无控制能力，仍然教唆乙打伤丙的一只眼睛。乙在打丙的时候突然产生了杀人的想法，把丙打死了。关于本案，下列说法正确的有：（2023-回忆版-多）

A. 甲不构成教唆犯，而构成间接正犯

B. 若是否构成共犯与行为能力无关，则在不能确定甲有支配意图时，才可认定甲构成教唆犯

C. 对于乙的行为，甲属于工具的实行过限，因此要负过失致人死亡的责任

D. 乙有辨认能力而无控制能力，应为限制刑事责任能力人，构成故意杀人既遂

选项解析 本题考查共同犯罪。

A 项，缺乏辨认能力或控制能力中的任何一种能力都属于无刑事责任能力人，甲对乙有绝对的支配力，构成间接正犯。故 A 项正确。

B 项，若不考虑共犯人在刑事责任上的行为能力，则在构成要件该当性和违法性层面（不法），甲、乙二人可以成立共犯。由于间接正犯要求甲有支配意图，因此，在不能确定甲有支配意图时，应作出存疑时有利于行为人的推断，甲可以构成教唆犯。故 B 项正确。

C 项，由于甲是间接正犯，即便认为其属于实行过限，故意杀人罪和故意伤害罪也只在故意伤害致人死亡的范围内重合，不可能评价为过失致人死亡罪。故 C 项错误。

D 项，缺乏辨认能力或控制能力中的任何一种能力都属于无刑事责任能力人。乙无控制能力，属于无刑事责任能力人。故 D 项错误。

参考答案 AB

---

118. 下列说法正确的有：（2018-回忆版-多）

A. 甲去森林打猎，猎杀了几只猫头鹰，但甲认为猫头鹰不是保护动物。甲的行为仍构成非法猎杀濒危野生动物罪

B. 乙系瘾君子，吸毒后以为他人要攻击自己，故对他人实施反击。乙的行为不构成故意犯罪

C. 丙看到某个房屋着火，屋里二楼有个婴儿，丙要救婴儿，但已经无法正常出去，只好将婴儿扔出窗外，导致其重伤。丙的行为构成故意伤害罪

D. 丁以牟利的目的复制淫秽物品后，又将其销毁。丁的行为成立犯罪既遂

选项解析 A 项，甲的行为是一种评价错误，一般人都应该知道猫头鹰是保护动物，所以甲的行为构成非法猎杀濒危野生动物罪。但如果甲误把猫头鹰当成家鸡杀死，那就是事实认识错误，可以排除犯罪故意。故 A 项正确。

B 项，瘾君子属于经常吸毒的人，因此，这属于故意陷入危险的原因自由行为，不是过失犯罪，而应当以故意犯罪论处。故 B 项错误。本项原型是彭崧故意杀人案。2005 年 5 月 5 日凌晨，被告人彭崧因服食摇头丸药性发作，在其暂住处福州市鼓楼区北江里新村 6 座 204 室内，持刀朝同室居住的被害人阮召森胸部捅刺，致阮召森抢救无效死亡。当晚 9 时许，被告人彭崧到福建省宁德市公安局投案自首。经精神病医学司法鉴定认为，彭崧系吸食摇头丸后出现精神病症状，在精神病状态下作案，评定为限制刑事责任能力。福州市中级人民法院认为，被告人彭崧故意非法剥夺他人生命，并致人死亡，其行为已构成故意杀人罪。

C 项，丙的行为属于比较特殊的紧急避险，它符合故意伤害罪的构成要件，但在违法性中出现了违法阻却事由。也有学者认为，丙的行为不符合故意伤害罪的构成要件，属于降低危险行为。但是按照这种观点可能会推出一种不合理的结论，当丙出来看到婴儿重伤，他是否有救助义务，送婴儿就医呢？如果认为丙的行为属于紧急避险，那是会产生救助义务的，但如果认为丙的行为属于危险降低行为，没有创

造侵害法益的行为，那就不会产生救助义务，显然后一种观点存在不合理之处。当然，无论采取何种观点，丙的行为都不构成故意伤害罪。故 C 项错误。

D 项，丁的行为属于复制淫秽物品牟利罪，

牟利的目的是一种主观超过要素，并不需要实际实现，因此，只要实施了复制行为，就成立犯罪既遂。故 D 项正确。

参考答案 AD

法律认识错误与期待可能性 专题 ⑮

119. 关于故意与违法性的认识，下列哪些选项是正确的？（2015/2/55-多）

A. 甲误以为买卖黄金的行为构成非法经营罪，仍买卖黄金，但事实上该行为不违反《刑法》。甲有犯罪故意，成立犯罪未遂

B. 甲误以为自己盗窃枪支的行为仅成立盗窃罪。甲对《刑法》规定存在认识错误，因而无盗窃枪支罪的犯罪故意，对甲的量刑不能重于盗窃罪

C. 甲拘禁吸毒的陈某数日。甲认识到其行为剥夺了陈某的自由，但误以为《刑法》不禁止普通公民实施强制戒毒行为。甲有犯罪故意，应以非法拘禁罪追究刑事责任

D. 甲知道自己的行为有害，但不知是否违反《刑法》，遂请教中学语文教师乙，被告知不违法后，甲实施了该行为。但事实上《刑法》禁止该行为。乙的回答不影响甲成立故意犯罪

选项解析 A 项，买卖黄金的行为不违反《刑法》，甲属于假想的有罪，不构成犯罪，更不构成犯罪未遂。故 A 项错误。

B 项，甲对法律规定是否有准确认识，并不影响对于甲行为的定性，评价的错误不影响定性，如果甲主观上认识到盗窃的对象是枪支，有盗窃枪支的故意，客观上实施了盗窃枪支的行为，则可以盗窃枪支罪追究甲的刑事责任。故 B 项错误。

C 项，甲主观上有拘禁他人的故意，客观上实施了非法拘禁的行为，其犯罪动机及对于行为违法性的认识并不影响其行为成立非法拘禁罪。故 C 项正确。

D 项，甲已认识到行为是有害的，中学语文教师的答复没有权威性，并不影响依照刑法追究甲的刑事责任。故 D 项正确。

参考答案 CD

120. 甲在从事生产经营的过程中，不知道某种行为是否违法，于是以书面形式向法院咨询，法院正式书面答复该行为合法。于是，甲实施该行为，但该行为实际上违反刑法。关于本案，下列哪一选项是正确的？（2008/2/4-单）

A. 由于违法性认识不是故意的认识内容，所以，甲仍然构成故意犯罪

B. 甲没有违法性认识的可能性，所以不成立犯罪

C. 甲虽然不成立故意犯罪，但成立过失犯罪

D. 甲既可能成立故意犯罪，也可能成立过失犯罪

选项解析 违法性认识错误一般不排除故意，除非这种认识错误是不可避免的，在这种情形下，即使行为人产生了法律认识错误，也不宜作为犯罪处理。在本案中，甲获得权威答复，认识错误不可避免。故 B 项正确。

参考答案 B

121. 关于期待可能性，下列哪一选项是错误的？（2008 延/2/5-单）

A. 行为人是否具有故意、过失，与是否具有期待可能性，是两个不同的问题。换言之，具有故意、过失的人，也可能没有期待可能性

B. 行为人犯罪后毁灭自己犯罪的证据的行为之所以不构成犯罪，是因为缺乏期待可能性

C. 在司法实践中，对于因遭受自然灾害外流谋生而重婚的，之所以不以重婚罪论处，是因为缺乏期待可能性

D. 身无分文的乞丐盗窃他人财物得以维持生存的，因为缺乏期待可能性，不应认定为盗窃罪

选项解析 期待可能性，是指根据具体情况，有可能期待行为人不实施违法行为而实施其他适法行为。如果不能期待行为人实施其他适法行为，则不能对其违法行为予以惩罚，有法不强人所难之意。这是一种责任阻却事由，也即在符合故意的情况下，排除其责任。故 A 项正确，不当选。

行为人毁灭自己的犯罪证据的，并不另外独立构成毁灭证据罪，因为通常情形下，行为人实施了犯罪行为后，均会毁灭证据。《刑法》第307条第2款（帮助毁灭、伪造证据罪）规定："帮助当事人毁灭、伪造证据，情节严重的，处3年以下有期徒刑或者拘役。"这其中不包括当事人本人毁灭、伪造证据。故 B 项正确，不当选。

C项中，即使行为人知道重婚行为构成犯罪，仍然实施重婚行为，也不可能期待行为人不去结婚，因此不具有实施适法行为的期待可能性。故 C 项正确，不当选。

乞丐难以维持生活而实施盗窃行为，社会生活并不允许，他完全可以通过劳动生存。故 D 项错误，当选。

参考答案 D

122. 关于违法性认识可能性，下列说法正确的有：（2019-回忆版-多）

A. 行为人咨询了工商局一个行为构不构成犯罪，得到否定答复，但该行为实际上符合犯罪构成。行为人有违法性认识可能性

B. 一般而言，不知法者不免责，除非没有违法性认识可能性

C. 缺乏违法性认识可能性是责任阻却事由

D. 缺乏违法性认识可能性可以阻却违法

选项解析 A项，工商局的答复是官方的正式答复，行为人没有违法性认识可能性，不构成犯

罪。故 A 项错误。

原则上不知法者不免责，但如果行为人无法避免出现这种认识错误，缺乏违法性认识可能性，则可以阻却责任，但是仍然符合构成要件且具备违法性。故 B、C 项正确，D 项错误。

参考答案 BC

123. 间歇性精神病人在不能辨认或者不能控制自己行为时，实施严重危害社会行为的，该如何处理？（2020-回忆版-单）

A. 应当负刑事责任

B. 不负刑事责任

C. 应当负刑事责任，但可以减轻或者免除处罚

D. 应当负刑事责任，但可以从轻或者减轻处罚

选项解析 《刑法》第18条第1~3款明确规定，精神病人在不能辨认或者不能控制自己行为的时候造成危害结果，经法定程序鉴定确认的，不负刑事责任，但是应当责令他的家属或者监护人严加看管和医疗；在必要的时候，由政府强制医疗。间歇性的精神病人在精神正常的时候犯罪，应当负刑事责任。尚未完全丧失辨认或者控制自己行为能力的精神病人犯罪的，应当负刑事责任，但是可以从轻或者减轻处罚。故 A、C、D 项不当选，B 项当选。

参考答案 B

124. 关于刑事责任年龄，下列说法正确的是：（2021-回忆版-单）

A. 甲犯故意杀人罪，身份证上已满16周岁，但有实际文件证明其年仅15周岁，不承担刑事责任

B. 14周岁的乙故意杀人，即使不经最高人民检察院核准追诉，也应承担刑事责任

C. 15周岁的丙，投毒要承担刑事责任，投放其他危险物质不承担刑事责任

D. 张某与14周岁的丁共同贩毒，丁不构成犯罪

选项解析 A、B项，已满14周岁不满16周岁的人，犯故意杀人罪的，应当负刑事责任。即使有实际文件证明甲年仅15周岁，犯故意杀人罪

的，也应当负刑事责任。故 A 项错误。同样，14 周岁的乙故意杀人，即使不经最高人民检察院核准追诉，也应承担刑事责任。故 B 项正确。

C 项，已满 14 周岁不满 16 周岁的人，犯投放危险物质罪的，应当负刑事责任。投毒是投放危险物质的一种，无论投毒还是投放其他危险物质，都承担刑事责任。故 C 项错误。

D 项，已满 14 周岁不满 16 周岁的人，犯贩卖毒品罪的，应当负刑事责任。14 周岁的丁贩毒，构成贩卖毒品罪。故 D 项错误。

参考答案 B

125. 关于刑事责任，下列说法错误的有：
（2021-回忆版-多）

A. 甲在高强度精神病发作时（已经法定程序鉴定确认）疯狂砍杀李某，后恢复正常，发现李某是仇人，继续疯狂砍杀。尽管不清楚李某是在什么时候死亡的，但是甲仍构成故意杀人罪既遂

B. 13 周岁的乙犯以危险方法危害公共安全罪，过失致多人死亡的，不负刑事责任

C. 15 周岁的丙运输、贩卖毒品的，以贩卖、运输毒品罪论处

D. 丁 14 周岁生日当晚砍人 30 刀，被害人第二天死亡，即使不经最高人民检察院核准追诉，丁也要负刑事责任

选项解析 A 项，甲在高强度精神病发作时疯狂砍杀李某，后恢复正常，发现李某是仇人，继续疯狂砍杀，不清楚李某是在什么时候死亡的。根据存疑有利于被告人原则，推定李某是在甲精神病发作时死亡的。精神病人在不能辨认或者不能控制自己行为的时候造成危害结果，经法定程序鉴定确认的，不负刑事责任。后甲恢复正常，发现李某是仇人，继续疯狂砍杀，此时甲有杀人的故意，但没有导致李某死亡的结果，因此，甲构成故意杀人罪（未遂）。故 A 项错误，当选。

B 项，已满 12 周岁不满 14 周岁的人，犯故意杀人、故意伤害罪，致人死亡或者以特别残忍手段致人重伤造成严重残疾，情节恶劣，经最高人民检察院核准追诉的，应当负刑事责任。13 周岁的乙犯以危险方法危害公共安全罪，致多人死亡的，不构成故意杀人、故意伤害罪，不负刑事责任。故 B 项正确，不当选。

C 项，已满 14 周岁不满 16 周岁的人，犯故意杀人、故意伤害致人重伤或者死亡、强奸、抢劫、贩卖毒品、放火、爆炸、投放危险物质罪的，应当负刑事责任。15 周岁的丙运输、贩卖毒品的，只能以贩卖毒品罪论处。故 C 项错误，当选。

D 项，丁 14 周岁生日当晚砍人 30 刀，被害人第二天死亡。丁的作为行为发生在 14 周岁生日当晚，因此，案发时丁是不满 14 周岁的人，未经最高人民检察院核准追诉的，不负刑事责任。故 D 项错误，当选。

参考答案 ACD

第7讲　犯罪的未完成形态

 16 专题　犯罪预备

126. 关于着手的认定，下列说法正确的有：
（2019-回忆版-多）

A. 如果认为开始实施具有实现犯罪的现实危险性的行为就是着手，那么，行为人通过邮局将毒药寄给外地的某人，希望某人饮用后死亡的，就属于故意杀人罪的着手

B. 如果认为开始实行刑法分则所规定的某一犯罪构成客观要件的行为就是着手，那么，行为人故意造成财产损失的保险事故，意图骗取保险金的，就属于保险诈骗罪的着手

C. 如果认为侵害法益的危险达到紧迫程度的才是着手，那么，行为人对小孩说"去把隔壁叔叔桌上电脑偷过来"的，就属于盗窃罪的着手

D. 如果认为侵害法益的危险达到紧迫程度的才是着手，那么，行为人为了诈骗公私财物而伪造文书的，就属于诈骗罪的着手

选项解析 本题涉及有关着手的认定标准。关于着手的标准，在学界存在争议，一如任何问题都有正说、反说、折中说三种立场，关于着手的标准也至少有三种观点：①行为说。只要实施了构成要件的行为，就属于着手。比如，为了骗保，将被保险人杀害，还未去保险公司理赔，按照这种观点就属于着手。②结果说。只有

当对法益产生紧迫的威胁时，才能成立着手。按照这种观点，刚才的骗保案就还没有着手。③居于两者之间的行为危险说。这种学说认为，当开始实施具有现实危险性的行为时就是着手。在绝大多数案件中，结果说和行为危险说的结论是一样的，两者只是在隔离犯中结论可能不同。比如，甲通过邮局将毒药寄给李四，希望将其毒死。按照结果说，只有当李四收到毒药才属于着手（到达主义）；但按照行为危险说，只要甲寄送毒药，就存在致人死亡的现实危险，故属于着手（投递主义）。又如，间接正犯中，甲教唆10岁的小孩去盗窃。按照结果说，只有当小孩着手盗窃，甲才属于间接正犯的着手；但按照行为危险说，只要小孩接受教唆即为间接正犯的着手。

显然，A项的表述是行为危险说，寄送即为着手。故A项正确。

B项的表述是行为说。故B项正确。

C项的表述是结果说，按照这种观点，只有当小孩实施盗窃行为时，行为人的间接正犯才着手。故C项错误。

D项的表述也是结果说，按照这种观点，只有当对财产权有紧迫危险时，才成立着手，而在本案中则属于犯罪预备。故D项错误。

参考答案 AB

犯罪未遂　专题 **17**

127. 下列哪些选项中的甲属于犯罪未遂？
（2014/2/54–多）

A. 甲让行贿人乙以乙的名义办理银行卡，存入50万元，乙将银行卡及密码交给甲。甲用该卡时，忘记密码，不好意思再问乙。后乙得知甲被免职，将该卡挂失取回50万元

B. 甲、乙共谋傍晚杀丙，甲向乙讲解了杀害丙的具体方法。傍晚乙如约到达现场，但甲却未去。乙按照甲的方法杀死丙

C. 乙欲盗窃汽车，让甲将用于盗窃汽车的钥匙放在乙的信箱。甲同意，但错将钥匙放入丙的信箱，后乙用其他方法将车盗走

D. 甲、乙共同杀害丙，以为丙已死，甲随即离开现场。一个小时后，乙在清理现场时发现丙未死，持刀杀死丙

选项解析　在 A 项中，对于受贿罪而言，只要收受财物就成立既遂，所以甲为既遂。故 A 项不当选。

在 B 项中，甲对共同犯罪有促进力，因此，成立犯罪既遂。在共谋犯中，一般遵循"一人既遂、全体既遂"的原则。故 B 项不当选。

在 C 项中，甲主观上试图提供帮助，但客观上没有提供帮助，没有任何贡献力可以强化乙的犯罪意图，反而弱化了乙的犯罪意图，所以甲为犯罪未遂。故 C 项当选。

在 D 项中，甲、乙的故意杀人的共同犯罪行为已经结束，成立犯罪未遂，乙之后的行为属于另起犯意，甲对此不承担责任。故 D 项当选。

参考答案　CD

✎ 主客命题点

共犯脱离中的未遂现象：

如果共犯人乙主观上无脱离之意，但客观上产生脱离之效果，其他共犯人甲成立既遂，但乙可以成立犯罪未遂。例如，甲欲盗窃，让乙为其配钥匙，乙答应配好后给甲寄过去，但却寄到他人处。甲后单独

去盗窃，窃取数额较大之财物。乙的行为构成盗窃罪未遂。又如，甲决意入户盗窃，乙知情并提供了入户的钥匙，但是，甲出门时忘了带乙提供的钥匙，非常懊恼，到现场后翻窗入户窃取了财物。乙的行为构成盗窃罪未遂。

128. 关于故意犯罪形态的认定，下列哪些选项是正确的？（2013/2/54–多）

A. 甲绑架幼女乙后，向其父勒索财物。乙父佯装不管乙安危，甲只好将乙送回。甲虽未能成功勒索财物，但仍成立绑架罪既遂

B. 甲抢夺乙价值 1 万元项链时，乙紧抓不放，甲只抢得半条项链。甲逃走 60 余米后，觉得半条项链无用而扔掉。甲的行为未得逞，成立抢夺罪未遂

C. 乙欲盗汽车，向甲借得盗车钥匙。乙盗车时发现该钥匙不管用，遂用其他工具盗得汽车。乙属于盗窃罪既遂，甲属于盗窃罪未遂

D. 甲在珠宝柜台偷拿一枚钻戒后迅速逃离，慌乱中在商场内摔倒。保安扶起甲后发现其盗窃行为并将其控制。甲未能离开商场，属于盗窃罪未遂

选项解析　A 项，绑架以控制人质为既遂，不以勒索到财物为既遂。甲已经控制了幼女乙，绑架已经既遂。故 A 项正确。

B 项，抢夺以夺取财物为既遂。甲虽然抢夺了半条项链，但半条项链也是价值 5000 元的财物，甲已经成立抢夺既遂。既遂后处分赃物的行为，不影响既遂的认定。故 B 项错误。

C 项，甲主观上想提供帮助，但客观上没有提供帮助，无法强化犯罪意图，因此成立犯罪未遂。故 C 项正确。

D 项，盗窃的既遂标准一般采取行为人实际控制说。对于戒指、项链这些小东西，握在手

中或者装入口袋即视为实际控制，即为既遂。甲在珠宝柜台偷拿一枚钻戒后迅速逃离，此时盗窃已经既遂。既遂后被商场保安控制，不影响既遂的认定。故 D 项错误。

参考答案 AC

主客命题点

> 小件物品抓到手上一般就成立既遂，但如果发生在他人家中，则犯罪还未结束。比如，甲在乙家盗窃，看到戒指，拿在手上，但后来又觉得不妥，把戒指放回原处，这可以成立犯罪中止。

129. 甲欲杀乙，将乙打倒在地，掐住脖子致乙深度昏迷。30 分钟后，甲发现乙未死，便举刀刺乙，第一刀刺中乙腹，第二刀扎在乙的皮带上，刺第三刀时刀柄折断。甲长叹"你命太大，整不死你，我服气了"，遂将乙送医，乙得以保命。经查，第一刀已致乙重伤。关于甲犯罪形态的认定，下列哪一选项是正确的？（2012/2/8–单）

A. 故意杀人罪的未遂犯
B. 故意杀人罪的中止犯
C. 故意伤害罪的既遂犯
D. 故意杀人罪的不能犯

选项解析 本题原型是李官荣抢劫、故意杀人案（载《刑事审判参考》第 611 号，2010 年第 2集）。本题的题眼在"30 分钟后"，这意味着之前的杀人行为已经结束，属于犯罪停止之后再次实施犯罪，之前的停止状态已经成立犯罪未遂，而不是中止。即便认为前面的掐脖子行为成立未遂，后面的刀杀行为成立中止，由于未遂犯可以吸收中止犯，因此也只能评价为未遂犯。故 A 项正确，B 项错误。

甲主观上是杀人的故意，不是伤害的故意。因此，虽然乙身受重伤，但甲的行为不成立故意伤害罪的既遂。故 C 项错误。

不能犯是指在客观上无法达到既遂的情况，而本案在客观上是可以达到既遂的，所以不属于不能犯。故 D 项错误。

参考答案 A

主客命题点

> 自动放弃可重复加害的行为，成立中止。注意：自动放弃可重复加害的行为与未遂之后不能成立中止的区别。比如，甲欲杀死乙，第一发子弹击中乙腿部，第二发子弹打中乙的腹部，乙随即倒地，痛苦不堪，甲见状，未再继续枪杀。在这种情况下，数个枪击的举动都属于一个整体的故意杀人行为，在这个行为过程中自动停止，是可以成立犯罪中止的。在自动放弃可重复加害行为的情况下，行为并未中断，开枪行为与事后的放弃行为没有时空的阻断。但在未遂后不能成立中止的情况下，行为的发展进程中有明显的时空阻断。比如，丙对仇人王某猛砍 20 刀后离开现场。2 小时后，丙为寻找、销毁犯罪工具回到现场，见王某仍然没有死亡，但极其可怜，即将其送到医院治疗。丙的行为就不属于犯罪中止，而是犯罪未遂。

130. 因乙移情别恋，甲将硫酸倒入水杯带到学校欲报复乙。课间，甲、乙激烈争吵，甲欲以硫酸泼乙，但情急之下未能拧开杯盖，后甲因追乙离开教室。丙到教室，误将甲的水杯当作自己的杯子，拧开杯盖时硫酸淋洒一身，灼成重伤。关于本案，下列哪些选项是错误的？（2012/2/53–多）

A. 甲未能拧开杯盖，其行为属于不可罚的不能犯
B. 对丙的重伤，甲构成过失致人重伤罪
C. 甲的行为和丙的重伤之间没有因果关系
D. 甲对丙的重伤没有故意、过失，不需要承担刑事责任

选项解析 本题中，甲将硫酸倒入水杯带到学校，和乙争吵时，欲以硫酸泼乙，虽然情急之下未能拧开杯盖，但甲的行为仍具有使乙受到伤害的紧迫危险，因此，不属于不可罚的不能犯，而是犯罪未遂。故 A 项错误，当选。在考试中，一般说来，除了迷信犯外，不能犯绝大多数都

是未遂。

甲将装有硫酸的杯子放在教室，应当预见到自己的行为可能伤害到别人，因为疏忽大意而没有预见，致使丙被灼成重伤，甲的行为和丙的重伤之间存在因果关系，构成过失致人重伤罪。故B项正确，不当选；C、D项错误，当选。

参考答案 ACD

解题思路 成立不作为犯只是具备了客观方面的要素，还需根据主观要素确定是故意犯罪，还是过失犯罪。

131. 下列哪一行为成立犯罪未遂? (2015/2/5-单)

A. 以贩卖为目的，在网上订购毒品，付款后尚未取得毒品即被查获

B. 国家工作人员非法收受他人给予的现金支票后，未到银行提取现金即被查获

C. 为谋取不正当利益，将价值5万元的财物送给国家工作人员，但第二天被退回

D. 发送诈骗短信，受骗人上当后汇出5万元，但因误操作汇到无关第三人的账户

选项解析 A项，行为人以贩卖为目的，在网上订购毒品，还未获得毒品，属于贩卖毒品罪的预备行为。故A项不当选。(贩卖毒品罪以毒品实际交付转移为既遂标准。为了贩毒而购买毒品，还未出售的，属于预备犯。)

B项，国家工作人员非法收受的是请托人给予的现金支票，可以随时支取，属于收受贿赂的行为，成立犯罪既遂。故B项不当选。

C项，行贿罪的既遂与未遂的区分标志就是交付是否完成，交付完成即为犯罪既遂，即使第二天钱款被退回，也不影响犯罪既遂的成立。故C项不当选。

D项，行为人虽然实施了诈骗行为，但并未实际控制钱款，因此成立犯罪未遂。故D项当选。

参考答案 D

132. 关于犯罪未遂的认定，下列哪些选项是正确的? (2016/2/53-多)

A. 甲以杀人故意将郝某推下过街天桥，见郝某十分痛苦，便拦下出租车将郝某送往医院。但郝某未受致命伤，即便不送医院也不会死亡。甲属于犯罪未遂

B. 乙持刀拦路抢劫周某。周某说"把刀放下，我给你钱"。乙信以为真，收起刀子，伸手要钱。周某乘乙不备，一脚踢倒乙后逃跑。乙属于犯罪未遂

C. 丙见商场橱柜展示有几枚金锭 (30万元/枚)，打开玻璃门拿起一枚就跑，其实是值300元的仿制品，真金锭仍在。丙属于犯罪未遂

D. 丁资助林某从事危害国家安全的犯罪活动，但林某尚未实施相关犯罪活动即被抓获。丁属于资助危害国家安全犯罪活动罪未遂

选项解析 A项，甲在实施过程中主动放弃继续实施犯罪行为，并将郝某送医，最后也没有发生死亡结果，因此成立犯罪中止。如果郝某受到严重伤害，送医后挽救了他的生命，则成立犯罪中止，因此，没有受到严重伤害被送医就更成立犯罪中止，这也是举重以明轻的解释原理。故A项错误。

B项，乙没有主动放弃犯罪的意思，属于"已经着手实行犯罪，由于犯罪分子意志以外的原因而未得逞"的情形，成立犯罪未遂。故B项正确。

C项，丙对犯罪对象存在认识错误，误盗仿品，因此，其以数额巨大的财物为盗窃目标，具有侵犯财产法益的高度危险，成立犯罪未遂。最高人民法院、最高人民检察院《关于办理盗窃刑事案件适用法律若干问题的解释》第12条第1款也规定："盗窃未遂，具有下列情形之一的，应当依法追究刑事责任：①以数额巨大的财物为盗窃目标的；②以珍贵文物为盗窃目标的；③其他情节严重的情形。"故C项正确。

D项，资助危害国家安全犯罪活动罪是纯正的拟制正犯，被独立成罪。成立此罪不再考虑所资助者是否开始实施犯罪，无需再遵循共犯从属说，不需要考虑被帮助人的实行行为，只要行为人完成资助行为，即成立既遂。故D项错误。

参考答案 BC

主客命题点

注意盗窃等财产犯罪的既未遂现象。盗窃他人财物，结果偷得1万元假币，这构成盗窃罪。司法解释规定，盗窃毒品等违禁品，应当按照盗窃罪处理的，根据情节轻重量刑。在教室盗窃他人财物，结果偷得

250元财物，这不构成犯罪，因为没有达到普通盗窃的数额标准；在公共汽车盗窃，结果偷得250元财物，这构成盗窃罪（扒窃）既遂；在单位财务室盗窃，结果偷得250元财物，这构成盗窃罪未遂，属于司法解释所说的"以数额巨大的财物为盗窃目标"。

18 专题 **犯罪中止**

133. 甲以杀人故意放毒蛇咬乙，后见乙痛苦不堪，心生悔意，便开车送乙前往医院。途中等红灯时，乙声称其实自己一直想死，突然跳车逃走，3小时后死亡。后查明，只要当时送医院就不会死亡。关于本案，下列哪一选项是正确的？（2015/2/6-单）

A. 甲不对乙的死亡负责，成立犯罪中止

B. 甲未能有效防止死亡结果发生，成立犯罪既遂

C. 死亡结果不能归责于甲的行为，甲成立犯罪未遂

D. 甲未能阻止乙跳车逃走，应以不作为的故意杀人罪论处

选项解析 本案是介入因素独立导致的结果，甲的行为与乙的死亡结果之间不存在因果关系，不应归责于甲，因此，甲的行为成立犯罪中止。故A项正确，B、C项错误。

不作为犯罪要求行为人负有实施某种积极行为的特定的法律义务，即义务来源。犯罪行为可以作为义务来源，但需犯罪行为导致另一合法权益处于危险状态。本题中，危险状态系乙跳车逃走所致，这是乙自招危险，甲已经实施了积极有效的救助行为，成立犯罪中止，因此不应以不作为的故意杀人罪论处。故D项错误。

参考答案 **A**

134. 甲架好枪支准备杀乙，见已患绝症的乙跟跄走来，顿觉可怜，认为已无杀害必要。甲

收起枪支，但不小心触动扳机，乙中弹死亡。关于甲的行为定性，下列哪一选项是正确的？（2014/2/9-单）

A. 仅构成故意杀人罪（既遂）

B. 仅构成过失致人死亡罪

C. 构成故意杀人罪（中止）、过失致人死亡罪

D. 构成故意杀人罪（未遂）、过失致人死亡罪

选项解析 能达目的而不欲是犯罪中止，欲和不欲的判断标准应当采主观标准，即行为人主观上也想向合法性回归。甲主观上试图放弃犯罪，因此成立犯罪中止。同时，其过失行为又单独引起另外一个犯罪。故C项正确。

需要说明的是，由于中止的行为被独立评价为新的犯罪，所以甲构成故意杀人罪的中止，但中止本身是未造成损害结果的中止，应当免除处罚。

参考答案 **C**

 主客命题点

中止"造成损害"的认定：

造成损害的行为必须是中止前的犯罪行为，而不应是中止行为本身所导致的，因为中止行为本身所造成的结果是要独立评价的。比如，赵某黑夜进入某仓库盗窃，已经将价值3000余元的金属工具扛在肩上，正要搬出仓库时顿生悔悟，遂将金属工具还回原处，但不小心导致金属工具砸死了熟睡的管理人员。赵某的行为构成盗窃罪的中止（没有造成损害结果）与过失致人死亡罪。

135. 甲为杀乙，对乙下毒。甲见乙中毒后极度痛苦，顿生怜意，开车带乙前往医院。但因车速过快，车右侧撞上电线杆，坐在副驾驶位的乙被撞死。关于本案的分析，下列哪些选项是正确的？（2014/2/53-多）

A. 如认为乙的死亡结果应归责于驾车行为，则甲的行为成立故意杀人中止

B. 如认为乙的死亡结果应归责于投毒行为，则甲的行为成立故意杀人既遂

C. 只要发生了构成要件的结果，无论如何都不可能成立中止犯，故甲不成立中止犯

D. 只要行为人真挚地防止结果发生，即使未能防止犯罪结果发生的，也应认定为中止犯，故甲成立中止犯

选项解析 如果乙的死亡是由驾车行为所致，那么就和之前的投毒行为无因果关系，应当推定甲的措施属于有效措施，成立犯罪中止；如果乙的死亡是由投毒行为所致，显然甲的措施属于无效措施，成立犯罪既遂。故 A、B 项正确。

参考答案 AB

136. 关于犯罪停止形态的论述，下列哪些选项是正确的？（2012/2/54-多）

A. 甲（总经理）召开公司会议，商定逃税。甲指使财务人员黄某将 1 笔 500 万元的收入在申报时予以隐瞒，但后来黄某又向税务机关如实申报，缴纳应缴税款。单位属于犯罪未遂，黄某属于犯罪中止

B. 乙抢夺邹某现金 20 万元，后发现全部是假币。乙构成抢夺罪既遂

C. 丙以出卖为目的，偷盗婴儿后，惧怕承担刑事责任，又将婴儿送回原处。丙构成拐卖儿童罪既遂，不构成犯罪中止

D. 丁对仇人胡某连开数枪均未打中，胡某受惊心脏病突发死亡。丁成立故意杀人罪既遂

选项解析 A 项，黄某系自动放弃犯罪，属于犯罪中止。黄某自动放弃犯罪的行为相对于单位而言，系意志以外的原因，所以单位属于犯罪未遂。故 A 项正确。

违禁品能够成为财产犯罪的对象，比如，抢

劫毒品的，构成抢劫罪；盗窃假币的，构成盗窃罪。B 项，乙欲抢夺现金，实际上抢夺了假币，并没有超出同一犯罪构成，仍然构成抢夺罪既遂。故 B 项正确。根据司法解释的规定，抢夺、盗窃毒品等违禁品，应当按照抢夺、盗窃罪处理的，不考虑数额，而是根据情节轻重量刑。因此，如果行为人只想抢夺 200 元财物，则不构成犯罪；如果行为人想抢夺 100 万元，最后抢夺了 20 元，那么由于针对数额巨大的财物抢夺，其未遂需要处理，因此属于抢夺罪未遂；但如果抢夺的是假币、毒品等违禁物品，则直接以抢夺罪既遂论处。

拐卖不以卖出为既遂，只要以出卖为目的，完成拐骗、绑架、收买、贩卖、接送、中转六种行为之一的，即为既遂。所以，丙构成拐卖儿童罪既遂，而不是中止。故 C 项正确。

在行为导致有特殊体质的被害人伤亡的情况下，原则上行为与结果之间具有因果关系。D 项，丁主观上具有杀人的故意，客观上实施了杀人的行为，丁的开枪行为和胡某的死亡结果之间又具有因果关系，所以，丁构成故意杀人罪既遂。故 D 项正确。

参考答案 ABCD

137. 下列哪些选项不构成犯罪中止？（2011/2/54-多）

A. 甲收买 1 名儿童打算日后卖出。次日，看到拐卖儿童犯罪分子被判处死刑的新闻，偷偷将儿童送回家

B. 乙使用暴力绑架被害人后，被害人反复向乙求情，乙释放了被害人

C. 丙加入某恐怖组织并参与了一次恐怖活动，后经家人规劝退出该组织

D. 丁为国家工作人员，挪用公款 3 万元用于孩子学费，4 个月后主动归还

选项解析 拐卖儿童罪只要以出卖为目的，实施了控制住儿童的行为就是犯罪既遂。所以 A 项成立拐卖儿童罪的犯罪既遂。故 A 项当选。

绑架罪也是侵犯公民人身权利的犯罪，只要控制了被害人，就侵犯了被害人的人身自由，成立犯罪既遂。即使事后释放了被害人，也是

犯罪既遂。所以 B 项成立绑架罪的犯罪既遂。故 B 项当选。

组织、领导、参加恐怖活动组织罪犯罪既遂的标准只要有组织、领导、参加行为即可，不以行为人实施具体的犯罪行为为必要，如果还实施了具体的犯罪行为，则要与组织、领导、参加恐怖活动组织罪数罪并罚。所以 C 项成立组织、领导、参加恐怖活动组织罪的犯罪既遂。故 C 项当选。

行为人挪用公款的数额较大，时间也超过了 3 个月的，成立挪用公款罪的犯罪既遂。所以 D 项成立挪用公款罪的犯罪既遂。故 D 项当选。

参考答案 ABCD

138. 关于犯罪中止，下列哪些选项是正确的？（2010/2/57-多）

A. 甲欲杀乙，埋伏在路旁开枪射击但未打中乙。甲枪内尚有子弹，但担心杀人后被判处死刑，遂停止射击。甲成立犯罪中止

B. 甲入户抢劫时，看到客厅电视正在播放庭审纪实片，意识到犯罪要受刑罚处罚，于是向被害人赔礼道歉后离开。甲成立犯罪中止

C. 甲潜入乙家原打算盗窃巨额现金，入室后发现大量珠宝，便放弃盗窃现金的意思，仅窃取了珠宝。对于盗窃现金，甲成立犯罪中止

D. 甲向乙的饮食投放毒药后，乙呕吐不止，甲顿生悔意急忙开车送乙去医院，但由于交通事故耽误一小时，乙被送往医院时死亡。医生证明，早半小时送到医院乙就不会死亡。甲的行为仍然成立犯罪中止

选项解析 A 项是放弃本可继续重复侵害的行为，成立犯罪中止。虽然第一枪没有打中被害人，但在还可以继续开枪的情况下停止下来的，成立犯罪中止。故 A 项正确。

B 项中，甲所害怕的并非眼前而是将来的不利局面，即其担心的刑罚处罚并非马上起作用，对法律的敬畏使其向合法性回归，因此，成立犯罪中止。故 B 项正确。

C 项中，无论是巨额现金还是珠宝，都属于

财产，属于盗窃罪的法定对象（财物），财产是可以等价的，因此，甲的行为应成立盗窃罪的犯罪既遂，而非犯罪中止。故 C 项错误。

D 项中，介入因素并未切断危害行为与结果之间的因果关系，路上出现交通意外导致车辆拥堵在城市中是高概率事件，因此，成立犯罪既遂。故 D 项错误。

参考答案 AB

139. 甲因父仇欲重伤乙，将乙推倒在地举刀便砍，乙慌忙抵挡喊着说："是丙逼我把你家老汉推下粪池的，不信去问丁。"甲信以为真，遂松开乙，乙趁机逃走。关于本案，下列哪一项是正确的？（2009/2/5-单）

A. 甲不成立故意伤害罪

B. 甲成立故意伤害罪中止

C. 甲的行为具有正当性

D. 甲成立故意伤害罪未遂（不能犯）

选项解析 甲此时仍可以继续报仇，实现其犯罪目的，但甲自动放弃实施，向合法性回归（理性的犯罪人显然不会放过乙，而是应该打完乙后再打丙，但是甲居然放过了乙），因此，成立犯罪中止。故 B 项正确。

参考答案 B

解题思路 判断犯罪中止时，可以把自己带入犯罪人的立场，看你心理上面对的障碍大还是小，如果你是犯罪人，你会放过他吗？显然不会，所以是小障碍，故成立犯罪中止。

✎ 主客命题点

> 对比另案，甲欲射杀仇人乙，在瞄准"乙"时，突然发现被瞄准的并非"乙"，而是丙，于是放弃。在此情况下，一个理性的犯罪人同样也不会开枪，因为冤有头，债有主，所以成立犯罪未遂。

140. 丈夫在砍杀妻子的时候，不想被年幼的女儿看到，于是放弃砍杀。关于丈夫的行为定性，正确的有：（2019-回忆版-多）

A. 如果行为人基于同情而放弃犯罪，则成立

犯罪中止

B. 如果行为人本可以继续犯罪但放弃犯罪，即使伦理上不能犯罪，也成立犯罪中止

C. 如果行为人的行为是正常人能作出的选择，则不成立中止，只有很异常的行为才成立犯罪中止

D. 如果行为人是考虑到别人的感受停止了不法侵害，则成立犯罪中止

选项解析 自动性的判断可以综合采取心理说和规范回转说。第一步，根据主观心理说，只有行为人主观上认为可以继续犯罪，但放弃犯罪的，才可能成立中止。如果行为人主观上认为无法继续犯罪，即使在客观上还可以继续犯罪，也显然不成立中止。第二步，在此基础上，从规范的角度来看行为人的放弃是否在向合法秩序回归，也即根据理性犯罪人标准，由司法人员对行为人是否有从犯罪"回转"的"合法性回归"进行规范评价。这其实是对行为人的主观心理事实进行规范评价，在这种规范评价中，只有从规范上看，行为人具有向"合法性回归"的决心，那就没有特殊预防的必要，才能成立犯罪中止。

如果行为人出于同情而放弃，这显然是在向法倡导的价值回归，所以成立犯罪中止。故 A 项正确。

如果行为人出于伦理上不能，这要区分是伦理上的强烈不能，还是非强烈不能。比如，抢劫时，发现被害人是父亲，这是大障碍，所以成立犯罪未遂；但如果抢劫时遇到朋友而放弃，这依然是犯罪中止。在本案中，女儿出现，并非伦理上的强烈不能，所以依然可以成立犯罪中止。故 B 项正确。

规范回转的本质考虑的是理性的犯罪人，而非一般的正常人，因为正常人本来就不会实施犯罪。故 C 项错误。

如果行为人考虑他人感受而放弃，这依然是在向法倡导的价值回归，成立犯罪中止。故 D 项正确。

参考答案 ABD

141. 宋某欲杀害刘某，致刘某重伤昏迷。

宋某心生怜悯，想要抱起刘某送去医院救治，不料脚下一滑，和刘某一起摔倒在地。刘某原本已经生命垂危，加上摔倒，马上死亡。下列说法正确的有：(2020-回忆版-多)

A. 宋某构成故意杀人罪既遂，救助行为只能是量刑情节

B. 无论如何评价宋某的犯罪形态，宋某均须对刘某的死亡结果负责

C. 宋某构成故意杀人罪中止，属于"造成损害结果"，应当减轻处罚

D. 由于宋某没有正确预料刘某死亡的因果流程，故构成故意杀人罪未遂

选项解析 宋某的杀人行为与刘某的死亡结果之间介入了"抱起刘某送去医院救治，不料脚下一滑，和刘某一起摔倒在地"，该介入因素并未中断宋某的杀人行为与刘某的死亡结果之间的因果关系，刘某依然死于宋某所创造的杀害危险。因此，宋某的行为应评价为故意杀人罪既遂。故 A 项正确。

即便认为介入因素中断了宋某的杀人行为与刘某的死亡结果之间的因果关系，宋某的行为也应评价为故意杀人罪中止与过失致人死亡罪，前后数罪并罚。因此，无论如何评价宋某的犯罪形态，宋某均须对刘某的死亡结果负责。故 B 项正确。

介入因素并未中断宋某的杀人行为与刘某的死亡结果之间的因果关系，因此，宋某不构成犯罪中止。故 C 项错误。

虽然宋某没有正确预料刘某死亡的因果流程，但因果关系的认识错误不影响因果关系的认定，理应认定为故意杀人罪既遂。故 D 项错误。

参考答案 AB

142. 关于犯罪形态的判断，下列说法正确的有：(2022-回忆版-多)

A. 甲、乙两人抢劫丙，已经成功控制住丙。丙说："我没钱，一起回家去给你们取吧。"路上乙肚子痛未去，甲一人跟着丙回家。甲到丙家后，发现丙家徒四壁，顿生怜悯之心，遂放弃。甲构成抢劫罪中止，乙构

成抢劫罪未遂

B. 甲以揭发A的嫖娼事实为由，向A发微信勒索5万元，后来怕被抓，就告诉A不要钱了。但A不放心，还是把钱转到之前甲提供卡号的卡里。甲构成敲诈勒索罪既遂

C. 甲、乙犯罪后逃离，并商量，如果警察出现，就一起开枪将其打死。结果警察果真出现，甲举起双手，乙开枪打死警察。甲、乙均构成故意杀人罪既遂

D. 丈夫甲欲杀害妻子乙，将乙掐晕之后以为乙已死，遂嚎啕大哭，结果乙醒了过来，甲遂将妻子送往医院。甲构成故意杀人罪中止

选项解析 A项中，甲因为主观原因放弃犯罪，乙因为客观原因未得逞，因此，甲构成抢劫罪中止，乙构成抢劫罪未遂。故A项正确。

B项中，由于只有在被害人基于恐惧心理处分财物时，行为人才成立敲诈勒索既遂，因此，甲不构成敲诈勒索罪既遂。故B项错误。

C项中，二人成立故意杀人罪的共同犯罪，因此均构成故意杀人罪既遂。故C项正确。

D项中，丈夫杀人未得逞已经属于犯罪未遂，不可能再成立中止。故D项错误。

参考答案 AC

143. 《刑法》规定："对于中止犯，没有造成损害的，应当免除处罚；造成损害的，应当减轻处罚。"下列选项中，属于"造成损害"的中止犯的是：(2023-回忆版-单)

A. 赵某深夜闯入吴某家里，欲伤害正在卧室睡觉的吴某，吴某苦苦哀求赵某放过自己，赵某动了恻隐之心，遂放弃

B. 钱某意图拐卖妇女，在骗得妇女周某的信任后，以旅游的名义将周某带往外地寻找

买家。后钱某觉得周某不错，遂放弃出卖

C. 孙某给机场工作人员打电话，谎称机场里有炸弹，机场工作人员得知后立即疏散人群。后孙某后悔，打电话告诉机场工作人员并无炸弹，于是机场工作人员停止疏散人群

D. 李某以伤害王女士的家人为由向王女士勒索财物，王女士在巨大的心理恐慌之下准备给李某财物。后李某主动放弃，并向王女士赔礼道歉

选项解析 本题侧重于对刑法总则中关于中止犯的规定以及刑法分则重点罪名构成要件的考查。

首先应明确刑法总则关于中止犯的规定中"造成损害"的含义：符合轻罪的既遂并由中止行为之前的行为所造成。

A项，在该项的描述中，赵某涉及两个行为：非法侵入住宅行为和故意伤害行为。虽然故意伤害行为属于犯罪中止，但由于非法侵入住宅行为已经既遂，且由中止行为之前的行为所造成，因此属于"造成损害"的中止。故A项当选。

B项，钱某已在出卖意图的支配下将周某骗往外地，属于实力控制下的拐骗行为，拐卖妇女罪已经既遂。故B项不当选。

C项，孙某编造了虚假的爆炸威胁并造成了机场工作人员紧急疏散人群的后果，其行为已严重扰乱社会秩序，构成编造、故意传播虚假恐怖信息罪既遂。故C项不当选。

D项，李某的行为属于典型的以恶害相通告，且造成了被害人王女士的心理恐惧，但由于其尚未取得财物便主动放弃犯罪，属于犯罪中止，不过其并未"造成损害"。故D项不当选。

参考答案 A

144. 关于共同犯罪，下列哪一选项是正确的？（2010/2/6-单）

A. 甲、乙应当预见但没有预见山下有人，共同推下山上一块石头砸死丙。只有认定甲、乙成立共同过失犯罪，才能对甲、乙以过失致人死亡罪论处

B. 甲明知乙犯故意杀人罪而为乙提供隐藏处和财物。甲、乙构成共同犯罪

C. 交警甲故意为乙实施保险诈骗提供虚假鉴定结论。甲、乙构成共同犯罪

D. 公安人员甲向犯罪分子乙通风报信助其逃避处罚。甲、乙成立共同犯罪

选项解析 A项，甲、乙二人成立共同过失犯罪，而不成立共同犯罪，但认定他们的刑事责任的时候，由于不是共同犯罪，因此单独判断每个人的行为即可，没有必要先认定二人是"共同过失犯罪"，再去追究各行为人的刑事责任。故A项错误。

B项，犯罪后为他人提供隐藏处和财物的，不成立共同犯罪，这是一种事后帮助。故B项错误。

C项，保险诈骗罪属于身份犯，投保人、被保险人、受益人才可以构成本罪的实行犯，但其他人与上述主体可以成立保险诈骗罪的共同犯罪。故C项正确。

D项，事后提供帮助的人，不可能和前行为人成立共同犯罪。根据《刑法》第417条的规定，甲成立帮助犯罪分子逃避处罚罪。故D项错误。

参考答案 C

145. 甲、乙经共谋后到丙的住所对其实施了强奸，事后，甲趁丙不注意之机，将丙的钱包拿走。第二天，甲发现丙的钱包里有一张已经中了5万元的彩票，即兑了奖。就甲拿走被害人钱包和私自兑奖的行为而言，下列哪些选项是正确的？（2008 延/2/63-多）

A. 甲和乙成立盗窃罪的共同犯罪

B. 甲单独对自己的行为承担刑事责任

C. 甲的行为构成盗窃罪

D. 甲的行为构成盗窃罪和诈骗罪，应实行数罪并罚

选项解析 甲趁丙不注意，秘密窃取其钱包的行为构成盗窃罪。甲的强奸罪同案犯乙对此并没有参与，所以，甲的盗窃属于强奸罪的实行犯过限，由实行者甲单独承担。故A项错误，B项正确。

甲盗窃后将彩票兑奖的行为，属于事后不可罚行为，仅成立盗窃罪一罪。故C项正确，D项错误。根据最高人民法院、最高人民检察院《关于办理盗窃刑事案件适用法律若干问题的解释》第5条第1项的规定，盗窃不记名、不挂失的有价支付凭证、有价证券、有价票证的，应当按票面数额和盗窃时应得的孳息、奖金或者

奖品等可得收益一并计算盗窃数额。

参考答案 BC

146.

刘某专营散酒收售，农村小卖部为其供应对象。刘某从他人处得知某村办酒厂生产的散酒价格低廉，虽掺有少量有毒物质，但不会致命，遂大量购进并转销给多家小卖部出售，结果致许多饮者中毒甚至双眼失明。下列哪些选项是正确的？（2009/2/56-多）

A. 造成饮用者中毒的直接责任人是某村办酒厂，应以生产和销售有毒、有害食品罪追究其刑事责任；刘某不清楚酒的有毒成分，可不负刑事责任

B. 对刘某应当以生产和销售有毒、有害食品罪追究其刑事责任

C. 应当对构成犯罪者并处罚金或没收财产

D. 村办酒厂和刘某构成共同犯罪

选项解析 销售有毒、有害食品罪是片面对合犯，因此，刘某和村办酒厂不成立共同犯罪，应当分别定性。故 D 项错误。

同时，刘某知道酒中掺有少量有毒物质，所以单独构成销售有毒、有害食品罪。故 A 项错误，B 项正确。

经济犯罪一般都存在财产刑。故 C 项正确。

参考答案 BC

✎ 主客命题点

> 对向犯只有一方构成犯罪。销售假药罪，销售者构成犯罪，购买者不构成犯罪。片面对向犯不是共同犯罪。一般认为，不能把所对向一方看成另一方的共同犯罪，如购买假药者并非销售假药行为人的帮助犯。当然，如果销售者原本无意销售假药，但购买者竭力唆使，那么这显然属于销售假药罪的教唆犯。

147.

下列哪些选项中的双方行为人构成共同犯罪？（2012/2/55-多）

A. 甲见卖淫秽影碟的小贩可怜，给小贩 1000 元，买下 200 张淫秽影碟

B. 乙明知赵某已结婚，仍与其领取结婚证

C. 丙送给国家工作人员 10 万元钱，托其将儿子录用为公务员

D. 丁帮助组织卖淫的王某招募、运送卖淫女

选项解析 本题显然考查的是最广义的共犯，既包括任意共犯，又包括必要共犯，还包括拟制共犯。

A 项属于片面对合犯，不是共同犯罪，不当选。

B、C 项属于共同对合犯，成立共同犯罪，当选。

D 项，非实行行为实行化（拟制共犯）之后，虽然独立成罪，但和之前所帮助的实行行为依然有最广义共同犯罪关系，当选。

参考答案 BCD

148.

甲、乙共谋行抢。甲在偏僻巷道的出口望风，乙将路人丙的书包（内有现金 1 万元）一把夺下转身奔逃，丙随后追赶，欲夺回书包。甲在丙跑过巷道口时突然伸腿将丙绊倒，丙倒地后摔成轻伤，甲、乙乘机逃脱。甲、乙的行为构成何罪？（2009/2/7-单）

A. 甲、乙均构成抢夺罪

B. 甲、乙均构成抢劫罪

C. 甲构成抢劫罪，乙构成抢夺罪

D. 甲构成故意伤害罪，乙构成抢夺罪

选项解析 根据部分犯罪共同说，抢劫和抢夺在抢夺范围内重合，两人共谋行抢，这种行抢要根据客观行为来判断是抢劫还是抢夺，显然公然夺取属于抢夺，因此，甲、乙两人在抢夺的范围内成立共犯，但甲单独转化为抢劫罪。故 C 项当选。

参考答案 C

149.

甲、乙上山去打猎，在一茅屋旁的草丛中，见有动静，以为是兔子，于是一起开枪，不料将在此玩耍的小孩打死。在小孩身上，只有一个弹孔，甲、乙所使用的枪支、弹药型号完全一样，无法区分到底是谁所为。对于甲、乙的行为，应当如何定性？（2008 延/

2/6-单)

A. 甲、乙分别构成过失致人死亡罪

B. 甲、乙构成过失致人死亡罪的共同犯罪

C. 甲、乙构成故意杀人罪的共同犯罪

D. 甲、乙不构成犯罪

选项解析 共同过失应当分别定性。本案中，甲、乙主观上都有过失，但客观上没有证据证明是甲或乙所为，在法律上只能推定并非甲或乙所为，"疑罪从无"，主客观不统一，由于过失犯罪无未遂情况，所以，甲、乙均不构成犯罪。故 D 项当选。

参考答案 D

150. 甲、乙合谋窃取丙的信用卡，乙偷窥了丙的信用卡密码。之后，甲、乙趁机取走丙的信用卡。甲输入密码后，发现卡里有 7 万元，便取出 2 万元，将卡丢弃，并骗乙说只有 1 万元，分给乙 5000 元。对此，下列说法错误的有：(2018-回忆版-多)

A. 甲、乙共同成立盗窃罪，犯罪数额都是 7 万元

B. 甲的犯罪数额是 7 万元，乙的犯罪数额是 2 万元

C. 甲对乙成立诈骗罪

D. 乙的犯罪数额为 1 万元

选项解析 盗窃信用卡并使用构成盗窃罪，甲、乙成立盗窃罪的共同犯罪。最高人民法院、最高人民检察院《关于办理盗窃刑事案件适用法律若干问题的解释》第 5 条第 2 项规定，盗窃记名的有价支付凭证、有价证券、有价票证，已经兑现的，按照兑现部分的财物价值计算盗窃数额；没有兑现，但失主无法通过挂失、补领、补办手续等方式避免损失的，按照给失主造成的实际损失计算盗窃数额。丙的实际损失是 2 万元，所以甲、乙的盗窃数额都是 2 万元。故 A、B、C、D 项都错误，均当选。

参考答案 ABCD

151. 关于过失犯罪，下列说法正确的是：(2021-回忆版-单)

A. 甲、乙是工人，二人一起电焊，外出时都

没关火。后着火，不知道是谁的行为导致的。甲、乙二人共同构成重大责任事故罪

B. 房主把房屋出租给好几个租户，其中一个租户明知私拉电线会导致房屋着火仍然私拉电线，房主明知此行为而不制止，最终房屋着火。房主与该租户共同构成失火罪

C. 刘某甲、刘某乙、刘某丙三兄弟祭祖，三人商定刘某甲放鞭炮，刘某甲放鞭炮时不小心失火了。兄弟三人共同构成失火罪

D. 甲雇佣没有驾驶证的乙驾驶不合格的车，发生交通事故致人重伤。甲、乙二人共同构成交通肇事罪

选项解析 A 项，重大责任事故罪是过失犯罪，甲、乙二人不成立共同犯罪，二人的行为要分别评价。二人电焊没关火，不知道是谁的行为导致着火，根据存疑有利于被告的原则，二人均不对该结果负责。因此，二人均不构成重大责任事故罪。故 A 项错误。

B 项，租户私拉电线，房主有制止义务。房主应当制止而不制止，且对房屋着火有放任的心态，属于间接故意，构成不作为的放火罪，而非失火罪。故 B 项错误。

C 项，刘氏三兄弟祭祖，三人商定刘某甲放鞭炮，刘某甲放鞭炮时不小心失火了。刘某甲构成失火罪，刘某乙、刘某丙不构成失火罪。因为失火罪是过失犯罪，三人不成立共同犯罪，所以要对三人的行为分别评价。故 C 项错误。

D 项，最高人民法院《关于审理交通肇事刑事案件具体应用法律若干问题的解释》第 7 条规定："单位主管人员、机动车辆所有人或者机动车辆承包人指使、强令他人违章驾驶造成重大交通事故，具有本解释第 2 条规定情形之一的，以交通肇事罪定罪处罚。"基于监督过失理论，车主将自己的机动车交给醉酒者、无驾驶资格者驾驶，没有防止伤亡结果发生的，驾驶者与车主虽然不成立共同犯罪，但都成立交通肇事罪。故 D 项正确。

参考答案 D

152. 乙欲和甲离婚，丙对乙说下毒杀甲。乙端来一杯毒牛奶给甲喝，甲拿给儿子喝，乙

说儿子已经喝过了，甲还是给儿子喝，在看到儿子喝的时候乙走开了。后儿子呕吐，甲送儿子去医院救治，最终救活了。关于本案，下列说法正确的有：（2021-回忆版-多）

A. 丙对甲构成故意杀人罪未遂
B. 乙对甲构成故意杀人罪未遂
C. 乙对儿子构成故意杀人罪未遂
D. 丙对乙的儿子构成故意杀人罪未遂，属于对象错误

选项解析 本题考查故意杀人罪、不作为犯罪。

A、B项，丙教唆乙下毒杀甲，乙端来一杯毒牛奶给甲喝，已经着手实施杀人行为。但是，甲自己不喝，而是拿给儿子喝，乙属于"欲达目的而不能"，对甲构成故意杀人罪未遂。故 B 项正确。同时，乙的杀人行为是丙教唆其实施的，且未达到犯罪既遂，因此，丙对甲也构成故意杀人罪未遂。故 A 项正确。

C项，甲给儿子喝毒牛奶，乙在看到儿子喝的时候走开了。乙的先前行为创设了儿子死亡的风险，其对甲给儿子喝毒牛奶的行为有阻止义务。乙应当履行该义务而没有履行，构成不作为的故意杀人罪。后来甲送儿子去医院救治，最终救活了，没有发生死亡结果，因此，乙对儿子构成故意杀人罪未遂。故 C 项正确。

D项，乙实施了两个犯罪行为，一个是对甲的故意杀人行为，另一个是对儿子的故意杀人行为。对甲的故意杀人行为是丙教唆其实施的，但是对儿子的故意杀人行为是乙自己实施的，和丙无关，因此，丙对乙的儿子不构成故意杀人罪。故 D 项错误。

参考答案 ABC

153. 下列选项中，构成共同犯罪的是：（2023-回忆版-单）

A. 甲拐卖妇女后带着妇女赶往外地，途径乙家，乙明知甲的行为仍收留甲住在家中两天两夜
B. 甲偷越国（边）境前往境外实施电信诈骗，乙前往寺庙祈福，希望甲诸事顺利
C. 甲入户盗窃，乙在甲不知情的情况下私自为甲望风，甲得手后离开，在乙望风期间未发生任何异常
D. 甲正在寻衅滋事，乙拿出手机录制并在网络上直播供人观看

选项解析 本题考查《刑法》总则中关于共同犯罪的规定。

A项，拐卖妇女罪是继续犯，在不法行为继续过程中，乙明知甲实施了拐卖行为，仍为其提供帮助，乙属于事中共犯，两人成立拐卖妇女罪的共同犯罪。故 A 项当选。

B项，乙的祈福行为并非危害行为。故 B 项不当选。

C项，乙的单方面望风行为并未为甲提供物理上或者心理上的帮助，因此，乙不构成甲盗窃罪的片面共犯。故 C 项不当选。

D项，乙的行为在客观上对于甲的寻衅滋事无物理上或者心理上的作用力，在主观上缺少共同的犯罪故意，乙不构成共犯。故 D 项不当选。

参考答案 A

20 专题 间接正犯、正犯与共犯

154. 15周岁的甲非法侵入某尖端科技研究所的计算机信息系统，18周岁的乙对此知情，仍应甲的要求为其编写侵入程序。关于本案，下列哪一选项是错误的？（2015/2/7-单）

A. 如认为责任年龄、责任能力不是共同犯罪的成立条件，则甲、乙成立共犯

B. 如认为甲、乙成立共犯，则乙成立非法侵入计算机信息系统罪的从犯

C. 不管甲、乙是否成立共犯，都不能认为乙成立非法侵入计算机信息系统罪的间接正犯

D. 由于甲不负刑事责任，对乙应按非法侵入计算机信息系统罪的片面共犯论处

选项解析 如果不考虑责任年龄、责任能力（限制从属说），则甲与乙对非法侵入计算机信息系统形成了共同故意的意思联络，并且实施了犯罪行为，因此构成共同犯罪。故 A 项正确，不当选。

从犯在共同犯罪中起次要、辅助作用。乙为甲侵入计算机信息系统编写侵入程序，为犯罪的实施提供有利条件，属于帮助犯，帮助犯一般都是从犯。故 B 项正确，不当选。

乙并未将甲当作工具，因此，乙不成立间接正犯。故 C 项正确，不当选。

片面共犯，是指参与同一犯罪的人中，一方认识到自己是在和他人共同犯罪，而另一方没有认识到有他人和自己共同犯罪。由于甲和乙对于非法侵入计算机系统的行为都是明知的，犯意交流是双向的，而片面共犯的犯意交流是单向的，所以乙不构成片面共犯。故 D 项错误，当选。

参考答案 D

155. 关于共同犯罪的论述，下列哪一选项是正确的？（2014/2/10-单）

A. 无责任能力者与有责任能力者共同实施危害行为的，有责任能力者均为间接正犯

B. 持不同犯罪故意的人共同实施危害行为的，不可能成立共同犯罪

C. 在片面的对向犯中，双方都成立共同犯罪

D. 共同犯罪是指二人以上共同故意犯罪，但不能据此否认片面的共犯

选项解析 A 项，当双方都是实行犯时，一方即便没有达到责任年龄，但只要具有规范上的辨认或控制能力，双方也可能属于共同犯罪。另外，即使是有责任能力者帮助无责任能力者实施犯罪，有责任能力者也不属于间接正犯。故 A 项错误。

B 项，如果犯罪故意有重合部分，则在重合部分可以成立共犯。故 B 项错误。

C 项，在片面的对向犯中，未被法律规定为犯罪的一方不成立共同犯罪。故 C 项错误。

D 项，主流观点认可片面帮助犯的成立。故 D 项正确。

参考答案 D

156. 《刑法》第 29 条第 1 款规定："教唆他人犯罪的，应当按照他在共同犯罪中所起的作用处罚。教唆不满 18 周岁的人犯罪的，应当从重处罚。"对于本规定的理解，下列哪一选项是错误的？（2013/2/9-单）

A. 无论是被教唆人接受教唆实施了犯罪，还是二人以上共同故意教唆他人犯罪，都能适用该款前段的规定

B. 该款规定意味着教唆犯也可能是从犯

C. 唆使不满 14 周岁的人犯罪因而属于间接正犯的情形时，也应适用该款后段的规定

D. 该款中的"犯罪"并无限定，既包括一般犯罪，也包括特殊身份的犯罪，既包括故意犯罪，也包括过失犯罪

选项解析 教唆他人犯罪的，应当按照其在共同犯罪中所起的作用处罚。如果教唆犯在共同犯罪中起主要作用，则以主犯论处；如果教唆犯在共同犯罪中起次要作用，则以从犯论处。

A 项说的是，无论是甲教唆乙实施了犯罪，还是甲、丙二人共同故意教唆乙实施了犯罪，对甲、乙、丙都应当按照他们在共同犯罪中所起的作用处罚。故 A 项正确，不当选。

如前所述，教唆犯既可能是主犯，也可能是从犯。故 B 项正确，不当选。

教唆不满 18 周岁的人犯罪的，应当从重处罚。教唆不满 14 周岁的人犯罪因而属于间接正犯时，也属于教唆未满 18 周岁的人犯罪的情形，对教唆者也应当从重处罚。故 C 项正确，不当选。

教唆犯属于共犯的一种。只有教唆他人实施故意犯罪，才成立教唆犯。故 D 项错误，当选。

参考答案 D

157. 根据《刑法》规定，关于教唆犯的表述，下列哪一选项是正确的？（2008 延/2/7-单）

A. 教唆未成年人贩卖毒品的，成立贩卖毒品罪，应当从重处罚

B. 教唆犯都是主犯

C. 教唆他人吸食、注射毒品的，成立引诱他人吸毒罪的教唆犯

D. 传授犯罪方法的行为，一律不成立教唆犯

选项解析《刑法》第29条第1款规定，教唆不满18周岁的人犯罪的，应当从重处罚。教唆未成年人贩卖毒品的，或成立贩卖毒品罪的教唆犯（当未成年人能够独立承担刑事责任时），或成立贩卖毒品罪的间接正犯（当未成年人不满14周岁时），但是罪名都是贩卖毒品罪。根据《刑法》第347条第6款的规定，教唆未成年人贩毒的，应当从重处罚。故 A 项正确。

教唆犯也应根据其在共同犯罪中所起的作用来确定是主犯还是从犯。故 B 项错误。

根据《刑法》第353条第1款的规定，教唆他人吸毒的，成立教唆他人吸毒罪。故 C 项错误。

《刑法》中规定了传授犯罪方法罪，但如果行为人以传授犯罪方法为手段，教唆他人犯罪，那么实际上就是传授犯罪方法罪与具体犯罪的教唆犯的想象竞合，从一重罪论处。故 D 项错误。

参考答案 A

158. 甲欲杀丙，假意与乙商议去丙家"盗窃"，由乙在室外望风，乙照办。甲进入丙家将丙杀害，出来后骗乙说未窃得财物。乙信以为真，怅然离去。关于本案的分析，下列哪一选项是正确的？（2017/2/7-单）

A. 甲欺骗乙望风，构成间接正犯。间接正犯不影响对共同犯罪的认定，甲、乙构成故意杀人罪的共犯

B. 乙企图帮助甲实施盗窃行为，却因意志以外的原因未能得逞，故对乙应以盗窃罪的帮助犯未遂论处

C. 对甲应以故意杀人罪论处，对乙以非法侵入住宅罪论处。两人虽然罪名不同，但仍然构成共同犯罪

D. 乙客观上构成故意杀人罪的帮助犯，但因其仅有盗窃故意，故应在盗窃罪法定刑的范围内对其量刑

选项解析 根据共同犯罪理论，间接正犯是指通过利用他人实施犯罪的人，其将被利用者视为工具使用。间接正犯是间接的实行犯，而本案甲本身就是实行犯。本案中，甲直接实施杀人行为，是直接正犯，而非间接正犯，其欺骗乙让其望风的行为不构成间接正犯。故 A 项错误。

乙与甲商议的是共同实施盗窃行为，但甲实施了杀人行为，依据共犯从属性说理论，只有当实行犯着手实行了犯罪时，才能适用共犯规定。因此，甲、乙之间不能评价为盗窃罪的共同犯罪。故 B、D 项错误。

由于甲没有实施盗窃行为，所以乙的帮助行为不构成犯罪。甲非法侵入住宅的行为是故意杀人行为的一部分，因此，其既构成非法侵入住宅罪又构成故意杀人罪，属于想象竞合犯，应认定为故意杀人罪。但甲、乙之间仅就非法侵入住宅罪构成共同犯罪。故 C 项正确。

参考答案 C

📝 主客命题点

> 未遂的帮助犯与帮助犯的未遂的区别：
> 帮助犯的未遂这个概念不合理，因为帮助犯必须从属于实行犯，所以，如果没有着手实行，则帮助失败，根本不构成犯罪。但如果对未遂犯进行帮助，则帮助犯可以进行处理，属于未遂的帮助犯。如果是对既遂犯的帮助，则属于犯罪既遂。

159. 李某非常恼火，回家与妻子陈某诉说。陈某说："这种人太贪心，咱可把钱偷回来。"李某深夜到黄家伺机作案，但未能发现机会，便将黄某的汽车玻璃（价值1万元）砸坏。（2012/4/2-案例分析题）

问题：对陈某让李某盗窃及汽车玻璃被砸坏一节，对二人应如何定罪？为什么？

答题要点 按照教唆独立说，陈某构成盗窃罪的教唆未遂；按照教唆从属说，陈某不构成犯罪。李某定故意毁坏财物罪。

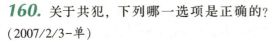

160. 关于共犯，下列哪一选项是正确的？（2007/2/3-单）

A. 为他人组织卖淫提供帮助的，以组织卖淫罪的帮助犯论处

B. 以出卖为目的，为拐卖妇女的犯罪分子接送、中转被拐卖的妇女的，以拐卖妇女罪的帮助犯论处

C. 应走私罪犯的要求，为其提供资金、账号的，以走私罪的共犯论处

D. 为他人偷越国（边）境提供伪造的护照的，以偷越国（边）境罪的共犯论处

选项 解析《刑法》第358条第4款规定了独立的协助组织卖淫罪，所以，为他人组织卖淫提供帮助的，不再以组织卖淫罪的帮助犯论处，而应以协助组织卖淫罪论处，这是纯正的拟制正犯。故A项错误。

《刑法》第240条第2款规定，拐卖妇女、儿童是指以出卖为目的，有拐骗、绑架、收买、贩卖、接送、中转妇女、儿童的行为之一的。B项中的行为人是拐卖妇女、儿童罪的实行犯，而非帮助犯。故B项错误。

《刑法》第156条规定，与走私罪犯通谋，为其提供贷款、资金、帐号、发票、证明，或者为其提供运输、保管、邮寄或者其他方便的，以走私罪的共犯论处。故C项正确。

《刑法》第320条规定，为他人提供伪造、变造的护照、签证等出入境证件，或者出售护照、签证等出入境证件的，处5年以下有期徒刑，并处罚金；情节严重的，处5年以上有期徒刑，并处罚金。为他人偷越国（边）境提供伪造的护照的，成立提供伪造的出入境证件罪，而不是以偷越国（边）境罪的共犯论处。故D项错误。

参考 答案 C

161. 关于共同犯罪的论述，下列哪一选项是正确的？（2012/2/10-单）

A. 甲为劫财将陶某打成重伤，陶某拼死反抗。张某路过，帮甲掏出陶某随身财物。二人构成共犯，均须对陶某的重伤结果负责

B. 乙明知黄某非法种植毒品原植物，仍按黄某要求为其收取毒品原植物的种子。二人构成非法种植毒品原植物罪的共犯

C. 丙明知李某低价销售的汽车系盗窃所得，仍向李某购买该汽车。二人之间存在共犯关系

D. 丁系国家机关负责人，召集领导层开会，决定以单位名义将国有资产私分给全体职工。丁和职工之间存在共犯关系

选项 解析 A项，张某与甲成立承继的共同犯罪，没有疑问。但是，陶某的重伤结果是在张某加入之前，甲一人的行为导致的，与张某的行为没有因果关系，因此，应由甲一人负责，张某对陶某的重伤结果不负责。故A项错误。

B项，乙明知黄某非法种植毒品原植物，仍按黄某要求为其收取毒品原植物的种子，说明二人有共同故意、共同行为，构成共同犯罪。故B项正确。

C项，根据《刑法》第312条第1款的规定，明知是犯罪所得及其产生的收益而予以窝藏、转移、收购、代为销售或者以其他方法掩饰、隐瞒的，构成掩饰、隐瞒犯罪所得、犯罪所得收益罪。事前有通谋的，才属于共犯。本项中并没有交代丙和李某事前有通谋，因此，二人不构成共犯，丙构成掩饰、隐瞒犯罪所得罪。故C项错误。

D项，丁构成私分国有资产罪。本罪属于单位犯罪。单位犯罪是单位本身犯罪，而不是单位的各个成员的犯罪之集合，也不是单位中的所有成员共同犯罪。故D项错误。

参考 答案 B

主客命题点

承继的共同犯罪的刑事责任范围：

一般认为，如果前行为是单一行为，那

么后行为人虽然是在实施犯罪过程中介入的，仍应当对全部犯罪承担责任；如果前行为是复合行为（如结果加重犯、多次犯），那么后行为人只对其介入行为承担责任。比如，甲实施3次盗窃，每次盗窃4000元，乙在第3次加入，此时，乙只对第3次承担责任，盗窃数额为4000元。

162. 周某为抢劫财物在某昏暗场所将王某打昏。周某的朋友高某正好经过此地，高某得知真相后应周某的要求提供照明，使周某顺利地将王某钱包拿走。关于本案，下列哪些选项是正确的？（2007/2/53-多）

A. 高某与周某构成抢劫罪的共同犯罪

B. 周某构成抢劫罪，高某构成盗窃罪，属于共同犯罪

C. 周某是共同犯罪中的主犯

D. 高某是共同犯罪中的从犯

选项解析 本案中，高某在犯罪过程中加入，属于事中共犯。故 A 项正确。

二人构成抢劫罪，高某不构成盗窃罪。故 B 项错误。

周某主动发起抢劫，单独使用暴力，积极获取财物，对抢劫起主要作用，是主犯；高某仅为周某的抢劫提供照明帮助，不是主要行为人，是从犯。故 C、D 项正确。

参考答案 ACD

163. 甲、乙、丙共同故意伤害丁，丁死亡。经查明，甲、乙都使用铁棒，丙未使用任何凶器；尸体上除一处致命伤外，再无其他伤害；可以肯定致命伤不是丙造成的，但不能确定是甲造成还是乙造成的。关于本案，下列哪一选项是正确的？（2016/2/7-单）

A. 因致命伤不是丙造成的，尸体上也没有其他伤害，故丙不成立故意伤害罪

B. 对甲与乙虽能认定为故意伤害罪，但不能认定为故意伤害（致死）罪

C. 甲、乙成立故意伤害（致死）罪，丙成立

故意伤害罪但不属于伤害致死

D. 认定甲、乙、丙均成立故意伤害（致死）罪，与存疑时有利于被告的原则并不矛盾

选项解析 对于大部分结果加重犯而言，其构造是故意的基本犯加过失的加重犯。比如，故意伤害致人死亡，对于轻伤结果，行为人的主观心态是故意，但对于死亡结果，行为人的主观心态则是过失。因此，共同犯罪人只要对基本犯罪构成存在共同故意，即便共同犯罪人对加重结果持过失之心态，也宜对加重结果承担责任。甲、乙、丙对于轻伤结果都存在故意，对于死亡结果都存在过失，所以均构成故意伤害罪（致人死亡）。故 D 项正确。

参考答案 D

164. 关于共同犯罪的说法，下列选项正确的是：（2008 延/2/91-任）

A. 甲一开始被恐怖组织胁迫参加犯罪，但在着手实行后，其非常积极，成为主要的实行人之一，甲在共同犯罪中可以成为主犯

B. 乙是共同贪污犯罪中的实行犯，但其可能不是主犯

C. 丙为勒索财物绑架王某，在控制人质之后，丙将真相告诉好友高某，并委托高某去找王某的父母要钱，高某同意并实施了勒索行为。丙成立绑架罪，高某成立敲诈勒索罪

D. 丁与成某经共谋后，共同伤害被害人汪某，丁的木棒击中了汪某的腹部，成某的短刀刺中了汪某的肺部，汪某因为成某的致命伤害在送到医院 10 小时后死亡。丁需要对死亡结果负责

选项解析 A 项，甲是否成立主犯，关键看其在共同犯罪中所起的作用。甲在着手实行后，非常积极，成为主要的实行人之一，因此，可以按照主犯对待。故 A 项正确。

B 项，实行犯不一定都是主犯，如果在犯罪中起次要作用或辅助作用，则仍然可能是从犯，即实行犯也有可能是从犯。故 B 项正确。

C 项，由于绑架罪是继续犯，因此，高某成立绑架罪的共同犯罪（承继的共同犯罪）。故 C

项错误。

D项，共同犯罪人的刑事责任承担原则是对部分行为承担全部责任。此处系结果加重犯的共犯，丁、成某均应承担故意伤害罪（致人死亡）的刑事责任。故D项正确。

参考答案 **ABD**

165. 甲知道乙计划前往丙家抢劫，为帮助乙取得财物，便暗中先赶到丙家，将丙打昏后离去（丙受轻伤）。乙来到丙家时，发现丙已昏迷，以为是丙疾病发作晕倒，遂从丙家取走价值5万元的财物。关于本案的分析，下列哪些选项是正确的？（2017/2/54-多）

A. 若承认片面共同正犯，甲对乙的行为负责，对甲应以抢劫罪论处，对乙以盗窃罪论处
B. 若承认片面共同正犯，根据部分实行全部责任原则，对甲、乙二人均应以抢劫罪论处
C. 若否定片面共同正犯，甲既构成故意伤害罪，又构成盗窃罪，应从一重罪论处
D. 若否定片面共同正犯，乙无须对甲的故意伤害行为负责，对乙应以盗窃罪论处

选项解析 如果认为片面实行犯成立共同犯罪，那么甲不仅要对自己伤害行为负责，还要对共犯人乙的取财结果负责。甲主观上想抢劫，客观上造成了他人轻伤的后果，利用共同犯罪人乙取走了丙的财物，甲的行为完全符合抢劫罪的犯罪构成，构成抢劫罪。当然，是否承认片面共同正犯，影响的只是甲的定性，对于乙的定性没有影响。即便承认片面共同正犯，由于乙并不知道甲的伤害行为，不知道甲在和自己一起犯罪，自然不能对乙适用共同犯罪的规则，乙只对其盗窃罪承担责任。故A项正确，B项错误。

如果认为片面实行犯不成立共同犯罪，那么可以把片面实行犯降格为片面帮助犯。学理上普遍认为片面帮助犯是共同犯罪，因此，甲也可以成为乙所实施的盗窃罪的片面帮助犯，同时，甲还单独构成故意伤害罪。由于甲只实施了一个行为，所以属于想象竞合，从一重罪论处。当然，由于乙不知道有人在帮助自己，因此，乙单独构成盗窃罪。故C、D项正确。

参考答案 **ACD**

共同犯罪的其他复杂问题 专题 22

166. 关于共同犯罪的判断，下列哪些选项是正确的？（2011/2/55-多）

A. 甲教唆赵某入户抢劫，但赵某接受教唆后实施拦路抢劫。甲是抢劫罪的共犯
B. 乙为吴某入户盗窃望风，但吴某入户后实施抢劫行为。乙是盗窃罪的共犯
C. 丙以为钱某要杀害他人为其提供了杀人凶器，但钱某仅欲伤害他人而使用了丙提供的凶器。丙对钱某造成的伤害结果不承担责任
D. 丁知道孙某想偷车，便将盗车钥匙给孙某，后又在孙某盗车前要回钥匙，但孙某用其他方法盗窃了轿车。丁对孙某的盗车结果不承担责任

选项解析 A项，共同犯罪并不要求二人的罪名完全一致，只要求二人的行为有重合之处即可。

二人以上在同一犯罪构成的前提下，分别具有不同的加重情节或者减轻情节的，不影响共同犯罪的成立。例如，甲教唆乙去路边抢劫，乙实施入户抢劫。故A项正确。

B项，乙具有盗窃的故意，但吴某具有抢劫的故意，二人在盗窃的范围之内成立共同犯罪。故B项正确。

C项，丙具有杀人的故意，但钱某仅具有伤害的故意，二人在伤害的范围之内成立共同犯罪，丙需要对伤害结果承担刑事责任。故C项错误。

D项，丁主观上有脱离的意思，客观上也切断了对共犯的影响力，成立犯罪中止。故D项正确。

参考答案 **ABD**

167. 甲雇凶手乙杀丙，言明不要造成其他后果。乙几次杀丙均未成功，后来采取爆炸方法，对丙的住宅（周边没有其他人与物）进行爆炸，结果将丙的妻子丁炸死，但丙安然无恙。关于本案，下列哪些说法是错误的？（2008/2/55-多）

A. 甲与乙构成共同犯罪

B. 甲成立故意杀人罪（未遂）

C. 乙对丙成立故意杀人未遂，对丁成立过失致人死亡罪

D. 乙对丙成立爆炸罪，对丁成立过失致人死亡罪

选项解析 考试一般采取法定符合说，该说认为，行为人所认识的事实与实际发生的事实只要在犯罪构成范围内是一致的，就成立故意的既遂犯。甲教唆乙杀人，乙接受教唆，二人形成共犯关系。故 A 项正确，不当选。

甲作为共犯人也要承担故意杀人罪既遂的责任。故 B 项错误，当选。

本案中，甲并没有危害公共安全的故意，题干中也谈到，甲"言明不要造成其他后果"，故甲的行为不成立爆炸罪。乙虽未将丙杀死，但杀死了丁，属于认识错误中的对象错误，无论按照法定符合说还是具体符合说，都成立故意杀人罪既遂。需要说明的是，当题目中表述为对丙成立某罪，对丁成立某罪，这种表述本身就是认为行为人错误是打击错误，要根据具体的人（而非抽象的人）按照具体符合说进行区分判断。但在本题中不是打击错误，而是对象错误。故 C 项错误，当选。

乙采取爆炸的方式杀丙，因为丙住宅周围没有其他人与物，所以未危及公共安全，不成立爆炸罪，但仍然成立故意杀人罪。故 D 项错误，当选。

参考答案 BCD

168. 关于共同犯罪，下列哪些选项是正确的？（2013/2/55-多）

A. 乙因妻丙外遇而决意杀之。甲对此不知晓，出于其他原因怂恿乙杀丙。后乙杀害丙。甲不构成故意杀人罪的教唆犯

B. 乙基于敲诈勒索的故意恐吓丙，在丙交付财物时，知情的甲中途加入帮乙取得财物。甲构成敲诈勒索罪的共犯

C. 乙、丙在五金店门前互殴，店员甲旁观。乙边打边掏钱向甲买一羊角锤。甲递锤时对乙说"你打伤人可与我无关"。乙用该锤将丙打成重伤。卖羊角锤是甲的正常经营行为，甲不构成故意伤害罪的共犯

D. 甲极力劝说丈夫乙（国家工作人员）接受丙的贿赂，乙坚决反对，甲自作主张接受该笔贿赂。甲构成受贿罪的间接正犯

选项解析 A 项考查教唆犯。甲主观上想教唆，客观上产生了帮助效果，在帮助犯中成立既遂，因此，甲不构成故意杀人罪的教唆犯，而是构成故意杀人罪的帮助犯。故 A 项正确。

B 项考查承继共犯。在 B 项中，甲是在被害人丙交付财物时加入的，之后帮乙取得财物，因此，甲与乙成立承继的共同犯罪。故 B 项正确。

C 项虽然是"中立"帮助行为，但甲明知乙购买羊角锤是用来伤害丙，并且具有伤害丙的紧迫危险，仍然向其出售羊角锤，最终导致乙使用羊角锤将丙打成重伤，甲构成故意伤害罪的帮助犯（共犯）。故 C 项错误。

D 项考查间接正犯的限制。甲不具有国家工作人员的身份，不可能构成受贿罪的正犯（包括间接正犯）。故 D 项错误。

参考答案 AB

主客命题点

教唆犯与间接正犯的规范重合：

例如，甲以为乙才10周岁，教唆其盗窃，但乙已经16周岁，或者甲以为乙已满16周岁，教唆其盗窃，但乙才10周岁。在这两个案件中，就属于教唆与间接正犯的认识错误。由于教唆犯和间接正犯在利用他人犯罪这个方面有重合之处，因此可以把间接正犯视为特殊的教唆犯。在这两个案件中，甲主观上是唆使他人犯罪，客观上也起到了利用的效果，因此，主客观在教唆犯中重合，甲成立教唆犯的既遂。

169. 甲、乙、丙共谋要"狠狠教训一下"他们共同的仇人丁。到丁家后，甲在门外望风，乙、丙进屋打丁。但当时只有丁的好友田某在家，乙、丙误把体貌特征和丁极为相似的田某当作是丁进行殴打，遭到田某强烈抵抗和辱骂，二人分别举起板凳和花瓶向田某头部猛击，将其当场打死。关于本案的处理，下列哪些判断是正确的？（2008 延/2/61-多）

A. 甲、乙、丙构成共同犯罪

B. 甲、乙、丙均成立故意杀人罪

C. 甲不需要对丁的死亡后果负责

D. 甲成立故意伤害罪

选项解析 法定符合说认为，行为人所认识的事实与实际发生的事实，只要在犯罪构成范围内是一致的，就成立故意的既遂犯。本案中，甲、乙、丙对于故意伤害丁有犯意联络，有行为配合，虽然将田某当作丁进行打击，但是由于具体事实认识错误中的认识错误是不影响定性的，所以三人仍然构成故意伤害罪的共同犯罪。故 A 项正确。（按照具体符合说，对象错误也不影响定性，当然选择题如果没有特别说明，都可以按照法定符合说处理）

甲、乙、丙故意的内容是"狠狠教训一下"他们共同的仇人丁，应当认为只有伤害的故意，因此，不成立故意杀人罪的共同犯罪。故 B 项错误。

甲属于结果加重犯的共犯，对轻伤有故意，对加重犯罪构成（死亡）有过失。根据部分犯罪共同说，三人在故意伤害的范围内成立共犯，同时乙、丙又单独构成故意杀人罪。甲既然是故意伤害罪的共同犯罪人，就应当对致人死亡结果承担刑事责任。故 C 项错误，D 项正确。

参考答案 AD

170. 甲欲前往张某家中盗窃。乙送甲一把擅自配制的张家房门钥匙，并告诉甲说，张家装有防盗设备，若钥匙打不开就必须放弃盗窃，不可入室。甲用钥匙开张家房门，无法打开，本欲依乙告诫离去，但又不甘心，思量后破窗进入张家窃走数额巨大的财物。关于本案的分析，下列哪一选项是正确的？（2017/2/6-单）

A. 乙提供钥匙的行为对甲成功实施盗窃起到了促进作用，构成盗窃罪既遂的帮助犯

B. 乙提供的钥匙虽未起作用，但对甲实施了心理上的帮助，构成盗窃罪既遂的帮助犯

C. 乙欲帮助甲实施盗窃行为，因意志以外的原因未能得逞，构成盗窃罪的帮助犯未遂

D. 乙的帮助行为的影响仅延续至甲着手开门盗窃时，故乙成立盗窃罪未遂的帮助犯

选项解析 本案中，乙明确要求甲若钥匙打不开就必须放弃盗窃，不可入室，乙与甲共同犯罪的合意是通过钥匙打开房门实施盗窃，甲通过钥匙无法打开房门，乙对甲破窗而入的行为没有贡献力。因此，乙主观上想帮助，但客观上对既遂没有贡献力，并没有强化甲朝向既遂的犯意，反而弱化了甲向既遂迈进的意图，所以主客观不统一，乙成立盗窃罪未遂的帮助犯。帮助犯的未遂这个概念不合理，因为帮助犯必须从属于实行犯，所以，如果没有着手实行，比如甲给乙杀人提供刀具，乙在去杀人途中中风倒地，那么甲的帮助失败，根本不构成犯罪。如果是对未遂犯进行帮助，则帮助犯可以进行处理，属于未遂的帮助犯。如果是对既遂犯的帮助，则属于犯罪既遂。故 A、B、C 项错误，D 项正确。

参考答案 D

171. 甲、乙、丙、丁四人共同实施犯罪，甲、乙拿木棒殴打，丙徒手殴打，丁拿铁棒在一旁助威，被害人最终死亡。分析四人行为，下列选项正确的是：（2018-回忆版-单）

A. 甲、乙、丙、丁对被害人的死亡均有责任

B. 甲、乙、丙、丁对被害人的死亡不均有责任

C. 丙徒手殴打，不会致人死亡，对被害人的死亡没有责任

D. 丁在一旁助威，不会致人死亡，对被害人的死亡没有责任

选项解析 本案属于典型的结果加重犯的共同犯罪，四人对伤害均有故意，对死亡在客观上有贡献力，在主观上有过失，所以至少属于故意

伤害致人死亡的共同犯罪，因此对死亡均要承担责任。故 A 项正确。

参考答案 A

📝 主客命题点

> 结果加重犯的共同犯罪的认定：
>
> 结果加重犯一般是故意的基本犯加上过失的加重犯，因此，只要客观上对加重结果有贡献力，主观上对加重结果有过失，就成立结果加重犯的共犯。一般来说，只要参与犯罪，对加重结果客观上都有贡献力，主观上都有过失。例如，甲、乙两人预谋抢劫，甲望风，乙进屋抢劫，不料主人拼死反抗，乙将主人打成重伤。甲、乙两人成立抢劫罪的共同犯罪，都要对重伤结果承担结果加重犯的责任。虽然甲对主人的重伤只持过失的心态，但由于法律将此过失结果规定为抢劫罪的结果加重犯，因此，甲的行为属于抢劫致人重伤。又如，甲、乙两人预谋盗窃，甲望风，乙进屋行窃，不料被主人发现，乙将主人打成重伤。甲、乙两人在盗窃的范围内成立共同犯罪，但由于法律并未规定盗窃致人重伤这种结果加重犯，因此，甲只构成盗窃罪，对重伤结果不承担责任。

172. 甲雇乙去杀丙，乙却把丁当作了丙杀死。关于本案，下列说法正确的有：（2018-回忆版-多）

A. 甲是对象错误，按照法定符合说，构成故意杀人罪的既遂

B. 乙是打击错误，按照法定符合说，构成故意杀人罪的既遂

C. 乙是对象错误，按照具体符合说，构成故意杀人罪的既遂

D. 甲是打击错误，按照法定符合说，构成故意杀人罪的既遂

选项解析 在本案中，教唆者甲属于打击错误，按照法定符合说，构成故意杀人罪的既遂；按照具体符合说，则构成故意杀人罪的未遂。被教唆者乙属于对象错误，无论按照法定符合说

还是具体符合说，都构成故意杀人罪的既遂。故 C、D 项正确。

参考答案 CD

173. 甲上网买成人用品，网店老板乙推荐迷奸的药品，并传授甲用法、用量，甲利用迷药将他人迷晕后实施性行为。关于本案，下列哪些选项是正确的？（2018-回忆版-多）

A. 甲的行为构成强奸罪

B. 甲的行为构成强制猥亵罪

C. 乙的行为构成传授犯罪方法罪和强奸罪的教唆犯，应当从一重罪论处

D. 乙的行为不构成强奸罪

选项解析 甲用迷药将他人迷晕后发生性关系的行为构成强奸罪。乙的行为构成传授犯罪方法罪，该罪属于不纯正的实行行为的实行化；同时，他还构成强奸罪的教唆犯，应当从一重罪论处。故 A、C 项正确。

参考答案 AC

📝 主客命题点

> 如果甲在准备迷奸时突然害怕，自动放弃，则甲属于预备阶段的犯罪中止。乙的行为构成传授犯罪方法罪的既遂，同时，按照教唆独立说，其还构成强奸罪的教唆未遂；但按照教唆从属说，则不构成强奸罪。

174. 监狱中 3 名服刑人员共同谋划越狱，甲成功逃走，乙、丙后被抓回来了。本案应当如何处理？（2018-回忆版-多）

A. 甲的行为成立脱逃罪的既遂

B. 乙的行为成立脱逃罪的未遂

C. 甲、乙、丙都成立脱逃罪的既遂

D. 如果甲事后自动投案，如实供述，可以成立脱逃罪的自首，但该量刑情节对乙、丙不适用

选项解析 甲、乙、丙三人实施了脱逃罪，脱逃罪是行为犯，只要脱离监管场所就成立既遂，因此，三人均成立脱逃罪的既遂。如果甲事后

归案，自动投案，如实供述，则属于自首，但这种量刑情节只及于自身，不及于他人。故 A、C、D 项当选。

参考答案 ACD

175. 甲、乙共谋入户抢劫，由甲入户行抢，乙望风。甲入户后，乙看外面人流量较大，心生胆怯，打电话劝甲放弃，但甲执意继续，乙便声明离去。甲对主人丙实施暴力时，见丙穿着破烂，很可怜，便放弃暴力，没有拿走财物即离去。关于本案，下列说法正确的有：（2020-回忆版-多）

A. 乙是否中途离开对其犯罪形态没有影响
B. 乙构成抢劫罪中止
C. 乙成立抢劫罪未遂
D. 甲成立抢劫罪中止

选项解析 本案中，甲、乙系抢劫罪的共同犯罪，甲是实行犯，乙是帮助犯。乙作为帮助犯，要成立犯罪中止，脱离共犯，需要消除自己的物理上或者心理上的帮助作用。乙"打电话劝甲放弃，但甲执意继续，乙便声明离去"，这显然已经达到了中止犯罪，即脱离共同犯罪的作用。故 A、C 项错误，B 项正确。

作为实行犯的甲主动放弃抢劫，成立犯罪中止。故 D 项正确。

参考答案 BD

176. 甲、乙、丙三人持刀抢劫丁，结果甲错将丙砍成重伤。关于本案，下列说法正确的有：（2021-回忆版-多）

A. 在构成要件上，按照具体符合说，甲构成抢劫致人重伤，对重伤结果是过失
B. 在构成要件上，按照法定符合说，甲构成抢劫致人重伤，对重伤结果是故意
C. 在违法阻却上，甲的行为是偶然防卫
D. 在违法阻却上，如果认为正当防卫不需要防卫意志，则甲不成立抢劫致人重伤

选项解析 本题考查抢劫罪、偶然防卫。

A、B 项，甲、乙、丙三人持刀抢劫丁，甲构成抢劫罪。甲想砍丁，结果将丙砍成重伤，

按照具体符合说，甲对丙的重伤结果存在过失，构成抢劫致人重伤。故 A 项正确。按照法定符合说，甲在抢劫时故意将他人砍成重伤，构成抢劫致人重伤，对重伤结果是故意。故 B 项正确。

C、D 项，甲把同伙砍成重伤，是制止不法侵害的行为，对不法侵害人造成了损害。但甲没有防卫意志，甲的行为是偶然防卫，因此，最终甲不构成抢劫致人重伤。故 C 项正确。如果认为正当防卫不需要防卫意志，则甲属于正当防卫，自然不构成抢劫致人重伤。故 D 项正确。

参考答案 ABCD

177. 关于共同犯罪，下列说法正确的有：（2021-回忆版-多）

A. 甲在楼上盗窃财物，乙看到后在下面帮忙望风，看到主人回来了，就和主人聊天。乙构成盗窃罪
B. 甲在楼上盗窃财物，乙看到后在下面帮忙望风，期间没有发生任何事，甲顺利取得财物，事后甲给望风的乙 100 元。乙构成盗窃罪
C. 马某杀人后找到丁，要丁帮助其逃匿，丁照办。丁构成故意杀人罪和窝藏罪的想象竞合
D. 马某杀人后找到丁，要丁帮助其逃匿，丁照办。丁不构成故意杀人罪，但构成窝藏罪

选项解析 A 项，甲在楼上盗窃财物，乙帮忙望风并和主人聊天，对甲的盗窃行为起到了帮助作用，但甲对此不知情，因此，乙是片面的帮助犯，按照通说，二人是盗窃罪的共同犯罪，乙构成盗窃罪。故 A 项正确。

B 项，甲在楼上盗窃财物，乙看到后在下面帮忙望风，期间没有发生任何事，乙对甲的盗窃行为没有起到作用，甲对乙的行为也不知情。因此，二人不是共同犯罪，乙不构成盗窃罪。故 B 项错误。

C、D 项，马某杀人后找到丁，要丁帮助其逃匿，丁照办。丁没有对马某的杀人行为提供原因力，不构成故意杀人罪。但是，丁帮助甲逃匿，构成窝藏罪。故 C 项错误，D 项正确。

参考答案 AD

178. 绑架犯甲绑架了人质乙，向乙的妻子丙要钱。丙因为长期被乙家暴，想借机除掉乙，拒称没钱，也没有报警。最后，甲恼羞成怒杀了乙。关于本案，下列说法正确的是：（2021-回忆版-任）

A. 如果不能认定丙为共同犯罪，则没有办法追究其刑事责任

B. 不论是否承认片面共同正犯，丙均构成故意杀人罪

C. 绑架罪是继续犯，所以丙构成绑架罪，属于故意杀害被绑架人的加重情节

D. 只有承认片面共同正犯，丙才构成故意杀人罪

选项解析 本题考查绑架罪、故意杀人罪。

C项，甲已经控制乙，其行为已经成立既遂。丙既没有在甲既遂前帮助甲控制乙，也没有在甲既遂后实施帮甲看守乙之类的帮助行为，因此，丙并没有对甲的绑架行为起到帮助作用，丙不构成绑架罪。故 C 项错误。

A、B、D 项，甲绑架乙后，向丙勒索赎金，不给就撕票。此时，丙有救助义务，其应当履行而不履行，不论是否承认片面共同正犯，均构成不作为的故意杀人罪。故 B 项正确，D 项错误。即使不能认定丙为共同犯罪，其仍构成不作为的故意杀人罪，能够追究其刑事责任。故 A 项错误。

参考答案 B

179. 关于法条关系，下列哪一选项是正确的（不考虑数额)？（2016/2/11-单）

A. 即使认为盗窃与诈骗是对立关系，一行为针对同一具体对象（同一具体结果）也完全可能同时触犯盗窃罪与诈骗罪

B. 即使认为故意杀人与故意伤害是对立关系，故意杀人罪与故意伤害罪也存在法条竞合关系

C. 如认为法条竞合仅限于侵害一犯罪客体的情形，冒充警察骗取数额巨大的财物时，就会形成招摇撞骗罪与诈骗罪的法条竞合

D. 即便认为贪污罪和挪用公款罪是对立关系，若行为人使用公款赌博，在不能查明其是否具有归还公款的意思时，也能认定构成挪用公款罪

选项解析 法条竞合，是指一个行为同时符合了数个法条规定的犯罪构成要件，但从数个法条之间的逻辑关系来看，只能适用其中一个法条，当然排除适用其他法条的情况。换言之，法条竞合是指法条之间具有竞合（重合）关系，而不是犯罪的竞合。只有当两个法条之间存在包容关系（如特别关系）或者交叉关系时，才能认定为法条竞合关系。如果两个条文所规定的构成要件处于相互对立或矛盾的关系，则不可能属于法条竞合。例如，规定盗窃罪的条文与规定诈骗罪的条文是一种对立关系，针对一个法益侵害结果而言，某个行为不可能既构成盗窃

罪又构成诈骗罪。当然，如果一个行为针对数个具体对象，则可能同时触犯盗窃罪和诈骗罪。故 A、B 项错误。

冒充警察骗取数额较大财物，属于一行为触犯数罪名，触犯了数个法益（国家机关工作人员的声誉和财产权），所以，如果认为法条竞合仅限于侵害一犯罪客体的情形，则构成想象竞合而非法条竞合。故 C 项错误。

贪污罪与挪用公款罪是对立关系，不构成法条竞合，若行为人使用公款赌博，不能查明其是否有归还公款的意思，则应当根据存疑有利于被告的原则认定为较轻的挪用公款罪。故 D 项正确。

参考答案 D

180. 关于罪数，下列哪些选项是正确的（不考虑数额或情节)？（2016/2/54-多）

A. 甲使用变造的货币购买商品，触犯使用假币罪与诈骗罪，构成想象竞合犯

B. 乙走私毒品，又走私假币构成犯罪的，以走私毒品罪和走私假币罪实行数罪并罚

C. 丙先后三次侵入军人家中盗窃军人制服，后身穿军人制服招摇撞骗。对丙应按牵连犯从一重罪处罚

D. 丁明知黄某在网上开设赌场，仍为其提供互联网接入服务。丁触犯开设赌场罪与帮助信息网络犯罪活动罪，构成想象竞合犯

选项解析 使用假币罪是指使用伪造的货币，不包括使用变造的货币。甲使用变造货币购买商品的行为构成诈骗罪。故 A 项错误。

走私毒品又走私假币的，分别构成走私毒品罪和走私假币罪。这是混合走私，应当数罪并罚。故 B 项正确。

丙盗窃军人制服的行为与身穿军人制服招摇撞骗的行为并不具备高度伴随的牵连关系，应当数罪并罚。故 C 项错误。

开设赌场罪的共犯与帮助信息网络犯罪活动罪之间存在不同之处：前者要求行为人有开设赌场的共同故意，后者只要求行为人明知他人从事非法活动仍为其提供互联网接入服务。D 项，丁明知黄某在网上开设赌场而提供帮助，构成开设赌场罪的共犯。同时，其帮助行为又符合帮助信息网络犯罪活动罪的犯罪构成。帮助信息网络犯罪活动罪并非纯正的拟制正犯，它并未完全排除其他罪帮助犯（从犯）的适用，因此，丁一行为触犯数罪名，构成想象竞合犯。故 D 项正确。

参考答案 BD

181. 关于结果加重犯，下列哪一选项是正确的？（2015/2/8-单）

A. 故意杀人包含了故意伤害，故意杀人罪实际上是故意伤害罪的结果加重犯

B. 强奸罪、强制猥亵妇女罪的犯罪客体相同，强奸、强制猥亵行为致妇女重伤的，均成立结果加重犯

C. 甲将乙拘禁在宾馆 20 楼，声称只要乙还债就放人。乙无力还债，深夜跳楼身亡。甲的行为不成立非法拘禁罪的结果加重犯

D. 甲以胁迫手段抢劫乙时，发现仇人丙路过，于是立即杀害丙。甲在抢劫过程中杀害他人，因抢劫致人死亡包括故意致人死亡，故甲成立抢劫致人死亡的结果加重犯

选项解析 结果加重犯的罪名与基本犯罪的罪名是一致的，即结果加重犯不成立独立的罪名。故意伤害致人死亡就属于典型的结果加重犯，仍构成故意伤害罪，而不构成故意杀人罪。故 A 项错误。

强奸罪侵犯的客体是妇女的性自主权，强制猥亵妇女罪（已修改为"强制猥亵罪"）侵犯的客体是妇女的性自主权和人格尊严。强奸行为致妇女重伤的，属于结果加重犯，加重处罚，但是强制猥亵妇女罪并未将此规定为加重处罚的情形，因此不成立结果加重犯。故 B 项错误。

甲为了让乙还债而将乙拘禁的行为构成非法拘禁罪，拘禁致人死亡要求拘禁行为与被拘禁人的死亡结果之间存在因果关系，但是乙跳楼死亡是因为无力还债，并非拘禁行为导致的，因此，不能将乙的死亡结果归因于非法拘禁行为，甲不构成非法拘禁罪的结果加重犯。故 C 项正确。

D 项中，丙的死亡结果与甲的抢劫行为无关。甲实施的是两个行为：对乙实施了抢劫，对丙实施了故意杀人，应分别评价，予以数罪并罚。因此，甲不成立抢劫致人死亡的结果加重犯。故 D 项错误。

参考答案 C

182. 关于想象竞合犯的认定，下列哪些选项是错误的？（2013/2/56-多）

A. 甲向乙购买危险物质，商定 4000 元成交。甲先后将 2000 元现金和 4 克海洛因（折抵现金 2000 元）交乙后收货。甲的行为成立非法买卖危险物质罪与贩卖毒品罪的想象竞合犯，从一重罪论处

B. 甲女、乙男分手后，甲向乙索要青春补偿费未果，将其骗至别墅，让人看住乙。甲给乙母打电话，声称如不给 30 万元就准备收尸。甲成立非法拘禁罪和绑架罪的想象竞合犯，应以绑架罪论处

C. 甲为劫财在乙的茶水中投 2 小时后起作用的麻醉药，随后离开乙家。2 小时后甲回来，见乙不在（乙喝下该茶水后因事外出），便取走乙 2 万元现金。甲的行为成立抢劫罪与盗窃罪的想象竞合犯

D. 国家工作人员甲收受境外组织的 3 万美元后，将国家秘密非法提供给该组织。甲的行为成立受贿罪与为境外非法提供国家秘密罪的想象竞合犯

选项解析 A 项，甲实际上实施了买和卖两个行为，买的行为构成非法买卖危险物质罪，侵犯的法益是公共安全；卖的行为构成贩卖毒品罪，侵犯的法益是社会管理秩序。数行为侵犯数法益，对甲应数罪并罚。故 A 项错误，当选。

B 项，涉及想象竞合犯和法条竞合犯的区别。想象竞合犯是一行为侵犯数法益，而法条竞合犯是一行为触犯数法条，数法条在法益上往往具有包容或交叉关系。非法拘禁罪和绑架罪侵犯的法益有相同之处，绑架罪所侵犯的法益涵盖了非法拘禁罪所侵犯的法益，所以，二者不是想象竞合关系，而是法条竞合关系。相对于非法拘禁罪而言，绑架罪属于特别法，应优先适用绑架罪。故 B 项错误，当选。

C 项，甲投放麻醉药，2 小时后才起作用，才可能对人身或财产权发生侵犯的危险，所以是抢劫罪的预备行为。甲进入乙家，见乙不在，取走乙 2 万元的行为，属于另起犯意，构成盗窃罪。所以，这是两个行为，二者不是想象竞合关系。故 C 项错误，当选。

D 项，甲实施了受贿和为境外非法提供国家秘密两个行为，侵犯了两个法益，不属于想象竞合犯，应数罪并罚。故 D 项错误，当选。

参考答案 ABCD

183. 关于罪数判断，下列哪一选项是正确的？（2013/2/10-单）

A. 冒充警察招摇撞骗，骗取他人财物的，适用特别法条以招摇撞骗罪论处

B. 冒充警察实施抢劫，同时构成抢劫罪与招摇撞骗罪，属于想象竞合犯，从一重罪论处

C. 冒充军人进行诈骗，同时构成诈骗罪与冒充军人招摇撞骗罪的，从一重罪论处

D. 冒充军人劫持航空器的，成立冒充军人招摇撞骗罪与劫持航空器罪，实行数罪并罚

选项解析 冒充警察招摇撞骗，骗取他人财物的，同时构成招摇撞骗罪和诈骗罪，根据司法解释的规定，二者发生竞合时，从一重罪论处。故 A 项错误。

冒充警察实施抢劫的，虽然有"骗"的成分，但其本质是靠压制对方反抗获取财物，属

于抢劫罪的情节加重犯，直接定抢劫罪，适用加重的法定刑即可，不另行构成招摇撞骗罪。故 B 项错误。

冒充军人进行诈骗的，同时构成诈骗罪和冒充军人招摇撞骗罪，属于想象竞合犯，从一重罪论处。故 C 项正确。

冒充军人劫持航空器的，并未获取不当利益，不属于招摇撞骗。另外，行为人仅实施了一个行为，直接以劫持航空器罪一罪定罪处罚即可，不可数罪并罚。故 D 项错误。

参考答案 C

184. 甲窃得一包冰毒后交乙代为销售，乙销售后得款 3 万元与甲平分。关于本案，下列哪一选项是错误的？（2015/2/9-单）

A. 甲的行为触犯盗窃罪与贩卖毒品罪

B. 甲贩卖毒品的行为侵害了新的法益，应与盗窃罪实行并罚

C. 乙的行为触犯贩卖毒品罪、非法持有毒品罪、转移毒品罪与掩饰、隐瞒犯罪所得罪

D. 对乙应以贩卖毒品罪一罪论处

选项解析 盗窃、抢夺、抢劫毒品后又实施其他毒品犯罪的，数行为侵犯数法益，对盗窃罪、抢夺罪、抢劫罪和所犯的具体毒品犯罪分别定罪，依法数罪并罚。因此，对甲应以盗窃罪和贩卖毒品罪实行并罚。故 A、B 项正确，不当选。

乙的行为性质是贩卖毒品罪，所以不可能触犯掩饰、隐瞒犯罪所得罪。故 C 项错误，当选；D 项正确，不当选。

参考答案 C

185. 下列哪些情形属于吸收犯？（2010/2/55-多）

A. 制造枪支、弹药后又持有、私藏所制造的枪支、弹药的

B. 盗窃他人汽车后，谎称所盗汽车为自己的汽车出卖他人的

C. 套取金融机构信贷资金后又高利转贷他人的

D. 制造毒品后又持有该毒品的

选项 解析 吸收犯是数行为侵犯一法益，A、D项属于吸收犯是毫无疑问的。故 A、D 项当选。

C 项只触犯了一个罪名——高利转贷罪，不可能成立吸收犯。故 C 项不当选。

B 项是事后不可罚的行为，是数行为侵犯数法益，不是吸收犯。故 B 项不当选。

参考 答案 AD

186. 关于罪数的判断，下列哪一选项是正确的？（2017/2/8-单）

A. 甲为冒充国家机关工作人员招摇撞骗而盗窃国家机关证件，并持该证件招摇撞骗。甲成立盗窃国家机关证件罪和招摇撞骗罪，数罪并罚

B. 乙在道路上醉酒驾驶机动车，行驶 20 公里后，不慎撞死路人张某。因已发生实害结果，乙不构成危险驾驶罪，仅构成交通肇事罪

C. 丙以欺诈手段骗取李某的名画。李某发觉受骗，要求丙返还，丙施以暴力迫使李某放弃。丙构成诈骗罪与抢劫罪，数罪并罚

D. 已婚的丁明知杨某是现役军人的配偶，却仍然与之结婚。丁构成重婚罪与破坏军婚罪的想象竞合犯

选项 解析 甲盗窃国家机关证件的行为构成盗窃国家机关证件罪，冒充国家机关工作人员实施招摇撞骗的行为构成招摇撞骗罪，其先后实施两个行为分别触犯两个罪名，两者的关系并不紧密，因此，应对两罪名数罪并罚。故 A 项正确。

乙在道路上醉酒驾驶机动车行驶 20 公里的行为构成危险驾驶罪，而将张某撞死的行为构成交通肇事罪，这是社会观念上的两个行为，而非一个行为。故 B 项错误。

《刑法》第 269 条规定，犯盗窃、诈骗、抢夺罪，为窝藏赃物、抗拒抓捕或者毁灭罪证而当场使用暴力或者以暴力相威胁的，依照抢劫罪的规定定罪处罚。丙以欺骗的手段骗取李某的名画被发现以后，为窝藏赃物向李某施以暴力的行为成立诈骗罪行为的转化犯，构成抢劫

罪。故 C 项错误。

《刑法》第 259 条第 1 款规定："明知是现役军人的配偶而与之同居或者结婚的，处 3 年以下有期徒刑或者拘役。"丁的行为直接构成破坏军婚罪，这是典型的法条竞合，而非想象竞合。故 D 项错误。

参考 答案 A

187. 关于罪数的判断，下列说法正确的是：（2019-回忆版-单）

A. 二人以上轮奸是以暴力、胁迫或其他手段强奸妇女的加重规定，而不是特别法条

B. 将盗窃的仿真品（价值 4000 元）冒充真品古董卖给第三人，属于不可罚的事后行为

C. 行为人两次入户抢劫、一次持枪抢劫，触犯了不同的加重犯，应数罪并罚

D. 行为人抢劫后，担心暴露而故意杀害了被害人，构成抢劫致人死亡与故意杀人罪的想象竞合

选项 解析 轮奸是强奸罪的加重情节，不是特别法条。故 A 项正确。

盗窃仿真品构成盗窃罪，后又冒充古董的，不属于不可罚的事后行为，因为侵犯了新的严重法益，应当数罪并罚。故 B 项错误。

C 项属于触犯不同加重情节的抢劫行为，既有持枪抢劫，又有入户抢劫，还有多次抢劫，因此以抢劫罪一罪论处，不能数罪并罚。同时，数个加重情节在量刑时综合考虑。故 C 项错误。

在抢劫之后害怕暴露而杀害他人是抢劫罪成立之后的杀人行为，应当数罪并罚。故 D 项错误。

参考 答案 A

188. 关于结果加重犯，下列说法正确的是：（2021-回忆版-任）

A. 甲以索债为目的把乙拘禁在自己的面包车内，行驶过程中，丙车迎面驶来撞到甲车，导致乙死亡。甲是非法拘禁致人死亡的结果加重犯

B. 甲以索债为目的把乙拘禁在自己家中，乙

辱骂甲，甲不爽，拿起木棍打乙，不料木棍上有个钉子，直接刺入乙的心脏致乙死亡。甲不是非法拘禁致人死亡的结果加重犯

C. 甲以伤害的故意用木棍击打乙的头部，击打过程中，甲又不小心将乙撞倒，乙头部碰到地面，最终乙死亡。无法查明是甲先前的棍子击打导致的乙死亡还是乙头部碰到地面而死亡。甲不是故意伤害致人死亡的结果加重犯

D. 甲以索债为目的把乙拘禁在自己家中，乙辱骂甲，甲不爽，拿起菜刀杀了乙。甲不是非法拘禁致人死亡的结果加重犯

选项解析 本题考查结果加重犯、非法拘禁罪、故意伤害罪。

A项，甲以索债为目的把乙拘禁在自己的面包车内，构成非法拘禁罪。丙车迎面驶来撞到甲车，导致乙死亡，乙的死亡结果对甲来说是意外事件，甲对此没有过失，因此乙的死亡结果不是甲的非法拘禁行为导致的，甲不是非法拘禁致人死亡的结果加重犯。故A项错误。

B项，甲以索债为目的把乙拘禁在自己家中，构成非法拘禁罪。甲不爽，拿起木棍打乙，不料木棍上有个钉子，直接刺入乙的心脏致乙死亡。甲是使用非法拘禁之外的暴力过失致人死亡，刑法将该行为拟制为故意杀人罪，甲不是非法拘禁致人死亡的结果加重犯。故B项正确。

C项，甲以伤害的故意用木棍击打乙的头部，如果是甲的棍子击打导致的乙死亡，则甲属于故意伤害致人死亡；如果是击打过程中，甲不小心将乙撞倒，乙头部碰到地面，导致乙死亡，那么由于乙头部碰到地面这一介入因素并不异常，因此，甲仍属于故意伤害致人死亡。故C项错误。

D项，甲以索债为目的把乙拘禁在自己家中，构成非法拘禁罪。甲因不爽而拿起菜刀杀了乙，具有杀人的故意，构成故意杀人罪，与非法拘禁罪数罪并罚。因此，甲不是非法拘禁致人死亡的结果加重犯。故D项正确。

参考答案 BD

第10讲 刑罚体系

189.《刑法》第49条规定：_____的时候不满18周岁的人和_____的时候怀孕的妇女，不适用死刑。_____的时候已满75周岁的人，不适用死刑，但_____的除外。下列哪一选项与题干空格内容相匹配？（2012/2/11-单）

A. 犯罪——审判——犯罪——故意犯罪致人死亡

B. 审判——审判——犯罪——故意犯罪致人死亡

C. 审判——审判——审判——以特别残忍手段致人死亡

D. 犯罪——审判——审判——以特别残忍手段致人死亡

选项解析 根据《刑法》第49条的规定，犯罪的时候不满18周岁的人和审判的时候怀孕的妇女，不适用死刑。审判的时候已满75周岁的人，不适用死刑，但以特别残忍手段致人死亡的除外。故 D 项当选。

参考答案 D

190. 甲女因抢劫杀人被逮捕，羁押期间不慎摔伤流产。1 月后，甲被提起公诉。对甲的处理，下列哪一选项是正确的？（2010/2/9-单）

A. 应当视为"审判时怀孕的妇女"，不适用死刑

B. 应当视为"审判时怀孕的妇女"，可适用死刑缓期二年执行

C. 不应当视为"审判时怀孕的妇女"，因甲并

非被强制流产

D. 不应当视为"审判时怀孕的妇女"，因甲并非在审判时摔伤流产

选项解析 本题考查"审判时怀孕的妇女，不适用死刑"的含义。①"审判时"，是指从侦查羁押时起至审判的全过程。实践中对于审判结束后、执行前发现了怀孕的，也不适用死刑。②"怀孕的妇女"包括在上述期间发生人工流产或者自然流产的妇女。即只要在上述期间"怀过孕"，就视为"审判时怀孕的妇女"。其在流产后，又因同一犯罪事实被起诉、审判的，均不能适用死刑。当然，在流产后，又实施其他犯罪（如故意杀人）的，则可以适用死刑。③"不适用死刑"，是指既不能判处死刑立即执行，也不能判处死刑缓期执行。故 A 项正确。

参考答案 A

191. 甲与乙女恋爱。乙因甲伤残提出分手，甲不同意，拉住乙不许离开，遭乙痛骂拒绝。甲绝望大喊："我得不到你，别人也休想"，连捅十几刀，致乙当场惨死。甲逃跑数日后，投案自首，有悔罪表现。关于本案的死刑适用，下列哪一说法符合法律实施中的公平正义理念？（2012/2/2-单）

A. 根据《刑法》规定，当甲的杀人行为被评价为"罪行极其严重"时，可判处甲死刑

B. 从维护《刑法》权威考虑，无论甲是否存在从轻情节，均应判处甲死刑

C. 甲轻率杀人，为严防效尤，即使甲自首悔罪，也应判处死刑立即执行

D. 应当充分考虑并尊重网民呼声，以此决定是否判处甲死刑立即执行

选项解析 死刑只适用于罪行极其严重的犯罪分子。对于应当判处死刑的犯罪分子，如果不是必须立即执行，则可以判处死刑同时宣告缓期二年执行。故只有 A 项是正确的，当选；其他选项都错得太离谱，不当选。

参考答案 A

附加刑 专题 25

192. 《刑法》第 64 条前段规定："犯罪分子违法所得的一切财物，应当予以追缴或者责令退赔"。关于该规定的适用，下列哪一选项是正确的？（2016/2/8-单）

A. 甲以赌博为业，但手气欠佳输掉 200 万元。输掉的 200 万元属于赌资，应责令甲全额退赔

B. 乙挪用公款炒股获利 500 万元用于购买房产（案发时贬值为 300 万元），应责令乙退赔 500 万元

C. 丙向国家工作人员李某行贿 100 万元。除向李某追缴 100 万元外，还应责令丙退赔 100 万元

D. 丁与王某共同窃取他人财物 30 万元。因二人均应对 30 万元负责，故应向二人各追缴 30 万元

选项解析 追缴违法所得的主要精神在于，不允许犯罪人从犯罪行为中获利。

A 项，甲如果赌博赢钱，即使赢的钱已经挥霍掉，也应当责令退赔。但甲输了 200 万元，就不再需要甲退赔了。故 A 项错误。

B 项，乙挪用公款炒股获利 500 万元，这些钱全部属于违法所得，无论乙是用于购买房产还是用于其他消费方式，均应予以退赔。故 B 项正确。

C 项，丙向李某行贿，并未直接产生违法所得，因此可以要求丙支付罚金，但不能要求丙退赔行贿的 100 万元。故 C 项错误。

D 项，丁与王某共同窃取 30 万元，二人违法所得总共 30 万元，因此向二人追缴的总额应为 30 万元。故 D 项错误。

参考答案 B

193. 关于剥夺政治权利的执行，下列说法正确的有：（2019-回忆版-多）

A. 期限与管制同时开始，同时结束

B. 对于有期徒刑，剥夺政治权利当然适用于主刑执行期间

C. 判处有期徒刑并剥夺政治权利的，从执行完毕之日起计算剥夺政治权利的期限

D. 对于死刑犯，可以剥夺政治权利

选项解析 管制犯的剥夺政治权利要和管制同时开始，同时结束。故 A 项正确。

有期徒刑剥夺政治权利，主刑期间当然没有政治权利。故 B 项正确。

判处有期徒刑并剥夺政治权利的，从刑罚执行完毕之日起计算剥夺政治权利的期限。故 C 项正确。

死刑必须剥夺政治权利，而非可以剥夺。故 D 项错误。

参考答案 ABC

社区矫正与非刑罚处罚方式 专题 26

194. 关于禁止令，下列哪些选项是错误的？（2012/2/56-多）

A. 甲因盗掘古墓葬罪被判刑 7 年，在执行 5 年后被假释，法院裁定假释时，可对甲宣

告禁止令

B. 乙犯合同诈骗罪被判处缓刑，因附带民事赔偿义务尚未履行，法院可在禁止令中禁止其进入高档饭店消费

C. 丙因在公共厕所猥亵儿童被判处缓刑，法院可同时宣告禁止其进入公共厕所

D. 丁被判处管制，同时被禁止接触同案犯，禁止令的期限应从管制执行完毕之日起计算

选项解析 禁止令仅适用于管制犯和缓刑犯，不适用于假释犯。法院对假释犯，不能宣告禁止令。故 A 项错误，当选。

法院宣告禁止令，应当根据犯罪分子的犯罪原因、犯罪性质、犯罪手段、犯罪后的悔罪表现、个人一贯表现等情况，充分考虑与犯罪分子所犯罪行的关联程度，有针对性地决定禁止其在管制执行期间、缓刑考验期限内"从事特定活动，进入特定区域、场所，接触特定的人"的一项或者几项内容。B 项，为了确保附带民事赔偿义务的顺利履行，法院可在禁止令中禁止乙进入高档饭店消费。故 B 项正确，不当选。

C 项，丙因在公共厕所猥亵儿童被判处缓刑，因此，丙行为的关键是猥亵儿童，而不是公共厕所，法院禁止丙进入公共厕所，对于防止丙今后再实施猥亵儿童的行为意义不大。故 C 项错误，当选。法院可以禁止丙进入儿童聚集的场所，如禁止丙进入幼儿园及其周边地区等。

根据 2011 年 4 月 28 日最高人民法院、最高人民检察院、公安部、司法部《关于对判处管制、宣告缓刑的犯罪分子适用禁止令有关问题的规定（试行）》第 6 条第 3 款的规定，禁止令的执行期限，从管制、缓刑执行之日起计算，而不是从执行完毕之日起计算。故 D 项错误，当选。

参考答案 ACD

195. 关于职业禁止，下列哪一选项是正确的？（2016/2/9-单）

A. 利用职务上的便利实施犯罪的，不一定都属于"利用职业便利"实施犯罪

B. 行为人违反职业禁止的决定，情节严重的，

应以拒不执行判决、裁定罪定罪处罚

C. 判处有期徒刑并附加剥夺政治权利，同时决定职业禁止的，在有期徒刑与剥夺政治权利均执行完毕后，才能执行职业禁止

D. 职业禁止的期限均为 3 年至 5 年

选项解析《刑法》第 37 条之一规定："因利用职业便利实施犯罪，或者实施违背职业要求的特定义务的犯罪被判处刑罚的，人民法院可以根据犯罪情况和预防再犯罪的需要，禁止其自刑罚执行完毕之日或者假释之日起从事相关职业，期限为 3 年至 5 年。被禁止从事相关职业的人违反人民法院依照前款规定作出的决定的，由公安机关依法给予处罚；情节严重的，依照本法第 313 条的规定定罪处罚。其他法律、行政法规对其从事相关职业另有禁止或者限制性规定的，从其规定。"

利用职务上的便利实施犯罪的，均属于"利用职业便利"实施犯罪，离开了职业，就不会有职务，职务是职业中具有管理性的工作，职务便利是在职业便利的基础上形成的，因此，职务便利是职业便利的下位概念。故 A 项错误。

根据《刑法》第 37 条之一的规定，行为人违反职业禁止决定情节严重的，应被判处拒不执行判决、裁定罪。故 B 项正确。

职业禁止应自有期徒刑执行完毕后执行。故 C 项错误。

一般情况下，职业禁止的期限为 3 年至 5 年，但《刑法》第 37 条之一第 3 款规定："其他法律、行政法规对其从事相关职业另有禁止或者限制性规定的，从其规定。"我国现有 20 多部法律和有关法律问题的决定对受过刑事处罚人员有从事相关职业的禁止或者限制性规定，包括规定禁止或者限制担任一定公职，禁止或者限制从事特定职业，以及禁止或者限制从事特定活动等。例如，《证券法》第 221 条第 1 款规定："违反法律、行政法规或者国务院证券监督管理机构的有关规定，情节严重的，国务院证券监督管理机构可以对有关责任人员采取证券市场禁入的措施。"可见，其职业禁止时间并不限于 3 年至 5 年。故 D 项错误。

参考答案 B

量刑的原则和种类、累犯　专题 **27**

196. 关于累犯，下列哪一选项是正确的？（2015/2/10-单）

A. 对累犯和犯罪集团的积极参加者，不适用缓刑

B. 对累犯，如假释后对所居住的社区无不良影响的，法院可决定假释

C. 对被判处无期徒刑的累犯，根据犯罪情节等情况，法院可同时决定对其限制减刑

D. 犯恐怖活动犯罪被判处有期徒刑 4 年，刑罚执行完毕后的第 12 年又犯黑社会性质的组织犯罪的，成立累犯

选项解析《刑法》第 74 条规定了不适用缓刑的情形，即对于累犯和犯罪集团的首要分子，不适用缓刑。但是对于犯罪集团的积极参加者并未限制。故 A 项错误。

《刑法》第 81 条第 2 款规定："对累犯以及因故意杀人、强奸、抢劫、绑架、放火、爆炸、投放危险物质或者有组织的暴力性犯罪被判处 10 年以上有期徒刑、无期徒刑的犯罪分子，不得假释。"所以累犯不得假释。故 B 项错误。

《刑法》第 50 条第 2 款规定："对被判处死刑缓期执行的累犯以及因故意杀人、强奸、抢劫、绑架、放火、爆炸、投放危险物质或者有组织的暴力性犯罪被判处死刑缓期执行的犯罪分子，人民法院根据犯罪情节等情况可以同时决定对其限制减刑。"《刑法》并未规定对被判处无期徒刑的累犯限制减刑。故 C 项错误。

《刑法》第 66 条规定了特别累犯，即危害国家安全犯罪、恐怖活动犯罪、黑社会性质的组织犯罪的犯罪分子，在刑罚执行完毕或者赦免以后，在任何时候再犯上述任一类罪的，都以累犯论处。故 D 项正确。

参考答案 D

197. 关于累犯，下列哪一判断是正确的？（2010/2/8-单）

A. 甲因抢劫罪被判处有期徒刑 10 年，并被附加剥夺政治权利 3 年。甲在附加刑执行完毕之日起 5 年之内又犯罪。甲成立累犯

B. 甲犯抢夺罪于 2005 年 3 月假释出狱，考验期为剩余的 2 年刑期。甲从假释考验期满之日起 5 年内再故意犯重罪。甲成立累犯

C. 甲犯危害国家安全罪 5 年徒刑期满，6 年后又犯杀人罪。甲成立累犯

D. 对累犯可以从重处罚

选项解析累犯的前罪执行完毕的 5 年内指的是主刑，而非附加刑。故 A 项错误。

对于被假释的犯罪分子，假释考验期满，没有法定的撤销假释的情形，即视为原判刑罚执行完毕。B 项，假释考验期满 5 年内再故意犯重罪，符合累犯的成立条件，成立累犯。故 B 项正确。

C 项中的后罪是故意杀人罪，因此，甲不成立特别累犯。后罪发生的时间没有在前罪刑罚

执行完毕5年内，不成立一般累犯。所以，甲不成立累犯。故C项错误。

对累犯，是"应当"从重处罚，而非"可以"。故D项错误。

参考答案 B

专题 28 自首、坦白和立功

198. 甲（民营企业销售经理）因合同诈骗罪被捕。在侦查期间，甲主动供述曾向国家工作人员乙行贿9万元，司法机关遂对乙进行追诉。后查明，甲的行为属于单位行贿，行贿数额尚未达到单位行贿罪的定罪标准。甲的主动供述构成下列哪一量刑情节？（2014/2/12-单）

A. 坦白　　　　　　　B. 立功
C. 自首　　　　　　　D. 准自首

选项解析 在本案中，由于甲的行贿行为不构成犯罪，所以甲与乙并非共同犯罪，甲交代的不属于同案犯共犯以内的罪行，而是共同犯罪以外的其他罪行，属于检举揭发，为立功。故B项当选。

参考答案 B

199. 下列哪一选项成立自首？（2015/2/11-单）

A. 甲挪用公款后主动向单位领导承认了全部犯罪事实，并请求单位领导不要将自己移送司法机关

B. 乙涉嫌贪污被检察院讯问时，如实供述将该笔公款分给了国有单位职工，辩称其行为不是贪污

C. 丙参与共同盗窃后，主动投案并供述其参与盗窃的具体情况。后查明，系因分赃太少、得知举报有奖才投案

D. 丁因纠纷致程某轻伤后，报警说自己伤人了。报警后见程某举拳冲过来，丁以暴力致其死亡，并逃离现场

选项解析 A项中，甲虽然向单位领导如实承认了犯罪事实，但是不愿意让领导将自己移送司法机关，即不愿接受司法机关或个人的控制并进一步交代自己的犯罪事实，因此，甲不属于自动投案，不成立自首。故A项不当选。

B项中，乙是在讯问之后交代，不符合自动投案的时间条件。故B项不当选。

C项中，丙主动投案，并且如实供述了自己在共同犯罪中参与盗窃的具体情况，符合自首的条件，自动投案的动机并不影响自首的成立。故C项当选。

D项中，丁虽然主动报警投案，但是在公安机关到达之前，其已经逃离现场，并未在司法机关的控制之下进一步交代犯罪事实，因此，丁的行为不构成自首。故D项不当选。

参考答案 C

200. 关于自首中的"如实供述"，下列哪些选项是错误的？（2009/2/53-多）

A. 甲自动投案后，如实交代自己的杀人行为，但拒绝说明凶器藏匿地点的，不成立自首

B. 乙犯有故意伤害罪、抢夺罪，自动投案后，仅如实供述抢夺行为，对伤害行为一直主张自己是正当防卫的，仍然可以成立自首

C. 丙虽未自动投案，但办案机关所掌握线索针对的贪污事实不成立，在此范围外丙交代贪污罪行的，应当成立自首

D. 丁自动投案并如实供述自己的罪行后又翻供，但在二审判决前又如实供述的，应当认定为自首

选项解析 A项，对于故意杀人而言，如实交代了自己的杀人行为，就是如实交代了自己的"主要"犯罪事实，至于凶器的藏匿地点，不是故意杀人罪的构成要件，不是主要犯罪事实，行为人拒绝交代的，不影响自首的认定。所以甲成立自首。故A项错误，当选。

犯罪嫌疑人对行为性质的辩解，不影响自首的认定。B项，乙犯有数罪，自动投案后，如实

供述抢夺行为，对抢夺罪可以成立自首；对于伤害行为，只要其能够进行如实供述，即使其一直认为行为性质是正当防卫，也能够认定其成立自首。故 B 项正确，不当选。

C 项，没有自动投案，但办案机关所掌握线索针对的犯罪事实不成立，在此范围外犯罪分子交代同种罪行的，以自首论，因为此时，办案机关实际上并没有掌握犯罪分子的犯罪事实。故 C 项正确，不当选。

犯罪嫌疑人自动投案并如实供述自己的罪行后又翻供的，不能认定为自首；但在一审判决前又能如实供述的，应当认定为自首。D 项，丁是在二审判决前又如实供述，因此不能认定为自首。故 D 项错误，当选。

参考答案 AD

201. 甲因为盗窃乙的自行车（价值 460 元）被抓获，公安机关对其作出行政拘留 15 日的处罚。在被行政拘留期间，甲主动交代了盗窃丙的摩托车（价值 2 万元）的犯罪事实，该事实经公安机关查证属实。对甲主动交代盗窃摩托车一事的行为应如何定性？（2008 延/2/2-单）

A. 自首　　　　　　　B. 坦白
C. 立功　　　　　　　D. 重大立功

选项解析 根据最高人民法院《关于处理自首和立功若干具体问题的意见》第 1 条第 1 款的规定，因特定违法行为被采取劳动教养、行政拘留、司法拘留、强制隔离戒毒等行政、司法强制措施期间，主动向执行机关交代尚未被掌握的犯罪行为的，也认为成立自首。故 A 项当选。

参考答案 A

202. 下列哪些选项不构成立功？（2012/2/57-多）

A. 甲是唯一知晓同案犯裴某手机号的人，其主动供述裴某手机号，侦查机关据此采用技术侦查手段将裴某抓获

B. 乙因购买境外人士赵某的海洛因被抓获后，按司法机关要求向赵某发短信"报平安"，并表示还要购买毒品，赵某因此未离境，

等待乙时被抓获

C. 丙被抓获后，通过律师转告其父想办法协助司法机关抓捕同案犯，丙父最终找到同案犯藏匿地点，协助侦查机关将其抓获

D. 丁被抓获后，向侦查机关提供同案犯的体貌特征，同案犯由此被抓获

选项解析 A 项，甲仅仅提供同案犯的手机号码，这属于犯罪过程中掌握的信息，不能认定为"协助抓捕同案犯"，不构成立功。故 A 项当选。

B 项，乙按照司法机关要求给赵某发信息，将其约至指定地点，在赵某等待乙时，司法机关将其抓获，乙构成立功。故 B 项不当选。

C 项，丙被抓获后，通过律师转告其父想办法协助司法机关抓捕同案犯，丙父最终找到同案犯藏匿地点，协助侦查机关将其抓获，这是代为立功，不能认定丙构成立功。故 C 项当选。

D 项，丁被抓获后，向司法机关提供同案犯的体貌特征，这属于犯罪过程中掌握的信息，不能认定为协助司法机关抓捕同案犯，不构成立功。故 D 项当选。

参考答案 ACD

主客命题点

自首与立功的区别：

如果交代的是犯罪后所掌握的新的信息（如同案犯新的藏身之处），对抓捕罪犯起到实质作用，则可以认定为协助抓捕。比如，甲被抓获后，向侦查机关提供同案犯的体貌特征，同案犯由此被抓获，这不成立立功。又如，丁被抓获后，向侦查机关提供同案犯案发后去韩国整容后的体貌特征，同案犯由此被抓获，这成立立功。再如，丙被抓获后，向侦查机关交代同案犯因为另外的罪行在监狱服刑的事实，导致同案犯的罪行被追究，这成立立功。

203. 关于自首，下列哪一选项是正确的？（2017/2/9-单）

A. 甲绑架他人作为人质并与警察对峙，经警察劝说放弃了犯罪。甲是在"犯罪过程中"而不是"犯罪以后"自动投案，不符合自首

条件

B. 乙交通肇事后留在现场救助伤员，并报告交管部门发生了事故。交警到达现场询问时，乙否认了自己的行为。乙不成立自首

C. 丙故意杀人后如实交代了自己的客观罪行，司法机关根据其交代认定其主观罪过为故意，丙辩称其为过失。丙不成立自首

D. 丁犯罪后，仅因形迹可疑而被盘问、教育，便交代了自己所犯罪行，但拒不交代真实身份。丁不属于如实供述，不成立自首

选项解析 自首中"自动投案"是自愿主动接受司法处置，在"犯罪过程中"主动放弃犯罪而投案和"犯罪以后"的自动投案，都可以构成自首。故 A 项错误。

行为人如实供述自己的罪行，即犯罪人自动投案以后，如实交代自己的主要犯罪事实。B 项中，乙虽然在交通肇事后留在现场救助伤员，并报告交管部门发生了事故，但在交警到达现场询问时没有如实供述自己的犯罪行为，不成立自首。故 B 项正确。

C 项中，丙故意杀人自动投案后如实交代自己的客观罪行的行为已经构成自首，关于其对自身主观罪过认定的辩护属于丙辩护权的范畴，不影响自首的认定。故 C 项错误。

关于"如实供述自己的罪行"的具体认定，最高人民法院《关于处理自首和立功若干具体问题的意见》第 2 条第 1 款规定，犯罪嫌疑人供述的身份等情况与真实情况虽有差别，但不影响定罪量刑的，应认定为如实供述自己的罪行。犯罪嫌疑人自动投案后隐瞒自己的真实身份等情况，影响对其定罪量刑的，不能认定为如实供述自己的罪行。D 项中，丁交代了自己所犯罪行，虽然拒不交代真实身份，但在对定罪量刑没有影响的情况下，属于如实供述，成立自首。故 D 项错误。

参考答案 B

204. 甲交通肇事后，其父协助公安机关抓获甲。下列说法正确的有：(2018-回忆版-多)

A. 甲的行为不成立自首，因为甲并没有自动投案

B. 甲父协助公安机关抓获甲，可以认定为代甲自首，故甲的行为成立自首

C. 甲父协助公安机关抓获甲，甲的行为成立立功

D. 甲的行为虽然不属于自首，但可以酌情从轻处理

选项解析 自首必须自愿主动接受司法处置，在本案中，甲并没有自动投案，不成立自首，同时，代为立功也不成立立功，立功必须亲力亲为。故 A、D 项正确。

参考答案 AD

205. 关于自首，下列说法正确的有：(2021-回忆版-多)

A. 甲开车撞人后没救助被害人，而是去投案自首，如实交代了自己的罪行，最后被害人死亡。甲成立自首

B. 乙犯罪后逃亡，走投无路去自首，然后又逃亡。乙成立自首

C. 丙犯罪后自动投案并如实供述自己的罪行，然后逃亡，后来走投无路又去自首。丙成立自首

D. 丁正在服刑，如实供述司法机关还未掌握的本人其他罪行。丁不成立自首

选项解析 A 项，犯罪以后自动投案，如实供述自己的罪行的，是自首。甲开车撞人后去投案自首，如实交代了自己的罪行，成立自首。最后被害人死亡是甲的定罪问题，不影响自首的成立。故 A 项正确。

B 项，乙犯罪后逃亡，走投无路去自首，然后又逃亡，不符合自首中的"自动投案"，不成立自首。故 B 项错误。

C 项，丙犯罪后自动投案并如实供述自己的罪行，然后逃亡，否定了自首。但是，后来丙走投无路又去自首，仍然能够成立自首。故 C 项正确。

D 项，被采取强制措施的犯罪嫌疑人、被告人和正在服刑的罪犯，如实供述司法机关还未掌握的本人其他罪行的，以自首论。故 D 项错误。

参考答案 AC

206. 甲因涉嫌合同诈骗 150 万余元被刑事拘留，在看守所得知立功可以宽大处理，于是逃出去花 500 万元买了一个国家工作人员乙犯罪的信息，然后自己回去主动投案，积极认罪悔罪，揭发乙的犯罪事实，退赃 150 万余元。关于本案，下列说法正确的有：（2022-回忆版-多）

A. 针对脱逃罪，甲成立自首

B. 针对合同诈骗罪，甲成立自首

C. 甲积极认罪悔罪、退赃，对甲可以从宽处罚

D. 甲检举揭发乙的犯罪行为构成立功

选项解析 A 项中，甲从看守所逃离属于脱逃罪，主动供述该事实的属于自首。故 A 项正确。

B 项中，因为甲是在被拘留后交代，拘留是强制措施，犯罪嫌疑人在采取强制措施之后交代的，不再符合自首的时间条件。故 B 项错误。

C 项中，甲认罪悔罪并退赃，可以从宽处罚。故 C 项正确。

D 项中，由于甲是利用购买的线索进行揭发，因此不属于立功。故 D 项错误。

参考答案 AC

207. 关于立功，下列说法正确的有：（2023-回忆版-多）

A. 张某在取保候审期间，利用网络教唆陈某贩卖毒品，然后联系公安机关将陈某抓获。张某构成立功

B. 李某在服刑期间，其家人在监狱外购买他人的发明，并以李某的名义申请专利，李某获得了该项发明专利。李某不构成立功

C. 王某因行贿罪被抓，其交代了刘某向其索贿的事实。对于王某应同时适用坦白与立功

D. 钱某因贩卖毒品罪被抓，其检举并揭发了其上家周某贩卖毒品的事实。钱某不构成立功

选项解析 本题考查《刑法》总则中关于立功的内容。

A 项，张某与陈某成立贩卖毒品罪的共同犯罪，张某系教唆犯。虽然张某与陈某是同案犯，但协助公安机关抓捕同案犯也可以成立立功。故 A 项正确。

B 项，李某的立功表现并非亲力亲为，而是其家人通过不正当手段代为获取的，因此不能认定李某有立功情节。故 B 项正确。

C 项，行贿与受贿属于广义的共同犯罪，王某的交代属于如实供述，并非立功。故 C 项错误。

D 项，钱某与周某的贩卖毒品罪并非共同犯罪，因此，钱某揭发其上家周某贩卖毒品的行为，可以单独构成立功。故 D 项错误。

参考答案 AB

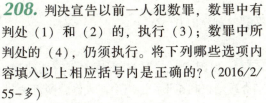

数罪并罚 专题 29

208. 判决宣告以前一人犯数罪，数罪中有判处（1）和（2）的，执行（3）；数罪中所判处的（4），仍须执行。将下列哪些选项内容填入以上相应括号内是正确的？（2016/2/55-多）

A. （1）死刑 （2）有期徒刑 （3）死刑 （4）罚金

B. （1）无期徒刑 （2）拘役 （3）无期徒刑 （4）没收财产

C. （1）有期徒刑 （2）拘役 （3）有期徒刑 （4）附加刑

D. （1）拘役 （2）管制 （3）拘役 （4）剥夺政治权利

选项解析 死刑、无期徒刑与其他刑罚的数罪并罚均采取吸收原则，即只要其中一个罪名判处了死刑，就判处死刑；只要其中一个罪名判处了无期徒刑，就判处无期徒刑。主刑与附加刑的数罪并罚采取并科原则，即数罪并罚后附加刑仍需执行。故 A、B 项正确。

根据《刑法》第 69 条第 2 款的规定，数罪中有判处有期徒刑和拘役的，执行有期徒刑。数罪中有判处有期徒刑和管制，或者拘役和管

制的，有期徒刑、拘役执行完毕后，管制仍须执行。故 C 项正确，D 项错误。

参考答案 ABC

209.

关于数罪并罚，下列哪些选项是符合《刑法》规定的？（2011/2/57—多）

A. 甲在判决宣告以前犯抢劫罪、盗窃罪与贩卖毒品罪，分别被判处 13 年、8 年、15 年有期徒刑。法院数罪并罚决定执行 18 年有期徒刑

B. 乙犯抢劫罪、盗窃罪分别被判处 13 年、6 年有期徒刑，数罪并罚决定执行 18 年有期徒刑。在执行 5 年后，发现乙在判决宣告前还犯有贩卖毒品罪，应当判处 15 年有期徒刑。法院数罪并罚决定应当执行 19 年有期徒刑，已经执行的刑期，计算在新判决决定的刑期之内

C. 丙犯抢劫罪、盗窃罪分别被判处 13 年、8 年有期徒刑，数罪并罚决定执行 18 年有期徒刑。在执行 5 年后，丙又犯故意伤害罪，被判处 15 年有期徒刑。法院在 15 年以上 20 年以下决定应当判处 16 年有期徒刑，已经执行的刑期，不计算在新判决决定的刑期之内

D. 丁在判决宣告前犯有三罪，被分别并处罚金 3 万元、7 万元和没收全部财产。法院不仅要合并执行罚金 10 万元，而且要没收全部财产

选项解析 A 项，《刑法》第 69 条第 1 款规定："……有期徒刑总和刑期不满 35 年的，最高不能超过 20 年，总和刑期在 35 年以上的，最高不能超过 25 年。"根据这一规定，总和刑期达到 35 年以上的，数罪并罚的最高限可以达到 25 年，但并非一定要达到 25 年。故 A 项当选。

B 项，后来发现的贩卖毒品罪属于漏罪，漏罪应采"先并后减"的方法。法院对数罪确定应执行 19 年的有期徒刑，已经执行的 5 年当然要从这 19 年中减去，即已经执行的刑期计算在新判决决定的刑期之内。也就是说，犯罪分子还需要执行 19 年-5 年 = 14 年。《刑法》第 70 条规定：

"判决宣告以后，刑罚执行完毕以前，发现被判刑的犯罪分子在判决宣告以前还有其他罪没有判决的，应当对新发现的罪作出判决，把前后两个判决所判处的刑罚，依照本法第 69 条的规定，决定执行的刑罚。已经执行的刑期，应当计算在新判决决定的刑期以内。"故 B 项当选。

C 项，犯新罪，应采取"先减后并"的方法。后来法院在 15 年以上 20 年以下决定应当并处 16 年，就是拿原罪的 18 年-5 年 = 13 年，和新罪的 15 年并罚，在 15 年以上 20 年以下决定应当判处 16 年有期徒刑，已经执行的刑期，当然不计算在新判决决定的刑期之内，即新判决的刑期是指犯罪分子还需要继续执行的刑期。也就是说，法院判处的 16 年是丙还需要执行的期限。《刑法》第 71 条规定："判决宣告以后，刑罚执行完毕以前，被判刑的犯罪分子又犯罪的，应当对新犯的罪作出判决，把前罪没有执行的刑罚和后罪所判处的刑罚，依照本法第 69 条的规定，决定执行的刑罚。"故 C 项当选。

D 项，《刑法》第 69 条第 3 款规定："数罪中有判处附加刑的，附加刑仍须执行，其中附加刑种类相同的，合并执行，种类不同的，分别执行。"根据这一规定，附加刑种类不同的，分别执行；种类相同的，应合并执行，即对于多个附加刑，应全部实际执行到位，不存在限制加重或者吸收规则。罚金和没收财产虽然都是财产刑，但在刑法上仍属于两种不同的附加刑，依《刑法》第 69 条第 3 款的规定应"分别执行"。根据司法解释的规定，如果 A 罪被判没收全部财产，B 罪被判罚金，应当先执行罚金，再执行没收财产。故 D 项当选。

参考答案 ABCD

210.

甲因走私武器被判处 15 年有期徒刑，剥夺政治权利 5 年；因组织他人偷越国境被判处 14 年有期徒刑，并处没收财产 5 万元，剥夺政治权利 3 年；因骗取出口退税被判处 10 年有期徒刑，并处罚金 20 万元。关于数罪并罚，下列哪一选项符合《刑法》规定？（2012/2/12—单）

A. 决定判处甲有期徒刑 35 年，没收财产 25

万元，剥夺政治权利 8 年

B. 决定判处甲有期徒刑 20 年，罚金 25 万元，剥夺政治权利 8 年

C. 决定判处甲有期徒刑 25 年，没收财产 5 万元，罚金 20 万元，剥夺政治权利 6 年

D. 决定判处甲有期徒刑 23 年，没收财产 5 万元，罚金 20 万元，剥夺政治权利 8 年

选项解析 本题中，甲被判处的主刑均为有期徒刑，刑期分别为 15 年、14 年、10 年，总和刑期为 39 年，属于 35 年以上的情况，因此，应在 15 年以上 25 年以下酌情决定执行的刑期。甲被判处的附加刑有罚金、没收财产、剥夺政治权利，对于附加刑的并罚原则是，种类相同的合并执行，种类不同的分别执行。甲因走私武器罪被剥夺政治权利 5 年，因组织他人偷越国境罪被判处剥夺政治权利 3 年，因此，剥夺政治权利的刑期合并后为 8 年。罚金和没收财产属于种类不同的附加刑，不能合并执行，只能分别执行，因此，没收财产 5 万元和罚金 20 万元应分别执行。故 D 项当选。

参考答案 D

211. 关于数罪并罚，下列哪些选项是正确的？（2017/2/55-多）

A. 甲犯某罪被判处有期徒刑 2 年，犯另一罪被判处拘役 6 个月。对甲只需执行有期徒刑

B. 乙犯某罪被判处有期徒刑 2 年，犯另一罪被判处管制 1 年。对乙应在有期徒刑执行完毕后，继续执行管制

C. 丙犯某罪被判处有期徒刑 6 年，执行 4 年后发现应被判处拘役的漏罪。数罪并罚

后，对丙只需再执行尚未执行的 2 年有期徒刑

D. 丁犯某罪被判处有期徒刑 6 年，执行 4 年后被假释，在假释考验期内犯应被判处 1 年管制的新罪。对丁再执行 2 年有期徒刑后，执行 1 年管制

选项解析 《刑法》第 69 条第 2 款规定："数罪中有判处有期徒刑和拘役的，执行有期徒刑。数罪中有判处有期徒刑和管制，或者拘役和管制的，有期徒刑、拘役执行完毕后，管制仍须执行。"故 A、B 项正确。

《刑法》第 70 条规定："判决宣告以后，刑罚执行完毕以前，发现被判刑的犯罪分子在判决宣告以前还有其他罪没有判决的，应当对新发现的罪作出判决，把前后两个判决所判处的刑罚，依照本法第 69 条的规定，决定执行的刑罚。已经执行的刑期，应当计算在新判决决定的刑期以内。"这被称为"先并后减"。C 项中，显然在"先并"的阶段，拘役为有期徒刑所吸收，丙只需再执行尚未执行的 2 年有期徒刑。故 C 项正确。

《刑法》第 86 条第 1 款规定："被假释的犯罪分子，在假释考验期限内犯新罪，应当撤销假释，依照本法第 71 条的规定实行数罪并罚。"《刑法》第 71 条规定："判决宣告以后，刑罚执行完毕以前，被判刑的犯罪分子又犯罪的，应当对新犯的罪作出判决，把前罪没有执行的刑罚和后罪所判处的刑罚，依照本法第 69 条的规定，决定执行的刑罚。"这被称为"先减后并"。故 D 项正确。

参考答案 ABCD

缓 刑 专题 30

212. 关于刑罚的具体运用，下列哪些选项是错误的？（2014/2/55-多）

A. 甲 1998 年因间谍罪被判处有期徒刑 4 年。2010 年，甲因参加恐怖组织罪被判处有期徒刑 8 年。甲构成累犯

B. 乙因倒卖文物罪被判处有期徒刑 1 年，罚金 5000 元；因假冒专利罪被判处有期徒刑 2 年，罚金 5000 元。对乙数罪并罚，决定执行有期徒刑 2 年 6 个月，罚金 1 万元。此时，即使乙符合缓刑的其他条件，也不可对乙适用缓刑

C. 丙因无钱在网吧玩游戏而抢劫，被判处有期徒刑1年缓刑1年，并处罚金2000元，同时禁止丙在12个月内进入网吧。若在考验期限内，丙仍常进网吧，情节严重，则应对丙撤销缓刑

D. 丁系特殊领域专家，因贪污罪被判处有期徒刑8年。丁遵守监规，接受教育改造，有悔改表现，无再犯危险。1年后，因国家科研需要，经最高法院核准，可假释丁

选项解析 根据《刑法修正案（八）》出台前《刑法》的规定，特殊累犯的前后罪都必须是危害国家安全罪。但《刑法修正案（八）》将恐怖活动犯罪和黑社会性质的组织犯罪也增加进去。这种修正对行为人不利。但最高人民法院《关于〈中华人民共和国刑法修正案（八）〉时间效力问题的解释》第3条第2、3款规定："曾犯危害国家安全犯罪，刑罚执行完毕或者赦免以后，在2011年4月30日以前再犯危害国家安全犯罪的，是否构成累犯，适用修正前刑法第66条的规定。曾被判处有期徒刑以上刑罚，或者曾犯危害国家安全犯罪、恐怖活动犯罪、黑社会性质的组织犯罪，在2011年5月1日以后再犯罪的，是否构成累犯，适用修正后刑法第65条、第66条的规定。"根据这个规定，如果前后两罪都发生在《刑法修正案（八）》生效前，则适用原《刑法》的规定，但只要有一个罪发生在《刑法修正案（八）》生效之后，就适用《刑法修正案（八）》的规定。

A项中的两个罪都发生在《刑法修正案（八）》生效之前，因此，应当适用旧法，不成立累犯。故A项错误，当选。

B项中，数罪并罚如果在3年以下，符合缓刑的条件是可以缓刑的。故B项错误，当选。

C项中的禁止令适用正确。故C项正确，不当选。

D项属于破格假释，必须报请最高人民法院核准。故D项正确，不当选。但是注意，禁止假释的情况不能假释，报最高人民法院也没用。

参考答案 AB

213. 被宣告_____的犯罪分子，在____

_____考验期内犯新罪或者发现判决宣告以前还有其他罪没有判决的，应当撤销_____，对新犯的罪或者新发现的罪作出判决，把前罪和后罪所判处的刑罚，依照《刑法》第69条的规定，决定执行的刑罚。关于三个空格的填充内容，下列哪一选项是正确的？（2013/2/11-单）

A. 均应填"假释"

B. 均应填"缓刑"

C. 既可均填"假释"，也可均填"缓刑"

D. 既不能均填"假释"，也不能均填"缓刑"

选项解析 根据《刑法》第77条第1款的规定，被宣告缓刑的犯罪分子，在缓刑考验期限内犯新罪或者发现判决宣告以前还有其他罪没有判决的，应当撤销缓刑，对新犯的罪或者新发现的罪作出判决，把前罪和后罪所判处的刑罚，依照《刑法》第69条的规定，决定执行的刑罚。故B项正确。缓刑犯由于前罪刑罚并没有执行，所以在缓刑撤销后数罪并罚时，不涉及"减"的问题。

参考答案 B

214. 关于缓刑的适用，下列哪一选项是错误的？（2011/2/10-单）

A. 被宣告缓刑的犯罪分子，在考验期内再犯罪的，应当数罪并罚，且不得再次宣告缓刑

B. 对于被宣告缓刑的犯罪分子，可以同时禁止其从事特定活动，进入特定区域、场所，接触特定的人

C. 对于黑社会性质组织的首要分子，不得适用缓刑

D. 被宣告缓刑的犯罪分子，在考验期内由公安机关考察，所在单位或者基层组织予以配合

选项解析 按照《刑法修正案（八）》的规定，适用缓刑必须没有再犯罪的危险。在缓刑考验期内犯新罪的，证明其有再犯罪危险，所以不得再次宣告缓刑。但如果在考验期内发现漏罪，数罪并罚，刑罚在3年以下，可以再次宣告缓刑。故A项正确，不当选。

对于管制犯、缓刑犯，法院可以发禁止令。故B项正确，不当选。

《刑法修正案（八）》增加了一个新的类

型，即犯罪集团的首要分子不得适用缓刑。故 C
项正确，不当选。

根据《刑法修正案（八）》的规定，对于
缓刑犯依法实行社区矫正，而不是"由公安机
关考察"。故 D 项错误，当选。

参考答案 D

215. 关于缓刑，下列哪一选项是正确的？
（2008 延/2/10-单）

A. 对累犯以及杀人、伤害等暴力性犯罪，不
得宣告缓刑

B. 被宣告缓刑的犯罪分子，在缓刑考验期内，
只要没有再犯新罪的，缓刑考验期满，原
判刑罚就不再执行

C. 缓刑考验期限，从判决确定之日起计算

D. 被宣告缓刑的犯罪分子，在缓刑考验期内
犯新罪的，应当撤销缓刑，将前罪和后罪
所判处的刑罚，依照先减后并的方法决定
应当执行的刑罚

选项解析 累犯不得宣告缓刑是正确的，但 A 项
所说的对于"杀人、伤害等暴力性犯罪，不得
宣告缓刑"，太过绝对，是错误的。比如，故意
杀人判 1 年有期徒刑，可以缓刑。故 A 项错误。

"只要"没有再犯新罪的，缓刑考验期满，
原判刑罚就不再执行，此说法显然过于片面，
因为撤销缓刑有 3 种原因，不仅仅是犯新罪。故
B 项错误。

根据《刑法》第 73 条第 3 款的规定，缓刑
考验期限，从判决确定之日起计算。故 C 项
正确。

被宣告缓刑的人，其原判刑罚根本就没有执
行，因此不涉及"减"的问题。无论是在考验
期内犯新罪，还是发现漏罪，处理方法都是一
样的，都是撤销缓刑，按照《刑法》第 69 条的
规定进行并罚。故 D 项错误。

参考答案 C

216. 关于缓刑的适用，下列哪些选项是正
确的？（2015/2/59-多）

A. 甲犯重婚罪和虐待罪，数罪并罚后也可能
适用缓刑

B. 乙犯遗弃罪被判处管制 1 年，即使犯罪情
节轻微，也不能宣告缓刑

C. 丙犯绑架罪但有立功情节，即使该罪的法定
最低刑为 5 年有期徒刑，也可能适用缓刑

D. 丁 17 岁时因犯放火罪被判处有期徒刑 5 年，
23 岁时又犯伪证罪，仍有可能适用缓刑

选项解析 甲虽然犯两罪，但如果各罪分别符合
适用缓刑的条件，数罪并罚后也符合缓刑的条
件，则可能适用缓刑。故 A 项正确。

管制不能适用缓刑。故 B 项正确。

立功可以从轻或减轻。如果丙被减轻处罚，
判处 3 年以下有期徒刑，则可能适用缓刑。故 C
项正确。

丁实施放火罪时未满 18 周岁，属于未成年
人犯罪，5 年后再犯故意犯罪的不构成累犯，因
此有可能被判处缓刑。故 D 项正确。

参考答案 ABCD

217. 关于缓刑的适用，下列哪些选项是错
误的？（2017/2/56-多）

A. 甲犯抢劫罪，所适用的是"3 年以上 10 年
以下有期徒刑"的法定刑，缓刑只适用于
被判处拘役或者 3 年以下有期徒刑的罪犯，
故对甲不得判处缓刑

B. 乙犯故意伤害罪与代替考试罪，分别被判
处 6 个月拘役与 1 年管制。由于管制不适
用缓刑，对乙所判处的拘役也不得适用
缓刑

C. 丙犯为境外非法提供情报罪，被单处剥夺政
治权利，执行完毕后又犯帮助恐怖活动罪，
被判处拘役 6 个月。对丙不得宣告缓刑

D. 丁 17 周岁时犯抢劫罪被判处有期徒刑 5
年，刑满释放后的第 4 年又犯盗窃罪，应
当判处有期徒刑 2 年。对丁不得适用缓刑

选项解析 缓刑适用的对象是被判处拘役或者 3
年以下有期徒刑的犯罪分子。甲犯抢劫罪，所
适用的是"3 年以上 10 年以下有期徒刑"的法
定刑，刑法中的"以上""以下"都包含本数，
当甲的宣告刑为 3 年时，可以适用缓刑。故 A
项错误，当选。

乙犯故意伤害罪与代替考试罪，分别被判处6个月拘役与1年管制。管制不适用缓刑，但是拘役可以适用缓刑。故B项错误，当选。

对于累犯和犯罪集团的首要分子不适用缓刑。《刑法》第66条规定："危害国家安全犯罪、恐怖活动犯罪、黑社会性质的组织犯罪的犯罪分子，在刑罚执行完毕或者赦免以后，在任何时候再犯上述任一类罪的，都以累犯论处。"对于特别累犯，前罪和后罪所判处的刑罚的种类及其轻重不受限制，即使前后两罪或者一罪被判处附加刑，也不影响特别累犯的成立。丙构成特别累犯，不适用缓刑。故C项正确，不当选。

行为人被判处有期徒刑，刑满释放后5年内再犯判处有期徒刑的犯罪的，属于累犯，但是不满18周岁的人犯罪除外。丁实施抢劫罪时为17周岁，因此，其刑满后第4年再犯应被判处有期徒刑以上刑罚的犯罪的，不构成累犯，可以适用缓刑。故D项错误，当选。

参考答案 ABD

218. 关于减刑、假释的适用，下列哪些选项是错误的？（2013/2/57-多）

A. 对所有未被判处死刑的犯罪分子，如认真遵守监规，接受教育改造，确有悔改表现，或者有立功表现的，均可减刑

B. 无期徒刑减为有期徒刑的刑期，从裁定被执行之日起计算

C. 被宣告缓刑的犯罪分子，不符合"认真遵守监规，接受教育改造"的减刑要件，不能减刑

D. 在假释考验期限内犯新罪，假释考验期满后才发现的，不得撤销假释

选项解析 A 项说法过于绝对。比如，单处罚金的，罚金要么一次性缴纳，要么分期缴纳，不存在认真遵守监规一说。故 A 项错误，当选。

根据《刑法》第 80 条的规定，无期徒刑减为有期徒刑的刑期，从裁定减刑之日起计算，而不是从裁定被执行之日起计算。故 B 项错误，当选。

根据 2012 年最高人民法院《关于办理减刑、假释案件具体应用法律若干问题的规定》第 13 条的规定，判处拘役或者 3 年以下有期徒刑并宣告缓刑的罪犯，一般不适用减刑。前述规定的罪犯在缓刑考验期限内有重大立功表现的，可以参照《刑法》第 78 条的规定，予以减刑，同时应依法缩减其缓刑考验期限。拘役的缓刑考验期限不能少于 2 个月，有期徒刑的缓刑考验期

限不能少于 1 年。可见，缓刑犯是可以减刑的。（根据 2017 年生效的最高人民法院《关于办理减刑、假释案件具体应用法律的规定》第 18 条的规定，被判处拘役或者 3 年以下有期徒刑，并宣告缓刑的罪犯，一般不适用减刑。前述规定的罪犯在缓刑考验期内有重大立功表现的，可以参照《刑法》第 78 条的规定予以减刑，同时应当依法缩减其缓刑考验期。缩减后，拘役的缓刑考验期限不得少于 2 个月，有期徒刑的缓刑考验期限不得少于 1 年。）故 C 项错误，当选。需要特别提示的是，减刑条件里"监规"中的"监"不是"监狱"的意思，而是"监督、监管"的意思。被宣告缓刑的犯罪分子，在缓刑考验期内，也有需要遵守的规定，要服从监督、接受考察机关的考察，接受教育改造，所以，符合减刑的条件是可以减刑的。

根据《刑法》第 86 条第 1 款的规定，只要在假释考验期内又犯新罪，无论何时发现，即使是考验期满后才发现，也要撤销假释。故 D 项错误，当选。

参考答案 ABCD

219. 关于减刑，下列哪一选项是正确的？（2010/2/10-单）

A. 减刑只适用于被判处拘役、有期徒刑、无期徒刑和死缓的犯罪分子

B. 对一名服刑犯人的减刑不得超过 3 次，否

则有损原判决的权威性

C. 被判处无期徒刑的罪犯减刑后,实际执行时间可能超过 15 年

D. 对被判处无期徒刑、死缓的罪犯的减刑,需要报请高级法院核准

选项解析 本题考查减刑的适用条件。

从狭义的角度,A 项说法多了死缓,漏了管制;从广义的角度,A 项又漏了罚金等附加刑。故 A 项错误。

刑法并没有对减刑的次数作出限制,只要符合减刑的条件,就可以多次减刑。故 B 项错误。

根据《刑法》第 78 条第 2 款第 2 项的规定,原判无期徒刑的,减刑后实际执行的刑期不能少于 13 年。这是最低执行刑期的规定,刑法并没有对上限作出规定,因此,其实际执行时间完全"可能"超过 15 年。故 C 项正确。

被判处无期徒刑、死缓的罪犯的减刑,需要由执行机关提出减刑建议书,高级人民法院组成合议庭进行审理,然后作出裁定,而不是"报请高级人民法院核准","裁定"与"核准"是不同的两个概念。故 D 项错误。

参考答案 C

220. 甲因在学校饭堂投毒被判处 8 年有期徒刑。服刑期间,甲认真遵守监规,接受教育改造,确有悔改表现。关于甲的假释,下列哪一说法是正确的?(2014/2/11-单)

A. 可否假释,由检察机关决定

B. 可否假释,由执行机关决定

C. 服刑 4 年以上才可假释

D. 不得假释

选项解析 有期徒刑服刑一半以上可以假释。故 C 项正确,D 项错误。另外,假释是由人民法院来决定的,而非执行机关或检察机关决定。故 A、B 项错误。

参考答案 C

221. 关于假释,下列哪一选项是错误的?(2009/2/12-单)

A. 甲系被假释的犯罪分子,即便其在假释考

验期内再犯新罪,也不构成累犯

B. 乙系危害国家安全的犯罪分子,对乙不能假释

C. 丙因犯罪被判处有期徒刑 2 年,缓刑 3 年。缓刑考验期满后,发现丙在缓刑考验期内的第 7 个月犯有抢劫罪,应当判处有期徒刑 8 年,数罪并罚决定执行 9 年。丙服刑 6 年时,因有悔罪表现而被裁定假释

D. 丁犯抢劫罪被判有期徒刑 9 年,犯寻衅滋事罪被判有期徒刑 5 年,数罪并罚后,决定执行有期徒刑 13 年,对丁可以假释

选项解析 根据《刑法》第 65 条的规定,累犯的成立以前罪刑罚执行完毕或赦免以后 5 年内再故意犯罪为条件。被假释的犯罪分子,在假释考验期内犯新罪的,由于其前罪刑罚尚未执行完毕,不存在累犯的前提,因此,对其应当撤销假释,按照先减后并的方法数罪并罚。故 A 项正确,不当选。

根据《刑法》第 81 条第 2 款的规定,对累犯以及因故意杀人、强奸、抢劫、绑架、放火、爆炸、投放危险物质或者有组织的暴力性犯罪被判处 10 年以上有期徒刑、无期徒刑的犯罪分子,不得假释。而危害国家安全的犯罪分子,不一定就属于上述禁止假释的对象,只要其符合假释的条件,是可以假释的。故 B 项错误,当选。

缓刑考验期满后,发现在考验期限内又犯新罪的,仍然不成立累犯。同时,丙所犯的抢劫罪也没有被判处 10 年以上有期徒刑,不符合《刑法》第 81 条第 2 款规定的禁止假释的条件,可以假释。故 C 项正确,不当选。

丁所犯的抢劫罪没有被判处 10 年以上有期徒刑,所犯的寻衅滋事罪不属于《刑法》第 81 条第 2 款规定的 8 种犯罪,因此对丁可以假释。故 D 项正确,不当选。

参考答案 B

222. 关于假释,下列哪些选项是错误的?(2008/2/57-多)

A. 被判处有期徒刑的犯罪分子,执行原判刑期的 1/2,如果符合假释条件的,可以假释;如果有特殊情况,经高级人民法院核

准，可以不受上述执行刑期的限制

B. 被假释的犯罪分子，在假释考验期内，遵守了各种相关规定，没有再犯新罪，也没有发现以前还有其他罪没有判决的，假释考验期满，剩余刑罚就不再执行

C. 被假释的犯罪分子，在假释考验期限内犯新罪的，应当撤销假释，按照先并后减的方法实行数罪并罚

D. 对于因杀人、绑架等暴力性犯罪判处 10 年以上有期徒刑的犯罪分子，不得假释；即使他们被减刑后，剩余刑期低于 10 年有期徒刑，也不得假释

选项解析 根据《刑法》第 81 条第 1 款的规定，应经最高人民法院核准，而非高级人民法院核准，假释的下限可以不受原判刑期 1/2 的限制。故 A 项错误，当选。

根据《刑法》第 85 条的规定，假释考验期满，就认为原判刑罚已经执行完毕，而非剩余刑罚不再执行。故 B 项错误，当选。

根据《刑法》第 86 条第 1 款的规定，在假释考验期内犯新罪的，应当撤销假释，按照先减后并的方法实行数罪并罚，而非先并后减。故 C 项错误，当选。

根据《刑法》第 81 条第 2 款的规定，对累犯以及因故意杀人、强奸、抢劫、绑架、放火、爆炸、投放危险物质或者有组织的暴力性犯罪被判处 10 年以上有期徒刑、无期徒刑的犯罪分子，不得假释。故 D 项正确，不当选。

参考答案 ABC

223. 关于假释的撤销，下列哪一选项是错误的？（2015/2/12-单）

A. 被假释的犯罪分子，在假释考验期内犯新罪的，应撤销假释，按照先减后并的方法实行并罚

B. 被假释的犯罪分子，在假释考验期内严重违反假释监督管理规定，即使假释考验期满后才被发现，也应撤销假释

C. 在假释考验期内，发现被假释的犯罪分子在判决宣告前还有同种罪未判决的，应撤

销假释

D. 在假释考验期满后，发现被假释的犯罪分子在判决宣告前有他罪未判决的，应撤销假释，数罪并罚

选项解析 根据《刑法》第 86 条第 1 款的规定，被假释的犯罪分子，在假释考验期限内犯新罪，应当撤销假释，依照《刑法》第 71 条的规定，即先减后并实行数罪并罚。故 A 项正确，不当选。

根据《刑法》第 86 条第 3 款的规定，被假释的犯罪分子，在假释考验期限内，有违反法律、行政法规或者国务院有关部门关于假释的监督管理规定的行为，尚未构成新的犯罪的，应当依照法定程序撤销假释，收监执行未执行完毕的刑罚。故 B 项正确，不当选。

根据《刑法》第 86 条第 2 款的规定，在假释考验期限内，发现被假释的犯罪分子在判决宣告以前还有其他罪没有判决的，应当撤销假释，依照《刑法》第 70 条的规定，即先并后减实行数罪并罚。故 C 项正确，不当选。

根据《刑法》第 85 条的规定，对假释的犯罪分子，在假释考验期限内，如果没有发现新罪、漏罪，也没有违反法律、行政法规或者国务院有关部门关于假释的监督管理规定的行为，假释考验期满，就认为原判刑罚已经执行完毕。因此，在假释考验期满后发现漏罪的，不能撤销假释，而应对漏罪直接作出判决。故 D 项错误，当选。

参考答案 D

224. 关于假释的适用，下列哪些选项是正确的？（2007/2/56-多）

A. 甲因爆炸罪被判处有期徒刑 15 年。在服刑 13 年时，因有悔改表现而被裁定假释

B. 乙犯抢劫罪被判处有期徒刑 9 年，犯嫖宿幼女罪判 8 年，数罪并罚决定执行 15 年。在服刑 13 年时，因有悔改表现而被裁定假释

C. 丙犯诈骗罪被判处有期徒刑 10 年，刑罚执行 7 年后假释。假释考验期内第 2 年，丙犯抢劫罪，应当判 9 年，数罪并罚决定执行 10 年。在服刑 7 年时，因有悔改表现而

被裁定假释

D. 丁犯盗窃罪，被判处有期徒刑3年，缓刑4年。经过缓刑考验期后，发现丁在缓刑考验期内的第2年，犯故意伤害罪，应判9年，数罪并罚决定执行10年。在服刑7年时，因丁有悔改表现而被裁定假释

选项解析 根据最高人民法院《关于办理减刑、假释案件具体应用法律的规定》第25条的规定，对累犯以及因故意杀人、强奸、抢劫、绑架、放火、爆炸、投放危险物质或者有组织的暴力性犯罪被判处10年以上有期徒刑、无期徒刑的罪犯，不得假释。因前述情形和犯罪被判处死刑缓期执行的罪犯，被减为无期徒刑、有期徒刑后，也不得假释。只要行为人因上述八种犯罪中的一个罪单罚或者数个罪并罚被判处10年以上有期徒刑、无期徒刑，都不得假释。但是，如果行为人所犯的八种犯罪之一并未判处10年以上有期徒刑，但和其他犯罪数罪并罚判处10年以上有期徒刑，则是可以假释的。甲因爆炸罪被判处有期徒刑15年，依此条规定是不可以被假释的。故A项错误。

乙犯抢劫罪被判处有期徒刑9年，犯嫖宿幼女罪判有期徒刑8年，数罪并罚决定执行有期徒刑15年，因为对抢劫罪的宣告刑没有达到10年以上有期徒刑，按照当年的法律，可以适用假释。故B项正确。（根据《刑法修正案（九）》的规定，嫖宿幼女罪已被取消，嫖宿幼女应当以强奸罪论处，如果乙犯抢劫罪被判处有期徒刑9年，犯嫖宿幼女以强奸罪判有期徒刑8年，数罪并罚决定执行有期徒刑15年，则不能假释）

丙在假释考验期内犯新罪，由于原判刑期没有执行完毕，不符合累犯的成立条件，不是累犯，不影响对其假释。丙原罪是诈骗罪，不符合暴力犯罪的要求；新罪是抢劫罪，但宣告刑没有达到10年以上，因此都不是阻却假释的法定理由。故C项正确。

丁在缓刑考验期内犯新罪，不符合刑罚执行完毕之后成立累犯的要求，不是累犯，不阻却假释。故意伤害罪的宣告刑未达到10年以上，也不阻却假释。故D项正确。

参考答案 BCD

225. 关于追诉时效，下列哪一选项是正确的？（2016/2/10-单）

A. 《刑法》规定，法定最高刑为不满5年有期徒刑的，经过5年不再追诉。危险驾驶罪的法定刑为拘役，不能适用该规定计算危险驾驶罪的追诉时效

B. 在共同犯罪中，对主犯与从犯适用不同的法定刑时，应分别计算各自的追诉时效，不得按照主犯适用的法定刑计算从犯的追诉期限

C. 追诉时效实际上属于刑事诉讼的内容，刑事诉讼采取从新原则，故对刑法所规定的追诉时效，不适用从旧兼从轻原则

D. 刘某故意杀人后逃往国外18年，在国外因伪造私人印章（在我国不构成犯罪）被通缉时潜回国内。4年后，其杀人案被公安机关发现。因追诉时效中断，应追诉刘某故意杀人的罪行

选项解析 A项，拘役同样属于"法定最高刑为不满5年有期徒刑"，应当适用该规定计算危险驾驶罪的追诉时效，即为5年。故A项错误。

B项，主犯和从犯的法定最高刑不同，特殊预防的必要性也是不同的，根据追诉时效有关规定理应分别计算。故B项正确。

C项，追诉时效属于刑法规定的内容，按照刑法理论，应当适用从旧兼从轻原则而非从新原则。故C项错误。

D项，刘某在国外伪造私人印章的行为在我国不构成犯罪，因此，其行为不导致追诉时效中断，不应继续追诉刘某故意杀人的罪行。故D项错误。

参考答案 B

226. 1980年初，张某强奸某妇女并将其杀害。1996年末，张某因酒后驾车致人重伤。两案在2007年初被发现。关于张某的犯罪行为，下列哪些选项是错误的？（2009/2/55-多）

A. 应当以强奸罪、故意杀人罪和交通肇事罪追究其刑事责任，数罪并罚

B. 应当以强奸罪追究其刑事责任

C. 应当以故意杀人罪追究其刑事责任

D. 不应当追究任何刑事责任

选项解析 本题中，1980 年初，张某强奸某妇女并将其杀害，该强奸罪属于基本犯而非加重构成，而其杀人的行为单独构成故意杀人罪。作为基本犯的强奸罪，最高法定刑是 10 年有期徒刑，追诉时效为 15 年；而故意杀人罪最高法定刑是死刑，其追诉时效是 20 年。1996 年末，张某酒后驾车致人重伤，又构成交通肇事罪。此时，张某 1980 年的强奸罪已经超过追诉时效，但故意杀人罪尚未超过时效，依法应当适用时效中断制度，该故意杀人罪的时效应计算至 2016 年，因此，至 2007 年，应当追究张某故意杀人罪的刑事责任。根据《刑法》第 133 条及相关司法解释的规定，张某的交通肇事罪法定最高刑是 3 年以下有期徒刑，因此，该罪追诉时效为 5 年，至 2007 年时已经超过时效。所以，2007 年发现本案，只能以故意杀人罪追究其刑事责任。故 C 项正确，不当选；A、B、D 项错误，当选。

参考答案 ABD

227. 犯罪分子没有法定减轻处罚情节，但根据案件特殊情况，经_____核准，可在法定刑以下判处刑罚；被判处无期徒刑的犯人，如有特殊情况，经_____核准，实际执行未达 13 年的，可以假释；在死刑缓期执行期间，如故意犯罪，查证属实，由_____核准，执行死刑；犯罪已经经过 20 年，如果认为必须追诉的，须报_____核准。下列哪一选项与题干空格内容相匹配？（2012/2/13-单）

A. 最高人民法院—最高人民法院—最高人民法院—最高人民法院

B. 最高人民法院—最高人民检察院—最高人民法院—最高人民法院

C. 最高人民法院—最高人民法院—最高人民法院—最高人民检察院

D. 最高人民法院—最高人民法院—最高人民法院—最高人民检察院

选项解析 本题考查刑法中需要经最高司法机关核准的事项。《刑法》第 63 条第 2 款规定："犯

罪分子虽然不具有本法规定的减轻处罚情节，但是根据案件的特殊情况，经最高人民法院核准，也可以在法定刑以下判处刑罚。"《刑法》第 81 条第 1 款规定："被判处有期徒刑的犯罪分子，执行原判刑期 1/2 以上，被判处无期徒刑的犯罪分子，实际执行 13 年以上，如果认真遵守监规，接受教育改造，确有悔改表现，没有再犯罪的危险的，可以假释。如果有特殊情况，经最高人民法院核准，可以不受上述执行刑期的限制。"根据《刑法》第 50 条第 1 款的规定，判处死刑缓期执行的，在死刑缓期执行期间，如果故意犯罪，情节恶劣的，由最高人民法院核准，执行死刑。根据《刑法》第 87 条第 4 项的规定，如果 20 年以后认为必须追诉的，须报请最高人民检察院核准。故 D 项当选。

参考答案 D

228. 关于追诉时效，下列哪些选项是正确的？（2015/2/60-多）

A. 甲犯劫持航空器罪，即便经过 30 年，也可能被追诉

B. 乙于 2013 年 1 月 10 日挪用公款 5 万元用于结婚，2013 年 7 月 10 日归还。对乙的追诉期限应从 2013 年 1 月 10 日起计算

C. 丙于 2000 年故意轻伤李某，直到 2008 年李某才报案，但公安机关未立案。2014 年，丙因他事被抓。不能追诉丙故意伤害的刑事责任

D. 丁与王某共同实施合同诈骗犯罪。在合同诈骗罪的追诉期届满前，王某单独实施抢夺罪。对丁合同诈骗罪的追诉时效，应从王某犯抢夺罪之日起计算

选项解析 根据《刑法》第 87 条第 4 项的规定，法定最高刑为无期徒刑、死刑的，追诉时效的期限为 20 年。如果 20 年后认为必须追诉的，须报请最高人民检察院核准。A 项中，甲犯劫持航空器罪，有可能被判处死刑，因此，即便经过 30 年，也可能被追诉。故 A 项正确。

根据《刑法》第 89 条第 1 款的规定，追诉期限从犯罪之日起计算。B 项中，乙于 2013 年 1 月 10 日挪用公款，但是此时乙并未构成犯罪，

只有超过3个月未还的才能构成挪用公款罪。故B项错误。

法定最高刑为不满5年有期徒刑的，追诉时效的期限为5年。故意伤害致人轻伤的法定最高刑是3年，因此追诉时效是5年。C项中，李某报案时已经超过追诉时效，因此不能追诉丙故意伤害的刑事责任。故C项正确。

根据《刑法》第89条第2款的规定，在追诉期限以内又犯罪的，前罪追诉的期限从犯后罪之日起计算，即在追诉期限以内又犯罪的，前罪的追诉时效便中断，其追诉时效从后罪成立之日起重新计算。D项中，丁没有犯新罪，因此，对其合同诈骗罪的追诉时效并不因王某新的犯罪行为而中断，两人的特殊预防必要性不同，不能重新计算。故D项错误。

参考答案 AC

229. 1999年11月，甲（17周岁）因邻里纠纷，将邻居杀害后逃往外地。2004年7月，甲诈骗他人5000元现金。2014年8月，甲因扒窃3000元现金，被公安机关抓获。在讯问阶段，甲主动供述了杀人、诈骗罪行。关于本案的分析，下列哪些选项是错误的？（2014/2/56-多）

A. 前罪的追诉期限从犯后罪之日起计算，甲所犯三罪均在追诉期限内

B. 对甲所犯的故意杀人罪、诈骗罪与盗窃罪应分别定罪量刑后，实行数罪并罚

C. 甲如实供述了公安机关尚未掌握的罪行，成立自首，故对盗窃罪可从轻或者减轻处罚

D. 甲审判时已满18周岁，虽可适用死刑，但鉴于其有自首表现，不应判处死刑

选项解析 甲于2004年7月诈骗他人现金5000元，应当适用的法定刑幅度为3年以下有期徒刑、拘役、管制，追诉期限为5年，到2014年8月时已过了追诉时效期限，因此，对甲的诈骗罪不应当再追究。故A、B项错误，当选。

甲被公安机关抓获后，如实供述了公安机关尚未掌握的其杀人、诈骗罪行，以自首论，可给予从宽处理。但对其所犯的盗窃罪，甲不存

在自首情节，不能从轻或者减轻处罚。故C项错误，当选。

甲实施故意杀人行为时不满18周岁，因而对其不能适用死刑。故D项错误，当选。

参考答案 ABCD

230. 在符合"执行期间，认真遵守监规，接受教育改造"的前提下，关于减刑、假释的分析，下列哪一选项是正确的？（2017/2/11-单）

A. 甲因爆炸罪被判处有期徒刑12年，已服刑10年，确有悔改表现，无再犯危险。对甲可以假释

B. 乙因行贿罪被判处有期徒刑9年，已服刑5年，确有悔改表现，无再犯危险。对乙可优先适用假释

C. 丙犯贪污罪被判处无期徒刑，拒不交代贪污款去向，一直未退赃。丙已服刑20年，确有悔改表现，无再犯危险。对丙可假释

D. 丁因盗窃罪被判处有期徒刑5年，已服刑3年，一直未退赃。丁虽在服刑中有重大技术革新，成绩突出，对其也不得减刑

选项解析 2017年1月1日实施的最高人民法院《关于办理减刑、假释案件具体应用法律的规定》第25条第1款规定："对累犯以及因故意杀人、强奸、抢劫、绑架、放火、爆炸、投放危险物质或者有组织的暴力性犯罪被判处10年以上有期徒刑、无期徒刑的罪犯，不得假释。"甲因爆炸罪被判处有期徒刑12年，不符合假释的条件。故A项错误。

上述规定第26条第2款规定："罪犯既符合法定减刑条件，又符合法定假释条件的，可以优先适用假释。"乙的情形同时符合减刑和假释的条件，可以优先适用假释。故B项正确。

根据上述规定第3条第2款的规定，对于职务犯罪人员，不积极退赃的，不认定其"确有悔改表现"。故C项错误。

丁在服刑中具有重大技术革新，成绩突出，属于"重大立功表现"，应当对其减刑。故D项错误。

参考答案 B

危害国家安全罪　第**13**讲

231. 甲系海关工作人员,被派往某国考察。甲担心自己放纵走私被查处,拒不归国。为获得庇护,甲向某国难民署提供我国从未对外公布且影响我国经济安全的海关数据。关于本案,下列哪一选项是错误的?(2012/2/14-单)

A. 甲构成叛逃罪

B. 甲构成为境外非法提供国家秘密、情报罪

C. 对甲不应数罪并罚

D. 即使《刑法》分则对叛逃罪未规定剥夺政治权利,也应对甲附加剥夺 1 年以上 5 年以下政治权利

选项解析 甲在履行公务期间叛逃境外,构成叛逃罪,同时提供海关数据,构成为境外非法提供国家秘密、情报罪。这两种行为不具有伴随性,应该数罪并罚。对于危害国家安全罪,都应当剥夺政治权利。故 C 项错误,当选;A、B、D 项正确,不当选。

参考答案 C

232. 某国间谍戴某,结识了我某国家机关机要员黄某。戴某谎称来华投资建厂需了解政策动向,让黄某借工作之便为其搞到密级为"机密"的《内参报告》4 份。戴某拿到文件后送给黄某一部手机,并为其子前往某国留学提供了 6 万元资金。对黄某的行为如何定罪处罚?(2009/2/13-单)

A. 资助危害国家安全犯罪活动罪、非法获取国家秘密罪,数罪并罚

B. 为境外窃取、刺探、收买、非法提供国家秘密、情报罪与受贿罪,数罪并罚

C. 非法获取国家秘密罪、受贿罪,数罪并罚

D. 故意泄露国家秘密罪、受贿罪,从一重罪处断

选项解析 黄某为间谍提供国家秘密,构成为境外窃取、刺探、收买、非法提供国家秘密、情报罪,同时又收受贿赂,构成受贿罪,数行为侵犯数法益,应当数罪并罚。故 B 项当选。

参考答案 B

第14讲 危害公共安全罪

33 专题 危险方法类犯罪

233. 下列哪一行为成立以危险方法危害公共安全罪？（2012/2/15-单）

A. 甲驾车在公路转弯处高速行驶，撞翻相向行驶车辆，致2人死亡

B. 乙驾驶越野车在道路上横冲直撞，撞翻数辆他人所驾汽车，致2人死亡

C. 丙醉酒后驾车，刚开出10米就撞死2人

D. 丁在繁华路段飙车，2名老妇受到惊吓致心脏病发作死亡

选项解析 A项，甲违反交通运输管理法规，在转弯处高速行驶，发生重大交通事故，主观上是过失，构成交通肇事罪，不构成以危险方法危害公共安全罪。故A项不当选。

B项，乙驾驶越野车在道路上横冲直撞，主观上是故意，属于以放火、决水、爆炸、投放危险物质之外的其他危险方法危害公共安全的行为，构成以危险方法危害公共安全罪。故B项当选。

C项，只是交代丙醉酒驾车肇事撞死2人，并没有交代肇事后继续冲撞，所以不能认定丙构成以危险方法危害公共安全罪，丙只构成交通肇事罪。故C项不当选。

D项，丁属于在道路上追逐竞驶，构成危险驾驶罪。由于刑法制定危险驾驶罪来禁止飙车行为是为了防止行为人在道路上追逐竞驶造成车祸，因此，2名老妇受到惊吓致心脏病发作死亡，不在危险驾驶罪的规范保护目的之内，该结果客观上不能归责于丁，丁自然不构成以危险方法危害公共安全罪，也不构成交通肇事罪，只可能构成危险驾驶罪。故D项不当选。

参考答案 B

📝 主客命题点

交通法规的规范保护目的：

如果因果联系不在规范保护目的之内，不得认为存在因果关系。比如，甲在超速后又正常行驶，正停靠于路边收割机后面玩耍的乙童突然跑到马路对面，并横穿公路来到车前。集中注意力驾驶的甲立即刹车，但仍未能阻止乙童被汽车撞伤死亡。本案中，虽然甲曾在事故发生前违章超速行驶，但是，如果甲不超速行驶就可能错过乙童横过马路的时间点，从而不会撞上乙童并致其死亡，并进而追究甲交通过失犯罪的责任，这样的做法无疑是错误的。交通法规对汽车时速限制的意义和目的在于使驾驶人员在出现突然情况时能够有足够的时间做出刹车、避让或者停车等反应，从而防止造成他人死伤结果的出现。这种目的与结果之间的关联性，也仅仅在于违规行为当场、当时，甲对自己之前的超速行为与后来发生的乙童死亡的结果之间的因果关系无法预见，二者之间不具有规范保护目的的关联性。

234. 甲将邻居交售粮站的稻米淋洒农药，取出部分作饵料，毒死麻雀后售与饭馆，非法获利 5000 元。关于甲行为的定性，下列哪一选项是正确的？（2010/2/11-单）

A. 构成故意毁坏财物罪

B. 构成以危险方法危害公共安全罪和盗窃罪

C. 仅构成以危险方法危害公共安全罪

D. 构成投放危险物质罪和销售有毒、有害食品罪

选项解析 首先，甲在粮站稻米中淋洒农药，危及了公共安全，手段是投毒，构成投放危险物质罪，不构成以危险方法危害公共安全罪，因为以危险方法危害公共安全罪是兜底罪，使用的是放火、决水、爆炸、投毒以外的方法。故 B、C 项错误。

其次，就甲投毒致使粮站稻米效用丧失的行为本身而言，不仅构成故意毁坏财物罪，也符合投放危险物质罪，二者属于想象竞合犯的关系，应择一重罪处罚，成立投放危险物质罪。故 A 项错误。

将毒死的麻雀卖给饭馆的行为，成立销售有毒、有害食品罪。由于行为人实施了两个独立的犯罪行为，并且这两个犯罪行为之间又没有任何牵连关系，因此应数罪并罚。故 D 项正确。

参考答案 D

235. 甲对拆迁不满，在高速公路中间车道用树枝点燃一个焰高约 20 厘米的火堆，将其分成两堆后离开。火堆很快就被通行车辆轧灭。关于本案，下列哪一选项是正确的？（2016/2/12-单）

A. 甲的行为成立放火罪

B. 甲的行为成立以危险方法危害公共安全罪

C. 如认为甲的行为不成立放火罪，那么其行为也不可能成立以危险方法危害公共安全罪

D. 行为危害公共安全，但不构成放火、决水、爆炸等犯罪的，应以危险方法危害公共安全罪论处

选项解析 放火罪是具体危险犯，司法机关必须证明放火行为足以危及公共安全。以危险方法危害公共安全罪是一个概括性罪名，是指故意以放火、决水、爆炸以及投放危险物质以外的与之相当的危险方法危害公共安全的行为。无论是构成放火罪还是构成以危险方法危害公共安全罪，均要求行为人的行为对不特定多数人的生命健康安全构成了现实危险。本案中，甲在高速公路中间车道点燃一个焰高 20 厘米的火堆，并不足以危害车辆的通行安全，事实上也很快被通行车辆轧灭。因此，甲的行为既不构成放火罪，也不构成以危险方法危害公共安全罪。故 A、B、D 项错误，C 项正确。

参考答案 C

破坏公用设施类犯罪 专题 34

236. 陈某欲制造火车出轨事故，破坏轨道时将螺栓砸飞，击中在附近玩耍的幼童，致其死亡。陈某的行为被及时发现，未造成火车倾覆、毁坏事故。关于陈某的行为性质，下列哪一选项是正确的？（2016/2/13-单）

A. 构成破坏交通设施罪的结果加重犯

B. 构成破坏交通设施罪的基本犯与故意杀人罪的想象竞合犯

C. 构成破坏交通设施罪的基本犯与过失致人死亡罪的想象竞合犯

D. 构成破坏交通设施罪的结果加重犯与过失致人死亡罪的想象竞合犯

选项解析 破坏交通设施罪，是指故意破坏轨道、桥梁、隧道、公路、机场、航道、灯塔、标志或者进行其他破坏活动，足以使火车、汽车、电车、船只、航空器发生倾覆、毁坏危险，足以危害公共安全的行为。根据《刑法》第 119 条第 1 款的规定，破坏交通工具、交通设施、电力设备、燃气设备、易燃易爆设备，造成严重后果的，处 10 年以上有期徒刑、无期徒刑或者死

刑。本案中，如果陈某破坏轨道后导致火车出轨致人死亡，将构成破坏交通设施罪的结果加重犯。但陈某在破坏轨道时将螺栓砸飞，击中幼童致其死亡，属于一行为触犯数罪名，构成破坏交通设施罪与过失致人死亡罪的想象竞合犯，应当从一重罪处罚。故 A、B、D 项错误，C 项正确。

参考答案 C

237. 关于危害公共安全罪的认定，下列哪一选项是正确的？（2017/2/12-单）

A. 猎户甲合法持有猎枪，猎枪被盗后没有及时报告，造成严重后果。甲构成丢失枪支不报罪

B. 乙故意破坏旅游景点的缆车的关键设备，致数名游客从空中摔下。乙构成破坏交通设施罪

C. 丙吸毒后驾车将行人撞成重伤（负主要责任），但毫无觉察，驾车离去。丙构成交通肇事罪

D. 丁被空姐告知"不得打开安全门"，仍拧开安全门，致飞机不能正点起飞。丁构成破坏交通工具罪

选项解析 丢失枪支不报罪的行为主体只能是依法配备公务用枪的人员。甲没有公务人员身份，不构成丢失枪支不报罪。故 A 项错误。

破坏交通设施罪的对象是关涉公共安全的交通设施，主要是指破坏轨道、桥梁、隧道、公路、机场、航道、灯塔、标志或者进行其他破坏活动，足以使火车、汽车、电车、船只、航空器发生倾覆、毁坏危险的行为。旅游景点的缆车是电车，属于交通工具，而不属于关涉公共安全的交通设施。破坏交通工具罪，是指故意破坏火车、汽车、电车、船只、航空器，危害公共安全的行为。故 B 项错误。

吸食毒品后驾驶机动车辆致 1 人以上重伤的，以交通肇事罪定罪处罚。丙的行为构成交

通肇事罪。故 C 项正确。另外，丙不属于交通肇事后逃逸，因为其没有逃避法律追究的意图，只属于普通型的交通肇事罪。

破坏交通工具罪，是指破坏火车、汽车、电车、船只、航空器，足以使火车、汽车、电车、船只、航空器发生倾覆、毁坏危险的行为。丁不顾劝阻拧开飞机安全门致使飞机不能起飞的行为不足以使飞机发生倾覆或毁坏的危险。故 D 项错误。

参考答案 C

238. 为了牟利，甲把铁钉撒到公路上，使过往车辆轮胎被扎破而不得不到其店里维修。对甲的行为如何评价？（2018-回忆版-单）

A. 甲造成过往车辆毁坏，构成故意毁坏财物罪

B. 甲造成过往车辆毁坏，构成破坏交通工具罪

C. 甲是为牟利而为，构成诈骗罪

D. 甲的行为构成破坏交通设施罪

选项解析 甲的行为危及了公共交通运输安全，有使车辆发生倾覆、毁坏的危险，所以构成破坏交通设施罪。要注意区分交通工具和交通设施：破坏交通工具罪，是指故意破坏火车、汽车、电车、船只、航空器，危害公共安全的行为；破坏交通设施罪的对象是关涉公共安全的交通设施，主要是指破坏轨道、桥梁、隧道、公路、机场、航道、灯塔、标志或者进行其他破坏活动，足以使火车、汽车、电车、船只、航空器发生倾覆、毁坏危险的行为。如果通过破坏交通设施来让交通工具发生倾覆、毁坏危险，这种行为构成的是破坏交通设施罪，而非破坏交通工具罪。只有直接破坏交通工具，使其存在倾覆、毁坏危险的行为才构成破坏交通工具罪。故 D 项当选。

参考答案 D

35 专题 恐怖活动犯罪

239. 乙成立恐怖组织并开展培训活动，甲为其提供资助。受培训的丙、丁为实施恐怖活

动准备凶器。因案件被及时侦破，乙、丙、丁未能实施恐怖活动。关于本案，下列哪些选项

是正确的？（2016/2/56-多）

A. 甲构成帮助恐怖活动罪，不再适用《刑法》总则关于从犯的规定

B. 乙构成组织、领导恐怖组织罪

C. 丙、丁构成准备实施恐怖活动罪

D. 对丙、丁定罪量刑时，不再适用《刑法》总则关于预备犯的规定

选项解析 乙成立恐怖组织并开展培训活动，构成组织、领导恐怖组织罪。故 B 项正确。

《刑法修正案（九）》将资助恐怖组织罪修改为帮助恐怖活动罪，这是一种帮助犯的实行化，作为一种实行行为，不再适用从犯的规定，属于纯正的拟制正犯。行为人即使没有帮助具体实施恐怖活动的个人，但帮助培训恐怖活动的机构招募、运送人员或者资助恐怖活动培训的，同样构成该罪，而不论该培训机构培训的人员是否实施了恐怖活动。故 A 项正确。

《刑法修正案（九）》新增准备实施恐怖活动罪，这是预备行为的实行化，也不再适用总则关于犯罪预备的规定。故 C、D 项正确。

参考答案 ABCD

主客命题点

如果某种非实行行为实行化并非某种特定犯罪的预备、帮助或教唆的实行化，而是针对非特定的犯罪，那么就并未完全排除总则的相关处罚规则，这可以称为不纯正的非实行行为实行化。比如，甲为他人的网络诈骗提供支付结算帮助，使得他人骗取多名被害人 100 余万元的金钱。此时，甲的行为不仅构成《刑法》第 287 条之二第 1 款的帮助信息网络犯罪活动罪，还构成诈骗罪的从犯，应当从一重罪处罚。不纯正的非实行行为的实行化并未排除刑法总则的适用，最常见的例子就是《刑法》第 287 条之二第 1 款规定的帮助信息网络犯罪活动罪、第 287 条之一第 1 款规定的非法利用信息网络罪、第 295 条规定的传授犯罪方法罪以及第 229 条规定的提供虚假证明文件罪。

240. 甲、乙二人参加恐怖组织，准备实施放火罪，但买汽油时被抓获。甲、乙二人的行为如何评价？（2019-回忆版-单）

A. 参加恐怖组织罪和放火罪（预备）数罪并罚

B. 准备实施恐怖活动罪和放火罪（预备）数罪并罚

C. 参加恐怖组织罪和放火罪（未遂）数罪并罚

D. 参加恐怖组织罪、准备实施恐怖活动罪和放火罪（预备）从一重罪论处

选项解析 甲、乙参加恐怖组织已经构成参加恐怖组织罪，同时又实施了放火罪，但还未着手即被抓获，构成放火罪的犯罪预备，应当和参加恐怖组织罪实施数罪并罚。参加恐怖组织后又准备实施恐怖活动，前行为吸收后行为，后行为无需单独评价。

参考答案 A

主客命题点

构成准备实施恐怖活动罪同时又触犯其他罪名的，这属于想象竞合。比如，甲、乙等人为实施大规模杀人的恐怖活动进行了策划，准备了大量的危险凶器，并对参加人员进行培训，甲、乙构成准备实施恐怖活动罪和故意杀人罪的预备犯，应当从一重罪论处。

241. 《刑法》第 120 条之二（准备实施恐怖活动罪）规定，为实施恐怖活动准备凶器、危险物品或者其他工具构成准备实施恐怖活动罪。关于这一规定，下列理解正确的是：（2021-回忆版-单）

A. 为实施恐怖活动而非法购买枪支的，应依本罪论处

B. 本罪属于预备犯，应比照既遂犯从轻、减轻或免除处罚

C. 为他人实施恐怖活动而准备凶器的，不能依本罪论处

D. 本罪为目的犯，如果不是为实施恐怖活动而准备凶器，不成立本罪

选项解析 A 项，为实施恐怖活动而非法购买枪

支的，是为实施恐怖活动准备凶器、危险物品或者其他工具的行为，构成准备实施恐怖活动罪。同时，该行为还构成非法买卖枪支罪，应依照处罚较重的规定，即非法买卖枪支罪定罪处罚。故 A 项错误。

B 项，准备实施恐怖活动罪是预备行为的实行化，是实行犯而非预备犯。故 B 项错误。

C 项，为实施恐怖活动准备凶器、危险物品

或者其他工具的，不论为他人还是为自己，都构成准备实施恐怖活动罪。故 C 项错误。

D 项，为实施恐怖活动准备凶器、危险物品或者其他工具的，构成准备实施恐怖活动罪。如果不是为实施恐怖活动而准备凶器，不成立本罪。故 D 项正确。

参考答案 D

---

36 专题 枪支、弹药、爆炸物、危险物质犯罪

242. 关于危害公共安全罪的论述，下列哪些选项是正确的？（2014/2/57-多）

A. 甲持有大量毒害性物质，乙持有大量放射性物质，甲用部分毒害性物质与乙交换了部分放射性物质。甲、乙的行为属于非法买卖危险物质

B. 吸毒者甲用毒害性物质与贩毒者乙交换毒品。甲、乙的行为属于非法买卖危险物质，乙的行为另触犯贩卖毒品罪

C. 依法配备公务用枪的甲，将枪赠与他人。甲的行为构成非法出借枪支罪

D. 甲父去世前告诉甲"咱家院墙内埋着 5 支枪"，甲说"知道了"，但此后甲什么也没做。甲的行为构成非法持有枪支罪

选项解析 非法买卖危险物质罪，是指故意非法买卖毒害性、放射性、传染病病原体等物质，危害公共安全的行为。买卖不一定是货币交易，有偿转让即为买卖。无论是毒害性物质还是放射性物质，均属危险物质。A 项中，甲用部分毒害性物质与乙交换部分放射性物质，甲、乙二人均属有偿转让危险物质，因此，甲、乙的行为属于非法买卖危险物质。故 A 项正确。

如前所述，毒害性物质属于危险物质。B 项中，吸毒者甲用毒害性物质与贩毒者乙交换毒品，吸毒者甲相当于出卖了毒害性物质，贩毒者乙相当于购买了毒害性物质，甲、乙二人构成非法买卖危险物质罪。同时，贩毒者乙相当于向吸毒者甲有偿转让了毒品，故乙另触犯贩卖

毒品罪。故 B 项正确。

对于依法配备公务用枪的人员而言，非法出借枪支，一般是指违反《枪支管理法》的规定，擅自将公务用枪在一段时间内无偿提供给他人使用的行为。但是如 C 项中，甲非法将公务用枪赠与他人的，可以评价为无期限的无偿提供给他人使用的行为，应认定为非法出借枪支。故 C 项正确。

根据 2009 年 11 月 16 日最高人民法院《关于审理非法制造、买卖、运输枪支、弹药、爆炸物等刑事案件具体应用法律若干问题的解释》第 8 条第 2 款的规定，"非法持有"，是指不符合配备、配置枪支、弹药条件的人员，违反枪支管理法律、法规的规定，擅自持有枪支、弹药的行为。D 项中，甲作为没有持枪资格的人，在明知自家院子埋着 5 支枪的情况下，违反枪支管理规定，擅自持有，构成非法持有枪支罪。故 D 项正确。

参考答案 ABCD

 主客命题点

> 依法配备公务用枪的人员，只要非法出租、出借枪支，即构成非法出租、出借枪支罪（抽象危险犯）；而依法配置枪支的人员，非法出租、出借枪支，构成犯罪，需要具有严重后果的条件（结果犯）。非法出租、出借枪支罪的主体必须是枪支的合法拥有主体，如果是枪支的非法拥有主体将枪支借给他人，不构成此罪。

243. 警察甲为讨好妻弟乙，将公务用枪私自送乙把玩，丙乘乙在人前炫耀枪支时，偷取枪支送交派出所，揭发乙持枪的犯罪事实。关于本案，下列哪些选项是正确的？（2012/2/58-多）

A. 甲私自出借枪支，构成非法出借枪支罪

B. 乙非法持有枪支，构成非法持有枪支罪

C. 丙构成盗窃枪支罪

D. 丙揭发乙持枪的犯罪事实，构成刑法上的立功

选项解析 非法出租、出借枪支罪，是指依法配备公务用枪的人员与单位，非法出租、出借枪支的行为，或者依法配置枪支的人员与单位，非法出租、出借枪支，造成严重后果的行为。依法配备公务用枪的人员只要出租、出借公务用枪就构成本罪；而依法配置枪支的人员，出租、出借枪支，只有造成严重后果，才构成本罪。本题中，甲是警察，属于依法配备公务用枪的人员，故甲将公务用枪私自送给乙把玩的行为，构成非法出借枪支罪。故 A 项正确。

非法持有枪支罪，是指不符合配备、配置枪支条件的人员，违反枪支管理法律、法规的规定，擅自持有枪支的行为。结合题意，乙属于不符合配备枪支条件的人员，违反规定，擅自持有，构成非法持有枪支罪。故 B 项正确。

盗窃枪支罪，是指以非法占有为目的，盗窃枪支，危害公共安全的行为。本题中，丙偷取枪支，不是为了非法占有枪支，而是为了揭发乙持枪的犯罪事实，不符合盗窃枪支罪的构成要件，不构成盗窃枪支罪。故 C 项错误。

立功的主体是犯罪分子，即依法被采取强制措施的犯罪嫌疑人、被告人和正在服刑的罪犯。丙显然不属于犯罪分子，所以，其揭发乙持枪的犯罪事实的行为，不属于立功。故 D 项错误。

参考答案 AB

244. 下列哪些行为构成投放危险物质罪？（2017/2/57-多）

A. 甲故意非法开启实验室装有放射性物质的容器，致使多名实验人员遭受辐射

B. 乙投放毒害性、放射性、传染病病原体之外的其他有害物质，危害公共安全

C. 丙欲制造社会恐慌气氛，将食品干燥剂粉末冒充炭疽杆菌，大量邮寄给他人

D. 丁在食品中违法添加易使人形成瘾癖的罂粟壳粉末，食品在市场上极为畅销

选项解析 A 项，甲故意非法开启实验室装有放射性物质的容器，致使多名实验人员遭受辐射，构成投放危险物质罪。故 A 项当选。

B 项，投放危险物质罪投放的必须是毒害性、放射性、传染病病原体以及其他危险物质，危害公共安全，乙的行为构成投放危险物质罪。故 B 项当选。

C 项，丙为制造社会恐慌将食品干燥剂粉末冒充炭疽杆菌大量邮寄给他人的行为，客观上不会造成危害公共安全的结果，丙构成《刑法》第 291 条之一第 1 款规定的投放虚假危险物质罪。故 C 项不当选。

D 项，丁在食品中违法添加易使人形成瘾癖的罂粟壳粉末的行为涉嫌生产、销售有毒、有害食品罪，同时还可能构成欺骗吸毒罪，不构成投放危险物质罪。故 D 项不当选。

参考答案 AB

事故犯罪 专题 37

245. 甲将私家车借给无驾照的乙使用。乙夜间驾车与其叔丙出行，途中遇刘某过马路，不慎将其撞成重伤，车辆亦受损。丙下车查看情况，对乙谎称自己留下打电话叫救护车，让

乙赶紧将车开走。乙离去后，丙将刘某藏匿在草丛中离开。刘某因错过抢救时机身亡。关于上述事实的分析，下列选项正确的是：（2016/2/86-任）

A. 乙交通肇事后逃逸致刘某死亡，构成交通肇事逃逸致人死亡

B. 乙交通肇事且致使刘某死亡，构成交通肇事罪与过失致人死亡罪，数罪并罚

C. 丙与乙都应对刘某的死亡负责，构成交通肇事罪的共同正犯

D. 丙将刘某藏匿致使其错过抢救时机身亡，构成故意杀人罪

选项解析 最高人民法院《关于审理交通肇事刑事案件具体应用法律若干问题的解释》第5条第1款规定，"因逃逸致人死亡"，是指行为人在交通肇事后为逃避法律追究而逃跑，致使被害人因得不到救助而死亡的情形。成立此款，行为人必须同时违背报告义务和救助义务，而本案中，乙之所以离开事故现场是因为丙下车查看情况后对其谎称自己会留在现场打电话叫救护车，并非是为了逃避法律追究而逃跑，同时，也未违背救助义务，因此不应认定为"因逃逸致人死亡"。故A、B项错误。

前述解释第2条第2款规定："交通肇事致1人以上重伤，负事故全部或者主要责任，并具有下列情形之一的，以交通肇事罪定罪处罚：……②无驾驶资格驾驶机动车辆的；……"乙未取得驾驶资格，将过马路的刘某撞成重伤，乙构成交通肇事罪。但死亡结果是丙所致，乙对死亡结果不承担责任。故C项错误。

丙将刘某藏匿在草丛中离开，刘某因错过抢救时机而身亡，丙的行为构成故意杀人罪。故D项正确。

参考答案 D

246. 乙（15周岁）在乡村公路驾驶机动车时过失将吴某撞成重伤。乙正要下车救人，坐在车上的甲（乙父）说："别下车！前面来了许多村民，下车会有麻烦。"乙便驾车逃走，吴某因流血过多而亡。关于本案，下列哪一选项是正确的？（2014/2/13-单）

A. 因乙不成立交通肇事罪，甲也不成立交通肇事罪

B. 对甲应按交通肇事罪的间接正犯论处

C. 根据司法实践，对甲应以交通肇事罪论处

D. 根据刑法规定，甲、乙均不成立犯罪

选项解析 根据司法解释的规定，交通肇事后，单位主管人员、机动车辆所有人、承包人或者乘车人指使肇事人逃逸，致使被害人因得不到救助而死亡的，以交通肇事罪的共犯论处。本案中，乙交通肇事后，乘车人甲让乙逃逸，致使被害人吴某因得不到救助而死亡，甲、乙成立交通肇事罪的共犯。由于乙未满16周岁，没有达到交通肇事罪的刑事责任年龄，故乙不承担刑事责任。甲显然已达到责任年龄，具有责任能力，故对甲应以交通肇事罪定罪处罚。故C项正确，A、D项错误。

本案中，甲、乙属于构成要件、违法层面（违法是连带的，责任是个别的）的共同犯罪，甲不是交通肇事罪的间接正犯。故B项错误。

参考答案 C

✍ 主客命题点

构成逃逸致人死亡的共犯仅限单位主管人员、机动车辆所有人、承包人或者乘车人，其他人不构成。比如，乙开车将正在穿行人行道的林某撞成重伤，送林某去医院，后接到女友电话，女友劝其不要送医，乙遂将之放在繁华路段的马路旁边，被害人林某后因得不到及时救助而死亡。乙成立交通肇事罪中的逃逸致人死亡，但女友不构成交通肇事罪，其行为是一种帮助逃跑的窝藏行为。但我国的窝藏罪处罚的是物理窝藏，不包括精神窝藏，所以很难构成犯罪。

247. 甲在建筑工地开翻斗车。某夜，甲开车时未注意路况，当场将工友乙撞死、丙撞伤。甲背丙去医院，想到会坐牢，遂将丙弃至路沟后逃跑。丙不得救治而亡。关于本案，下列哪一选项是错误的？（2013/2/12-单）

A. 甲违反交通运输管理法规，因而发生重大事故，致人死伤，触犯交通肇事罪

B. 甲在作业中违反安全管理规定，发生重大伤亡事故，触犯重大责任事故罪

C. 甲不构成交通肇事罪与重大责任事故罪的

想象竞合犯

D. 甲为逃避法律责任，将丙带离事故现场后遗弃，致丙不得救治而亡，还触犯故意杀人罪

选项解析 交通肇事罪，是指在公共交通管理的范围内，违反交通运输管理法规，造成重大事故。本题是在"建筑工地"违反安全管理规定，将工友撞死，不构成交通肇事罪，构成重大责任事故罪，更谈不上交通肇事罪与重大责任事故罪的想象竞合犯。故 A 项错误，当选；B、C 项正确，不当选。

甲将丙撞伤后，其先前行为产生了救丙的义务，在送丙去医院途中，将丙弃至路沟，没有履行救助义务，致丙因得不到救治而死亡，对丙的死亡至少存在间接故意，构成不作为的故意杀人罪。故 D 项正确，不当选。

参考答案 A

248. 下列哪一行为应以危险驾驶罪论处？（2015/2/13-单）

A. 醉酒驾驶机动车，误将红灯看成绿灯，撞死 2 名行人

B. 吸毒后驾驶机动车，未造成人员伤亡，但危及交通安全

C. 在驾驶汽车前吃了大量荔枝，被交警以呼气式酒精检测仪测试到酒精含量达到醉酒程度

D. 将汽车误停在大型商场地下固定卸货车位，后在醉酒时将汽车从地下三层开到地下一层的停车位

选项解析 A 项中，行为人既触犯危险驾驶罪，又触犯交通肇事罪，应以交通肇事罪论处。故 A 项不当选。

根据罪刑法定原则，毒驾无法解释为醉酒驾驶，故不构成危险驾驶罪，如果严重危及公共安全，可构成以危险方法危害公共安全罪。故 B 项不当选。

危险驾驶罪是故意犯罪，如果自己没有主动饮酒，也没有意识到自己已经饮酒，排除故意的成立。C 项中，行为人没有犯罪故意，不构成本罪。故 C 项不当选。

大型商场地下车库属于公共交通管理的范围，行为人在醉酒时将汽车从地下三层开到地下一层的停车位，属于在道路上醉酒驾驶，构成危险驾驶罪。故 D 项当选。

参考答案 D

249. 某施工工地升降机操作工刘某未注意下方有人即按启动按钮，造成维修工张某当场被挤压身亡。刘某报告事故时隐瞒了自己按下启动按钮的事实。关于刘某行为的定性，下列哪一选项是正确的？（2010/2/12-单）

A.（间接）故意杀人罪

B. 过失致人死亡罪

C. 谎报安全事故罪

D. 重大责任事故罪

选项解析 刘某在生产作业过程中"未注意下方有人即按启动按钮"，违反了基本的生产作业规则，造成被害人死亡，属于过失。该行为是业务过失。故 A、B 项错误。

由于本案是在特定生产作业领域违反了规则，因此属于特定领域（生产、作业领域）过失致人死亡，即业务过失，应成立《刑法》第 134 条第 1 款的重大责任事故罪。故 D 项正确。

事后，刘某报告事故时虽然隐瞒了自己按下启动按钮的事实，但并不成立谎报安全事故罪。因为根据《刑法》第 139 条之一的规定，在安全事故发生后，负有报告职责的人员不报或者谎报事故情况，贻误事故抢救，情节严重的，也即谎报导致事故，才构成不报、谎报安全事故罪。本案中，刘某的行为并没有贻误事故抢救，故不成立不报、谎报安全事故罪。故 C 项错误。

参考答案 D

250. 根据刑法规定与相关司法解释，下列哪一选项符合交通肇事罪中的"因逃逸致人死亡"？（2007/2/9-单）

A. 交通肇事后因害怕被现场群众殴打，逃往公安机关自首，被害人因得不到救助而死亡

B. 交通肇事致使被害人当场死亡，但肇事者误以为被害人没有死亡，为逃避法律责任

而逃逸

C. 交通肇事致人重伤后误以为被害人已经死亡，为逃避法律责任而逃逸，导致被害人得不到及时救助而死亡

D. 交通肇事后，将被害人转移至隐蔽处，导致其得不到救助而死亡

选项解析 A项，行为人并不是"为了逃避法律追究而逃跑"。故A项不当选。

B项，行为人的逃逸行为与被害人的死亡之间并没有因果关系，这是死亡致人逃逸，而非逃逸致人死亡。故B项不当选。

C项，行为人虽然误以为被害人已经死亡，但因果关系是客观判断，不考虑主观，只要客观上逃逸（因逃避法律追究而逃跑）导致被害人得不到救助和被害人的死亡结果之间存在因果关系，就属于逃逸致人死亡。故C项当选。

D项，行为人实施的不是消极逃逸，而是积极逃逸，是作为的行为，构成故意杀人罪，应当与交通肇事罪并罚。故D项不当选。

参考答案 C

251. 女朋友让喝醉酒的男朋友开车送她回家，途中发生车祸，导致一名路人老太太死亡。关于二人的行为定性，下列说法错误的是：（2019-回忆版-单）

A. 男朋友应该对老太太的死亡结果负责

B. 男朋友与女朋友构成危险驾驶罪的共犯

C. 男朋友与女朋友构成交通肇事罪的共犯

D. 男朋友单独构成交通肇事罪

选项解析 女方教唆男方酒后驾车，两人构成危险驾驶罪的共同犯罪。但是男方单独构成交通肇事罪，该罪是过失犯罪，教唆者不构成共同犯罪。

参考答案 C

252. 下列情形，构成以危险方法危害公共安全罪的有：（2020-回忆版-多）

A. 盗窃井盖，导致车辆发生交通事故，致多人伤亡

B. 公交司机驾驶途中与乘客互殴，致多人伤亡

C. 乘客抢夺公共汽车方向盘，致多人伤亡

D. 高空抛下燃烧的蜂窝煤球，引发火灾，致多人伤亡

选项解析 根据司法解释的规定，盗窃、破坏正在使用中的社会机动车通行道路上的窨井盖，足以使汽车、电车发生倾覆、毁坏危险，尚未造成严重后果的或者造成严重后果的，以破坏交通设施罪定罪处罚，不构成以危险方法危害公共安全罪。故A项不当选。

根据司法解释的规定，驾驶人员在公共交通工具行驶过程中，与乘客发生纷争后违规操作或者擅离职守，与乘客厮打、互殴，危害公共安全的，以以危险方法危害公共安全罪定罪处罚。故B项当选。同时，《刑法修正案（十一）》规定了妨害安全驾驶罪，对行驶中的公共交通工具的驾驶人员使用暴力或者抢控驾驶操纵装置，干扰公共交通工具正常行驶，危及公共安全的，处1年以下有期徒刑、拘役或者管制，并处或者单处罚金。同时构成其他犯罪的，依照处罚较重的规定定罪处罚。妨害安全驾驶罪是抽象危险犯，但以危险方法危害公共安全罪是具体危险犯。在B、C两项中，公交车司机或者乘客在公共交通工具行驶过程中，互殴或抢夺方向盘的行为，都严重危害公共安全，且造成了实害结果，属于妨害安全驾驶罪和以危险方法危害公共安全罪的想象竞合，从一重罪论处，构成以危险方法危害公共安全罪。故按照修正案的规定，B、C项仍然当选。

《刑法》第291条之二规定了高空抛物罪，从建筑物或者其他高空抛掷物品，情节严重的，处1年以下有期徒刑、拘役或者管制，并处或者单处罚金。有前述行为，同时构成其他犯罪的，依照处罚较重的规定定罪处罚。高空抛物罪是抽象危险犯，如果出现了具体危险或实害结果，则同时触犯以危险方法危害公共安全罪，应当从一重罪论处。故D项当选。

参考答案 BCD

253. 甲从境外网站购买爆炸物，但是卖家寄错了，寄来了子弹。下列说法正确的是：（2020-回忆版-单）

A. 甲构成非法买卖弹药罪既遂

B. 甲构成非法买卖爆炸物罪未遂

C. 甲客观上买到子弹，但主观上没有购买子弹的故意，故不构成非法买卖弹药罪

D. 因子弹脱离枪支后，子弹本身无法造成危害，故甲不构成非法买卖弹药罪

选项解析 非法制造、买卖、运输、邮寄、储存枪支、弹药、爆炸物罪属于选择性罪名，因为选择性罪名是一个罪名、一个犯罪构成，对选择性罪名的认识错误不影响犯罪既遂的认定，直接认定甲构成非法买卖弹药罪既遂即可。综上，A 项正确，B、C、D 项错误。

参考答案 A

第15讲 破坏社会主义市场经济秩序罪

 38 专题 生产、销售伪劣商品罪与走私罪

254. 关于生产、销售伪劣商品罪，下列哪些选项是正确的？（2016/2/57-多）

A. 甲既生产、销售劣药，对人体健康造成严重危害，同时又生产、销售假药的，应实行数罪并罚

B. 乙为提高猪肉的瘦肉率，在饲料中添加"瘦肉精"。由于生猪本身不是食品，故乙不构成生产有毒、有害食品罪

C. 丙销售不符合安全标准的饼干，足以造成严重食物中毒事故，但销售金额仅有500元。对丙应以销售不符合安全标准的食品罪论处

D. 丁明知香肠不符合安全标准，足以造成严重食源性疾患，但误以为没有毒害而销售，事实上香肠中掺有有毒的非食品原料。对丁应以销售不符合安全标准的食品罪论处

选项解析 甲生产、销售劣药，对人体健康造成严重危害，构成生产、销售劣药罪，同时又生产、销售假药，构成生产、销售假药罪，数罪并罚。故 A 项正确。

乙在饲料中添加"瘦肉精"，按照有关司法解释的规定和刑法理论，构成生产有毒、有害食品罪。故 B 项错误。

丙销售不符合安全标准的饼干，足以造成严重食物中毒事故，足以构成销售不符合安全标准的食品罪。由于销售金额未达 5 万元，不构成生产、销售伪劣产品罪。故 C 项正确。

丁对于香肠中掺有有毒的非食品原料并不知情，主观上没有销售有毒、有害食品罪的犯罪故意。不符合安全标准的食品和有毒、有害食品在不符合安全标准的食品范围内是重合的，所以主客观相统一，构成销售不符合安全标准的食品罪。故 D 项正确。

参考答案 ACD

255. 关于生产、销售伪劣商品罪，下列哪一选项是正确的？（2013/2/58-单）

A. 甲未经批准进口一批药品销售给医院。虽该药品质量合格，甲的行为仍构成销售假药罪

B. 甲大量使用禁用农药种植大豆。甲的行为属于"在生产的食品中掺入有毒、有害的非食品原料"，构成生产有毒、有害食品罪

C. 甲将纯净水掺入到工业酒精中，冒充白酒销售。甲的行为不属于"在生产、销售的食品中掺入有毒、有害的非食品原料"，不成立生产、销售有毒、有害食品罪

D. 甲利用"地沟油"大量生产"食用油"后销售。因不能查明"地沟油"的具体毒害成分，对甲的行为不能以生产、销售有毒、有害食品罪论处

选项解析 生产、销售假药罪中的"假药"，是指依照《药品管理法》的规定属于假药和按假药处理的药品、非药品。按照原《药品管理法》

第 48 条第 3 款的规定，依照《药品管理法》必须批准而未经批准生产、进口，或者依照《药品管理法》必须经过检验而未经检验即销售的属于假药。所以 A 项在当年属于正确选项。但是，2019 年 12 月 1 日生效的《药品管理法》第 98 条第 2 款规定："有下列情形之一的，为假药：①药品所含成份与国家药品标准规定的成份不符；②以非药品冒充药品或者以他种药品冒充此种药品；③变质的药品；④药品所标明的适应症或者功能主治超出规定范围。"因此，未经批准生产、进口的仿制药品、代购药品都不再属于假药。根据从旧兼从轻原则，在新法生效前未审结的案件，都应该适用新法的规定。故按照新的法律，A 项错误。

B 项，甲大量使用禁用农药种植大豆，会使大豆中含有毒药成分，相当于在生产的食品中掺入有毒、有害的非食品原料，构成生产有毒、有害食品罪。故 B 项正确。

C 项，甲将纯净水掺入工业酒精中，冒充白酒销售，也构成生产、销售有毒、有害食品罪，因为工业酒精属于有毒、有害的非食品原料。故 C 项错误。

D 项，根据司法解释的规定，地沟油是有毒、有害物质。"地沟油"属于不能用于食用的非食品原料，对人体健康的危害不言而喻，甲利用"地沟油"大量生产"食用油"后销售，即使不能查明"地沟油"的具体毒害成分，对甲也应认定为生产、销售有毒、有害食品罪。故 D 项错误。

参考答案 B（司法部原答案为 AB）

256. 刘某专营散酒收售，农村小卖部为其供应对象。刘某从他人处得知某村办酒厂生产的散酒价格低廉，虽掺有少量有毒物质，但不会致命，遂大量购进并转销给多家小卖部出售，结果致许多饮者中毒甚至双眼失明。下列哪些选项是正确的？（2009/2/56-多）

A. 造成饮用者中毒的直接责任人是某村办酒厂，应以生产和销售有毒、有害食品罪追究其刑事责任；刘某不清楚酒的有毒成份，可不负刑事责任

B. 对刘某应当以生产和销售有毒、有害食品罪追究刑事责任

C. 应当对构成犯罪者并处罚金或没收财产

D. 村办酒厂和刘某构成共同犯罪

选项解析 刘某明知该散酒可能含有少量有毒物质仍然出售，当然构成生产、销售有毒、有害食品罪。生产、销售有毒、有害食品罪属于抽象危险犯。故 A 项错误，B 项正确。

本案为发生在经济领域的犯罪，也是一种贪利型犯罪，一般都会科处没收一定的财产或者罚金刑。故 C 项正确。

生产、销售有毒、有害食品罪是片面对合犯，刑法仅仅处罚一方当事人，即处罚生产、销售者，购买者不成立犯罪，两者不成立共同犯罪。如果购买者购买之后又销售，应当单独构成销售有毒、有害食品罪。所以村办酒厂和刘某分别构成销售有毒、有害食品罪，但不属于共同犯罪。故 D 项错误。

参考答案 BC

📝 主客命题点

> **片面对合犯的处理：**
>
> 销售假药罪，销售者构成犯罪，购买者不构成犯罪。片面对向犯不是共同犯罪。一般认为，不能把所对向一方看成另一方的共同犯罪，如购买假药者并非销售假药行为人的帮助犯。当然，如果销售者原本无意销售假药，但购买者竭力唆使，这显然属于销售假药罪的教唆犯。

257. 刘某未取得商品进出口批准许可证，擅自从国外购入可以治疗丙型肝炎的药品（该药品在国外属于合格药品）销售给国内患者，获利 30 余万元，患者服用后均有明显好转。关于刘某行为的性质，下列说法正确的是：（2023-回忆版-单）

A. 构成非法经营罪

B. 不构成犯罪

C. 构成妨害药品管理罪

D. 构成销售假药罪

选项解析 本题考查药品犯罪。

妨害药品管理罪是具体危险犯，要求"足以严重危害人体健康"，而本题中，刘某销售的药品有疗效，并无危害人体健康的严重危险，故不构成本罪。故 C 项错误。

同时，非法经营罪的处罚比妨害药品管理罪更重，如果不构成轻罪，自然不构成重罪，否则违反罪刑均衡原则。故 A 项错误。

2019 年 12 月 1 日施行的《药品管理法》第 98 条第 2 款规定："有下列情形之一的，为假药：①药品所含成份与国家药品标准规定的成份不符；②以非药品冒充药品或者以他种药品冒充此种药品；③变质的药品；④药品所标明的适应症或者功能主治超出规定范围。"因此，未经批准生产、进口的仿制药品、代购药品都不再属于假药。故 D 项错误。

参考答案 B

258. 下列哪些行为（不考虑数量），应以走私普通货物、物品罪论处？（2015/2/61-多）

A. 将白银从境外走私进入中国境内
B. 走私国家禁止进出口的旧机动车
C. 走私淫秽物品，有传播目的但无牟利目的
D. 走私无法组装并使用（不属于废物）的弹头、弹壳

选项解析 将白银等贵重金属走私进入中国境内的，构成走私普通货物、物品罪，不构成走私贵重金属罪，因为走私贵重金属罪指的是将贵重金属走私到中国境外。故 A 项当选。

走私国家禁止进出口的旧机动车，根据司法解释的规定，构成走私国家禁止进出口的货物、物品罪，不构成走私普通货物、物品罪。只有在不构成其他特殊的走私犯罪时，才能认定为走私普通货物、物品罪。故 B 项不当选。

走私淫秽物品罪，要求行为人主观上具有"牟利"或者"传播"的目的。换句话说，只要具有其中一个目的即可，不要求同时具有。所以，C 项构成走私淫秽物品罪。故 C 项不当选。

走私无法组装并使用（不属于废物）的弹头、弹壳，根据司法解释的规定，构成走私普通货物、物品罪。故 D 项当选。

参考答案 AD

259. 关于生产、销售伪劣商品罪，下列哪些判决是正确的？（2014/2/58-多）

A. 甲销售的假药无批准文号，但颇有疗效，销售金额达 500 万元，如按销售假药罪处理会导致处罚较轻，法院以销售伪劣产品罪定罪处罚
B. 甲明知病死猪肉有害，仍将大量收购的病死猪肉，冒充合格猪肉在市场上销售。法院以销售有毒、有害食品罪定罪处罚
C. 甲明知贮存的苹果上使用了禁用农药，仍将苹果批发给零售商。法院以销售有毒、有害食品罪定罪处罚
D. 甲以为是劣药而销售，但实际上销售了假药，且对人体健康造成严重危害。法院以销售劣药罪定罪处罚

选项解析 A 项，甲销售假药，销售金额达 500 万元，既构成销售假药罪，又构成销售伪劣产品罪，根据《刑法》第 149 条第 2 款的规定，生产、销售第 141～148 条所列产品，构成各该条规定的犯罪，同时又构成第 140 条规定之罪的，依照处罚较重的规定定罪处罚。因此，对甲应择一重罪处罚。如果按销售假药罪处罚较轻，则应以销售伪劣产品罪定罪处罚。故 A 项正确。（注意，按照新《药品管理法》第 98 条第 2 款的规定："有下列情形之一的，为假药：①药品所含成份与国家药品标准规定的成份不符；②以非药品冒充药品或者以他种药品冒充此种药品；③变质的药品；④药品所标明的适应症或者功能主治超出规定范围。"因此，未经批准生产、进口的仿制药品、代购药品都不再属于假药。按照现在的法律，本项题干有问题。）

B 项，销售有毒、有害食品罪是指销售明知掺有有毒、有害的非食品原料的食品的行为。甲销售的是病死的猪肉，病死的猪肉虽然有害，但其中并未掺入有毒、有害的非食品原料，故不能对甲以销售有毒、有害食品罪定罪处罚。如果病死的猪肉足以造成严重食物中毒事故或者其他严重食源性疾病，可对甲以销售不符合安全标准的食品罪定罪处罚。故 B 项错误。

C 项，禁用农药属于有毒、有害的非食品原料，甲明知储存的苹果上使用了禁用农药而予

以销售，构成销售有毒、有害食品罪。故 C 项正确。

D 项，生产、销售假药罪是抽象危险犯，生产、销售劣药罪是结果犯，当两个犯罪具有同质性，在轻罪的范围内重合，在行为人对假药和劣药发生认识错误的时候，应在重合的范围内认定为生产、销售劣药罪。故 D 项正确。

参考答案 ACD

260. 关于药品犯罪，下列说法正确的有：（2021-回忆版-多）

A. 医生甲明知是假药仍然无偿提供给乙，但未对乙身体健康造成危害。甲构成提供假药罪

B. 甲明知是假药仍然卖给乙，但未对乙身体健康造成危害。甲构成销售假药罪

C. 甲明知是劣药仍然卖给乙，但未对乙身体健康造成危害。甲构成销售劣药罪

D. 为了治好乙的病，医生甲明知是劣药仍然无偿提供给乙，但未对乙身体健康造成危害。甲构成提供劣药罪

选项解析 本题考查销售、提供假药罪，销售、提供劣药罪。

生产、销售、提供假药的，构成生产、销售、提供假药罪，本罪是抽象危险犯。生产、销售、提供劣药，对人体健康造成严重危害的，构成生产、销售、提供劣药罪，本罪是结果犯。提供假药罪、提供劣药罪只能由药品使用单位的人员构成，生产、销售假药罪和生产、销售劣药罪的犯罪主体是一般主体。

A 项，提供假药罪只能由药品使用单位的人员构成。医生甲明知是假药仍然无偿提供给乙，符合犯罪主体。即使无偿提供，也构成提供假药罪。同时，提供假药罪是抽象危险犯，未对乙身体健康造成危害的，不影响提供假药罪的成立。因此，甲构成提供假药罪，A 项正确。

B 项，销售假药罪是抽象危险犯，未对乙身体健康造成危害的，不影响销售假药罪的成立。因此，甲构成销售假药罪，B 项正确。

C 项，销售劣药罪是结果犯，未对乙身体健康造成危害的，不构成销售劣药罪。因此，甲不构成销售劣药罪，C 项错误。

D 项，提供劣药罪只能由药品使用单位的人员构成。医生甲明知是劣药仍然无偿提供给乙，符合犯罪主体。即使无偿提供，也构成提供劣药罪。但是，提供劣药罪是结果犯，未对乙身体健康造成危害的，不构成提供劣药罪。因此，甲不构成提供劣药罪，D 项错误。

参考答案 AB

261. 关于走私犯罪，下列哪一选项是正确的？（2011/2/11-单）

A. 甲误将淫秽光盘当作普通光盘走私入境。虽不构成走私淫秽物品罪，但如按照普通光盘计算，其偷逃应缴税额较大时，应认定为走私普通货物、物品罪

B. 乙走私大量弹头、弹壳。由于弹头、弹壳不等于弹药，故乙不成立走私弹药罪

C. 丙走私枪支入境后非法出卖。此情形属于吸收犯，按重罪吸收轻罪的原则论处

D. 丁走私武器时以暴力抗拒缉私。此情形属于牵连犯，从一重罪论处

选项解析 行为人主观上具有走私普通货物、物品的故意，客观上实施了相应的行为，虽然走私的对象实际上是淫秽光盘，但淫秽光盘也具有普通货物、物品的属性，普通法和特别法在普通法范围内重合，故可以认定为走私普通货物、物品罪。故 A 项正确。

弹药包括弹头和弹壳。2014 年最高人民法院、最高人民检察院《关于办理走私刑事案件适用法律若干问题的解释》第 4 条第 1 款规定，走私弹头、弹壳，构成犯罪的，按照走私弹药罪论处。故 B 项错误。需要说明的是，司法解释也规定，走私报废或者无法组装并使用的各种弹药的弹头、弹壳，构成犯罪的，依照《刑法》第 153 条的规定，以走私普通货物、物品罪定罪处罚；属于废物的，依照《刑法》第 152 条第 2 款的规定，以走私废物罪定罪处罚。

根据司法解释的规定，走私武器入境后又非法出卖的，应数罪并罚，不属于吸收犯，因为走私枪支不一定要销售，两者不具有高度伴随性。故 C 项错误。

原则上，所有犯罪过程中妨害公务的，都需

要以原罪与妨害公务罪数罪并罚，只有走私毒品与组织、运送他人偷越国（边）境过程中妨害公务的，妨害公务行为才作为一个加重处罚情节。所以，D项中，丁的行为应以走私武器罪与妨害公务罪数罪并罚。故D项错误。

参考答案 A

主客命题点

（1）认识错误问题。如果行为人主观上想实施某种特殊的走私罪（如想实施走私假币），而客观上实施了另外一种特殊的走私罪（如走私武器）。由于这两种特定物品（如假币和武器）无法在各自的构成要件内重合，并且成立走私普通货物、物品罪需要有逃税的要求，但假币和武器没有侵犯税收制度，故只能在禁止进出口的货物、物品中重合，成立走私国家禁止进出口的货物、物品罪。另外，如果行为人主观上想走私武器，客观上走私了弹药，这构成走私弹药罪。

（2）罪数问题。走私武器后又销售的，构成走私武器罪和非法买卖枪支罪，数罪并罚；走私毒品后又销售的，这是选择性罪名，构成走私、贩卖毒品罪一罪；走私假币后又销售的，构成走私假币罪和出售假币罪，数罪并罚；但运输假币后又销售的，这是选择性罪名，构成出售、运输假币罪。

262. 甲系外贸公司总经理，在公司会议上拍板：为物尽其用，将公司以来料加工方式申报进口的原材料剩料在境内销售。该行为未经海关许可，应缴税款90万元，公司亦未补缴。关于本案，下列哪一选项是正确的？（2017/2/13-单）

A. 虽未经海关许可，但外贸公司擅自销售原材料剩料的行为发生在我国境内，不属于走私行为

B. 外贸公司的销售行为有利于物尽其用，从利益衡量出发，应认定存在超法规的犯罪排除事由

C. 外贸公司采取隐瞒手段不进行纳税申报，

逃避缴纳税款数额较大且占应纳税额的10%以上，构成逃税罪

D. 如海关下达补缴通知后，外贸公司补缴应纳税款，缴纳滞纳金，接受行政处罚，则不再追究外贸公司的刑事责任

选项解析 这是一种典型的后续走私行为（未经海关批准或者海关许可并补缴关税，擅自将批准进口的来料加工、来件配装、补偿贸易的原材料、零部件、制成品、设备等保税货物或者海关监管的其他货物、进境的海外运输工具等，非法在境内销售牟利的行为）。

最高人民检察院《关于擅自销售进料加工保税货物的行为法律适用问题的解释》规定，未经海关许可并且未补缴应缴税额，擅自将批准进口的进料加工的原材料、零件、制成品、设备等保税货物，在境内销售牟利，偷逃应缴税额在5万元以上的，以走私普通货物、物品罪追究刑事责任。故A、B项错误。

纳税人采取欺骗、隐瞒手段不进行纳税申报，逃避缴纳税款数额较大并且占应纳税额10%以上的，构成逃税罪。故C项正确。

经税务机关依法下达追缴通知后，补缴应纳税款，缴纳滞纳金，已受行政处罚的，不予追究刑事责任。但D项说的是海关，而非税务机关。故D项错误。

参考答案 C

263.《刑法》第151条规定走私国家禁止出口的文物的，构成走私文物罪；《刑法》第153条规定了走私普通货物、物品罪。兹有行为人进口外国文物，逃避了数额较大的关税。行为人的行为应如何定性？（2020-回忆版-单）

A. 走私普通货物、物品罪

B. 走私文物罪

C. 走私国家禁止进出口的货物、物品罪

D. 法无明文规定不为罪

选项解析 根据《刑法》的规定，走私国家禁止出口的文物的，方可构成走私文物罪，行为人进口外国文物的，属于将文物从境外走私到境内，可认定为走私普通货物、物品罪。故A项当选。

参考答案 A

对公司、企业的管理秩序罪与货币犯罪、票证犯罪 专题 39

264. 下列哪一行为不成立使用假币罪（不考虑数额）？（2015/2/15-单）

A. 用假币缴纳罚款

B. 用假币兑换外币

C. 在朋友结婚时，将假币塞进红包送给朋友

D. 与网友见面时，显示假币以证明经济实力

选项解析 使用假币，是将假币作为真币按照货币的通常用途进行使用，既可以是以外表合法的方式使用假币，如购买商品、兑换另一货币、存入银行、赠与他人，或者将假币用于缴纳罚金或罚款等；也可以是以非法的方式使用假币，如将假币用于赌博。此外，将假币交付给不知情的他人使用的，以及向自动售货机中投入假币以取得商品的，均成立使用假币罪。

本题中，A、B、C 项均属于典型的使用假币的情形，成立使用假币罪。同时需要注意，使用假币一定要将假币置于流通领域，否则不成立使用假币罪。比如，将假币作为证明自己信用能力的资本而给他人查看的，以及为了与对方签订合同，将假币给对方查看，以证明自己有能力履行合同的，均不是使用假币的行为。故 A、B、C 项不当选。

D 项，与网友见面时，显示假币以证明经济实力，并没有将假币置于流通领域，不成立使用假币罪，但可构成持有假币罪。故 D 项当选。

参考答案 D

265. 关于货币犯罪，下列哪一选项是错误的？（2013/2/14-单）

A. 伪造货币罪中的"货币"，包括在国内流通的人民币、在国内可兑换的境外货币，以及正在流通的境外货币

B. 根据《刑法》规定，伪造货币并出售或者运输伪造的货币的，依照伪造货币罪从重处罚。据此，行为人伪造美元，并运输他人伪造的欧元的，应按伪造货币罪从重处罚

C. 将低额美元的纸币加工成高额英镑的纸币的，属于伪造货币

D. 对人民币真币加工处理，使 100 元面额变为 50 元面额的，属于变造货币

选项解析 A 项，根据司法解释的规定，货币犯罪中的"货币"包括其他国家的法定货币，无论在中国是否可以兑换。故 A 项正确，不当选。

伪造货币并出售或者运输伪造的货币的，根据吸收犯原理，以伪造货币罪一罪从重处罚。但吸收犯只针对同一宗对象，如果前后行为针对不同宗对象，就要数罪并罚。B 项，由于前后行为针对的是不同宗货币，应数罪并罚。故 B 项错误，当选。

伪造货币和变造货币的关键区别在于，行为人所制作的货币是否丧失了原真货币的同一性。如果加工的程度导致其与原真货币丧失同一性，属于伪造货币；否则，只是在真货币的基础上加以改造，属于变造货币。C 项，将美元加工成英镑，将此种货币变成彼种货币，显然加工的程度已经使加工后的货币丧失了与原真货币的同一性，属于伪造货币。故 C 项正确，不当选。

D 项，对货币面额进行改变，加工后的货币没有丧失与原真货币的同一性，属于变造货币。变造货币并不需要以少增多。故 D 项正确，不当选。

参考答案 B

266. 关于货币犯罪，下列哪一选项是正确的？（2010/2/13-单）

A. 以货币碎片为材料，加入其他纸张，制作成假币的，属于变造货币

B. 将金属货币熔化后，制作成较薄的、更多的金属货币的，属于变造货币

C. 将伪造的货币赠与他人的，属于使用假币

D. 运输假币并使用假币的，按运输假币罪从重处罚

选项解析 变造是对真正的货币本身进行各种涂

改、挖补、涂抹等形式的加工，改变其面值、含量的行为。变造是对真货币的加工行为，故变造后的货币与变造前的货币具有同一性。如果加工的程度导致其与真货币丧失同一性，则属于伪造货币。以真货币为材料，制作成丧失了真货币外观的假币的行为，属于伪造货币。A项，以货币碎片为材料，加入其他纸张，制作成假币的，属于伪造货币。B项，将金属货币熔化后，制作成较薄的、更多的金属货币的行为，属于伪造货币。故A、B项均错误，二者均属于伪造货币。

使用假币罪一般有诈骗性质，但也不绝对。C项，将假币赠与他人，接受赠与的人以为是真币，并且假币也脱离了使用者，属于使用假币。故C项正确。

D项，运输假币行为并不能包容使用假币的行为，运输假币罪是单纯地帮他人运输，这种行为本身根本不能容纳使用，故运输假币后再使用的行为，应该以运输假币罪与使用假币罪并罚。故D项错误。

参考答案 C

267. 甲发现某银行的ATM机能够存入编号以"HD"开头的假币，于是窃取了3张借记卡，先后两次采取存入假币取出真币的方法，共从ATM机内获取6000元人民币。甲的行为构成何罪？（2009/2/61-多）

A. 使用假币罪

B. 信用卡诈骗罪

C. 盗窃罪

D. 以假币换取货币罪

选项解析 使用假币是指将假币当作真币一样置于流通状态。甲将假币存入ATM机用来取真币，已经使假币进入了流通领域，构成使用假币罪。故A项当选。

根据《刑法》第196条第3款的规定，盗窃信用卡并使用的，构成盗窃罪。根据立法解释的规定，信用卡是指由商业银行或者其他金融机构发行的具有消费支付、信用贷款、转账结算、存取现金等全部功能或者部分功能的电子支付卡，因此它既包括可以透支的贷记卡，也

包括不能透支的借记卡。借记卡属于信用卡。"盗窃信用卡并使用"是一种特殊的盗窃罪，"使用"必须按照信用卡的通常用途使用。消费支付、信用贷款、转账结算、存取现金都属于通常的使用方式。甲盗窃了3张借记卡，并在ATM机上使用以支取真币，属于盗窃信用卡并使用的情况，构成盗窃罪，而非信用卡诈骗罪。故B项不当选，C项当选。

《刑法》中没有"以假币换取货币罪"，仅有"金融工作人员以假币换取货币罪"（《刑法》第171条第2款）。故D项不当选。

参考答案 AC

268. 关于货币犯罪的认定，下列哪些选项是正确的？（2011/2/59-多）

A. 以使用为目的，大量印制停止流通的第三版人民币的，不成立伪造货币罪

B. 伪造正在流通但在我国尚无法兑换的境外货币的，成立伪造货币罪

C. 将白纸冒充假币卖给他人的，构成诈骗罪，不成立出售假币罪

D. 将一半真币与一半假币拼接，制造大量半真半假面额100元纸币的，成立变造货币罪

选项解析 货币犯罪的本质是侵犯了货币的公共信用，如果伪造停止流通的货币，并没有对现实的货币产生影响，当然不成立伪造货币罪。故A项正确，该行为应成立诈骗罪。

根据最高人民法院《关于审理伪造货币等案件具体应用法律若干问题的解释（二）》第3条第1款的规定，以正在流通的境外货币为对象的假币犯罪，依照《刑法》第170~173条的规定定罪处罚。故B项正确。

将白纸卖给他人并没有侵犯货币的公共信用。换言之，即使白纸流通到市场上去了，也不可能对真实货币的流通产生任何影响，亦即不会损害真实货币的信用。所以，该行为不成立伪造货币罪，仅成立诈骗罪。故C项正确。

同时采用伪造和变造手段，制造真伪拼凑货币的行为，根据司法解释的规定，以伪造货币罪定罪处罚。故D项错误。

参考答案 ABC

贷款犯罪、洗钱罪与非法集资犯罪 专题 40

269. 甲急需 20 万元从事养殖，向农村信用社贷款时被信用社主任乙告知，1 个身份证只能贷款 5 万元，再借几个身份证可多贷。甲用自己的名义贷款 5 万元，另借用 4 个身份证贷款 20 万元，但由于经营不善，不能归还本息。关于本案，下列哪一选项是正确的？（2016/2/14-单）

A. 甲构成贷款诈骗罪，乙不构成犯罪

B. 甲构成骗取贷款罪，乙不构成犯罪

C. 甲构成骗取贷款罪，乙构成违法发放贷款罪

D. 甲不构成骗取贷款罪，乙构成违法发放贷款罪

选项解析 骗取贷款罪，是指以欺骗手段取得银行或者其他金融机构贷款，给银行或者其他金融机构造成重大损失的行为。违法发放贷款罪，是指银行或者其他金融机构的工作人员违反国家规定发放贷款，数额巨大或者造成重大损失的行为。骗取贷款罪与贷款诈骗罪的主要区别在于行为人是否有非法占有目的。本案中，甲使用真实有效的身份证获取贷款，并未采用任何欺骗的手段，甲是在乙的授意下进行的，所以不存在欺骗银行一说，因而不构成骗取贷款罪。乙告知甲多借几个身份证可以多贷，并最终导致信用社遭受严重损失，构成违法发放贷款罪。因此，A、B、C 项错误，D 项正确。

参考答案 D

解题思路 在本案中，信用社主任乙和甲谁更坏？当然是乙，所以不可能出现乙不构成犯罪，而甲构成犯罪的情况，因此 A、B 项可以排除。另外，如果一种行为一般人都会去干，那就不会是犯罪，如果你是甲，当乙这么建议你，你会去干吗？当然会，所以不是犯罪。

270. X 公司系甲、乙二人合伙依法注册成立的公司，以钢材批发零售为营业范围。丙因自己的公司急需资金，便找到甲、乙借款，承

诺向 X 公司支付高于银行利息 5 个百分点的利息，并另给甲、乙个人好处费。甲、乙见有利可图，即以购买钢材为由，以 X 公司的名义向某银行贷款 1000 万元，贷期半年。甲、乙将贷款按约定的利息标准借与丙，丙给甲、乙各 10 万元的好处费。半年后，丙将借款及利息还给 X 公司，甲、乙即向银行归还本息。关于甲、乙、丙行为的定性，下列哪一选项是正确的？（2008/2/11-单）

A. 甲、乙构成高利转贷罪，丙无罪

B. 甲、乙构成骗取贷款罪，丙无罪

C. 甲、乙构成高利转贷罪、非国家工作人员受贿罪，丙构成对非国家工作人员行贿罪

D. 甲、乙构成骗取贷款罪、非国家工作人员受贿罪，丙构成对非国家工作人员行贿罪

选项解析 根据《刑法》第 175 条第 1 款的规定，以转贷牟利为目的，套取金融机构信贷资金高利转贷他人的，构成高利转贷罪。甲、乙为转贷牟利，从银行低息贷款，转而向丙高息借款的行为，满足了高利转贷罪的要求，构成此罪。甲、乙利用职务之便为他人谋取利益，收受他人贿赂（各 10 万元好处费），构成非国家工作人员受贿罪。丙为谋取不正当的利益（非法资金拆借）而向非国有单位工作人员行贿，构成对非国家工作人员行贿罪。因此，甲、乙构成高利转贷罪、非国家工作人员受贿罪，丙构成对非国家工作人员行贿罪。故 C 项正确，A、B 项错误。

由于甲、乙的贷款行为并未给金融机构造成重大损失，不符合骗取贷款罪的构成要件，因此，不构成骗取贷款罪。故 D 项错误。

参考答案 C

271. 甲盗窃他人银行卡后，在银行柜台冒用，骗取 50 万元，甲指使知道真相的乙将 50 万元汇往境外。关于本案，下列说法正确的是：（2021-回忆版-任）

A. 盗窃信用卡并使用按盗窃罪定罪名,但包含金融诈骗的行为,乙成立洗钱罪,这是将洗钱罪的上游犯罪理解为具体罪名得出的结论

B. 如《刑法》第191条规定洗钱罪的上游犯罪是指具体行为,甲的行为成立盗窃罪和洗钱罪

C. 不管《刑法》第191条规定洗钱罪的上游犯罪是具体行为还是罪名,乙仅成立掩饰、隐瞒犯罪所得罪

D. 如果需要认定乙构成洗钱罪,必须认定甲的行为成立信用卡诈骗罪而不是盗窃罪,否则违反罪刑法定原则

选项解析 本题考查洗钱罪。

A项,洗钱罪的七种上游犯罪是毒品犯罪、黑社会性质的组织犯罪、恐怖活动犯罪、走私犯罪、贪污贿赂犯罪、破坏金融管理秩序犯罪、金融诈骗犯罪。这七种上游犯罪中不包括盗窃罪,若将洗钱罪的上游犯罪理解为具体罪名,则乙不能构成洗钱罪。故A项错误。

B、C项,如《刑法》第191条规定的洗钱罪的上游犯罪是指具体行为,则盗窃信用卡并使用按盗窃罪定罪名,但包含金融诈骗的行为,甲的行为成立盗窃罪和洗钱罪。故B项正确,C项错误。

D项,如果需要认定乙构成洗钱罪,则《刑法》第191条规定的洗钱罪的上游犯罪是指具体行为即可,这并不违反罪刑法定原则。故D项错误。

参考答案 B

272. 甲收受他人贿赂之后将贿赂款转移到国外。甲的行为如何定性?（2021-回忆版-单）

A. 只认定为受贿罪,之后的行为属于事后不可罚,不单独定罪

B. 认定为受贿罪,之后构成掩饰、隐瞒犯罪所得罪,数罪并罚

C. 认定为受贿罪,之后构成洗钱罪,数罪并罚

D. 认定为受贿罪,之后构成洗钱罪,从一重罪处罚

选项解析 本题考查受贿罪,洗钱罪,掩饰、隐瞒犯罪所得罪。

A、C、D项,甲收受他人贿赂,构成受贿罪。此外,甲又将贿赂款转移到国外,是为掩饰、隐瞒贪污贿赂犯罪的所得而跨境转移资产的行为,构成洗钱罪。自洗钱,因为侵犯了新的法益,也构成洗钱罪。但是,甲收受他人贿赂之后将贿赂款转移到国外,是两个行为,侵犯了两个法益,应数罪并罚。故C项正确,A、D项错误。

B项,甲收受他人贿赂之后将贿赂款转移到国外,虽然是掩饰、隐瞒犯罪所得的行为,但因为没有期待可能性而不构成掩饰、隐瞒犯罪所得罪。故B项错误。

参考答案 C

41 专题 金融诈骗罪与税收犯罪

273. 甲、乙为朋友。乙出国前,将自己的借记卡（背面写有密码）交甲保管。后甲持卡购物,将卡中1.3万元用完。乙回国后发现卡里没钱,便问甲是否用过此卡,甲否认。关于甲的行为性质,下列哪一选项是正确的?（2013/2/15-单）

A. 侵占罪　　　　　B. 信用卡诈骗罪
C. 诈骗罪　　　　　D. 盗窃罪

选项解析 根据立法解释的规定,刑法中的信用卡

包括借记卡。甲的行为属于冒用他人信用卡的情形,构成信用卡诈骗罪。即使甲将代为保管的他人借记卡本身据为己有,拒不归还,也不构成侵占罪,因为侵占罪要求数额较大,借记卡本身价值低廉,远没有达到数额较大的要求。信用卡诈骗罪和诈骗罪之间是法条竞合关系,二者竞合时,优先适用特别条文,即信用卡诈骗罪。借记卡是乙让甲保管的,不是甲盗窃的,甲不构成盗窃罪。故B项正确。

参考答案 B

274. 张某窃得同事一张银行借记卡及身份证，向丈夫何某谎称路上所拾。张某与何某根据身份证号码试出了借记卡密码，持卡消费5000元。关于本案，下列哪一说法是正确的？（2010/2/14-单）

A. 张某与何某均构成盗窃罪
B. 张某与何某均构成信用卡诈骗罪
C. 张某构成盗窃罪，何某构成信用卡诈骗罪
D. 张某构成信用卡诈骗罪，何某不构成犯罪

选项解析 张某的行为属于盗窃信用卡并使用的情形，根据《刑法》第196条第3款的规定，盗窃信用卡并使用的，构成盗窃罪。对于何某而言，其并不清楚张某的信用卡是盗窃而来的，何某认为是拾捡来的信用卡。何某不属于以非法方式获取他人信用卡，但其实际上又使用了他人的信用卡，构成冒用他人的信用卡。根据《刑法》第196条第1款的规定，冒用他人信用卡的，构成信用卡诈骗罪。故C项正确。

参考答案 C

✎ **主客命题点**

承继共犯与事后独立犯罪的认定：

例1：张某窃得同事一张银行借记卡及身份证，告诉丈夫何某实情，张某与何某根据身份证号码试出了借记卡密码，持卡消费5000元。张某和何某构成盗窃罪的共同犯罪。

例2：张某窃得钱包，包内有3000元和一张银行借记卡及身份证，张某让丈夫何某将钱收好，但将借记卡扔掉，何某同意，但私下根据身份证号码试出了借记卡密码，持卡消费5000元。张某构成盗窃罪（3000元）；何某的行为不属于盗窃信用卡并使用的情形，而是单纯地使用被盗窃的信用卡，故构成信用卡诈骗罪。

275. 甲将自己的汽车藏匿，以汽车被盗为由向保险公司索赔。保险公司认为该案存有疑点，随即报警。在掌握充分证据后，侦查

机关安排保险公司向甲"理赔"。甲到保险公司二楼财务室领取20万元赔偿金后，刚走到一楼即被守候的多名侦查人员抓获。关于甲的行为，下列哪一选项是正确的？（2009/2/15-单）

A. 保险诈骗罪未遂
B. 保险诈骗罪既遂
C. 保险诈骗罪预备
D. 合同诈骗罪

选项解析 行为人已经向保险公司索赔，意味着其着手实施了保险诈骗行为。作为被害人的保险公司，并不是基于受骗而交付财物，而是基于警方的要求交付财产，因此，甲的行为成立保险诈骗罪的犯罪未遂。

参考答案 A

276. ①纳税人逃税，经税务机关依法下达追缴通知后，补缴应纳税款，缴纳滞纳金，已受行政处罚的，一律不予追究刑事责任

②纳税人逃避追缴欠税，经税务机关依法下达追缴通知后，补缴应纳税款，缴纳滞纳金，已受行政处罚的，应减轻或者免除处罚

③纳税人以暴力方法拒不缴纳税款，后主动补缴应纳税款，缴纳滞纳金，已受行政处罚的，不予追究刑事责任

④扣缴义务人逃税，经税务机关依法下达追缴通知后，补缴应纳税款，缴纳滞纳金，已受行政处罚的，不予追究刑事责任

关于上述观点的正误判断，下列哪些选项是错误的？（2012/2/61-多）

A. 第①句正确，第②③④句错误
B. 第①②句正确，第③④句错误
C. 第①③句正确，第②④句错误
D. 第①②③句正确，第④句错误

选项解析 本题考查逃税罪中不予追究刑事责任的规定。

根据《刑法》第201条第4款的规定，纳税人有逃税行为，经税务机关依法下达追缴通知后，补缴应纳税款，缴纳滞纳金，已受行政处罚的，不予追究刑事责任；但是，5年内因逃避

缴纳税款受过刑事处罚或者被税务机关给予2次以上行政处罚的除外。据此，有逃税行为，不予追究刑事责任要同时符合下列条件：一是主体只包括纳税人，不包括扣缴义务人；二是经税务机关依法下达追缴通知后，补缴应纳税款，缴纳滞纳金，已受行政处罚；三是5年内没有因逃避缴纳税款受过刑事处罚或者被税务机关给予2次以上行政处罚。

第①句说法过于绝对，没有考虑但书条款，是错误的。因为A、B、C、D四项均认为第①句正确，故A、B、C、D四项均错误，当选。

第②句，最后结论说错了，不是"应减轻或免除处罚"而是"不予追究刑事责任"。前者是有罪处理，后者是无罪处理，二者有着本质的不同。刑法中还有"不予追究"刑事责任的表述。如果不予追究刑事责任，也就是不构成犯罪，而非免于处罚。在我国刑法中，除了逃税罪外，还有一处使用了这种表述："中华人民共和国公民在中华人民共和国领域外犯本法规定之罪的，适用本法，但是按本法规定的最高刑为3年以下有期徒刑的，可以不予追究。"（《刑法》第7条第1款，属人管辖的例外）

第③句，纳税人以暴力方法拒不缴纳税款，根据《刑法》第202条的规定，构成抗税罪。即使行为人后来主动补缴应纳税款，缴纳滞纳金，已受行政处罚，也不适用"不予追究刑事责任"的规定。因为只有逃税罪才有不予追究刑事责任的规定，抗税罪无此规定。因此，第③句错误。

第④句，主体不对，逃税不予追究刑事责任的规定，只适用于纳税人，不适用于扣缴义务人。因此，第④句错误。

参考答案 ABCD

277. 甲和女友乙在网吧上网时，捡到一张背后写有密码的银行卡。甲持卡去ATM机取款，前两次取出5000元。在准备再次取款时，乙走过来说："注意，别出事。"甲答："马上就好。"甲又分两次取出6000元，并将该6000元递给乙。乙接过钱后站了一会儿说："我走了，小心点。"甲接着又取出7000元。关于本案，下列哪些选项是正确的？（2015/2/57-多）

A. 甲拾得他人银行卡并在ATM机上使用，根据司法解释，成立信用卡诈骗罪

B. 对甲前两次取出5000元的行为，乙不负刑事责任

C. 乙接过甲取出的6000元，构成掩饰、隐瞒犯罪所得罪

D. 乙虽未持银行卡取款，也构成犯罪，犯罪数额是1.3万元

选项解析 根据司法解释的规定，拾得他人信用卡并在自动柜员机（ATM机）上使用的行为，属于《刑法》第196条第1款第3项规定的"冒用他人信用卡"的情形，构成犯罪的，以信用卡诈骗罪追究刑事责任。故A项正确。

关于承继的共犯，要注意后行为人对于参与前的犯罪行为承担刑事责任的范围问题。一般认为，如果前行为是单一行为，那么后行为人虽然是在实施犯罪过程中介入的，仍应当对全部犯罪承担责任；如果前行为是复合行为（如结果加重犯、多次犯），那么后行为人只对其介入行为承担责任。甲在ATM机上前两次取出5000元的行为，乙是不知情的，乙没有为甲的这两次取钱行为提供任何的物理或心理帮助，此时甲、乙尚不是共同犯罪，而是甲自己一个人在犯罪，所以，乙对甲的该行为不负刑事责任。故B项正确。在甲再次取出6000元、7000元时，乙已经知情，而且告诉甲"注意，别出事""小心点"，这说明乙为甲后面取钱的行为提供了心理上、精神上的支持和帮助，甲、乙属于共同犯罪，乙需要对后面的6000元和7000元负责，数额为1.3万元。故D项正确。

掩饰、隐瞒犯罪所得罪的犯罪主体不包括本犯，因为自己掩饰自己的犯罪所得不具有期待可能性。在甲取6000元时，甲、乙已经属于共同犯罪，甲、乙均属于信用卡诈骗罪的本犯，所以乙不构成掩饰、隐瞒犯罪所得罪。故C项错误。

参考答案 ABD

278. 关于诈骗犯罪的论述，下列哪一选项是正确的（不考虑数额）？（2017/2/14-单）

A. 与银行工作人员相勾结，使用伪造的银行存单，骗取银行巨额存款的，只能构成票据诈骗罪，不构成金融凭证诈骗罪

B. 单位以非法占有目的骗取银行贷款的，不能以贷款诈骗罪追究单位的刑事责任，但可以该罪追究策划人员的刑事责任

C. 购买意外伤害保险，制造自己意外受重伤假象，骗取保险公司巨额保险金的，仅构成保险诈骗罪，不构成合同诈骗罪

D. 签订合同时并无非法占有目的，履行合同过程中才产生非法占有目的，后收受被害人货款逃匿的，不构成合同诈骗罪

选项解析 票据诈骗罪中利用的金融票据主要包括银行的汇票、本票和支票。使用伪造的银行存单不属于金融票据，而应构成金融凭证诈骗罪。故 A 项错误。

《刑法》没有将单位规定为贷款诈骗罪的主体，对于为了单位利益的贷款诈骗行为，虽然不能直接处罚单位，但对于负有责任的自然人应以贷款诈骗罪论处。故 B 项正确。

购买意外伤害保险后，制造自己意外受伤的假象骗取巨额保险金的行为，同时构成了保险诈骗罪与合同诈骗罪，从一重罪论处，在数额巨大的情况下，合同诈骗罪的处罚会更重。故 C 项错误。

合同诈骗罪，是指以非法占有为目的，在签订、履行合同的过程中，骗取对方财物，数额较大的行为。其非法占有目的既可以产生于签订合同时，也可以产生于履行合同的过程中。故 D 项错误。

参考答案 B

279. 关于信用卡诈骗罪，下列哪些选项是错误的？（2017/2/58-多）

A. 以非法占有目的，用虚假身份证明骗领信用卡后又使用该卡的，应以妨害信用卡管理罪与信用卡诈骗罪并罚

B. 根据司法解释，在自动柜员机（ATM 机）上擅自使用他人信用卡的，属于冒用他人信用卡的行为，构成信用卡诈骗罪

C. 透支时具有归还意思，透支后经发卡银行

两次催收，超过 3 个月仍不归还的，属于恶意透支，成立信用卡诈骗罪

D. 《刑法》规定，盗窃信用卡并使用的，以盗窃罪论处。与此相应，拾得信用卡并使用的，就应以侵占罪论处

选项解析 根据《刑法》第 196 条第 1 款第 1 项的规定，以非法占有为目的，用虚假身份证明骗领信用卡后又使用该卡的，应以信用卡诈骗罪处罚。本行为虽然也符合妨害信用卡管理罪，但属于高度牵连，应当按重罪信用卡诈骗罪处理。故 A 项错误，当选。

根据最高人民检察院《关于拾得他人信用卡并在自动柜员机（ATM 机）上使用的行为如何定性问题的批复》的规定，在自动柜员机（ATM 机）上擅自使用他人信用卡的行为，属于《刑法》第 196 条第 1 款第 3 项规定的"冒用他人信用卡"的情形，构成信用卡诈骗罪。故 B 项正确，不当选。

"恶意透支"，是指持卡人以非法占有为目的，超过规定限额或者规定期限透支，并且经发卡银行 2 次催收后超过 3 个月仍不归还的行为。透支时没有非法占有的目的、具有归还意思的，不属于恶意透支。故 C 项错误，当选。

拾得信用卡并使用的行为属于《刑法》第 196 条第 1 款第 3 项规定的"冒用他人信用卡"的情形，构成信用卡诈骗罪。故 D 项错误，当选。

参考答案 ACD

280. 甲盗窃他人信用卡后，骗乙说捡了一张信用卡，让乙使用。乙用该信用卡在商场购买了价值 3.8 万元的财物。关于本案，下列哪一分析是正确的？（2019-回忆版-单）

A. 乙构成信用卡诈骗罪

B. 甲是信用卡诈骗罪的帮助犯，乙是信用卡诈骗罪的正犯

C. 应按乙的行为性质确定共同犯罪的性质，甲、乙均构成盗窃罪

D. 应按甲的行为性质确定共同犯罪的性质，甲、乙均构成盗窃罪

选项解析 乙主观上认为自己是拾捡信用卡并使用，只具有信用卡诈骗的故意，客观上冒用了

他人信用卡，所以主客观在信用卡诈骗罪中重合，构成信用卡诈骗罪。但甲利用了他人，单独构成盗窃罪。故 A 项正确。

参考答案 A

281. 甲在大街上捡到一部手机，发现手机绑定银行卡，破解密码后通过微信向自己转账 3 万元。甲的行为应该如何定性？（2019-回忆版-单）

A. 实际上是冒用他人信用卡信息资料，根据司法解释的规定仅构成信用卡诈骗罪

B. 实际上是盗用信用卡，仅构成盗窃罪

C. 客观上没有使用银行卡，仅构成诈骗罪

D. 客观上没有使用银行卡，仅构成盗窃罪

选项 解析 通过支付宝、微信账号来窃取已绑定的信用卡内资金，对于该种情况，犯罪分子只需要输入支付密码就可以支取信用卡内资金，支付密码不是信用卡密码，支付密码撬动的指令是支付宝公司或者微信公司，通过该公司之前和银行绑定信用卡时的协议，信用卡会当然地支付。因为原先绑定时原卡主已经输入过信用卡密码，授权完成。在此种情况下，犯罪分子妨害的是支付宝或者微信公司的管理秩序，擅自冒用他人的支付宝账户或者微信账号。而根据之前的绑定协议，信用卡支付过程中，银行是不存在错误认识的，不存在被骗，而且让银行支付的指令来自支付宝或者微信公司，并不是犯罪分子直接地跟信用卡进行关联，未妨害银行对信用卡的管理，所以不能认定为信用卡诈骗罪。那么只能定性为妨害支付宝或者微信公司的管理秩序，窃取他人的资金。绑定的信用卡内的资金对于犯罪嫌疑人来说就是一个"钱袋子"，信用卡的相关属性被无限弱化，仅是一个象征的程序。也就是说，对后行为的定性过程中，信用卡只是被害人财产的一种承载物，不能因为信用卡的出现而适用《刑法》第 196 条第 3 款"盗窃信用卡并使用"的规定，应直接适用《刑法》第 264 条盗窃罪的规定。

参考答案 D

282. 甲用他人的身份证信息申请一张额度为 4 万元的信用卡，使用一段时间之后，每次均及时还款，于是银行将额度提升到 10 万元，但甲把 10 万元透支后就不还了。关于甲的行为定性，下列说法正确的有：（2019-回忆版-多）

A. 甲用他人的身份证信息申请信用卡的，构成妨害信用卡管理罪与信用卡诈骗罪，应当数罪并罚

B. 甲构成信用卡诈骗罪，犯罪数额为 10 万元

C. 甲构成信用卡诈骗罪，但不属于恶意透支，犯罪数额为 14 万元

D. 甲构成妨害信用卡管理罪与信用卡诈骗罪，择一重罪处罚

选项 解析 甲使用他人身份证申请信用卡，这构成妨害信用卡管理罪，同时通过支付小额还款的方式将额度提高，进而不还大额透支，具有非法占有的目的。如果认为恶意透支的主体不限于法律意义上的持卡人，那么这属于恶意透支，构成信用卡诈骗罪，犯罪数额为 10 万元；如果认为恶意透支的主体仅限于法律意义上的持卡人，那这属于冒用他人信用卡，犯罪数额也为 10 万元。同时构成妨害信用卡管理罪和信用卡诈骗罪的，属于高度牵连，应当从一重罪论处。

参考答案 BD

283. 甲、乙共谋盗窃丙的信用卡，乙偷窥到丙的密码，甲盗窃了丙的卡。甲去 ATM 机取钱，乙帮忙望风掩护。甲发现余额有 10 万元，甲取了 2 万元，但骗乙说卡里只有 1 万元，并分给乙 5000 元。后甲又把剩下的钱取出。下列说法正确的是：（2018-回忆版-任）

A. 甲、乙的盗窃数额都是 10 万元

B. 乙的盗窃数额是 2 万元

C. 甲构成盗窃罪和信用卡诈骗罪，应当数罪并罚

D. 甲构成对乙的诈骗罪

选项 解析 甲、乙都属于盗窃信用卡并使用，构成盗窃罪。甲有两次盗窃行为，乙只参与了第一次，所以只对第一次承担责任，其数额为 2 万元。

参考答案 B

284. 关于破坏社会主义市场经济秩序罪的认定，下列哪一选项是错误的？（2014/2/14-单）

A. 采用运输方式将大量假币运到国外的，应以走私假币罪定罪量刑

B. 以暴力、胁迫手段强迫他人借贷，情节严重的，触犯强迫交易罪

C. 未经批准，擅自发行、销售彩票的，应以非法经营罪定罪处罚

D. 为项目筹集资金，向亲戚宣称有高息理财产品，以委托理财方式吸收 10 名亲戚 300 万元资金的，构成非法吸收公众存款罪

选项解析 运输假币仅限于在境内将假币从甲地运至乙地，如果将假币运到国外，则构成走私假币罪。故 A 项正确，不当选。

强迫交易罪，是指自然人或者单位，以暴力、威胁手段强买强卖商品，强迫他人提供或者接受服务，强迫他人参与或者退出投标、拍卖，强迫他人转让或者收购公司、企业的股份、债券或者其他资产，强迫他人参与或者退出特定的经营活动，情节严重的行为。B 项中，行为人以暴力、胁迫手段强迫他人借贷，情节严重，显然符合强迫交易罪的构成要件，构成强迫交易罪。故 B 项正确，不当选。

根据 2005 年 5 月 11 日最高人民法院、最高人民检察院《关于办理赌博刑事案件具体应用法律若干问题的解释》第 6 条的规定，未经国家批准擅自发行、销售彩票，构成犯罪的，以非法经营罪论处。故 C 项正确，不当选。

非法吸收公众存款罪，要求向社会公开宣传，并向社会不特定对象吸收资金。未向社会公开宣传，在亲友或者单位内部针对特定对象吸收资金的，不属于非法吸收或者变相吸收公众存款，不构成非法吸收公众存款罪。D 项中，行为人是向 10 名亲戚吸收资金，不属于向社会不特定对象非法吸收公众存款的行为，不构成犯罪。如果对象是不特定的，这种私募的行为具备非法吸收公众存款的属性，则构成非法吸收公众存款罪。故 D 项错误，当选。

参考答案 D

285. 甲在国外旅游，见有人兜售高仿真人民币，用 1 万元换取 10 万元假币，将假币夹在书中寄回国内。（事实一）

赵氏调味品公司欲设加盟店，销售具有注册商标的赵氏调味品，派员工赵某物色合作者。甲知道自己不符合加盟条件，仍找到赵某送其 2 万元真币和 10 万元假币，请其帮忙加盟事宜。赵某与甲签订开设加盟店的合作协议。（事实二）

甲加盟后，明知伪劣的"一滴香"调味品含有害非法添加剂，但因该产品畅销，便在"一滴香"上贴上赵氏调味品的注册商标私自出卖，前后共卖出 5 万多元"一滴香"。（事实三）

张某到加盟店欲批发 1 万元调味品，见甲态度不好表示不买了。甲对张某拳打脚踢，并说"涨价 2000 元，不付款休想走"。张某无奈付款 1.2 万元买下调味品。（事实四）

甲以银行定期存款 4 倍的高息放贷，很快赚了钱。随后，四处散发宣传单，声称为加盟店筹资，承诺 3 个月后还款并支付银行定期存款 2 倍的利息。甲从社会上筹得资金 1000 万，高利贷出，赚取息差。（事实五）

甲资金链断裂无法归还借款，但仍继续扩大宣传，又吸纳社会资金 2000 万，以后期借款归还前期借款。后因亏空巨大，甲将余款 500 万元交给其子，跳楼自杀。（事实六）

请回答第（1）~（6）题。（2012/2/86 ~ 91-任）

（1）关于事实一的分析，下列选项正确的是：

A. 用 1 万元真币换取 10 万元假币，构成购买假币罪

B. 扣除甲的成本 1 万元，甲购买假币的数额为 9 万元

C. 在境外购买人民币假币，危害我国货币管

理制度, 应适用保护管辖原则审理本案

D. 将假币寄回国内, 属于走私假币, 构成走私假币罪

选项解析 甲明知是假币而购买, 根据《刑法》第171条第1款的规定, 构成购买假币罪。故 A 项正确。

购买假币的数额是按照假币的实际面额计算的, 不存在扣除成本的问题, 故甲购买假币的数额为10万元。故 B 项错误。

"甲在国外旅游", 这句话说明甲是中国公民, 应优先适用属人管辖, 保护管辖原则适用的情形是"外国人"在中国领域外针对中国国家和公民犯罪。故 C 项错误。

甲将假币邮寄到了国内, 这属于走私假币的行为, 构成走私假币罪。故 D 项正确。

参考答案 AD

✎ 主客命题点

购买假币与使用假币的区别:

出售是指将本人持有的假币有偿地转让给他人的行为, 这种转让只要求支付财产对价即可; 购买则是支付对价获得假币的行为。使用假币的前提一般具有诈骗性质, 通常以对方不知道货币是伪造的为前提, 如果对方知道货币是伪造的, 则可能构成其他犯罪。但是, 将假币无偿赠与他人也是使用行为, 受赠人不构成购买假币罪, 但可能构成持有假币罪。例如, 姚某欠李某10万元, 姚某无力还款。在李某的一再追索下, 姚某提出其存有一些假币, 如果李某愿意, 他同意按1:4给李某抵债。李某考虑假币非常逼真, 觉得要让姚某还清货款, 也不是一年半载的事, 于是收受了这40万元假币。姚某构成出售假币罪, 李某构成购买假币罪。

(2) 关于事实二的定性, 下列选项正确的是:

A. 甲将2万元真币送给赵某, 构成行贿罪

B. 甲将10万假币冒充真币送给赵某, 不构成诈骗罪

C. 赵某收受甲的财物, 构成非国家工作人员受贿罪

D. 赵某被甲欺骗而订立合同, 构成签订合同失职被骗罪

选项解析 在事实二中, 甲为谋取不正当利益, 给予赵氏调味品公司员工赵某以财物, 数额较大, 构成对非国家工作人员行贿罪, 而不是行贿罪, 因为行贿罪的对象是国家工作人员, 在本题中, 赵某显然不是国家工作人员。故 A 项错误。

同时, 赵某作为非国有公司、企业的工作人员, 收受甲的财物, 构成非国家工作人员受贿罪。故 C 项正确。

甲将10万元假币冒充真币送给赵某, 构成使用假币罪, 这是法条竞合, 不构成诈骗罪。故 B 项正确。

根据《刑法》第167条的规定, 签订合同失职被骗罪的主体是国有公司、企业、事业单位直接负责的主管人员。赵某虽然被甲欺骗而订立合同, 但其所在的公司不是国有公司, 赵某也不是国有公司直接负责的主管人员, 不符合签订合同失职被骗罪的主体要件, 不构成签订合同失职被骗罪。故 D 项错误。

参考答案 BC

(3) 关于事实三的定性, 下列选项正确的是:

A. 在"一滴香"上擅自贴上赵氏调味品注册商标, 构成假冒注册商标罪

B. 因"一滴香"含有害人体的添加剂, 甲构成销售有毒、有害食品罪

C. 卖出5万多元"一滴香", 甲触犯销售伪劣产品罪

D. 对假冒注册商标行为与出售"一滴香"行为, 应数罪并罚

选项解析 甲在"一滴香"上擅自贴上赵氏调味品注册商标的行为, 构成假冒注册商标罪。故 A 项正确。

甲明知"一滴香"中含有对人体有害的添加剂而予以销售, 构成销售有毒、有害食品罪。故 B 项正确。

甲销售伪劣的"一滴香"调味品, 销售金额5万多元, 构成销售伪劣产品罪。故 C 项

正确。

根据《刑法》第 149 条第 2 款的规定，生产、销售第 141~148 条所列产品，构成各该条规定的犯罪，同时又构成第 140 条规定之罪的，依照处罚较重的规定定罪处罚。甲的行为既构成销售有毒、有害食品罪，又构成销售伪劣产品罪，故应从一重罪处罚。同时，根据司法解释的规定，实施生产、销售伪劣商品犯罪，同时构成侵犯知识产权、非法经营等其他犯罪的，依照处罚较重的规定定罪处罚。所以，对甲假冒注册商标的行为与出售"一滴香"的行为，应依照处罚较重的规定定罪处罚，而不是数罪并罚。故 D 项错误。

参考 答案 ABC

（4）关于事实四甲的定性，下列选项正确的是：

A. 应以抢劫罪论处

B. 应以寻衅滋事罪论处

C. 应以敲诈勒索罪论处

D. 应以强迫交易罪论处

选项 解析 本题中，甲对于价值 1 万元的商品，使用暴力方式，涨价 2000 元，迫使张某购买，索要的钱财与合理价格相差不大，甲主观上没有非法占有的目的，主要是为了强卖商品，构成强迫交易罪，不构成抢劫罪、敲诈勒索罪。寻衅滋事罪，是指无事生非，起哄闹事，肆意挑衅，随意骚扰，破坏社会秩序的行为。行为人实施寻衅滋事的行为时，客观上可能表现为强拿硬要公私财物的特征。寻衅滋事的行为人主观上还具有逞强好胜和通过强拿硬要来填补其精神空虚等目的；而强迫交易罪的行为人主观上还是为了通过暴力、胁迫的方式，达成交易。本题中，甲显然不是为了逞强好胜，而是为了强迫他人购买商品，故甲不构成寻衅滋事罪，应以强迫交易罪定罪处罚。

参考 答案 D

（5）关于事实五的定性，下列选项正确的是：

A. 以同期银行定期存款 4 倍的高息放贷，构成非法经营罪

B. 甲虽然虚构事实吸纳巨额资金，但不构成

诈骗罪

C. 甲非法吸纳资金，构成非法吸收公众存款罪

D. 对甲应以非法经营罪和非法吸收公众存款罪进行数罪并罚

选项 解析 按照当时的法律，对于单纯放高利贷的行为，不构成非法经营罪。故 A、D 项错误。

根据《刑法》第 176 条第 1 款的规定，非法吸收公众存款或者变相吸收公众存款，扰乱金融秩序的，构成非法吸收公众存款罪。本题中，甲通过向社会四处散发传单的方式，向社会不特定公众吸收资金，同时承诺还本付息，不具有非法占有的目的，不构成集资诈骗罪，当然也不构成诈骗罪，甲构成非法吸收公众存款罪。故 B、C 项正确。

参考 答案 BC

（6）关于事实六的定性，下列选项正确的是：

A. 甲以非法占有为目的，非法吸纳资金，构成集资诈骗罪

B. 甲集资诈骗的数额为 2000 万元

C. 根据《刑法》规定，集资诈骗数额特别巨大的，可判处死刑

D. 甲已死亡，导致刑罚消灭，法院对余款 500 万元不能进行追缴

选项 解析 甲在资金链断裂后，明知自己没有归还能力，仍然扩大宣传，向社会吸纳资金，可以认定甲主观上具有非法占有的目的，构成集资诈骗罪。故 A 项正确。

甲资金链断裂后，吸纳资金 2000 万元，则集资诈骗数额为 2000 万元。故 B 项正确。

根据当时的《刑法》第 199 条的规定，集资诈骗有死刑，并处没收财产。但《刑法修正案（九）》废除了集资诈骗罪的死刑。故 C 项按照现在法律规定，不再正确。

犯罪分子死亡后，虽然对于犯罪分子本人不能再定罪处罚，导致刑罚消灭，但是，对于犯罪分子违法所得的财物，还应予以追缴或者责令退赔；对于被害人的合法财产，应当及时返还；对于违禁品和供犯罪所用的本人财物，应当予以没收。故 D 项错误。

参考 答案 AB（司法部原答案为 ABC）

286. 甲无意竞拍土地，得知报名参加竞拍，会有人收购其竞拍资格，遂让自己的公司报名参加某市自然资源与国土资源管理局组织的土地竞拍。甲的公司连续报名参加两次竞拍，果然有人收购其竞拍资格，获利 600 万元，第三次参加竞拍，因无人收购而自动丧失竞拍资格。甲的行为构成何罪？（2020-回忆版-单）

A. 串通投标罪

B. 强迫交易罪

C. 非法经营罪

D. 非国家工作人员受贿罪

选项解析 串通投标罪，是指投标人相互串通投标报价，损害招标人或者其他投标人利益，情节严重，或者投标人与招标人串通投标，损害国家、集体、公民的合法利益的行为。显然，本案情形不属于法定的串通投标的行为，甲及其所在公司不能认定为串通投标罪。故 A 项不当选。

强迫交易罪至少需要采用暴力、威胁手段，本案中，甲及其所在公司均不构成强迫交易罪。故 B 项不当选。

非法经营罪的认定需要《刑法》以及司法解释的明确规定。根据 2011 年 4 月 8 日最高人民法院《关于准确理解和适用刑法中"国家规定"的有关问题的通知》第 3 款的规定，对被告人的行为是否属于《刑法》第 225 条第 4 项规定的"其他严重扰乱市场秩序的非法经营行为"，有关司法解释未作明确规定的，应当作为法律适用问题，逐级向最高人民法院请示。没有司法解释将本案情形认定为非法经营罪。故 C 项不当选。

非国家工作人员受贿罪，是指公司、企业或者其他单位的工作人员利用职务上的便利，索取他人财物或者非法收受他人财物，为他人谋取利益，数额较大的行为。"为他人谋取利益"，既包括正当利益，也包括不正当利益。甲的行为符合非国家工作人员受贿罪的构成要件。故 D 项当选。

参考答案 D

287. 关于串通投标罪，下列说法正确的是：（2021-回忆版-单）

A. 甲、乙在国有土地挂牌出让过程中串通竞买，构成串通投标罪

B. 甲、乙在拍卖中串通竞拍价格，构成串通投标罪

C. 甲以他人的名义参与投标，构成串通投标罪

D. 甲分别与 A、B、C 三个投标人约定，由后者以 A、B、C 的名义投标，中标后将项目转包给甲，但甲与 A、B、C 之间没有串通投标报价，甲与 A、B、C 不构成串通投标罪

选项解析 A、B 项，在拍卖过程中相互串通的，不成立本罪，B 项错误。在国有土地挂牌出让过程中串通竞买的，也不成立本罪，A 项错误。因为拍卖与挂牌出让均不属于招投标行为。以拍卖、挂牌出让与招投标具有实质的相似性为由，将拍卖、挂牌出让中的串通行为认定为本罪的，属于类推解释。

C、D 项，串通投标罪，是指投标人相互串通投标报价，损害招标人或者其他投标人的利益，情节严重，或者投标人与招标人串通投标，损害国家、集体、公民的合法权益的行为。本罪分为两种类型：投标人相互串通投标报价，损害招标人或者其他投标人的利益，并且情节严重的行为；投标人与招标人串通投标，损害国家、集体、公民的合法权益的行为。相互串通投标报价，是指投标人私下串通，联手抬高标价或者压低标价，以损害招标人的利益或者排挤其他投标者。甲以他人的身份参与投标的，并未串通投标，也没有损害招标人或者其他投标人的利益，不应认定为串通投标罪，C 项错误；甲分别与 A、B、C 三个投标人约定，由后者以 A、B、C 的名义投标，中标后将项目转包给甲的，只要 A、B、C 之间没有串通投标报价，就不能认定为串通投标罪，D 项正确。

参考答案 D

侵犯公民人身权利、民主权利罪 第16讲

侵犯生命、健康的犯罪 专题 **43**

288. 关于故意杀人罪、故意伤害罪的判断，下列哪一选项是正确的？（2014/2/15-单）

A. 甲的父亲乙身患绝症，痛苦不堪。甲根据乙的请求，给乙注射过量镇定剂致乙死亡。乙的同意是真实的，对甲的行为不应以故意杀人罪论处

B. 甲因口角，捅乙数刀，乙死亡。如甲不顾乙的死伤，则应按实际造成的死亡结果认定甲构成故意杀人罪，因为死亡与伤害结果都在甲的犯意之内

C. 甲谎称乙的女儿丙需要移植肾脏，让乙捐肾给丙。乙同意，但甲将乙的肾脏摘出后移植给丁。因乙同意捐献肾脏，甲的行为不成立故意伤害罪

D. 甲征得乙（17周岁）的同意，将乙的左肾摘出，移植给乙崇拜的歌星。乙的同意有效，甲的行为不成立故意伤害罪

选项解析 被害人同意他人杀害自己的，同意无效，他人仍构成故意杀人罪。所以，A项，对甲仍应以故意杀人罪论处。故A项错误。

犯罪故意既包括直接故意，也包括间接故意。突发性犯罪不计后果，一般属于间接故意。如果主观上不顾被害人死伤，应按实际造成的结果确定犯罪行为的性质，造成伤害的，应认定为故意伤害罪；造成死亡的，应认定为故意杀人罪。因为在这种情况下，可以认为行为人主观上既有伤害的故意，也有杀人的故意，伤害

和死亡的结果都在行为人的犯意之内。故B项正确。

根据《刑法》第234条之一第2款的规定，未经本人同意摘取其器官，或者摘取不满18周岁的人的器官，或者强迫、欺骗他人捐献器官的，依照故意伤害罪、故意杀人罪的规定定罪处罚。C项，甲欺骗乙捐献器官，乙的同意无效，甲构成故意伤害罪。故C项错误。D项，乙未满18周岁，同意无效，甲构成故意伤害罪。故D项错误。

参考答案 **B**

289. 下列哪一行为不应以故意伤害罪论处？（2012/2/16-单）

A. 监狱监管人员吊打被监管人，致其骨折

B. 非法拘禁被害人，大力反扭被害人胳膊，致其胳膊折断

C. 经本人同意，摘取17周岁少年的肾脏一只，支付少年5万元补偿费

D. 黑社会成员因违反帮规，在其同意之下，被截断一截小指头

选项解析 根据《刑法》第248条第1款的规定，监管人员殴打、虐待被监管人，致人伤残、死亡的，转化为故意伤害罪、故意杀人罪。故A项不当选。

根据《刑法》第238条的规定，非法拘禁他人致人重伤、死亡的，属于非法拘禁罪的结果

加重犯，适用升格的法定刑。非法拘禁使用暴力致人伤残、死亡的，转化为故意伤害罪、故意杀人罪。B项中，行为人大力反扭被害人胳膊，致其胳膊折断，显然属于超出非法拘禁范围之外的暴力，应转化为故意伤害罪。故 B 项不当选。

根据《刑法》第 234 条之一第 2 款的规定，摘取不满 18 周岁的人的器官的，构成故意伤害罪或故意杀人罪。因为未满 18 周岁的未成年人不具有承诺他人摘取自己器官的能力，其承诺是无效的。所以，C 项构成故意伤害罪。故 C 项不当选。当然，如果对方已满 18 周岁，则行为人可以构成组织出卖人体器官罪。

D 项，经被害人有效承诺的法益侵害行为，可以排除犯罪。一般认为，被害人可以对轻伤以下作出承诺，对重伤和死亡不能承诺，否则无效。截断一截小指头属于轻伤，该承诺有效，行为人不构成故意伤害罪。故 D 项当选。

参考答案 D

290. 关于自伤，下列哪一选项是错误的？（2011/2/13-单）

A. 军人在战时自伤身体、逃避军事义务的，成立战时自伤罪

B. 帮助有责任能力成年人自伤的，不成立故意伤害罪

C. 受益人唆使 60 周岁的被保险人自伤、骗取保险金的，成立故意伤害罪与保险诈骗罪

D. 父母故意不救助自伤的 12 周岁儿子而致其死亡的，视具体情形成立故意杀人罪或者遗弃罪

选项解析 自伤行为一般不构成犯罪，但是《刑法》第 434 条规定，战时自伤身体，逃避军事义务的，构成战时自伤罪。故 A 项正确，不当选。

一般认为，成年人自伤，实行犯自己不构成犯罪，那么帮助犯自然也不构成犯罪。故 B 项正确，不当选。

行为人属于保险诈骗罪的主体（投保人、被保险人、受益人），其行为成立保险诈骗罪没有问题。由于自伤者不构成故意伤害罪，所以教唆他人自伤的行为自然不成立故意伤害罪。故 C 项错误，当选。

负有救助义务而不履行救助义务，导致被害

人死亡的，视救助义务的紧迫性与否，成立故意杀人罪（不作为）或遗弃罪。如果是在很短的时间内，实施明显具有致人死亡的故意的遗弃行为，属于故意杀人罪和遗弃罪的想象竞合。故 D 项正确，不当选。

参考答案 C

✎ **主客命题点**

> 故意伤害的对象是他人，所以自伤本身不符合构成要件，教唆或帮助自伤不构成犯罪。但是，如果以间接正犯的方式利用他人自伤，当然构成故意伤害罪。

291. 张某和赵某长期一起赌博。某日两人在工地发生争执，张某推了赵某一把，赵某倒地后后脑勺正好碰到石头上，导致颅脑损伤，经抢救无效死亡。关于张某的行为，下列哪一选项是正确的？（2007/2/14-单）

A. 构成故意杀人罪

B. 构成过失致人死亡罪

C. 构成故意伤害罪

D. 属于意外事件

选项解析 张某因为生活琐事与赵某发生争执，推赵某一把，导致赵某后脑勺碰到石头上死亡，显然张某对赵某的死亡是反对的，既不存在直接故意，也不存在间接故意。故 A、C 项错误。

推人行为是社会所禁止的，创造了法律所禁止的危险，因此不属于意外事件，系过失。故 B 项正确，D 项错误。

参考答案 B

292. 甲以伤害故意砍乙两刀，随即心生杀意又砍两刀，但四刀中只有一刀砍中乙并致其死亡，且无法查明由前后四刀中的哪一刀造成死亡。关于本案，下列哪一选项是正确的？（2015/2/16-单）

A. 不管是哪一刀造成致命伤，都应认定为一个故意杀人罪既遂

B. 不管是哪一刀造成致命伤，只能分别认定为故意伤害罪既遂与故意杀人罪未遂

C. 根据日常生活经验，应推定是后两刀中的一刀造成致命伤，故应认定为故意伤害罪未遂与故意杀人罪既遂

D. 根据存疑时有利于被告人的原则，虽可分别认定为故意伤害罪未遂与故意杀人罪未遂，但杀人与伤害不是对立关系，故可按故意伤害（致死）罪处理本案

选项解析 由于杀人的故意包含着伤害的故意，杀人的行为包含着伤害的行为，所以，可以将甲主观上整体评价为伤害的故意，客观上四刀整体评价为伤害的行为，这样无论是哪一刀致人死亡的，都是在甲的伤害的故意支配下，由甲的伤害的行为导致的死亡，从而将甲的行为评价为故意伤害致人死亡。故 D 项正确。

参考答案 D

主客命题点

> 结果加重犯的共同犯罪：
>
> 例如，甲向乙提议"报复"丙，乙同意，二人进而共同对丙实施暴力，造成丙死亡。事后查明，甲具有杀人的故意，而乙仅具有伤害的故意。在这种场合，甲与乙在故意伤害的范围内成立共同犯罪，甲对丙的死亡持故意心态，乙对丙的死亡持过失心态。因此，乙对死亡结果要承担故意伤害致人死亡的责任。

293. 关于故意伤害罪与组织出卖人体器官罪，下列哪一选项是正确的？（2011/2/14-单）

A. 非法经营尸体器官买卖的，成立组织出卖人体器官罪

B. 医生明知是未成年人，虽征得其同意而摘取其器官的，成立故意伤害罪

C. 组织他人出卖人体器官并不从中牟利的，不成立组织出卖人体器官罪

D. 组织者出卖一个肾脏获 15 万元，欺骗提供者说只卖了 5 万元的，应认定为故意伤害罪

选项解析 组织出卖人体器官罪的对象是活体的"人体器官"，不包括"尸体"。故 A 项错误。

未成年人无权处分自己的身体器官，医生的

行为成立故意伤害罪。故 B 项正确。

组织出卖人体器官罪不需要以牟利为目的。故 C 项错误。

成立组织出卖人体器官罪必须是提供者同意出卖人体器官，如果欺骗他人摘取器官予以出卖或捐献，不构成本罪，而构成故意伤害罪或故意杀人罪。但此处的欺骗必须是实质性欺骗，也即这种欺骗与法益处分有极其密切的关系，但交易过程中，对于价格的欺骗一般都不宜认为属于实质性欺骗。D 项中的欺骗并不会导致同意无效，所以组织者不构成故意伤害罪，而应该构成组织出卖人体器官罪。当然，组织者将代为保管的他人财物 10 万元据为己有，是可以构成侵占罪的，故对其应以组织出卖人体器官罪和侵占罪数罪并罚。故 D 项错误。

参考答案 B

294. 甲与乙在农贸市场内发生口角，甲手持尖刀挥舞以阻挡乙靠近，不慎将尖刀刺入乙的腹部，致使乙腹壁小动脉及肠系膜小动脉破裂（重伤）。关于甲的行为性质，下列说法正确的有：（2019-回忆版-多）

A. 甲构成故意伤害致人重伤

B. 甲构成间接故意伤害既遂

C. 甲构成故意伤害罪

D. 甲构成间接故意杀人罪未遂

选项解析 手持尖刀挥舞的行为具有高度的危险性，因此甲具有伤害的故意，但属于放任型的间接故意，同时，甲对重伤结果虽然属于过失，但也构成故意伤害致人重伤这种结果加重犯。故 A、B、C 项正确。

参考答案 ABC

295. 甲与收购废品的乙因琐事发生争吵。在甲举起拳头正要击打乙面部时，乙迅速拿起一个生锈的铁锅挡在自己面前，甲一拳打穿铁锅，造成自己的手部重伤。甲恼羞成怒，驾车要撞向乙，乙立即躲在水泥墩后面。甲的车撞向水泥墩，车毁人亡。关于本案，下列说法正确的有：（2022-回忆版-多）

A. 甲构成故意伤害罪

B. 乙拿起一个生锈的铁锅挡在自己面前的行为属于正当防卫

C. 甲开车撞乙的行为不构成交通肇事罪

D. 乙躲在水泥墩后面的行为属于正当防卫

选项解析 A项中，甲举起拳头击打乙面部属于故意伤害的行为，构成故意伤害罪。A项正确。

B项中，乙拿起一个生锈的铁锅挡在自己面前的行为属于条件反射，不是刑法中的危害行为，不符合故意伤害的构成要件，自然不属于正当防卫。B项错误。

C项中，甲开车撞人针对的是特定人，不是不特定人，因此不构成交通肇事罪。C项正确。

D项中，乙躲在水泥墩后面不是刑法上的危害行为，不属于正当防卫。D项错误。

参考答案 AC

296. 甲为讨债拘禁了乙，乙称没钱还，甲便要乙拿命抵债，随即杀害了乙。关于甲的行为，下列说法正确的是：(2022-回忆版-单)

A. 甲构成非法拘禁罪和故意杀人罪，数罪并罚

B. 甲转化为故意杀人罪一罪

C. 甲构成非法拘禁致人死亡的结果加重犯

D. 甲构成抢劫致人死亡

选项解析 甲在非法拘禁之后实施的是杀人行为，两个行为应当数罪并罚。故A项正确，B、C、D项错误。

参考答案 A

297. 王某知道其堂弟万某没有媳妇，于是骗陈某说坐公交车去观光（实际上是将陈某带至万某家之后将其扣押）。王某对万某说让陈某做他老婆，随后拿了10元就坐车离开了。万某扣留陈某，说要她留下做其妻。陈某不同意，表示愿意给万某2万元，称够其买个老婆了。万某不同意，表示要3万元。陈某同意并给钱后，万某放陈某离开。关于本案，下列说法正确的有：(2022-回忆版-多)

A. 王某将陈某骗至万某处的行为，不构成非法拘禁罪

B. 陈某同意给万某钱，并叫其买老婆，构成收买被拐卖的妇女罪的教唆犯

C. 万某虽经过陈某同意取得3万元，但仍然构成侵犯财产罪

D. 王某将陈某留至万某处的行为不构成拐卖妇女罪，万某扣押陈某的行为也不构成收买被拐卖的妇女罪

选项解析 A、D项中，王某并非以出卖为目的控制他人，不构成拐卖妇女罪，而构成非法拘禁罪。A项错误，D项正确。

B项中，陈某是被害人，不构成犯罪。B项错误。

C项中，万某恐吓对方取得财物，构成敲诈勒索罪。C项正确。

参考答案 CD

 44 专题　侵犯性自治权的犯罪与侵犯自由的犯罪

298. 甲男（15周岁）与乙女（16周岁）因缺钱，共同绑架富商之子丙，成功索得50万元赎金。甲担心丙将来可能认出他们，提议杀丙，乙同意。乙给甲一根绳子，甲用绳子勒死丙。关于本案的分析，下列哪一选项是错误的？(2014/2/16-单)

A. 甲、乙均触犯故意杀人罪，因而对故意杀人罪成立共同犯罪

B. 甲、乙均触犯故意杀人罪，对甲以故意杀人

罪论处，但对乙应以绑架罪论处

C. 丙系死于甲之手，乙未杀害丙，故对乙虽以绑架罪定罪，但对乙不能适用"杀害被绑架人"的规定

D. 对甲以故意杀人罪论处，对乙以绑架罪论处，与二人成立故意杀人罪的共同犯罪并不矛盾

选项解析 违法是连带的，责任是个别的，甲、乙二人在绑架杀人的不法（构成要件和违法性）

层面上成立共同犯罪，但由于甲未达16周岁，不构成绑架罪，所以构成故意杀人罪，但对乙可以绑架罪追究刑事责任。故A、B、D项正确，不当选。

至于C项，由于甲、乙二人属于共同犯罪，所以即使丙是由甲杀死的，乙对死亡有放任，也要对丙的死亡负责，对乙应适用"杀害被绑架人"的规定。故C项错误，当选。

参考答案 C

299. 《刑法》第238条第1款与第2款分别规定："非法拘禁他人或者以其他方法非法剥夺他人人身自由的，处3年以下有期徒刑、拘役、管制或者剥夺政治权利。具有殴打、侮辱情节的，从重处罚。""犯前款罪，致人重伤的，处3年以上10年以下有期徒刑；致人死亡的，处10年以上有期徒刑。使用暴力致人伤残、死亡的，依照本法第234条、第232条的规定定罪处罚。"关于该条款的理解，下列哪些选项是正确的？（2011/2/60-多）

A. 第1款所称"殴打、侮辱"属于法定量刑情节

B. 第2款所称"犯前款罪，致人重伤"属于结果加重犯

C. 非法拘禁致人重伤并具有侮辱情节的，适用第2款的规定，侮辱情节不再是法定的从重处罚情节

D. 第2款规定的"使用暴力致人伤残、死亡"，是指非法拘禁行为之外的暴力致人伤残、死亡

选项解析 刑法明文规定的从重处罚情节，当然属于法定量刑情节。故A项正确。

结果加重犯，是指基本犯罪行为本身导致了加重结果，刑法对此作了规定，并且规定了加重的法定刑。其罪名没有变，仍然是非法拘禁罪这一基本罪名。故B项正确。

"具有殴打、侮辱情节的，从重处罚"规定的适用范围，应具体分析。《刑法》第238条第1款是一项基本规定。对非法拘禁的认定，必须符合第1款的规定，换言之，适用第2款的法定刑，以行为符合第1款规定的构成要件为前提。

所以第1款的规定，除法定刑以外，仍然适用于第2款与第3款。基于同样的理由，"具有殴打、侮辱情节的，从重处罚"是一项基本规定，应当适用于第2款与第3款。但是，其一，在行为人非法拘禁他人，使用暴力致人伤残、死亡的情况下，则不能再适用具有殴打情节从重处罚的规定。其二，在行为人非法拘禁他人，使用暴力致人伤残、死亡的情况下，是否适用具有侮辱情节从重处罚的规定，应具体分析。如果侮辱行为表现为暴力侮辱，则不能再适用具有侮辱情节从重处罚的规定，否则违反了禁止重复评价的原则；如果侮辱行为表现为暴力以外的方式，则应适用具有侮辱情节从重处罚的规定。故C项错误。此种情形下应该另外成立故意伤害罪、故意杀人罪，这说明不属于结果加重犯，即不是基本犯罪行为（拘禁行为）本身导致了加重结果。故D项正确。

参考答案 ABD

300. 甲持刀将乙逼入山中，让乙通知其母送钱赎人。乙担心其母心脏病发作，遂谎称开车撞人，需付5万元治疗费，其母信以为真。关于甲的行为性质，下列哪一选项是正确的？（2010/2/16-单）

A. 非法拘禁罪　　　　B. 绑架罪

C. 抢劫罪　　　　　　D. 诈骗罪

选项解析 在法考中，抢劫和绑架的关键区别在于行为人行为时主观上有无勒索的目的，即利用第三人的担忧向其索取财物。如果存在勒索的目的，即便目的没有实际实现，也应以绑架罪论处。在本案中，甲一开始就控制人质乙，并准备"让乙通知其母送钱赎人"，主观上想向第三人索财，有勒索的目的，故成立绑架罪。而绑架罪犯罪的既遂标准是控制人质，所以，甲成立绑架罪既遂。

参考答案 B

📝 **主客命题点**

抢劫与绑架的区别：

例如，甲使用暴力将乙扣押在某废弃的建筑物内，强行从乙身上搜出现金3000

元和 1 张只有少量金额的信用卡，甲逼迫乙向该信用卡中打入人民币 10 万元。乙便给其妻子打电话，谎称自己开车撞伤他人，让其立即向自己的信用卡中打入 10 万元救治伤员并赔偿。乙妻信以为真，便向乙的信用卡中打入 10 万元，被甲取走，甲在得款后将乙释放。在此案例中，虽然客观上有三方当事人，但是甲主观上只是针对乙，并不存在勒索第三人乙妻的目的，被抢人与财物给付人具有同一性，故构成抢劫罪。

301. 关于侵犯公民人身权利罪的认定，下列哪些选项是正确的？（2016/2/58-多）

A. 甲征得 17 周岁的夏某同意，摘其一个肾脏后卖给他人，所获 3 万元全部交给夏某。甲的行为构成故意伤害罪

B. 乙将自己 1 岁的女儿出卖，获利 6 万元用于赌博。对乙出卖女儿的行为，应以遗弃罪追究刑事责任

C. 丙为索债将吴某绑到地下室。吴某挣脱后，驾车离开途中发生交通事故死亡。丙的行为不属于非法拘禁致人死亡

D. 丁和朋友为寻求刺激，在大街上追逐、拦截两位女生。丁的行为构成强制侮辱罪

选项解析 A 项，未成年人对于摘除肾脏的同意无效，甲的行为已构成故意伤害罪。故 A 项正确。

B 项，乙出卖自己女儿的行为构成拐卖儿童罪而非遗弃罪。故 B 项错误。

C 项，吴某挣脱控制后驾车离开，发生交通事故，其死亡与丙的非法拘禁行为之间的因果关系已经中断，丙不构成非法拘禁致人死亡，如果吴某为摆脱丙的控制跳车、跳楼导致死亡，则因果关系不中断。故 C 项正确。

强制侮辱罪的客观行为主要是通过暴力、胁迫等方式进行与猥亵行为具有等价值性的侮辱行为。D 项，丁为寻求刺激追逐、拦截两位女生的行为不属于这一情况，不构成强制侮辱罪，可能构成寻衅滋事罪。故 D 项错误。

参考答案 AC

✏️ **主客命题点**

非法拘禁罪的认定：

例 1：甲非法拘禁李四，由于捆绑过紧导致李四血液不流通而死。甲构成非法拘禁致人死亡。

例 2：甲非法拘禁李四，由于李四辱骂甲，甲非常生气，用脚踢李四肚子，李四脾脏破裂而死。这种暴力超出了非法拘禁行为的暴力范围，转化为故意杀人罪。

例 3：甲非法拘禁李四，捆绑李四，李四反抗，甲拼命摁住李四，导致李四窒息而死。这属于非法拘禁过程中，故意伤害致人死亡（对死亡结果系过失），转化为故意杀人罪。

例 4：甲非法拘禁李四，用胶带捆住李四口鼻，致李四窒息而死。甲对死亡结果存在放任，构成非法拘禁罪和故意杀人罪，应当数罪并罚。

例 5：甲非法拘禁李四，用车搭载李四去往他处，甲超速驾驶发生事故，李四从车窗中飞出死亡。甲构成非法拘禁罪和交通肇事罪。

302. 甲花 4 万元收买被拐卖妇女周某做智障儿子的妻子，周某不从，伺机逃走。甲为避免人财两空，以 3 万元将周某出卖。（事实一）

乙收买周某，欲与周某成为夫妻，周某不从，乙多次暴力强行与周某发生性关系。（事实二）

不久，周某谎称怀孕要去医院检查，乙信以为真，周某乘机逃走向公安机关报案。警察丙带人先后抓获了甲、乙。讯问中，乙仅承认收买周某，拒不承认强行与周某发生性关系。丙恼羞成怒，当场将乙的一只胳膊打成重伤。乙大声呻吟，丙以为其佯装受伤不予理睬。（事实三）

深夜，丙上厕所，让门卫丁（临时工）帮忙看管乙。乙发现丁是老乡，请求丁放人。丁说："行，但你以后如被抓住，一定要说是

自己逃走的。"乙答应后逃走，丁未阻拦。
（事实四）

请回答第（1）～（4）题。（2011/2/88～91-任）

（1）关于事实一的定性，下列选项正确的是：

A. 甲行为应以收买被拐卖的妇女罪与拐卖妇女罪实行并罚

B. 甲虽然实施了收买与拐卖二个行为，但由于二个行为具有牵连关系，对甲仅以拐卖妇女罪论处

C. 甲虽然实施了收买与拐卖二个行为，但根据《刑法》的特别规定，对甲仅以拐卖妇女罪论处

D. 由于收买与拐卖行为侵犯的客体相同，而且拐卖妇女罪的法定刑较重，对甲行为仅以拐卖妇女罪论处，也能做到罪刑相适应

选项解析《刑法》第 241 条第 5 款规定，收买被拐卖的妇女、儿童又出卖的，依照《刑法》第 240 条的规定定罪处罚，即依照拐卖妇女、儿童罪定罪处罚。故 A 项错误，C 项正确。

牵连犯不仅仅是客观上的牵连，而且要求行为人主观上要有牵连的意思。本案中，行为人主观上没有牵连的意思，即他实施第一个行为的时候没有想过实施第二个行为，故不属于牵连犯。故 B 项错误。

收买与拐卖行为都侵犯了妇女的人身权利，而且拐卖妇女罪的法定刑较重，对甲的行为仅以拐卖妇女罪论处，也能做到罪刑相适应。故 D 项正确。

参考答案 CD

（2）关于事实二的定性，下列选项错误的是：

A. 乙行为成立收买被拐卖的妇女罪与强奸罪，应当实行并罚

B. 乙行为仅成立收买被拐卖的妇女罪，因乙将周某当作妻子，故周某不能成为乙的强奸对象

C. 乙行为仅成立收买被拐卖的妇女罪，因乙将周某当作妻子，故缺乏强奸罪的故意

D. 乙行为仅成立强奸罪，因乙收买周某就是为了使周某成为妻子，故收买行为是强奸

罪的预备行为

选项解析乙的行为应构成收买被拐卖的妇女罪与强奸罪，数罪并罚。根据《刑法》第 241 条的规定，收买被拐卖的妇女罪本来就是一个轻罪，不可能吸收强奸罪。再者，两罪侵犯的法益也不同，前者侵犯的是人身自由，后者侵犯的是性自主权。故 A 项正确，不当选；D 项错误，当选。

周某并不是乙的妻子，对其实施强奸行为的，构成强奸罪。故 B、C 项均错误，当选。

参考答案 BCD

（3）关于事实三的定性，下列选项正确的是：

A. 丙行为是刑讯逼供的结果加重犯

B. 对丙行为应以故意伤害罪从重处罚

C. 对丙行为应以刑讯逼供罪与过失致人重伤罪实行并罚

D. 对丙行为应以刑讯逼供罪和故意伤害罪实行并罚

选项解析丙的行为不属于刑讯逼供罪的结果加重犯。结果加重犯罪名是没有变的，原则上还是定基本罪名，而丙后续致人重伤的行为不可能是结果加重犯，而应构成故意伤害罪。故 A 项错误。

从题干的表述来看，行为人的行为并非是过失，而是故意伤害，所以不构成过失致人重伤罪。故 C 项错误。

根据《刑法》第 247 条的规定，刑讯逼供"致人伤残、死亡的"，依照故意伤害罪、故意杀人罪定罪并从重处罚。故 B 项正确，D 项错误。当然，需要说明的是，司法工作人员先实施刑讯逼供行为构成犯罪，后产生杀人、伤害故意并杀害、伤害被害人的，应当以刑讯逼供罪和故意杀人罪、故意伤害罪实行并罚。

参考答案 B

（4）关于事实四，下列选项错误的是：

A. 乙构成脱逃罪，丁不构成犯罪

B. 乙构成脱逃罪，丁构成私放在押人员罪

C. 乙离开讯问室征得了丁的同意，不构成脱逃罪，丁构成私放在押人员罪

D. 乙与丁均不构成犯罪

选项解析 本案的主体丁是一个门卫，并不属于被委托从事公务的主体，所以不可能成为渎职类犯罪的主体，即不可能构成私放在押人员罪。本案中，门卫丁与乙的行为构成脱逃罪的共犯。A、B、C、D 项均错误，当选。

参考答案 ABCD

303. 关于侵犯人身权利罪的论述，下列哪一选项是错误的？（2012/2/17-单）

A. 强行与卖淫幼女发生性关系，事后给幼女 500 元的，构成强奸罪

B. 使用暴力强迫单位职工以外的其他人员在采石场劳动的，构成强迫劳动罪

C. 雇用 16 周岁未成年人从事高空、井下作业的，构成雇用童工从事危重劳动罪

D. 收留流浪儿童后，因儿童不听话将其出卖的，构成拐卖儿童罪

选项解析 根据《刑法》第 236 条的规定，强奸罪是指以暴力、胁迫或者其他手段，违背妇女意志，强行与其发生性交或奸淫幼女的行为。卖淫幼女也是幼女，强行与卖淫幼女发生性关系，当然构成强奸罪。故 A 项正确，不当选。

根据《刑法》第 244 条的规定，强迫劳动罪是指以暴力、威胁或者限制人身自由的方法强迫他人劳动，或者明知他人以暴力、威胁或者限制人身自由的方法强迫他人劳动，而为其招募、运送人员或者有其他协助强迫他人劳动行为的行为。注意：经过《刑法修正案（八）》的修改，强迫劳动罪的对象不再限于本单位的职工。所以，使用暴力强迫单位职工以外的其他人员在采石场劳动的，构成强迫劳动罪。故 B 项正确，不当选。

根据《刑法》第 244 条之一的规定，雇用童工从事危重劳动罪的童工是指未满 16 周岁的未成年人。如果已满 16 周岁，则不属于童工。故 C 项错误，当选。

根据《刑法》第 240 条第 2 款的规定，拐卖妇女、儿童是指以出卖为目的，有拐骗、绑架、收买、贩卖、接送、中转妇女、儿童的行为之一的。收留流浪儿童后，因儿童不听话将其出

卖的，构成拐卖儿童罪。故 D 项正确，不当选。

参考答案 C

304. 关于刑讯逼供罪的认定，下列哪些选项是错误的？（2012/2/60-多）

A. 甲系机关保卫处长，采用多日不让小偷睡觉的方式，迫其承认偷盗事实。甲构成刑讯逼供罪

B. 乙系教师，受聘为法院人民陪审员，因庭审时被告人刘某气焰嚣张，乙气愤不过，一拳致其轻伤。乙不构成刑讯逼供罪

C. 丙系检察官，为逼取口供殴打犯罪嫌疑人郭某，致其重伤。对丙应以刑讯逼供罪论处

D. 丁系警察，讯问时佯装要实施酷刑，犯罪嫌疑人因害怕承认犯罪事实。丁构成刑讯逼供罪

选项解析 A 项，甲是机关保卫处长，不属于司法工作人员，不构成刑讯逼供罪。故 A 项错误，当选。

B 项，乙作为人民陪审员在刑事诉讼中，属于司法工作人员，但乙殴打被告人刘某不是为了逼取口供，不构成刑讯逼供罪。故 B 项正确，不当选。

C 项，丙属于刑讯逼供致人重伤的情况，应依法转化为故意伤害罪，而不再认定为刑讯逼供罪。故 C 项错误，当选。

D 项，刑讯逼供罪在客观上要求使用肉刑或变相使用肉刑，丁只是佯装要实施酷刑，属于诱供，不构成刑讯逼供罪。故 D 项错误，当选。

参考答案 ACD

305. 关于侵犯人身权利犯罪的说法，下列哪些选项是错误的？（2008/2/61-多）

A. 私营矿主甲以限制人身自由的方法强迫农民工从事危重矿井作业，并雇用打手对农民工进行殴打，致多人伤残。甲的行为构成非法拘禁罪与故意伤害罪，应当实行并罚

B. 砖窑主乙长期非法雇佣多名不满 16 周岁的未成年人从事超强度体力劳动，并严重忽视生产作业安全，致使一名未成年人因堆

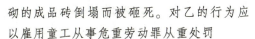

砌的成品砖倒塌而被砸死。对乙的行为应以雇用童工从事危重劳动罪从重处罚

C. 丙以介绍高薪工作的名义从外地将多名成年男性农民工骗至砖窑主王某的砖窑场，以每人 1000 元的价格卖给王某从事强迫劳动。由于《刑法》仅规定了拐卖妇女、儿童罪，所以，对于丙的行为，无法以犯罪论处

D. 拘留所的监管人员对被监管人进行体罚虐待，致人死亡的，以故意杀人罪论处，不实行数罪并罚

选项解析 A 项，甲并没有剥夺被害人的人身自由，因此难以定非法拘禁罪。非法拘禁罪要求剥夺人身自由而非限制人身自由。故 A 项错误，当选。

B 项，乙成立雇用童工从事危重劳动罪和重大责任事故罪，应数罪并罚。故 B 项错误，当选。

C 项，基于罪刑法定原则，对丙的行为不能以拐卖妇女、儿童罪论处，但对丙可以按照强迫劳动罪的共犯论处。故 C 项错误，当选。

根据《刑法》第 248 条第 1 款的规定，监狱、拘留所、看守所等监管机构的监管人员对被监管人进行殴打或者体罚虐待，致人死亡的，按照故意杀人罪从重处罚，只定一罪，不实行并罚。故 D 项正确，不当选。

参考答案 ABC

306. 甲为要回 30 万元赌债，将乙扣押，但 2 天后乙仍无还款意思。甲等 5 人将乙押到一处山崖上，对乙说："3 天内让你家人送钱来，如今天不答应，就摔死你。"乙勉强说只有能力还 5 万元。甲刚说完"一分都不能少"，乙便跳崖。众人慌忙下山找乙，发现乙已坠亡。关于甲的行为定性，下列哪些选项是错误的？（2014/2/59–多）

A. 属于绑架致使被绑架人死亡

B. 属于抢劫致人死亡

C. 属于不作为的故意杀人

D. 成立非法拘禁，但不属于非法拘禁致人死亡

选项解析 为了索取债务（含赌债、高利贷等法律不予保护的债务）而非法扣押、拘禁他人的，

构成非法拘禁罪，不构成绑架罪、抢劫罪。非法拘禁致人死亡，是指非法拘禁行为本身致人死亡，一般不包括被害人自杀行为。本案中，被害人乙属于跳崖自杀，与非法拘禁之间没有高概率关系，所以甲不属于非法拘禁致人死亡。故 D 项正确，不当选；A、B 项错误，当选。

C 项考查不作为犯罪。本题中，乙是自己跳崖的，不是甲将乙推下山崖的，所以，甲不构成不作为的故意杀人罪。故 C 项错误，当选。

参考答案 ABC

307. 甲为勒索财物，打算绑架富商之子吴某（5 岁）。甲欺骗乙、丙说："富商欠我 100 万元不还，你们帮我扣押其子，成功后给你们每人 10 万元。"乙、丙将吴某扣押，但甲无法联系上富商，未能进行勒索。3 天后，甲让乙、丙将吴某释放。吴某一人在回家路上溺水身亡。关于本案，下列哪一选项是正确的？（2016/2/15–单）

A. 甲、乙、丙构成绑架罪的共同犯罪，但对乙、丙只能适用非法拘禁罪的法定刑

B. 甲未能实施勒索行为，属绑架未遂；甲主动让乙、丙放人，属绑架中止

C. 吴某的死亡结果应归责于甲的行为，甲成立绑架致人死亡的结果加重犯

D. 不管甲是绑架未遂、绑架中止还是绑架既遂，乙、丙均成立犯罪既遂

选项解析 本案中，甲、乙、丙有共同犯罪故意，且实施了共同绑架吴某的行为，已构成共同犯罪。但乙和丙误以为绑架吴某的行为系为了索要合法债务，因此，乙和丙构成非法拘禁罪而非绑架罪。故 A 项错误。

绑架罪的既遂不需要实施勒索财物的行为，只要实际绑架了被绑架人，就构成绑架罪的犯罪既遂。因此，本案中，甲的行为构成绑架罪既遂，甲让乙、丙放人的行为也不构成绑架中止。故 B 项错误。

吴某回去路上溺水身亡，属于意外事件，吴某的死亡与甲的绑架行为之间的因果关系已经中断。同时，《刑法修正案（九）》也取消了绑架致人死亡这种结果加重犯。故 C 项错误。

由于乙和丙构成非法拘禁罪，甲的行为构成绑架罪，因此，无论甲的犯罪停止形态如何，乙和丙的绑架行为已经完成，只能成立非法拘禁罪既遂。故 D 项正确。

参考答案 D

308. 甲欲绑架女大学生乙卖往外地，乙强烈反抗，甲将乙打成重伤，并多次对乙实施强制猥亵行为。甲尚未将乙卖出便被公安人员抓获。关于甲行为的定性和处罚，下列哪些判断是错误的？（2010/2/61-多）

A. 构成绑架罪、故意伤害罪与强制猥亵妇女罪，实行并罚
B. 构成拐卖妇女罪、故意伤害罪、强制猥亵妇女罪，实行并罚
C. 构成拐卖妇女罪、强制猥亵妇女罪，实行并罚
D. 构成拐卖妇女罪、强制猥亵妇女罪，实行并罚，但由于尚未出卖，对拐卖妇女罪应适用未遂犯的规定

选项解析 甲以出卖为目的而绑架乙，构成拐卖妇女罪，而非绑架罪。故 A 项错误，当选。

拐卖妇女罪可以包容强奸行为，但不能包容强制猥亵行为。拐卖妇女又强制猥亵的，应数罪并罚。故 C 项正确，不当选。

对于在拐卖过程中，只要拐卖与伤害之间有高概率的伴随关系，就应理解为拐卖妇女罪的结果加重犯。如果拐卖与伤害之间没有这种伴随关系，则应数罪并罚。在本案中，拐卖必然引起反抗，而反抗也极易引起殴打，故成立拐卖妇女罪的结果加重犯，不应再认定为故意伤害罪。故 B 项错误，当选。

当然，如果出于与拐卖无关的目的，由于这种伤害与拐卖无关，则应数罪并罚。由于拐卖

是典型的行为犯，只要实施了拐卖行为就成立既遂。故 D 项错误，当选。

参考答案 ABD

309.《刑法》第 239 条第 2 款规定："犯前款罪，杀害被绑架人的，或者故意伤害被绑架人，致人重伤、死亡的，处无期徒刑或者死刑，并处没收财产。"下列情形中，属于前述"杀害被绑架人"的有：（2020-回忆版-多）

A. 绑架并控制被绑架人后，故意伤害被绑架人，致被绑架人死亡
B. 为勒索钱财而控制被绑架人，因害怕其出声，用毛巾塞住其口鼻，被绑架人窒息而死
C. 为勒索钱财而绑架被绑架人，取得赎金后释放被绑架人，因害怕其报警，又开车追了 3 公里，追上后撞死被绑架人
D. 绑架被绑架人时遭到其激烈反抗，用绳子勒死被绑架人

选项解析 "绑架并控制被绑架人后，故意伤害被绑架人，致被绑架人死亡"属于"故意伤害被绑架人，致人重伤、死亡"而非"杀害被绑架人"。故 A 项不当选。

为勒索钱财而控制被绑架人，因害怕其出声，用毛巾塞住口鼻，具有致人死亡的高度危险性，行为人对于被害人死亡持放任失的心理态度，因此属于在绑架过程中杀害被绑架人。故 B 项当选。

行为人的绑架行为已经结束后，再实施故意杀人行为的，需要以绑架罪与故意杀人罪，数罪并罚，而非"杀害被绑架人"。故 C 项不当选。

"杀害被绑架人"可以包括为了实现绑架，控制被害人而实施的故意杀人行为。故 D 项当选。

参考答案 BD

45 专题 **侵犯婚姻家庭权利的犯罪与侵犯名誉权、民主权利的犯罪**

310. 关于侮辱罪与诽谤罪的论述，下列哪一选项是正确的？（2013/2/16-单）

A. 为寻求刺激在车站扒光妇女衣服，引起他人围观的，触犯强制猥亵、侮辱妇女罪，

未触犯侮辱罪

B. 为报复妇女，在大街上边打妇女边骂"狐狸精"，情节严重的，应以侮辱罪论处，不以诽谤罪论处

C. 捏造他人强奸妇女的犯罪事实，向公安局和媒体告发，意图使他人受刑事追究，情节严重的，触犯诬告陷害罪，未触犯诽谤罪

D. 侮辱罪、诽谤罪属于亲告罪，未经当事人告诉，一律不得追究被告人的刑事责任

选项解析 为寻求刺激在车站扒光妇女衣服，引起他人围观的，既触犯了强制猥亵、侮辱妇女罪，又触犯了侮辱罪。故A项错误。不过《刑法修正案（九）》已将"强制猥亵、侮辱妇女罪"改为了"强制猥亵、侮辱罪"。

为报复妇女，在大街上边打妇女边骂"狐狸精"的行为，由于有暴力行为，同时行为人所散布的对方是"狐狸精"的事实不会使人信以为真，所以属于侮辱行为，不是诽谤行为，情节严重的，构成侮辱罪，不构成诽谤罪。故B项正确。

捏造犯罪事实，并向公安司法等机关告发，意图使他人受到刑事追究，情节严重的，则既侵犯了他人名誉，又侵犯了人身自由，既触犯了诽谤罪，又触犯了诬告陷害罪。C项就属于这种情形，同时触犯两个罪名，从一重罪论处。所以C项说未触犯诽谤罪是错误的。故C项错误。

侮辱罪、诽谤罪原则上属于亲告罪，但是有例外，根据《刑法》第246条第2款的规定，对于严重危害社会秩序和国家利益的，不属于告诉才处理，所以D项说"一律"不追究责任是错误的。故D项错误。

参考答案 B

311. 甲与乙（女）2012年开始同居，生有一子丙。甲、乙虽未办理结婚登记，但以夫妻名义自居，周围群众公认二人是夫妻。对甲的行为，下列哪些分析是正确的？（2015/2/62-多）

A. 甲长期虐待乙的，构成虐待罪

B. 甲伤害丙（致丙轻伤）时，乙不阻止的，乙构成不作为的故意伤害罪

C. 甲如与丁（女）领取结婚证后，不再与乙同居，也不抚养丙的，可能构成遗弃罪

D. 甲如与丁领取结婚证后，不再与乙同居，某日采用暴力强行与乙性交的，构成强奸罪

选项解析 本案中，甲、乙长期以夫妻名义同居，事实上彼此已经属于共同生活的家庭成员，甲长期虐待乙，构成虐待罪。故A项正确。

父母对未成年子女具有保护、救助义务，甲伤害儿子丙时，乙作为母亲具有阻止义务，在能阻止而不阻止的情况下，乙构成不作为的故意伤害罪。故B项正确。

遗弃罪，是指对于年老、年幼、患病或者其他没有独立生活能力的人，负有扶养义务而拒绝扶养，情节恶劣的行为。丙作为甲的儿子，属于年幼、没有独立生活能力的人，甲作为丙的父亲，对丙具有扶养义务，如果甲拒绝扶养，情节恶劣，当然可构成遗弃罪。故C项正确。

甲违背乙的意志，采用暴力强行与乙性交，完全符合强奸罪的构成要件。故D项正确。

参考答案 ABCD

312. 关于侵犯人身权利罪，下列哪些选项是错误的？（2013/2/59-多）

A. 医生甲征得乙（15周岁）同意，将其肾脏摘出后移植给乙的叔叔丙。甲的行为不成立故意伤害罪

B. 丈夫甲拒绝扶养因吸毒而缺乏生活能力的妻子乙，致乙死亡。因吸毒行为违法，乙的死亡只能由其本人负责，甲的行为不成立遗弃罪

C. 乙盗窃甲价值4000余元财物，甲向派出所报案被拒后，向县公安局告发乙抢劫价值4000余元财物。公安局立案后查明了乙的盗窃事实。对甲的行为不应以诬告陷害罪论处

D. 成年妇女甲与13周岁男孩乙性交，因性交不属于猥亵行为，甲的行为不成立猥亵儿童罪

选项解析 未满18周岁的人的承诺无效，摘取其器官的人构成故意伤害罪。故A项错误，当选。

夫妻之间具有法律上的扶养义务，虽然妻子吸毒，但这并不能免除丈夫的扶养义务，丈夫可构成遗弃罪。故 B 项错误，当选。

老百姓报案很容易夸大事实，如果对方有犯罪事实，行为人为了引起公安司法机关注意，有所夸大，不属于诬告陷害。故 C 项正确，不当选。

成年妇女与不满 14 周岁的儿童性交的行为，属于猥亵儿童的行为，成立猥亵儿童罪。故 D 项错误，当选。

参考答案 ABD

313. 甲男为强奸乙女而对其实施暴力行为，练过散打的乙女将甲男制服后欲将其扭送至公安机关。甲男为逃跑，掏出弹簧刀将乙女捅成重伤。关于本案的分析，下列说法正确的有：（2023-回忆版-多）

A. 甲男带着奸淫的目的实施了暴力行为，虽然致乙女重伤，导致了加重结果，但若认为结果加重犯没有未遂，则对甲男只能认定为强奸罪既遂

B. 虽然犯盗窃罪等为抗拒抓捕而当场使用暴力致人重伤，应以抢劫罪致人重伤论处，但对甲男不能以强奸罪致人重伤论处

C. 根据刑法理论通说，在强奸罪的实行行为中致人重伤的，应当以强奸罪致人重伤论处，因此应对甲男以强奸罪致人重伤论处

D. 甲男带着奸淫的目的实施了暴力行为，但是因意志以外的原因未能得逞，以强奸罪未遂论处，与故意伤害罪，数罪并罚

选项解析 本题考查强奸罪与犯罪形态、结果加重犯内容。

A、D 项，重伤结果并非由强奸行为导致，甲男只成立强奸罪未遂和故意伤害罪既遂。故 A 项错误，D 项正确。

B 项，转化型抢劫属于法律拟制，而强奸罪无此类条款，不能类推适用。故 B 项正确。

C 项，甲男的伤害行为发生在强奸罪的实行行为结束之后，不是强奸罪的结果加重犯。故 C 项错误。

参考答案 BD

314. 关于侵犯公民人身权利的犯罪，下列哪一选项是正确的？（2017/2/15-单）

A. 甲对家庭成员负有扶养义务而拒绝扶养，故意造成家庭成员死亡。甲不构成遗弃罪，成立不作为的故意杀人罪

B. 乙闯入银行营业厅挟持客户王某，以杀害王某相要挟，迫使银行职员交给自己 20 万元。乙不构成抢劫罪，仅成立绑架罪

C. 丙为报复周某，花 5000 元路费将周某 12 岁的孩子带至外地，以 2000 元的价格卖给他人。丙虽无获利目的，也构成拐卖儿童罪

D. 丁明知工厂主熊某强迫工人劳动，仍招募苏某等人前往熊某工厂做工。丁未亲自强迫苏某等人劳动，不构成强迫劳动罪

选项解析 对于年老、年幼、患病或者其他没有独立生活能力的人，负有扶养义务而拒绝扶养，情节恶劣的，构成遗弃罪。如果行为人对被遗弃对象有放任或希望其死亡的心态，则属于与遗弃罪的想象竞合，一般应以故意杀人罪论处。但是，也可能遗弃罪处罚会更重，情节较轻的故意杀人罪是可以判处 3～10 年有期徒刑的，而遗弃罪最高可以判处 5 年有期徒刑。故 A 项错误。

B 项中，乙当场以杀害王某为要挟，胁迫银行职员交付钱款的行为，根据司法解释的规定和通说，构成抢劫罪。故 B 项错误。

拐卖儿童罪以出卖为目的，不论行为人是否实际获利，均应该认定为拐卖儿童罪。故 C 项正确。

明知他人以暴力、胁迫或者限制人身自由的方法强迫他人劳动，而为其招募、运送人员，或者以其他方法协助强迫他人劳动的，构成强迫劳动罪。故 D 项错误。

参考答案 C

315. 关于诬告陷害罪的认定，下列哪一选项是正确的（不考虑情节）？（2017/2/16-单）

A. 意图使他人受刑事追究，向司法机关诬告他人介绍卖淫的，不仅触犯诬告陷害罪，而且触犯侮辱罪

B. 法官明知被告人系被诬告，仍判决被告人有罪的，法官不仅触犯徇私枉法罪，而且触犯诬告陷害罪

C. 诬告陷害罪虽是侵犯公民人身权利的犯罪，但诬告企业犯逃税罪的，也能追究其诬告陷害罪的刑事责任

D. 15周岁的人不对盗窃负刑事责任，故诬告15周岁的人犯盗窃罪的，不能追究行为人诬告陷害罪的刑事责任

选项解析 诬告陷害罪，是指故意向公安、司法机关或有关国家机关告发捏造的犯罪事实，意图使他人受刑事追究，情节严重的行为。介绍卖淫是犯罪行为，所以这属于诬告，同时这种虚构事实的行为也构成诽谤罪，而非侮辱罪。故 A 项错误。

法官明知被告人被诬告，仍判决被告人有罪的，法官构成违背事实和法律作枉法裁判的徇私枉法罪，但不构成诬告陷害罪（因为诬告陷害罪必须要主动向有关机关告发）。故 B 项错误。

诬告单位犯罪，但所捏造的事实导致可能对自然人进行刑事追究的，也构成诬告陷害罪。故 C 项正确。

诬告没有达到刑事责任年龄的人犯罪，虽然司法机关查明真相后不会对被害人科处刑罚，但仍会使他们卷入刑事诉讼，仍然构成诬告陷害罪。故 D 项错误。

参考答案 C

316. 下列哪些行为构成侵犯公民个人信息罪（不考虑情节）？（2017/2/59-多）

A. 甲长期用高倍望远镜偷窥邻居的日常生活

B. 乙将单位数据库中病人的姓名、血型、DNA 等资料，卖给某生物制药公司

C. 丙将捡到的几本通讯簿在网上卖给他人，通讯簿被他人用于电信诈骗犯罪

D. 丁将收藏的多封 50 年代的信封（上有收件人姓名、单位或住址等信息）高价转让他人

选项解析 最高人民法院、最高人民检察院《关于办理侵犯公民个人信息刑事案件适用法律若干问题的解释》第 1 条规定，"公民个人信息"

包括身份识别信息和活动情况信息，即以电子或者其他方式记录的能够单独或者与其他信息结合识别特定自然人身份或者反映特定自然人活动情况的各种信息，包括姓名、身份证件号码、通信通讯联系方式、住址、账号密码、财产状况、行踪轨迹等。

A 项，甲的行为属于侵犯他人隐私权的行为，但不构成侵犯公民个人信息罪。故 A 项不当选。

B 项，乙将单位数据库中病人的姓名、血型、DNA 等资料卖给某生物制药公司的行为构成侵犯公民个人信息罪。故 B 项当选。

C 项，丙将捡到的几本通讯簿在网上卖给他人用于电信诈骗犯罪的行为构成侵犯公民个人信息罪。故 C 项当选。

D 项，由于 50 年代的信封上公民的身份信息无法再具有可识别性，将信封出卖给他人的行为不构成侵犯公民个人信息罪。故 D 项不当选。

参考答案 BC

317. 关于诽谤罪（不考虑情节），下列说法正确的有：（2021-回忆版-多）

A. A 正在进行不法侵害，B 正当防卫对 A 实施反击，造成 A 手臂多处出血。甲仅将 A 正在进行不法侵害的视频对外散布。甲构成诽谤罪

B. A 正在进行不法侵害，B 正当防卫对 A 实施反击，造成 A 手臂多处出血。甲仅将 B 造成 A 轻伤的视频对外散布，使人们都认为 B 在实施故意伤害。甲构成诽谤罪

C. 甲捏造了损害他人名誉的虚假事实并散布。甲构成诽谤罪

D. 甲捏造了损害他人名誉的虚假事实，乙明知是损害他人名誉的虚假事实而散布。乙构成诽谤罪

选项解析 A、B 项，甲仅将 A 正在进行不法侵害的视频对外散布，没有改变事实真相，并不是捏造，甲不构成诽谤罪。故 A 项错误。甲仅将 B 造成 A 轻伤的视频对外散布，使人们都认为 B 在实施故意伤害，是改变事实真相，使一般人

产生重大误解，属于捏造，甲构成诽谤罪。故 B 项正确。

C、D 项，单纯的捏造并非诽谤罪的实行行为，将捏造的事实予以散布，才是诽谤罪的实行行为。"捏造事实诽谤他人"，并非理解为先捏造事实、后诽谤他人（或散布事实），而是"利用捏造的事实诽谤他人"或者"以捏造的事实诽谤他人"。明知是损害他人名誉的虚假事实而散布的，也属于诽谤。甲捏造了损害他人名誉的虚假事实并散布，当然构成诽谤罪。故 C 项正确。乙明知是损害他人名誉的虚假事实而散布，虽然乙自己没有捏造事实，但乙利用了捏造的事实诽谤他人，乙构成诽谤罪。故 D 项正确。

参考答案 BCD

318. 女子谎称卖身救母，后被甲以 50 万元"收买"。收买人甲的行为如何定性？（2021-回忆版-单）

A. 无罪
B. 拐卖妇女罪的帮助犯
C. 收买被拐卖的妇女罪
D. 拐卖妇女罪的实行犯

选项解析 本题考查收买被拐卖的妇女罪、拐卖妇女罪。

B、D 项，拐卖妇女、儿童罪，是指以出卖为目的，有拐骗、绑架、收买、贩卖、接送、中转妇女、儿童的行为之一的行为。甲以 50 万元收买女子，不以出卖为目的，无论是帮助犯还是实行犯，均不构成拐卖妇女罪。故 B、D 项错误。

A、C 项，因本案女子谎称卖身救母，后被甲以 50 万元"收买"，那么该女子不是被拐卖的妇女，不是收买被拐卖的妇女罪的对象，甲不构成收买被拐卖的妇女罪。所以，甲不构成犯罪。故 A 项正确，C 项错误。

参考答案 A

319. 关于侵犯公民人身权利、民主权利罪，下列说法正确的是：（2021-回忆版-任）

A. 甲年事已高的母亲被保姆长期虐待，甲视而不见，构成虐待罪的间接正犯
B. 甲对 15 周岁的乙负有教育职责，经乙同意与其发生性关系，不构成强奸罪
C. 甲盗窃学生信息用来做研究（不考虑是否情节严重），构成侵犯公民个人信息罪
D. 甲快递公司长期不删除在提供快递服务的过程中收集的用户姓名、电话号码、住址信息（不考虑是否情节严重），构成侵犯公民个人信息罪

选项解析 本题考查虐待罪、强奸罪、侵犯公民个人信息罪。

A 项，成立间接正犯要求甲对保姆起支配作用，保姆长期虐待甲的母亲并非因为甲的支配，所以甲不是虐待罪的间接正犯。故 A 项错误。

B 项，奸淫不满 14 周岁的幼女的，构成强奸罪。甲经乙同意与其发生性关系，不构成强奸罪，但是构成负有照护职责人员性侵罪。故 B 项正确。

C 项，甲盗窃学生信息，属于以窃取的方法非法获取公民个人信息，构成侵犯公民个人信息罪。故 C 项正确。

D 项，窃取或者以其他方法非法获取公民个人信息的，构成侵犯公民个人信息罪。以其他方法非法获取公民个人信息，是指违反国家有关规定，通过购买、收受、交换等方式获取公民个人信息，或者在履行职责、提供服务过程中收集公民个人信息。甲快递公司在提供快递服务的过程中收集用户姓名、电话号码、住址信息是必要的，不属于违反国家有关规定的行为，因此不属于"以其他方法非法获取公民个人信息"。甲快递公司在获得个人信息后，也没有出售或者提供给他人，不构成侵犯公民个人信息罪。故 D 项错误。

参考答案 BC

强制占有型的财产犯罪 专题 **46**

320. 贾某在路边将马某打倒在地，劫取其财物。离开时贾某为报复马某之前的反抗，往其胸口轻踢了一脚，不料造成马某心脏骤停死亡。设定贾某对马某的死亡具有过失，下列哪一分析是正确的？（2016/2/16-单）

A. 贾某踢马某一脚，是抢劫行为的延续，构成抢劫致人死亡

B. 贾某踢马某一脚，成立事后抢劫，构成抢劫致人死亡

C. 贾某构成抢劫罪的基本犯，应与过失致人死亡罪数罪并罚

D. 贾某构成抢劫罪的基本犯与故意伤害（致死）罪的想象竞合犯

[选项][解析] 本案中，贾某离开时，抢劫行为已经完成，其轻踢马某胸口的行为是为了报复而非劫取财物，与抢劫无关，不属于事后抢劫和抢劫致人死亡。故 A、B 项错误。

贾某轻踢马某胸口，没有杀害或者伤害马某的故意，只是由于意外造成马某心脏骤停死亡，因此该行为不构成故意犯罪，应认定为过失致人死亡罪。由于贾某的抢劫行为与轻踢马某的行为相互独立，不属于一行为触犯数罪名的想象竞合犯，而应认定为两个独立的犯罪数罪并罚。故 C 项正确，D 项错误。

[参考][答案] C

✒️ **主客命题点**

"抢劫致人重伤、死亡"的认定，这既

包括行为人的暴力等行为过失致人重伤、死亡，也包括行为人为劫取财物而预谋故意伤害他人或者杀人，或在劫取财物的过程中，为了制服被害人反抗而故意伤害他人或者杀人。在抢劫财物之后，为了逃避侦查、审判等目的而伤害或杀害被害人的，应以抢劫罪与故意伤害罪或故意杀人罪实行数罪并罚。本无抢劫之意，基于其他动机故意伤害或杀死他人后，临时起意，顺手牵羊拿走他人财物的，应以故意伤害罪或故意杀人罪与盗窃罪实行并罚。

321. 甲欠乙 10 万元久不归还，乙反复催讨。某日，甲持凶器闯入乙家，殴打乙致其重伤，逼迫乙交出 10 万元欠条并在已备好的还款收条上签字。关于甲的行为性质，下列哪一选项是正确的？（2010/2/17-单）

A. 故意伤害罪   B. 抢劫罪

C. 非法侵入住宅罪   D. 抢夺罪

[选项][解析] 财产可以包括债权凭证等财产性利益。例如，抢回借条、逼迫被害人填写虚假的收条等，均可认为是劫取财物。

[参考][答案] B

✒️ **主客命题点**

杀人免债行为的处理：首先，债务人抢劫欠条的，可以直接构成抢劫罪。其次，

如果直接将债权人杀死，以期免除其债务，通说认为这种行为构成故意杀人罪。当然，对他人财物有拒不归还行为的，还同时构成侵占罪。但也有观点认为，既然抢劫的对象可以包括财产性利益，那么这种行为可以直接构成抢劫罪。

322. 甲、乙、丙、丁共谋诱骗黄某参赌。四人先约黄某到酒店吃饭，甲借机将安眠药放入黄某酒中，想在打牌时趁黄某不清醒合伙赢黄某的钱。但因甲投放的药品剂量偏大，饭后刚开牌局黄某就沉沉睡去，四人趁机将黄某的钱包掏空后离去。上述四人的行为构成何罪？（2009/2/19-单）

A. 赌博罪　　　　　B. 抢劫罪
C. 盗窃罪　　　　　D. 诈骗罪

选项解析 赌博是射幸合同，靠偶然性来赢取他人的财物。本案中并不存在这种情形。同时，赌博罪也是营业犯，要以赌博为业才构成赌博罪。故 A 项不当选。

本案中，行为人为取财使用安眠药，主观上是排除被害人的反抗，足以压制一般人反抗，构成抢劫罪。故 B 项当选，C 项不当选。另外，本案属于因果关系的认识错误，但这种认识错误并不否定故意的成立，故成立抢劫罪的既遂。

诈骗罪要求被害人是自愿交付财物。故 D 项不当选。

参考答案 B

323. 甲持西瓜刀冲入某银行储蓄所，将刀架在储蓄所保安乙的脖子上，喝令储蓄所职员丙交出现金 1 万元。见丙故意拖延时间，甲便在乙的脖子上划了一刀。刚取出 5 万元现金的储户丁看见乙血流不止，于心不忍，就拿出 1 万元扔给甲，甲得款后迅速逃离。对甲的犯罪行为，下列哪一选项是正确的？（2008/2/12-单）

A. 抢劫罪（未遂）　　B. 抢劫罪（既遂）

C. 绑架罪　　　　　D. 敲诈勒索罪

选项解析 该行为侵犯了人身权，已经成立抢劫罪的既遂。同时，在甲的暴力行为与取得财物之间，介入了储户丁的行为。储户丁出于对保安的怜悯之心，将自己的钱给了甲。生命权高于财产权，行为人所采取的行为显然也是"足以压制一般人反抗的手段"，介入因素并非异常，故行为人的行为与取财行为有因果关系，而且是当场获取财物，故属于抢劫既遂。

参考答案 B

324. 甲深夜进入小超市，持枪胁迫正在椅子上睡觉的店员乙交出现金，乙说"钱在收款机里，只有购买商品才能打开收款机"。甲掏出 100 元钱给乙说"给你，随便买什么"。乙打开收款机，交出所有现金，甲一把抓跑。事实上，乙给甲的现金只有 88 元，甲"亏了"12 元。关于本案，下列哪一说法是正确的？（2013/2/8-单）

A. 甲进入的虽是小超市，但乙已在椅子上睡觉，甲属于入户抢劫

B. 只要持枪抢劫，即使分文未取，也构成抢劫既遂

C. 对于持枪抢劫，不需要区分既遂与未遂，直接依照分则条文规定的法定刑量刑即可

D. 甲虽"亏了"12 元，未能获利，但不属于因意志以外的原因未得逞，构成抢劫罪既遂

选项解析 甲进入的是"小超市"，属于经营场所，并非供他人家庭生活的场所，故不能评价为"户"，甲不属于入户抢劫。故 A 项错误。

抢劫罪侵犯的是复杂客体，既侵犯财产权利又侵犯人身权利，具备劫取财物或者造成他人轻伤以上后果两者之一的，均属于抢劫既遂；既未劫取财物，又未造成他人人身伤害后果的，属于抢劫未遂。本案中，甲并没有对乙造成轻伤以上的后果，如果也未劫取财物，即使是持枪抢劫，也属于抢劫未遂，而不能认定为既遂。故 B 项错误。

持枪抢劫属于抢劫罪八种加重情形之一，在未遂时，应根据《刑法》第 263 条加重情节的

法定刑的规定，结合未遂犯的处理原则量刑，即在 10 年以上有期徒刑、无期徒刑、死刑的基础上，可以比照既遂犯从轻或者减轻处罚。所以，即使是持枪抢劫，既遂和未遂在量刑时还是有区别的。故 C 项错误。

抢劫罪不要求数额较大，更不要求牟利，不需要扣除犯罪成本。本题中，甲属于当场采用了足以压制反抗的胁迫方式，当场获取财物，完全符合抢劫罪的构成要件，构成抢劫罪既遂。故 D 项正确。

参考答案 D

主客命题点

> （1）对于"前店后家"的抢劫，司法文件规定，对于部分时间从事经营、部分时间用于生活起居的场所，行为人在非营业时间强行入内抢劫或者以购物等为名骗开房门入内抢劫的，应认定为"入户抢劫"。对于部分用于经营、部分用于生活且之间有明确隔离的场所，行为人进入生活场所实施抢劫的，应认定为"入户抢劫"；如场所之间没有明确隔离，行为人在营业时间入内实施抢劫的，不认定为"入户抢劫"，但在非营业时间入内实施抢劫的，应认定为"入户抢劫"。
>
> （2）抢劫加重犯的未遂。八种加重抢劫罪中，除了抢劫致人重伤、死亡以外，都存在加重抢劫的未遂。例如，在入户抢劫中既没有伤人，又未获取财物，就应该在加重抢劫罪的刑罚幅度内从轻或减轻处罚。抢劫致人重伤、死亡不存在未遂问题。如果在抢劫过程中杀人，但未杀死，造成重伤，则构成抢劫致人重伤；如果造成轻伤，则构成抢劫罪和故意杀人罪的未遂。

325. 甲、乙等人佯装乘客登上长途车。甲用枪控制司机，令司机将车开到偏僻路段；乙等人用刀控制乘客，命乘客交出随身物品。一乘客反抗，被乙捅成重伤。财物到手下车时，甲打死司机。关于本案，下列哪些选项是正确的？（2012/2/59-多）

A. 甲等人劫持汽车，构成劫持汽车罪

B. 甲等人构成抢劫罪，属于在公共交通工具上抢劫

C. 乙重伤乘客，无需以故意伤害罪另行追究刑事责任

D. 甲开枪打死司机，需以故意杀人罪另行追究刑事责任

选项解析 根据《刑法》第 122 条的规定，以暴力、胁迫或者其他方法劫持船只、汽车的，构成劫持船只、汽车罪。劫持汽车与抢劫罪不具有伴随性，应当分别评价，甲等人构成劫持汽车罪。故 A 项正确。

根据司法解释的规定，在公共交通工具上抢劫主要是指在从事旅客运输的各种公共汽车，大、中型出租车，火车，船只，飞机等正在运营中的机动公共交通工具上对旅客、司售、乘务人员实施抢劫。在未运营中的大、中型公共交通工具上针对司售、乘务人员抢劫的，或者在小型出租车上抢劫的，不属于在公共交通工具上抢劫。本题中，甲等人在运营中的长途车上，劫取乘客财物，构成抢劫罪，属于在公共交通工具上抢劫。故 B 项正确。

乙在抢劫过程中，为了压制被害人反抗而故意将被害人打成重伤，属于抢劫致人重伤，无需再对乙以故意伤害罪另行追究刑事责任。故 C 项正确。

抢劫后，为了灭口而杀人的，属于另起犯意，应以抢劫罪和故意杀人罪数罪并罚。故 D 项正确。

参考答案 ABCD

326. 下列哪些情形可以成立抢劫致人死亡？（2009/2/58-多）

A. 甲冬日深夜抢劫王某财物，为压制王某的反抗将其刺成重伤并取财后离去。3 小时后，王某被冻死

B. 乙抢劫妇女高某财物，路人曾某上前制止，乙用自制火药枪将曾某打死

C. 丙和贺某共同抢劫严某财物，严某边呼救边激烈反抗。丙拔刀刺向严某，严某躲闪，

丙将同伙贺某刺死

D. 丁盗窃邱某家财物准备驾车离开时被邱某发现，邱某站在车前阻止丁离开，丁开车将邱某撞死后逃跑

[选项解析] A项，甲为压制王某反抗将其刺成重伤，3小时后王某被冻死，王某的死亡结果与甲的抢劫行为之间具有因果关系，甲属于抢劫致人死亡。故A项当选。

B项，乙抢劫妇女高某财物时，路人曾某上前制止，乙用自制火药枪将其打死的行为是为使抢劫顺利进行，属于抢劫致人死亡。故B项当选。

C项，丙在抢劫过程中发生了打击错误，无论按照法定符合说还是具体符合说，都不影响丙的抢劫致人死亡的认定。故C项当选。

D项，丁盗窃时被被害人邱某发现，邱某阻止丁离开，丁开车将邱某撞死，转化为抢劫罪，属于抢劫致人死亡的情形。故D项当选。

[参考答案] ABCD

✒ 主客命题点

抢劫致人死亡与事前故意问题：

甲为谋财将乙杀死，将财物取走，并将乙抛入河中，后查明乙系溺水而亡。这属于事前故意问题，根据通说，甲构成抢劫致人死亡。

327. 《刑法》第269条对转化型抢劫作出了规定，下列哪些选项不能适用该规定？（2008/2/62-多）

A. 甲入室盗窃，被主人李某发现并追赶，甲进入李某厨房，拿出菜刀护在自己胸前，对李某说："你千万别过来，我胆子很小。"然后，翻窗逃跑

B. 乙抢夺王某的财物，王某让狼狗追赶乙。乙为脱身，打死了狼狗

C. 丙骗取他人财物后，刚准备离开现场，骗局就被识破。被害人追赶丙。走投无路的丙从身上摸出短刀，扎在自己手臂上，并对被害人说："你们再追，我就死在你们面前。"被害人见丙鲜血直流，一下愣住了。

丙迅速逃离现场

D. 丁在一网吧里盗窃财物并往外逃跑时，被管理人员顾某发现。丁为阻止顾某的追赶，提起网吧门边的开水壶，将开水泼在顾某身上，然后逃离现场

[选项解析] A项，甲对自己使用暴力，没有足以压制一般人反抗，故不能认为是转化型抢劫罪。故A项当选。

B项，乙针对的对象是狗，没有对他人的生命健康造成新的侵害，不符合对象条件，也不能认为成立转化型抢劫罪。故B项当选。

C项也不适用，道理与A项相同。故C项当选。

D项，丁使用了暴力，并且这种暴力足以抑制被害人的追捕，故成立转化型抢劫罪。故D项不当选。

[参考答案] ABC

✒ 主客命题点

转化型抢劫的暴力或暴力威胁必须达到足以抑制一般人反抗的程度。但要注意主动抗拒和被动抗拒。最高人民法院《关于审理抢劫刑事案件适用法律若干问题的指导意见》（以下简称《抢劫意见》）规定，对于以摆脱的方式逃脱抓捕，暴力强度较小，未造成轻伤以上后果的，可不认定为"使用暴力"，不以抢劫罪论处。《抢劫意见》所说的是被动摆脱，如果采取主动的胁迫手段，即便没有出现任何伤害后果，只要足以压制一般人反抗，就属于抢劫。总之，强制手段的判断标准仍然是是否足以压制一般人反抗。

328. 甲预谋拍摄乙与卖淫女的裸照，迫使乙交付财物。一日，甲请乙吃饭，叫卖淫女丙相陪。饭后，甲将乙、丙送上车。乙、丙刚到乙宅，乙便被老板电话叫走，丙亦离开。半小时后，甲持相机闯入乙宅发现无人，遂拿走了乙的3万元现金。关于甲的行为性质，下列哪一选项是正确的？（2011/2/15-单）

A. 抢劫未遂与盗窃既遂

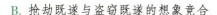

B. 抢劫既遂与盗窃既遂的想象竞合

C. 敲诈勒索预备与盗窃既遂

D. 敲诈勒索未遂与盗窃既遂的想象竞合

选项解析 欲拍裸照索要财物的行为，不构成抢劫罪，而构成敲诈勒索罪。此外，行为人的行为属于敲诈勒索罪的预备而非未遂，因为行为人还没有着手实施犯罪。行为人后来又在被害人家里盗窃，是另起犯意，需要单独评价为盗窃罪，应当数罪并罚。故 C 项正确。

参考答案 C

329. 关于抢夺罪，下列哪些判断是错误的？（2010/2/59—多）

A. 甲驾驶汽车抢夺乙的提包，汽车能致人死亡属于凶器。甲的行为应认定为携带凶器抢夺罪

B. 甲与乙女因琐事相互厮打时，乙的耳环（价值 8000 元）掉在地上。甲假装摔倒在地迅速将耳环握在手中，乙见甲摔倒便离开了现场。甲的行为成立抢夺罪

C. 甲骑着摩托车抢夺乙的背包，乙使劲抓住背包带，甲见状便加速行驶，乙被拖行十多米后松手。甲的行为属于情节特别严重的抢夺罪

D. 甲明知行人乙的提包中装有毒品而抢夺，毒品虽然是违禁品，但也是财物。甲的行为成立抢夺罪

选项解析 《刑法》第267条第2款规定，携带凶器抢夺的，以抢劫罪论处。没有携带凶器抢夺罪。另外，汽车无法认定为凶器。故 A 项错误，当选。

B 项，甲把乙掉在地上的耳环拿走，当时被害人乙也在身边，该财物属于被害人乙占有的财物。无论认为盗窃罪与抢夺罪区分的关键在于平和与暴力，还是在于秘密与公然，本案中，甲采取的是平和、秘密的手段获取财物，因此成立盗窃罪。故 B 项错误，当选。

C 项，甲的行为应成立抢劫罪。最高人民法院《关于审理抢劫、抢夺刑事案件适用法律若干问题的意见》第11条规定，对于驾驶机动车、非机动车（以下简称"驾驶车辆"）夺取

他人财物的，一般以抢夺罪从重处罚。但具有下列情形之一，应当以抢劫罪定罪处罚：……驾驶车辆强抢财物时，因被害人不放手而采取强拉硬拽方法劫取财物的。故 C 项错误，当选。

抢夺违禁物品也构成抢夺罪。故 D 项正确，不当选。

参考答案 ABC

330. 关于敲诈勒索罪的判断，下列哪些选项是正确的？（2007/2/63—多）

A. 甲将王某杀害后，又以王某被绑架为由，向其亲属索要钱财。甲除构成故意杀人罪外，还构成敲诈勒索罪与诈骗罪的想象竞合犯

B. 饭店老板乙以可乐兑水冒充洋酒销售，向实际消费数十元的李某索要数千元。李某不从，乙召集店员对其进行殴打，致其被迫将钱交给乙。乙的行为构成抢劫罪而非敲诈勒索罪

C. 职员丙被公司辞退，要求公司支付 10 万元补偿费，否则会将所掌握的公司商业秘密出卖给其他公司使用。丙的行为构成敲诈勒索罪

D. 丁为谋取不正当利益送给国家工作人员刘某 10 万元。获取不正当利益后，丁以告发相要挟，要求刘某返还 10 万元。刘某担心被告发，便还给丁 10 万元。对丁的行为应以行贿罪与敲诈勒索罪实行并罚

选项解析 甲的杀人行为构成故意杀人罪；编造绑架事由向被害人家属勒索的行为，既有欺骗被害人家属使其陷入错误认识的性质，也有胁迫被害人家属使其产生恐惧心理的性质，既符合诈骗罪的构成要件，也符合敲诈勒索罪的构成要件，因此，甲还构成诈骗罪和敲诈勒索罪的想象竞合犯。故 A 项正确。

B 项属于犯意转化的情形。乙实施诈骗行为未得逞，遂另起犯意，当场以暴力压制被害人反抗获取财物的，构成抢劫罪。故 B 项正确。

丙以非法占有为目的，对他人实行胁迫，使其产生恐惧心理而交付财物的，构成敲诈勒索罪。故 C 项正确。

丁为谋取不正当利益给付国家工作人员财物，构成行贿罪；以告发刘某受贿相威胁，迫使刘某返还贿赂款的，成立敲诈勒索罪。贿赂款虽由丁给付刘某，但丁只要将此款作为犯罪组成之物，就丧失了对此款的所有权和合法占有权，行贿款最终要上交给国家，丁从刘某手中敲诈回来，侵犯了刘某对此款的占有，仍然是侵犯财产权的犯罪。丁的行贿罪和敲诈勒索罪属于两个独立的犯罪，所以应当并罚。故 D 项正确。

参考答案 ABCD

331. 下列哪种行为构成敲诈勒索罪？（2006/2/15-单）

A. 甲到乙的餐馆吃饭，在食物中发现一只苍蝇，遂以向消费者协会投诉为由进行威胁，索要精神损失费 3000 元。乙迫于无奈付给甲 3000 元

B. 甲到乙的餐馆吃饭，偷偷在食物中投放一只事先准备好的苍蝇，然后以砸烂桌椅进行威胁，索要精神损失费 3000 元。乙迫于无奈付给甲 3000 元

C. 甲捡到乙的手机及身份证等财物后，给乙打电话，索要 3000 元，并称若不付钱就不还手机及身份证等物。乙迫于无奈付给甲 3000 元现金赎回手机及身份证等财物

D. 甲妻与乙通奸，甲获知后十分生气，将乙暴打一顿，乙主动写下一张赔偿精神损失费 2 万元的欠条。事后，甲持乙的欠条向其索要 2 万元，并称若乙不从，就向法院起诉乙

选项解析 A 项，甲索要钱财的行为属于合法行为，其行为本身应当受到法律的保护，因此不属于非法索要，不构成敲诈勒索罪。故 A 项不当选。

B 项，甲偷偷在食物中投放一只事先准备好的苍蝇，然后以砸烂桌椅进行威胁，索要精神损失费 3000 元，这不存在权利基础，所以构成敲诈勒索罪。故 B 项当选。

C 项，甲捡拾到乙的财物，以此索要报酬，这是社会生活所允许的权利，不应把甲的行为

定性为犯罪。故 C 项不当选。

D 项，乙是主动写下一张赔偿精神损失费 2 万元的欠条的，甲在主观上并不存在非法占有财物的目的。故 D 项不当选。

参考答案 B

332. 下列哪些选项的行为人具有非法占有目的？（2011/2/61-多）

A. 男性基于癖好入户窃取女士内衣

B. 为了燃柴取暖而窃取他人木质家具

C. 骗取他人钢材后作为废品卖给废品回收公司

D. 杀人后为避免公安机关识别被害人身份，将被害人钱包等物丢弃

选项解析 A 项，恋物癖虽然是一种变态的利用，但仍然是一种在乎财物使用价值的利用。故 A 项当选。

B 项，木头可以取暖，利用了该财物。故 B 项当选。

C 项，骗取他人财物后，自己利用了财物的经济价值，当然是具有非法占有目的。故 C 项当选。

D 项，行为人并没有利用财物的意思，不尊重财物的使用价值，这就是故意毁坏财物，而没有非法占有目的。故 D 项不当选。

参考答案 ABC

333. 李某乘正在遛狗的老妇人王某不备，抢下王某装有 4000 元现金的手包就跑。王某让名贵的宠物狗追咬李某。李某见状在距王某50 米处转身将狗踢死后逃离。王某眼见一切，因激愤致心脏病发作而亡。关于本案，下列哪一选项是正确的？（2015/2/17-单）

A. 李某将狗踢死，属事后抢劫中的暴力行为

B. 李某将狗踢死，属对王某以暴力相威胁

C. 李某的行为满足事后抢劫的当场性要件

D. 对李某的行为应整体上评价为抢劫罪

选项解析 事后抢劫中的暴力必须是针对他人，李某将狗踢死，不是针对他人，不属于事后抢劫中的暴力行为。故 A 项错误。

李某将狗踢死，针对的是狗，而不是王某，当然也不属于对王某以暴力相威胁。故 B 项错误。

李某实施暴力时，当场性尚未丧失，仅就事后抢劫的当场性要件而言，是满足的。故 C 项正确。

由于李某的行为不符合事后抢劫暴力的对象要求，不符合事后抢劫的构成要件，不能评价为抢劫罪。故 D 项错误。

参考答案 C

334. 甲潜入他人房间欲盗窃，忽见床上坐起一老妪，哀求其不要拿她的东西。甲不理睬而继续翻找，拿走一条银项链（价值 400 元）。关于本案的分析，下列哪些选项是正确的？（2013/2/60-多）

A. 甲并未采取足以压制老妪反抗的方法取得财物，不构成抢劫罪

B. 如认为区分盗窃罪与抢夺罪的关键在于是秘密取得财物还是公然取得财物，则甲的行为属于抢夺行为；如甲作案时携带了凶器，则对甲应以抢劫罪论处

C. 如采取 B 项的观点，因甲作案时未携带凶器，也未秘密窃取财物，又不符合抢夺罪"数额较大"的要件，无法以侵犯财产罪追究甲的刑事责任

D. 如认为盗窃行为并不限于秘密窃取，则甲的行为属于入户盗窃，可按盗窃罪追究甲的刑事责任

选项解析 本案是一种平和型犯罪，所以不成立抢劫罪。故 A 项正确。

如认为区分盗窃罪与抢夺罪的关键在于秘密性和公然性，则属于抢夺行为；如果携带了凶器，则属于抢劫罪。故 B 项正确。

如果未携带凶器，也未秘密取财物，又不符合抢夺罪"数额较大"的要件，则无法以侵犯财产罪追究甲的刑事责任。故 C 项正确。

如认为盗窃行为并不限于秘密窃取，则甲的行为属于入户盗窃，可按盗窃罪追究甲的刑事责任。故 D 项正确。

参考答案 ABCD

335. 关于抢劫罪的认定，下列哪些选项是正确的？（2017/2/60-多）

A. 甲欲进王某家盗窃，正撬门时，路人李某经过。甲误以为李某是王某，会阻止自己盗窃，将李某打昏，再从王某家窃走财物。甲不构成抢劫既遂

B. 乙潜入周某家盗窃，正欲离开时，周某回家，进屋将乙堵在卧室内。乙掏出凶器对周某进行恐吓，迫使周某让其携带财物离开。乙构成入户抢劫

C. 丙窃取刘某汽车时被发现，驾刘某的汽车逃跑，刘某乘出租车追起。途遇路人陈某过马路，丙也未减速，将陈某撞成重伤。丙构成抢劫致人重伤

D. 丁抢夺张某财物后逃跑，为阻止张某追赶，出于杀害故意向张某开枪射击。子弹未击中张某，但击中路人汪某，致其死亡。丁构成抢劫致人死亡

选项解析 A 项，甲实施盗窃行为时误将李某当作王某而将其打昏，主观上想抢劫，但客观上是盗窃，成立抢劫未遂和盗窃既遂的竞合。故 A 项正确。需要说明的是，本案并非转化型抢劫，因为转化型抢劫是一种事后抢劫，是在取财行为结束之后为窝藏赃物、抗拒抓捕或者毁灭罪证而当场使用暴力，但本案是在取财行为过程中使用暴力，所以是一般型抢劫。在转化型抢劫中，由于刑法中的目的犯，目的并不需要实际实现，如果行为人有抗拒抓捕等目的，但没有实现，如误将与案件无关第三人当成抓捕者而把其打伤的，这都不影响抢劫罪既遂的成立。

B 项，入户实施盗窃行为被发现以后，行为人为窝藏赃物、抗拒抓捕或者毁灭罪证而当场使用暴力的，若暴力发生在户内，可以认定为"入户抢劫"。乙暴力抗拒抓捕的行为发生于周某卧室内。故 B 项正确。

C 项，丙的行为是盗窃后的逃离行为，并没有抗拒抓捕、毁灭罪证、窝藏赃物，不构成转化型抢劫，其事后致人重伤或死亡不成立抢劫罪的结果加重犯。故 C 项错误。

D 项，丁抢夺张某财物后逃跑，为阻止张某追赶，出于杀害的故意向张某开枪射击的行为

构成事后抢劫，在事后抢劫中，暴力行为导致抓捕者等人死亡的，应认定为抢劫致人死亡。这虽然是一种打击错误，但无论按照法定符合说还是具体符合说，都成立抢劫致人死亡。按照法定符合说自不用说，按照具体符合说，丁的抢劫行为过失导致了汪某的死亡，这也属于抢劫致人死亡。故 D 项正确。

参考答案 ABD

336. 郑某等人多次预谋通过爆炸抢劫银行运钞车。为方便跟踪运钞车，郑某等人于2012 年 4 月 6 日杀害一车主，将其面包车开走。（事实一）

后郑某等人制作了爆炸装置，并多次开面包车跟踪某银行运钞车，了解运钞车到某储蓄所收款的情况。郑某等人摸清运钞车情况后，于同年 6 月 8 日将面包车推下山崖。（事实二）

同年 6 月 11 日，郑某等人将放有爆炸装置的自行车停于储蓄所门前。当运钞车停在该所门前押款人员下车提押款时（当时附近没有行人），郑某遥控引爆爆炸装置，致 2 人死亡4 人重伤（均为运钞人员），运钞车中的 230万元人民币被劫走。（事实三）

请回答第（1）～（3）题。（2014/2/86～88-任）

（1）关于事实一（假定具有非法占有目的），下列选项正确的是：

A. 抢劫致人死亡包括以非法占有为目的故意杀害他人后立即劫取财物的情形

B. 如认为抢劫致人死亡仅限于过失致人死亡，则对事实一只能认定为故意杀人罪与盗窃罪（如否认死者占有，则成立侵占罪），实行并罚

C. 事实一同时触犯故意杀人罪与抢劫罪

D. 事实一虽是为抢劫运钞车服务的，但依然成立独立的犯罪，应适用"抢劫致人死亡"的规定

选项解析 抢劫致人死亡既包括为了抢劫而实施的故意杀人行为、在抢劫过程中为了压制反抗而实施的故意杀人行为，也包括抢劫行为过失

致人死亡的行为。以非法占有为目的故意杀害他人后立即劫取财物的情形即属于为了抢劫故意杀人死亡的情形，成立抢劫致人死亡。故 A 项正确。

如果认为抢劫致人死亡仅限于过失致人死亡，那么，由于事实一中的情形属于故意杀人，从而不能认定为抢劫致人死亡，只能以故意杀人罪和盗窃罪数罪并罚；如果否认死者占有，则应以故意杀人罪和侵占罪数罪并罚。故 B 项正确。

根据司法解释的规定，事实一属于为了抢劫而故意杀人的情形，既"触犯"抢劫罪，又"触犯"故意杀人罪，不过基于《刑法》第 263条的规定，最终认定为抢劫致人死亡，以抢劫罪一罪论处，适用升格的法定刑即可。故 C 项正确。

事实一中，行为人为了方便抢劫运钞车而实施的抢劫面包车的行为，是一个独立的行为，成立一个单独的抢劫罪，同时，属于抢劫致人死亡，应适用《刑法》第 263 条抢劫致人死亡的规定，适用加重的法定刑。故 D 项正确。

参考答案 ABCD

解题思路 触犯就是符合某种犯罪构成，并不需要实际构成此罪，一般来说在考试中只要出现"触犯"字样的，基本上都是正确选项。

（2）关于事实二的判断，下列选项正确的是：

A. 非法占有目的包括排除意思与利用意思

B. 对抢劫罪中的非法占有目的应与盗窃罪中的非法占有目的作相同理解

C. 郑某等人在利用面包车后毁坏面包车的行为，不影响非法占有目的的认定

D. 郑某等人事后毁坏面包车的行为属于不可罚的事后行为

选项解析 本题考查非法占有目的的认定及不可罚的事后行为。非法占有目的包括两个要素，排除意思和利用意思。故 A 项正确。

取得型财产犯罪，包括抢劫罪、盗窃罪、诈骗罪、抢夺罪、敲诈勒索罪等，都要求行为人具有非法占有之目的，即要求行为人具有排除意思和利用意思，非法占有目的的含义是相同

的。故 B 项正确。

郑某等人为了劫取面包车而将车主杀害，说明其具有排除意思，其劫取面包车是为了跟踪运钞车，说明其具有利用意思，这足以认定郑某等人具有非法占有的目的；他们在用完面包车后，将面包车推下山崖毁坏的行为，没有侵犯新的法益，属于不可罚的事后行为，对他们非法占有目的的认定没有任何影响。故 C、D 项正确。

参考答案 ABCD

（3）关于事实三的判断，下列选项正确的是：

A. 虽然当时附近没有行人，郑某等人的行为仍触犯爆炸罪

B. 触犯爆炸罪与故意杀人罪的行为只有一个，属于想象竞合

C. 爆炸行为亦可成为抢劫罪的手段行为

D. 对事实三应适用"抢劫致人重伤、死亡"的规定

选项解析 郑某等人是在储蓄所门前这个公共场所实施爆炸行为，已经足以危及公共安全，无论当时附近是否有行人，都触犯爆炸罪。故 A 项正确。

郑某的行为既触犯了爆炸罪，又触犯了故意杀人罪，因为只有一个行为，属于一行为触犯数罪名，属于想象竞合犯。故 B 项正确。

抢劫罪的手段行为包括暴力、胁迫和其他强制手段。爆炸行为属于暴力行为，当然可以成为抢劫罪的手段行为。故 C 项正确。

事实三中，郑某等人本质上是用爆炸的方式实施抢劫，致 2 人死亡 4 人重伤，属于抢劫致人重伤、死亡。故 D 项正确。

参考答案 ABCD

337. 张三趁公交关门之际抢走某乘客的包，路人李某追赶，张三在水果摊随手拿起一把刀威胁李某："再追砍死你。"张三的行为应当如何定性？（2018-回忆版-单）

A. 张三的行为构成抢劫罪

B. 张三的行为属于在公共交通工具上抢劫

C. 张三所威胁的对象不是财物受损者，所以

不构成抢劫罪

D. 张三的行为只构成抢夺罪

选项解析 张三的行为构成转化型抢劫。犯盗窃、诈骗、抢夺罪，为窝藏赃物、抗拒抓捕或者毁灭罪证而当场使用暴力或者以暴力相威胁的，依抢劫罪的规定定罪处罚。暴力或暴力威胁所指向的对象不要求是财物受损者。故 A 项当选，C、D 项不当选。

《抢劫意见》指出，在公共交通工具上盗窃、诈骗、抢夺后，为了窝藏赃物、抗拒抓捕或者毁灭罪证，在公共交通工具上当场使用暴力或者以暴力相威胁的，构成"在公共交通工具上抢劫"。但在本案中，张三不是在公共交通工具上使用强制手段，所以不属于"在公共交通工具上抢劫"。故 B 项不当选。

参考答案 A

338. 甲、乙入室抢劫，压制被害人反抗后，乙产生杀意，甲站在窗边抽烟，看着乙杀人。关于本案，说法正确的是：（2018-回忆版-单）

A. 甲构成抢劫罪，但对死亡结果不承担责任

B. 甲构成入户抢劫，同时也构成抢劫致人死亡

C. 乙构成抢劫罪和故意杀人罪

D. 乙不构成抢劫致人死亡

选项解析 甲、乙两人除了构成入户抢劫外，还属于抢劫致人死亡这种结果加重犯的共同犯罪，乙在抢劫过程中故意杀人，成立抢劫致人死亡，甲对死亡结果至少存在过失，客观上对死亡结果也有贡献力，故也成立抢劫致人死亡。本题只有 B 项的说法是正确的。

参考答案 B

339. 甲、乙共谋盗窃丙，甲在屋里实施盗窃，乙在外望风。丙从外面回家时，乙为了阻止丙回家，将丙打成重伤，甲盗窃 4000 元出来后，看丙倒地，就跟乙一起走了。关于甲、乙的行为定性，下列说法正确的是：（2019-回忆版-单）

A. 甲对丙有救助义务，未施救则成立事后抢劫的共犯

B. 甲构成盗窃罪，乙构成抢劫罪（致人重伤）

C. 甲、乙均构成入户抢劫

D. 甲、乙均构成盗窃罪

选项解析 乙的行为构成抢劫罪，但甲只创造了财产法益受损的危险，没有创造人身法益受损的危险，所以没有制止义务，不构成抢劫罪，甲构成盗窃罪。

参考答案 B

主客命题点

不作为的承继共犯的认定：

如果共同犯罪人创造了某种法益侵害的危险，同案犯利用这种危险实施其他犯罪，那他就有制止的义务；如果他主观上存在故意，那就会和同案犯所实施的其他犯罪成立共同犯罪。例如，甲、乙二人共同去李四家盗窃，甲偷东屋，乙偷西屋，乙发现主人李四，起意杀人，甲没有制止。由于甲只创造了侵犯财产法益的危险，没有创造侵犯生命法益的危险，因此乙单独对杀人行为承担责任，构成抢劫致人死亡，但甲只构成盗窃罪。但如果甲、乙入户抢劫，乙将李女捆绑，甲后产生奸淫之念，对李女实施奸淫，乙置之不理。由于乙的捆绑行为让李女陷入无法反抗的状态，因此有义务制止，如果不制止，乙也构成强奸罪。

340. 甲、乙共同去某工厂仓库盗窃。甲望风，乙进去盗窃。乙窃得财物，从仓库出来时，被保安丙看到，丙上前抓捕乙。乙逃跑，丙追赶。此时，甲为了阻止丙，将丙打成轻伤。乙事后才知道甲殴打了丙。下列说法正确的有：（2020-回忆版-多）

A. 甲构成事后抢劫罪

B. 乙构成事后抢劫罪

C. 乙仅构成盗窃罪

D. 甲构成盗窃罪和故意伤害罪，数罪并罚

选项解析《刑法》第269条规定，犯盗窃、诈骗、抢夺罪，为窝藏赃物、抗拒抓捕或者毁灭罪证而当场使用暴力或者以暴力相威胁的，依照抢劫罪的规定定罪处罚。本案中，甲、乙共

同盗窃，甲为了抗拒丙抓捕共犯人乙，对丙实施暴力，构成事后抢劫罪。由于乙与甲对于实施事后抢劫行为并无意思联络，因此，乙仍然是盗窃的故意，仅构成盗窃罪实行犯既遂即可。综上，A、C项正确，B、D项错误。

参考答案 AC

341. 下列情形（不考虑前行为的定性），不构成抢劫罪的有：（2021-回忆版-多）

A. 甲出于报复的故意打乙之后，乙害怕甲继续打自己，便提出给甲5000元，让甲不要继续打自己了，甲要求给1万元，乙给了甲1万元

B. 甲出于报复的故意打乙之后，乙要求甲把自己送去医院，甲说给1万元才送，乙给了甲1万元

C. 甲出于报复的故意打乙，乙被打昏迷，手放在胸口，甲把乙的手拿开，拿走钱包

D. 甲出于报复的故意打乙，乙被打昏迷，甲准备走，发现地上有乙掉落的手机，捡走

选项解析 本题考查抢劫罪、盗窃罪。

A项，甲有非法占有的目的，要求乙给自己1万元，自己就不再打乙，这是以暴力相胁迫压制乙的反抗并取得财物，甲构成抢劫罪。故A项不当选。

B项，甲要求乙给自己1万元，自己就把乙送到医院，这既非暴力、胁迫，也非压制反抗，甲不构成抢劫罪。故B项当选。

C项，甲出于报复的故意打乙，在把乙打昏迷后临时起意拿走乙的钱包，不考虑前行为的定性，甲构成盗窃罪。故C项当选。

D项，甲出于报复的故意打乙，在把乙打昏迷后临时起意拿走乙的手机，不考虑前行为的定性，甲构成盗窃罪。故D项当选。

参考答案 BCD

342. 甲与乙实施暴力抢劫丙，丙极力反抗。甲拿了一把刀捅向丙，丙一个闪躲导致甲捅到了乙。乙被捅成重伤，丙趁机逃跑。下列选项正确的有：（2022-回忆版-多）

A. 甲对乙的重伤结果承担刑事责任，所以甲构成抢劫致人重伤

B. 甲对乙构成打击错误，根据法定符合说，甲对乙的重伤结果承担刑事责任

C. 甲、乙是抢劫罪的共犯，所以乙对自己的重伤也构成抢劫致人重伤

D. 甲是偶然防卫，但不影响甲抢劫罪的成立

选项解析 A 项中，抢劫致人重伤中的"人"包括同伙。故 A 项正确。

B 项中，法定符合说不区分个人，因此根据法定符合说，甲需要承担刑事责任。故 B 项正确。

C 项中，乙是受伤者，不对自己的重伤结果负责。故 C 项错误。

D 项中，甲是偶然防卫，但依然承担抢劫罪的责任。故 D 项正确。

参考答案 ABD

343. 关于转化型抢劫，下列选项正确的有：（2022-回忆版-多）

A. 甲盗窃完乙的财物后，想到还可以盗窃乙的笔记本电脑，遂于 1 小时后返回盗窃，离开时恰巧在单元楼碰到了乙，为了逃脱把乙击昏。甲构成抢劫罪

B. 甲在公交车上盗窃乙被发现，遂逃窜下车，乙也追下车。甲为了逃脱把乙打成重伤。甲属于在交通工具上抢劫

C. 甲在小区盗窃珠宝，出来的时候碰到小区巡逻的保安，甲为了带走珠宝与保安搏斗。后甲被保安控制，珠宝也被取回。甲构成抢劫罪既遂

D. 甲在行驶的大巴上盗窃乙，1 小时后大巴车进入服务区，被乙发现，甲为了逃脱把乙打成重伤。甲构成抢劫罪

选项解析 A 项中，由于不是当场使用暴力，不转化为抢劫罪。故 A 项错误。

B 项中，由于没有危及不特定人的人身安全，不属于"在交通工具上抢劫"。故 B 项错误。

C 项中，甲盗窃后为了抗拒抓捕使用暴力，属于转化型抢劫。故 C 项正确。

D 项中，甲盗窃后为了抗拒抓捕使用暴力，属于转化型抢劫。故 D 项正确。

参考答案 CD

344. 关于财产犯罪的认定，下列选项中正确的有：（不考虑情节和数额）（2023-回忆版-多）

A. 甲从肉摊小贩身后偷走小贩的剔骨刀，后甲趁乙不备，用剔骨刀割开乙的挎包背带，夺走挎包后逃走。甲构成抢夺罪

B. 甲潜入乙的家中偷窃珠宝，看到乙家桌子上的现金不为所动，继续翻找珠宝，后乙回家与甲照面，甲为逃避抓捕，将乙打倒后逃脱。甲构成抢劫罪未遂

C. 甲在给乙洗车过程中看到乙车副驾驶座位和车头烟灰缸处有两张彩票，甲偷走两张彩票后拿去兑奖，其中有一张彩票中奖。无论是哪一张彩票中奖，甲均构成盗窃罪既遂

D. 甲发现乙将电脑放置在商场一层维修部维修后，趁天色不明前往商场门口，对清洁工丙说电脑是自己的，丙遂将电脑交给甲。甲构成诈骗罪

选项解析 本题考查刑法分则条文的构成要件和犯罪形态等知识点。

A 项，甲属于携带凶器抢夺，应以抢劫罪论处。故 A 项错误。

B 项，甲为了逃避抓捕而对乙实施暴力，由盗窃罪转化为抢劫罪。对于转化型抢劫而言，行为人必须实施了盗窃、诈骗、抢夺行为。这里所说的行为一般需要达到犯罪标准，但在特殊情况下，即便未达到犯罪标准，也可成立转化型抢劫。最高人民法院《关于审理抢劫、抢夺刑事案件适用法律若干问题的意见》第 5 条规定，行为人实施盗窃、诈骗、抢夺行为，未达到"数额较大"，为窝藏赃物、抗拒抓捕或者毁灭罪证当场使用暴力或者以暴力相威胁，情节较轻、危害不大的，一般不以犯罪论处；但具有下列情节之一的，可依照《刑法》第 269 条的规定，以抢劫罪定罪处罚：①盗窃、诈骗、抢夺接近"数额较大"标准的；②入户或在公共交通工具上盗窃、诈骗、抢夺后在户外或交

通工具外实施上述行为的；③使用暴力致人轻微伤以上后果的；④使用凶器或以凶器相威胁的；⑤具有其他严重情节的。B项属于入户盗窃，即便没有达到"数额较大"，也可以转化为抢劫。另外，根据相关司法解释的规定，致人轻伤以上和财产损失满足一项便构成既遂。甲虽将乙打倒，但未造成轻伤以上，也未获得财物，因此构成抢劫罪未遂。故 B 项正确。

C项，盗窃不记名、不挂失的有价支付凭

证、有价证券、有价票证的，应当按票面数额和盗窃时应得的孳息、奖金或者奖品等可得收益一并计算盗窃数额。由此可知，无论是哪一张彩票中奖，甲的盗窃数额都是合并计算，故可以认定甲构成盗窃罪既遂。故 C 项正确。

D 项，甲欺骗的对象是清洁工丙，丙并没有处分乙的财产的权利，故不构成三角诈骗，甲构成盗窃罪。故 D 项错误。

参考答案 BC

47 专题 平和占有型的财产犯罪

345. 乙女在路上被铁丝绊倒，受伤不能动，手中钱包（内有现金5000元）摔出七八米外。路过的甲捡起钱包时，乙大喊"我的钱包不要拿"，甲说"你不要喊，我拿给你"，乙信以为真没有再喊。甲捡起钱包后立即逃走。关于本案，下列哪一选项是正确的？（2016/2/18-单）

A. 甲以其他方法抢劫他人财物，成立抢劫罪

B. 甲以欺骗方法使乙信以为真，成立诈骗罪

C. 甲将乙的遗忘物据为己有，成立侵占罪

D. 只能在盗窃罪或者抢夺罪中，择一定性甲的行为

选项解析 本案中，甲捡起钱包并未使用暴力或者以暴力相威胁，因此甲的行为不构成抢劫罪。故 A 项错误。

甲欺骗乙的行为并未导致乙基于错误认识处分财物，只是其顺利获取乙财物的一个辅助手段，因此甲的行为不构成诈骗罪。故 B 项错误。

甲捡起钱包时乙就在旁边，甲非常清楚钱包并非遗忘物，因此甲的行为不构成侵占罪。故 C 项错误。

甲的行为可能成立盗窃罪或者抢夺罪。如果强调盗窃需要秘密窃取，则甲的行为构成抢夺罪；如果强调抢夺必须是暴力行为，盗窃是平和手段，公然盗窃也可成立盗窃，则甲的行为构成盗窃罪。故 D 项正确。

参考答案 D

346. 下列哪些行为构成盗窃罪（不考虑数额）？（2016/2/59-多）

A. 酒店服务员甲在帮客人拎包时，将包中的手机放入自己的口袋为己有

B. 客人在小饭馆吃饭时，将手机放在收银台边上充电，请服务员乙帮忙照看。乙假意答应，却将手机据为己有

C. 旅客将行李放在托运柜台旁，到相距20余米的另一柜台问事时，机场清洁工丙将该行李拿走据为己有

D. 顾客购物时将车钥匙遗忘在收银台，收银员问是谁的，丁谎称是自己的，然后持该钥匙将顾客的车开走

选项解析 A 项，服务员帮客人拎包，主人就在旁边，财物当然归主人占有，服务员属于辅助占有，将手机据为己有的行为构成窃取他人财物，构成盗窃罪。故 A 项当选。

B 项，客人将手机放到收银台附近充电，虽明确拜托服务员乙帮忙照看，但客人此时就在同一场所就餐，可以认定其没有转移占有的意思，乙将手机据为己有的行为属于盗窃罪而非侵占罪。故 B 项当选。

C 项，机场清洁工丙将旅客临时放置的行李据为己有，由于该旅客并未脱离对行李的控制，丙的行为构成窃取他人财物的盗窃罪。故 C 项当选。

D 项，丁骗取他人车钥匙，但收银员并无处分车辆的权利，所以丁的行为构成盗窃罪。故 D

项当选。

参考答案 ABCD

347. 乙全家外出数月，邻居甲主动帮乙照看房屋。某日，甲谎称乙家门口的一对石狮为自家所有，将石狮卖给外地人，得款 1 万元据为己有。关于甲的行为定性，下列哪一选项是错误的？（2015/2/18-单）

A. 甲同时触犯侵占罪与诈骗罪

B. 如认为购买者无财产损失，则甲仅触犯盗窃罪

C. 如认为购买者有财产损失，则甲同时触犯盗窃罪与诈骗罪

D. 不管购买者是否存在财产损失，甲都触犯盗窃罪

选项解析 乙全家外出数月，邻居甲主动帮乙照看房屋。此时，乙家的石狮依然在乙的占有之下，甲未经乙的同意，将石狮当作自己的财物卖给他人，对乙而言成立盗窃罪，而非侵占罪。至于甲对购买者是否成立诈骗罪，关键看购买者是否存在财产损失。问题的关键在于如何理解财产损失。如果采取法律损失说，即认为刑法和民法关于财产损失的理解应当保持一致，那么只有当所有人（乙）对受让人（外地人）在民法上对财物有返还请求权，才能认定受让人遭受了财产损失，否则就不能认定行为人对受让人构成诈骗。在本案中，乙在民法上有返还请求权，受让人所购买的财物存在权利瑕疵，遭受了财产损失。因此，行为人对受让人可以成立诈骗罪。但如果采取事实损失说，受让人拥有了石狮子，没有遭受财物损失，所以行为人对受让人不构成诈骗罪。换言之，关于这个问题存在无权处分无效说和无权处分有效说两种观点。前者认为无权处分是无效的，故财物的买受人遭受了财产损失，对买受人构成诈骗罪；后者认为无权处分是有效的，故财物的买受人没有遭受财产损失，对买受人不构成诈骗罪。综上分析，无论购买者是否存在财产损失，甲对乙都成立盗窃罪。故 B、C、D 项说法正确，不当选；A 项说法错误，当选。

参考答案 A

348. 菜贩刘某将蔬菜装入袋中，放在居民小区路旁长条桌上，写明"每袋 20 元，请将钱放在铁盒内"。然后，刘某去 3 公里外的市场卖菜。小区理发店的店员经常好奇地出来看看是否有人偷菜。甲数次公开拿走蔬菜时假装往铁盒里放钱。关于甲的行为定性（不考虑数额），下列哪一选项是正确的？（2015/2/19-单）

A. 甲乘人不备，公然拿走刘某所有的蔬菜，构成抢夺罪

B. 蔬菜为经常出来查看的店员占有，甲构成盗窃罪

C. 甲假装放钱而实际未放钱，属诈骗行为，构成诈骗罪

D. 刘某虽距现场 3 公里，但仍占有蔬菜，甲构成盗窃罪

选项解析 根据社会的一般生活观念，即使刘某不在旁边，小区路旁长条桌上的蔬菜及铁盒内的钱财，均在刘某的占有之下，甲未经刘某同意，以平和手段，将刘某占有的财物转移为自己占有，构成盗窃罪。需要特别说明的是，小区理发店的店员出于好奇心，虽然经常出来查看是否有人偷菜，但蔬菜不属于理发店的店员占有。故 D 项正确，B 项错误。

实施抢夺行为时，具有致人伤亡的可能性。甲拿走蔬菜，并没有致人伤亡的可能性，所以不构成抢夺罪。故 A 项错误。

构成诈骗罪，被骗人必须要基于错误认识处分财物。在本案中，刘某显然并没有陷入错误认识将蔬菜处分给甲的意思，所以，甲不构成诈骗罪。故 C 项错误。

参考答案 D

349. 甲的下列哪些行为属于盗窃（不考虑数额）？（2014/2/60-多）

A. 某大学的学生进食堂吃饭时习惯于用手机、钱包等物占座后，再去购买饭菜。甲将学生乙用于占座的钱包拿走

B. 乙进入面馆，将手机放在大厅 6 号桌的空位上，表示占座，然后到靠近窗户的地方

看看有没有更合适的座位。在7号桌吃面的甲将手机拿走

C. 乙将手提箱忘在出租车的后备箱。后甲搭乘该出租车时，将自己的手提箱也放进后备箱，并在下车时将乙的手提箱一并拿走

D. 乙全家外出打工，委托邻居甲照看房屋。有人来村里购树，甲将乙家山头上的树谎称为自家的树，卖给购树人，得款3万元

选项解析 A、B项，大学食堂内、饭馆内用于占座位的手机、钱包等财物，根据社会的一般观念，属于他人占有之物，所以A、B项中，行为人构成盗窃罪。故A、B项当选。

C项，乘客遗忘在出租车后备箱中的行李箱，转由出租车司机占有，其他乘客拿走的，构成盗窃罪。故C项当选。

D项，乙全家外出打工，委托邻居甲照看房屋。此时，乙的财物不在甲的占有之下，甲只是占有辅助人。甲未经乙同意，将乙的树卖掉，使乙遭受财产上的损失，对乙而言，构成盗窃罪。故D项当选。当然，就D项而言，甲对购树人是否构成诈骗罪，理论上存在争议，如果认为购树人遭受了财物损失，则构成诈骗罪，否则就不构成诈骗罪。

参考答案 ABCD

350. 甲向乙行贿5万元，乙收下后顺手藏于自家沙发垫下，匆忙外出办事。当晚，丙潜入乙家盗走该5万元。事后查明，该现金全部为假币。下列哪些选项是正确的？（2009/2/60-多）

A. 甲用假币行贿，其行为成立行贿罪未遂，是实行终了的未遂

B. 丙的行为没有侵犯任何人的合法财产，不构成盗窃罪

C. 乙虽然收受假币，但其行为仍构成受贿罪

D. 丙的行为侵犯了乙的占有权，构成盗窃罪

选项解析 我国《刑法》将贿赂的内容限定为财物，即具有价值的可以管理的有体物、无体物以及财产性利益。行贿并不要求使用真实的货币，即使是使用假币、假烟、假酒行贿的，也成立行贿罪。故A项错误。

违禁物品也可以成为盗窃罪的对象。故B项错误，D项正确。

只要行为人收受了财物，就侵犯了国家工作人员职务行为的廉洁性。故C项正确。

参考答案 CD

351. 甲潜入乙的住宅盗窃，将乙的皮箱（内有现金3万元）扔到院墙外，准备一会儿翻墙出去再捡。偶尔经过此处的丙发现皮箱无人看管，遂将其拿走，据为己有。15分钟后，甲来到院墙外，发现皮箱已无踪影。对于甲、丙行为的定性，下列哪一选项是正确的？（2008/2/6-单）

A. 甲成立盗窃罪（既遂），丙无罪

B. 甲成立盗窃罪（未遂），丙成立盗窃罪（既遂）

C. 甲成立盗窃罪（既遂），丙成立侵占罪

D. 甲成立盗窃罪（未遂），丙成立侵占罪

选项解析 在法考中，盗窃罪的既遂标准可以采取行为人实际控制说，只要建立新的占有关系，就成立既遂。本案中，甲将乙的皮箱扔到院外，已经建立新的占有关系，故甲成立盗窃罪既遂。丙面对无人看管的皮箱，误以为是无人占有之遗忘物而不法获取，虽然在客观上破坏了甲对皮箱的非法占有，但是主观上没有破坏他人占有的故意，只在侵占罪的范围内达到了主客观相一致的标准，故丙成立侵占罪。

参考答案 C

352. 关于盗窃行为的定性，下列哪些选项是正确的？（2008/2/64-多）

A. 盗窃伪造的货币的行为，不成立盗窃罪

B. 盗窃伪造的国家机关印章的行为，不成立盗窃国家机关印章罪

C. 盗窃伪造的信用卡并使用的行为，不适用《刑法》第196条关于"盗窃信用卡并使用"的规定

D. 盗窃企业违规制造的枪支的行为，不成立盗窃枪支罪

选项解析 违禁品可以成为盗窃的对象，根据最

高人民法院、最高人民检察院《关于办理盗窃刑事案件适用法律若干问题的解释》第1条第4款的规定，盗窃毒品等违禁品，应当按照盗窃罪处理的，根据情节轻重量刑。所以盗窃假币的行为，也可以成立盗窃罪。故A项错误。

《刑法》第280条第1款规定了盗窃国家机关公文、证件、印章罪。故B项正确。

如果盗窃伪造的信用卡并使用，属于"使用伪造的信用卡"，定信用卡诈骗罪。故C项正确。

盗窃枪支罪侵害的法益是公共安全。不管是盗窃合法制造的枪支还是盗窃违规制造的枪支，都会侵害公共安全，所以都成立盗窃枪支罪。故D项错误。

参考答案 BC

353. 某日，甲醉酒驾车将行人乙撞死，急忙将尸体运到X地掩埋。10天后，甲得知某单位要在X地施工，因担心乙的尸体被人发现，便将乙的尸体从X地转移至Y地。在转移尸体时，甲无意中发现了乙的身份证和信用卡。此后，甲持乙的身份证和信用卡，从银行柜台将乙的信用卡中的5万元转入自己的信用卡，并以乙的身份证办理入网手续并使用移动电话，造成电信资费损失8000余元。甲的行为构成何罪？（2008/2/58-多）

A. 交通肇事罪　　　　B. 侵占罪
C. 信用卡诈骗罪　　　D. 诈骗罪

选项解析 甲醉酒肇事的行为构成交通肇事罪。一般认为，如果死者死亡时间较长，则无占有权，故甲获取信用卡的行为不属于盗窃，而属于捡拾，事后使用的行为构成信用卡诈骗罪。信用卡本身没有价值，故不构成侵占罪。同时，甲使用他人身份证件办理移动电话，这是典型的电信诈骗，构成诈骗罪。司法解释也规定，以虚假、冒用的身份证件办理入网手续并使用移动电话，造成电信资费损失数额较大的，以诈骗罪定罪处罚。

参考答案 ACD

354. 关于诈骗罪的认定，下列哪一选项是正确的（不考虑数额）？（2016/2/17-单）

A. 甲利用信息网络，诱骗他人点击虚假链接，通过预先植入的木马程序取得他人财物。即使他人不知点击链接会转移财产，甲也成立诈骗罪

B. 乙虚构可供交易的商品，欺骗他人点击付款链接，取得他人财物的，由于他人知道自己付款，故乙触犯诈骗罪

C. 丙将钱某门前停放的摩托车谎称是自己的，卖给孙某，让其骑走。丙就钱某的摩托车成立诈骗罪

D. 丁侵入银行计算机信息系统，将刘某存折中的5万元存款转入自己的账户。对丁应以诈骗罪论处

选项解析 构成诈骗罪，要求行为人虚构事实或隐瞒真相，使他人陷入错误认识，进而对财物进行处分。A项，由于他人点击链接时没有处分财产的意思，因此甲的行为不能构成诈骗罪，应构成盗窃罪。故A项错误。

B项，乙虚构可供交易的商品，使他人陷入错误认识，付款给乙，自愿交付占有，乙的行为构成典型的诈骗罪。故B项正确。

C项，丙谎称钱某的摩托车是自己的，将其卖给孙某，丙对财物没有处分权，其行为构成盗窃罪而非诈骗罪。故C项错误。

D项，丁侵入计算机信息系统修改数据，窃取刘某存折里的钱，构成盗窃罪而非诈骗罪。当然，这种行为还构成破坏计算机信息系统罪，但根据《刑法》第287条的规定，最后只构成盗窃罪。故D项错误。

参考答案 B

✎ **主客命题点**

利用计算机实施金融诈骗、盗窃、贪污、挪用公款、窃取国家秘密或者构成其他犯罪的，无需数罪并罚，按目的行为来定罪。例如，章某先以195元的价格购买一张一人次的梦幻谷原始电子门票卡，由赵某侵入检售票系统，根据卡号将人数修改为6~8人，再由章某组织客源进入景区。章某以每人170元的价格出售给游客，

两人获利达40余万元。章某和赵某符合破坏计算机信息系统罪和盗窃罪的犯罪构成，但只定盗窃罪。

355. 下列哪些行为触犯诈骗罪（不考虑数额）？（2015/2/63-多）

A. 甲对李某家的保姆说："李某现在使用的手提电脑是我的，你还给我吧。"保姆信以为真，将电脑交给甲

B. 甲对持有外币的乙说："你手上拿的是假币，得扔掉，否则要坐牢。"乙将外币扔掉，甲乘机将外币捡走

C. 甲为灾民募捐，一般人捐款几百元。富商经过募捐地点时，甲称："不少人都捐一、二万元，您多捐点吧。"富商信以为真，捐款2万元

D. 乙窃取摩托车，准备骑走。甲觉其可疑，装成摩托车主人的样子说："你想把我的车骑走啊？"乙弃车逃走，甲将摩托车据为己有

选项解析 甲欺骗李某家的保姆，使保姆陷入错误认识，误认为李某所使用的手提电脑是甲的，进而将电脑交给甲，符合诈骗罪的构成要件，甲成立诈骗罪。需要特别说明的是，在本案中，保姆是具有处分权限的，因为根据社会的一般生活观念，保姆有权帮助主人归还主人借用他人的财物。当被骗人和被害人不是同一人时，属于"三角诈骗"，当然，"三角诈骗"中的被骗人也应当有处分权限，否则就不构成诈骗罪。在本项中，被骗人是保姆，有一定的处分权，被害人是李某，甲骗了保姆，使李某遭受财产损失，完全符合诈骗罪的构成要件。故A项当选。

甲欺骗乙手上拿的外币是假币，使乙陷入错误认识扔掉外币。由于甲没有实施恐吓行为，虽然乙也陷入恐惧之中，但显然甲只构成诈骗罪。故B项当选。

富商对于自己捐款的数目和用途存在正确的认识，并且实现了捐款的目的，所以其同意是真实意思表达，不构成诈骗罪。故C项不当选。

D项考点和B项相同。乙窃取摩托车，此时摩托车在乙的占有之下，甲装成摩托车主人的样子，使乙陷入错误认识，放弃占有，弃车逃走，甲将摩托车据为己有，也属于"行为人实施欺骗行为，使对方先放弃财物（对财物的占有），行为人再取得财物"的情形，被骗人乙基于错误认识处分了财物（放弃了对摩托车的占有），甲构成诈骗罪。故D项当选。

参考答案 ABD

📝 主客命题点

（1）三角诈骗的认定：在三角诈骗罪中，虽然被骗人与被害人可以不同，但是被骗人与处分权人必须是同一人。当然，这里的处分权人只要是在社会观念上具有处分权即可，不要求一定是所有权人，保姆在社会观念上就可以将西装交付给洗衣店员工。但在让人取衣案中，甲欺骗乙，称院子里晒的衣服是自己的，让乙帮忙取来。在此案中，乙在社会观念上并不具有衣服的处分权，因此该案件只能成立盗窃（间接正犯）。

（2）诈骗与敲诈勒索的关系：①行为同时具有诈骗与恐吓性质，对方也同时陷入认识错误与恐惧心理的，这属于诈骗罪与敲诈勒索罪的想象竞合犯，应从一重罪论处。例如，甲将王某杀害后，又以王某被绑架为由，向其亲属索要钱财。甲的行为除构成故意杀人罪外，还构成敲诈勒索罪与诈骗罪的想象竞合犯。②行为人仅实施欺骗行为，使被害人陷入认识错误并产生恐惧心理的，只能定诈骗罪。在B项中，乙既被骗，又被吓到了，但甲只实施了欺骗行为，所以甲只构成诈骗罪。当然，判断甲是否实施了恐吓，主要看对被害人而言，在处分财物时其心目中认为行为人是否是坏人。在本项中，乙并不认为甲是坏人。

356. 乙购物后，将购物小票随手扔在超市门口。甲捡到小票，立即拦住乙说："你怎么把我购买的东西拿走？"乙莫名其妙，甲便向

乙出示小票，两人发生争执。适逢交警丙路过，乙请丙判断是非，丙让乙将商品还给甲，有口难辩的乙只好照办。关于本案的分析（不考虑数额），下列哪一选项是错误的？（2014/2/19-单）

A. 如认为交警丙没有处分权限，则甲的行为不成立诈骗罪

B. 如认为盗窃必须表现为秘密窃取，则甲的行为不成立盗窃罪

C. 如认为抢夺必须表现为乘人不备公然夺取，则甲的行为不成立抢夺罪

D. 甲虽未实施恐吓行为，但如乙心生恐惧而交出商品的，甲的行为构成敲诈勒索罪

选项解析 如果行为人不具有处分财产的权限或地位，或者不具有处分财产的能力，则行为人不能构成诈骗罪。故在本案中，如果认为交警丙没有处分财产的权限，则行为人甲的行为不成立诈骗罪。故 A 项正确，不当选。

关于盗窃罪是否必须表现为秘密窃取，理论上存在不同观点。当然，如果认为成立盗窃罪必须表现为秘密窃取，那么，在本案中，甲不是秘密窃取财物，甲的行为不成立盗窃罪。故 B 项正确，不当选。

抢夺罪，是指以非法占有为目的，直接夺取他人紧密占有的数额较大的公私财物的行为。关于抢夺罪是否必须表现为乘人不备公然夺取，在理论上也存在不同观点。如果认为抢夺必须表现为乘人不备公然夺取，则甲的行为在本案中没有乘人不备，故不成立抢夺罪。故 C 项正确，不当选。

敲诈勒索罪的基本结构是行为人实施恐吓，被害人陷入恐惧，如果行为人没有威胁、恐吓行为，即使被害人心生恐惧而交出商品，也不能认定行为人构成敲诈勒索罪。故 D 项错误，当选。

参考答案 D

357. 甲将一只壶的壶底落款"民国叁年"磨去，放在自己的古玩店里出卖。某日，钱某看到这只壶，误以为是明代文物。甲见钱某询问，谎称此壶确为明代古董，钱某信以为真，按明代文物交款买走。又一日，顾客李某看上

一幅标价很高的赝品，以为名家亲笔，但又心存怀疑。甲遂拿出虚假证据，证明该画为名家亲笔。李某以高价买走赝品。请回答第（1）~（2）题。（2011/2/86~87-任）

（1）关于甲对钱某是否成立诈骗罪，下列选项错误的是：

A. 甲的行为完全符合诈骗罪的犯罪构成，成立诈骗罪

B. 钱某自己有过错，甲不成立诈骗罪

C. 钱某已误以为是明代古董，甲没有诈骗钱某

D. 古玩投资有风险，古玩买卖无诈骗，甲不成立诈骗罪

选项解析 本案中，甲对文物的年代进行了具有欺骗性的处理，这是影响文物价格的一个重要特征，属于实质性欺骗，故甲的行为成立诈骗罪。故 A 项正确。当然，如果甲对文物的基本特征，尤其是重要特征没有隐瞒，哪怕是甲要价过高，钱某支付了较高的价格，甲的行为也不成立诈骗罪。

参考答案 BCD

（2）关于甲对李某是否成立诈骗罪，下列选项正确的是：

A. 甲的行为完全符合诈骗罪的犯罪构成，成立诈骗罪

B. 标价高不是诈骗行为，虚假证据证明该画为名家亲笔则是诈骗行为

C. 李某已有认识错误，甲强化其认识错误的行为不是诈骗行为

D. 甲拿出虚假证据的行为与结果之间没有因果关系，甲仅成立诈骗未遂

选项解析 本案中，甲对名画的真实作者予以了隐瞒，这是影响名画价格的一个重要指标，甲的行为当然成立诈骗罪。本案中，李某本来就心存怀疑，而甲拿出虚假证据证明画是名家画的，成立诈骗罪的既遂。在很多诈骗案件中，被害人都是半信半疑的，此时行为人如果强化被害人的认识错误，被害人后基于此认识错误处分财物，这仍构成诈骗罪。故 A、B 项正确。

参考答案 AB

358. 丙是乙的妻子。乙上班后，甲前往丙家欺骗丙说："我是乙的新任秘书，乙上班时好像忘了带提包，让我来取。"丙信以为真，甲从丙手中得到提包（价值3300元）后逃走。关于甲的行为，下列哪些选项是错误的？（2008延/2/59-多）

A. 盗窃罪的直接正犯

B. 诈骗罪的间接正犯

C. 盗窃罪的间接正犯

D. 诈骗罪的直接正犯

选项解析 本案是典型的三角诈骗，被骗人和被害人不一致，被骗人有处分权。由于丙是有处分权的人，甲也单独、直接实施了诈骗行为，故甲是诈骗罪的直接正犯。

参考答案 ABC

359. 关于诈骗罪，下列哪些选项是正确的？（2007/2/62-多）

A. 收藏家甲受托为江某的藏品进行鉴定，甲明知该藏品价值100万，但故意贬其价值后以1万元收买。甲的行为构成诈骗罪

B. 文物贩子乙收购一些赝品，冒充文物低价卖给洪某。乙的行为构成诈骗罪

C. 店主丙在柜台内陈列了两块标价5万元的玉石，韩某讲价后以3万元购买其中一块，周某讲价后以3000元购买了另一块。丙对韩某构成诈骗罪

D. 画家丁临摹了著名画家范某的油画并署上范某的名章，通过画廊以5万元出售给田某，丁非法获利3万元。丁的行为构成诈骗罪

选项解析 A项，甲以非法占有为目的，隐瞒事实，欺骗他人，使得受害人低价处分了自己的财物，造成财产损失，构成诈骗罪。故A项正确。

B项，乙以非法占有为目的，虚构文物事实，欺骗他人，使得受害人购买了自己根本不需要的物品，造成财产损失，构成诈骗罪。故B项正确。

C项，丙通过市场行为出售自己的商品，并

没有虚构事实或者隐瞒真相。只要丙所售之物确为玉石，买卖双方对价格的博弈是合理的市场行为，其结果没有侵害双方的合法利益，丙的行为就不是犯罪。故C项错误。

D项，丁假冒他人署名出售美术作品，根据《刑法》第217条第5项的规定，按照侵犯著作权罪处理。故D项错误。这是侵犯著作权领域的诈骗，应适用特别法，定侵犯著作权罪一罪。

参考答案 AB

360. 乙（16周岁）进城打工，用人单位要求乙提供银行卡号以便发放工资。乙忘带身份证，借用老乡甲的身份证以甲的名义办理了银行卡。乙将银行卡号提供给用人单位后，请甲保管银行卡。数月后，甲持该卡到银行柜台办理密码挂失，取出1万余元现金，拒不退还。甲的行为构成下列哪一犯罪？（2014/2/18-单）

A. 信用卡诈骗罪

B. 诈骗罪

C. 盗窃罪（间接正犯）

D. 侵占罪

选项解析 本案中，银行卡在甲的合法占有之下，而不是甲盗窃的。乙所在单位将乙的工资打入甲保管的银行卡中后，乙的工资对甲而言也属于代为保管的财物，甲通过挂失密码的方式将代为保管的财物非法占为己有，拒不归还的，构成侵占罪，不构成盗窃罪。

参考答案 D

📝 主客命题点

　　如果卡在乙手中，甲把卡偷来使用，这也不构成盗窃罪，因为盗窃信用卡并使用也是一种三角诈骗关系，在此案中卡在法律上是归甲所有，所以甲的行为依然构成侵占罪。

361. 乙驾车带甲去海边游玩。到达后，乙欲游泳。甲骗乙说："我在车里休息，把车钥匙给我。"趁乙游泳，甲将该车开往外地卖给他人。甲构成何罪？（2013/2/17-单）

A. 侵占罪

B. 盗窃罪

C. 诈骗罪

D. 盗窃罪与诈骗罪的竞合

选项解析 乙让甲在自己的车里休息，但车仍在乙的占有之下，不在甲的占有之下。甲未经乙同意，将乙占有的车辆开走卖掉，构成盗窃罪，不构成侵占罪。乙将车钥匙交给甲，只是让甲在车里休息，并没有同意甲将车开走，也就是说，乙并没有处分汽车的意思，所以甲不构成诈骗罪。

参考答案 B

362. 不计数额，下列哪一选项构成侵占罪？（2012/2/18-单）

A. 甲是个体干洗店老板，洗衣时发现衣袋内有钱，将钱藏匿

B. 乙受公司委托外出收取货款，隐匿收取的部分货款

C. 丙下飞机时发现乘客钱包掉在座位底下，捡起钱包离去

D. 丁是宾馆前台服务员，客人将礼品存于前台让朋友自取。丁见久无人取，私吞礼品

选项解析 A项，甲是干洗店老板，衣服是受客人委托，在甲的合法占有之下，衣服口袋内的钱也是客人送交衣服时遗忘在口袋中的，属于脱离占有物，客人衣服口袋中的钱也可以视为甲代为保管的财物，甲将钱藏匿，构成侵占罪。从社会观念来看，洗衣店老板在洗衣时可以掏衣服口袋。故 A 项当选。

B项，乙受公司委托外出收取货款，货款是公司的财物，乙作为公司的工作人员，利用职务上的便利，将公司的财物隐匿据为己有，构成职务侵占罪，而不构成侵占罪。故 B 项不当选。

C项，飞机的客舱不同于公交车，它是一个封闭的空间，乘客下飞机时，掉在飞机上的钱包转移为空乘人员管理，丙捡走钱包，构成盗窃罪。故 C 项不当选。

D项，主人特别声明或者故意放置在特定场所的财物，由其占有。客人将礼品存于前台让朋友自取，该财物是主人特别声明或者故意放

置在特定场所的财物。根据一般社会观念，在其他客人前来取物之前，该财物推定为放置者占有，故丁的行为构成盗窃罪。故 D 项不当选。

参考答案 A

363. 甲对乙使用暴力，欲将其打残。乙慌忙掏出手机准备报警，甲一把夺过手机装进裤袋并将乙打成重伤。甲在离开现场 5 公里后，把乙价值 7000 元的手机扔进水沟。甲的行为构成何罪？（2009/2/17-单）

A. 故意伤害罪、盗窃罪

B. 故意伤害罪、抢劫罪

C. 故意伤害罪、抢夺罪

D. 故意伤害罪、故意毁坏财物罪

选项解析 故意毁坏财物罪主观上没有非法占有的目的。本题中，甲夺乙手机的行为看似抢夺或抢劫，但其目的是阻止对方报警。离开现场后，将手机扔进水沟，说明甲对手机并没有非法占有的目的。故 A、B、C 项不当选。

甲将手机扔进水沟，使手机效用丧失，构成故意毁坏财物罪。故 D 项当选。

参考答案 D

364. 甲（交通肇事后）找到在私营保险公司当定损员的朋友陈某，告知其真相，请求其帮忙向保险公司申请赔偿。陈某遂向保险公司报告说是丁驾车造成事故，并隐瞒其他不利于甲的事实。甲顺利获得 7 万元保险赔偿。关于上述事实的分析，下列选项正确的是：（2016/2/88-任）

A. 甲对发生的保险事故编造虚假原因，骗取保险金，触犯保险诈骗罪

B. 甲既触犯保险诈骗罪，又触犯诈骗罪，由于两罪性质不同，应数罪并罚

C. 陈某未将保险金据为己有，因欠缺非法占有目的不构成职务侵占罪

D. 陈某与甲密切配合，骗取保险金，两人构成保险诈骗罪的共犯

选项解析 根据《刑法》第 198 条的规定，保险诈骗罪，是指以非法获取保险金为目的，违反

保险法规，采用虚构保险标的、保险事故、对发生的保险事故编造虚假的原因或者制造保险事故等方法，向保险公司骗取保险金，数额较大的行为。甲的行为已经构成本罪。故 A 项正确。

保险诈骗罪与诈骗罪是特别法与一般法的法条竞合关系，甲的行为不再另行构成诈骗罪。故 B 项错误。

陈某和甲构成共同犯罪，由于双方都属于特殊身份犯，根据有关司法解释的规定，认定其行为构成保险诈骗罪还是职务侵占罪的关键在于谁在共同犯罪中具有关键地位。如果无法区分主从犯，则可以按照想象竞合原理，在保险诈骗罪的共犯和职务侵占罪的共犯中从一重罪处理，显然，C 项说陈某不构成职务侵占罪是错误的。故 C 项错误，D 项正确。

参考答案 AD

365. 公司保安甲在休假期内，以"第二天晚上要去医院看望病人"为由，欺骗保安乙，成功和乙换岗。当晚，甲将其看管的公司仓库内价值 5 万元的财物运走变卖。甲的行为构成下列哪一犯罪？（2014/2/17-单）

A. 盗窃罪　　　　　　B. 诈骗罪

C. 职务侵占罪　　　　D. 侵占罪

选项解析 区分盗窃罪和职务侵占罪的关键在于行为人是否利用了职务上的便利。盗窃罪没有利用职务之便，职务侵占罪则利用了职务之便。所谓利用职务上的便利，是指利用自己主管、管理、经营、经手本单位财物的便利条件。本案中，在行为当时，财物在甲的看管之下，甲将自己看管的财物运走变卖，显然属于"监守自盗"，利用了职务之便，构成职务侵占罪，而非盗窃罪。

参考答案 C

366. 甲在 8 楼阳台上浇花时，不慎将金镯子（价值 3 万元）甩到了楼下。甲立即让儿子在楼上盯着，自己跑下楼去捡镯子。路过此处的乙看见地面上有一只金镯子，以为是谁不慎遗失的，在甲到来之前捡起镯子迅速逃离

现场。甲经多方询查后找到乙，但乙否认捡到金镯子。乙的行为构成何罪？（2008 延/2/16-单）

A. 盗窃罪　　　　　　B. 侵占罪

C. 抢夺罪　　　　　　D. 不构成犯罪

选项解析 本案中，犯罪行为人乙只看到了马路上的一个金镯子，并不知道金镯子被人占有的属性，主观上只有侵占的故意，客观上获取了他人财物，因此，仅能构成侵占罪。

参考答案 B

367. 下列哪些行为属于盗窃？（2010/2/62-多）

A. 甲穿过铁丝网从高尔夫球场内"拾得"大量高尔夫球

B. 甲在夜间翻入公园内，从公园水池中"捞得"旅客投掷的大量硬币

C. 甲在宾馆房间"拾得"前一顾客遗忘的笔记本电脑一台

D. 甲从一辆没有关好门的小轿车内"拿走"他人公文包

选项解析 A、B、C、D 四项中的财物，按照社会观念，都是他人占有之物。高尔夫球场内客人遗失的高尔夫球属于高尔夫球场占有；公园水池中旅客投掷的大量硬币属于公园占有；宾馆房间前一顾客遗忘的笔记本电脑属于宾馆无因保管的占有；没有关好门的小轿车内的他人公文包属于车主占有。取走这些财物的，构成盗窃罪。

参考答案 ABCD

368. 关于盗窃罪的理解，下列哪一选项是正确的？（2011/2/16-单）

A. 扒窃成立盗窃罪的，以携带凶器为前提

B. 扒窃仅限于窃取他人衣服口袋内体积较小的财物

C. 扒窃时无论窃取数额大小，即使窃得一张白纸，也成立盗窃罪既遂

D. 入户盗窃成立盗窃罪的，既不要求数额较大，也不要求多次盗窃

选项 解析 刑法中规定有"入户盗窃、携带凶器盗窃、扒窃",其中,"携带凶器"并不是修饰"扒窃"的,扒窃行为本身就是盗窃罪的一个定罪标准。携带凶器不是对扒窃的要求,亦即携带凶器并不修饰扒窃,否则就完全没有必要规定扒窃了。故 A 项错误。

扒窃的财物不限于贴身财物,也可以包括随身财物,因此不限于体积微小的财物。故 B 项错误。

盗窃罪都是结果犯,必须得有价值的财物才构成既遂。故 C 项错误。

《刑法修正案(八)》将盗窃罪的"定罪标准"划分为五种,即数额较大的,或者多次盗窃、入户盗窃、携带凶器盗窃、扒窃的,这五种标准之间是并列关系,只要符合其中之一,就成立盗窃罪。故 D 项正确。

参考 答案 D

369. 关于诈骗罪的理解和认定,下列哪些选项是错误的?(2013/2/61-多)

A. 甲曾借给好友乙 1 万元。乙还款时未要回借条。1 年后,甲故意拿借条要乙还款。乙明知但碍于情面,又给甲 1 万元。甲虽获得 1 万元,但不能认定为诈骗既遂

B. 甲发现乙出国后其房屋无人居住,便伪造房产证,将该房租给丙住了 1 年,收取租金 2 万元。甲的行为构成诈骗罪

C. 甲请客(餐费 1 万元)后,发现未带钱,便向餐厅经理谎称送走客人后再付款。经理信以为真,甲趁机逃走。不管怎样理解处分意识,对甲的行为都应以诈骗罪论处

D. 乙花 2 万元向甲购买假币,后发现是一堆白纸。由于购买假币的行为是违法的,乙不是诈骗罪的受害人,甲不成立诈骗罪

选项 解析 A 项,取得型财产犯罪,行为人取得了财产不等于既遂,行为和取财之间具有因果关系时,方能认定为既遂。乙并没有陷入错误认识,而是碍于情面,主动给甲 1 万元。甲的欺骗行为和其取得财产之间没有因果关系,所以甲虽然获得 1 万元,但只构成诈骗未遂。故 A 项正确,不当选。

B 项,诈骗罪要求被害人遭受财产上的损失。丙并没有遭受财产上的损失,故甲不构成诈骗罪。如果甲通过伪造房产证,欺骗丙支付租金后,丙没有租到房子,则甲构成诈骗罪。故 B 项错误,当选。

C 项,行为人原本具有支付餐饮费用的意思,在吃完后,采取欺骗手段不支付费用的,不构成诈骗罪,因为被害人并没有因此而免除行为人的债务,即被害人没有处分行为。在这种情况下,属于民事纠纷,不构成犯罪。C 项就是这种情况,甲不构成诈骗罪。故 C 项错误,当选。

D 项,将白纸冒充假币卖给他人,仍然侵犯了他人的财产权,行为人甲构成诈骗罪。故 D 项错误,当选。

参考 答案 BCD

370. 关于侵占罪的认定(不考虑数额),下列哪些选项是错误的?(2011/2/62-多)

A. 甲将他人停放在车棚内未上锁的自行车骑走卖掉。甲行为构成侵占罪

B. 乙下车取自己行李时将后备厢内乘客遗忘的行李箱一并拿走变卖。乙行为构成侵占罪

C. 丙在某大学食堂将学生用于占座的手机拿走卖掉。丙行为成立侵占罪

D. 丁受托为外出邻居看房,将邻居锁在柜里的手提电脑拿走变卖。丁行为成立侵占罪

选项 解析 他人停放在车棚内的自行车,即使没有上锁,也认为是有人占有的财产,其他人取走财产的,成立盗窃罪。故 A 项错误,当选。

乙成立盗窃罪,因为后备厢的行李转化为司机占有,所以行为人的行为成立盗窃罪。故 B 项错误,当选。

学生就在现场,手机由学生占有,社会一般观念认为拿走有人占有的财物,成立盗窃罪。故 C 项错误,当选。

当财物在主人的实际控制之下,就属于主人占有。即便他人实际持有,也只是一种辅助性占有。丁受托看房,只是对主人占有屋内财物的一种辅助而已。故 D 项错误,当选。

参考 答案 ABCD

371. 甲冒充房主王某与乙签订商品房买卖合同，约定将王某的住房以220万元卖给乙，乙首付100万元给甲，待过户后再支付剩余的120万元。办理过户手续时，房管局工作人员识破甲的骗局并报警。根据司法解释，关于甲的刑事责任的认定，下列哪一选项是正确的？（2017/2/5-单）

A. 以合同诈骗罪220万元未遂论处，酌情从重处罚

B. 以合同诈骗罪100万元既遂论处，合同诈骗120万元作为未遂情节加以考虑

C. 以合同诈骗罪120万元未遂论处，合同诈骗100万元既遂的情节不再单独处罚

D. 以合同诈骗罪100万元既遂与合同诈骗罪120万元未遂并罚

选项解析 根据最高人民法院、最高人民检察院、公安部《关于办理电信网络诈骗等刑事案件适用法律若干问题的意见》的规定，电信网络诈骗既有既遂，又有未遂，分别达到不同量刑幅度的，依照处罚较重的规定处罚；达到同一量刑幅度的，以诈骗罪既遂处罚。最高人民法院指导案例第62号（王新明合同诈骗案）裁判要旨也认为：在数额犯中，犯罪既遂部分与未遂部分分别对应不同法定刑幅度的，应当先决定对未遂部分是否减轻处罚，确定未遂部分对应的法定刑幅度，再与既遂部分对应的法定刑幅度进行比较，选择适用处罚较重的法定刑幅度，并酌情从重处罚；二者在同一量刑幅度的，以犯罪既遂酌情从重处罚。在答选择题时应当按照司法解释和权威判例的观点做题。

甲与乙签订房屋买卖合同过程中，乙支付的100万元首付款构成合同诈骗罪的既遂。故A项错误。

剩余的120万元虽然没有直接损失，但具有损失的紧迫危险，应作为未遂情节加以考虑。故B项正确，C项错误。

本案中，甲的行为仅涉嫌合同诈骗罪一罪，对具体行为犯罪既遂和犯罪未遂认定后应按照合同诈骗罪一罪定罪处罚。故D项错误。

参考答案 B

✎ 主客命题点

如果行为人主观上试图盗窃数额特别巨大的财物，但客观上盗窃了数额较大的财物，关于法定刑的适用和犯罪形态，通说认为，数额较大是构成要素，因此行为人既构成盗窃罪的基本犯罪构成，同时又构成盗窃罪的加重犯罪构成（数额特别巨大）的未遂，应当从一重罪论处。另一种观点认为，财产犯罪的数额特别巨大不是加重犯罪构成，而是量刑规则。因此，只要客观上没有达到数额巨大，就不得适用数额巨大的法定刑，而只能按照数额较大型的盗窃，即盗窃罪基本犯罪构成之刑罚选择法定刑，未遂事实作为量刑情节对待。这在2016年卷四作为观点展示类试题考查过。

372. 郑某冒充银行客服发送短信，称张某手机银行即将失效，需重新验证。张某信以为真，按短信提示输入银行卡号、密码等信息后，又将收到的编号为135423的"验证码"输入手机页面。后张某发现，其实是将135 423元汇入了郑某账户。关于本案的分析，下列哪一选项是正确的？（2017/2/17-单）

A. 郑某将张某作为工具加以利用，实现转移张某财产的目的，应以盗窃罪论处

B. 郑某虚构事实，对张某实施欺骗并导致张某处分财产，应以诈骗罪论处

C. 郑某骗取张某的银行卡号、密码等个人信息，应以侵犯公民个人信息罪论处

D. 郑某利用电信网络，为实施诈骗而发布信息，应以非法利用信息网络罪论处

选项解析 本案中，郑某虽然实施了欺骗行为，但张某被骗后发送验证码时并没有主动交付财物的意思，张某并非自愿处分，而是被迫交付，因此郑某构成盗窃罪。故A项正确，B项错误。

根据《刑法》第253条之一和第287条之一的规定，C、D项错误。

参考答案 A

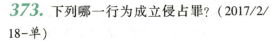

373. 下列哪一行为成立侵占罪？（2017/2/18-单）

A. 张某欲向县长钱某行贿，委托甲代为将5万元贿赂款转交钱某。甲假意答应，拿到钱后据为己有

B. 乙将自己的房屋出售给赵某，虽收取房款却未进行所有权转移登记，后又将房屋出售给李某

C. 丙发现洪灾灾区的居民已全部转移，遂进入居民房屋，取走居民来不及带走的贵重财物

D. 丁分期付款购买汽车，约定车款付清前汽车由丁使用，所有权归卖方。丁在车款付清前将车另售他人

选项解析 A项，甲根本无意为他人转交贿赂款，但却让他人陷入认识错误，这属于诈骗行为，不构成侵占罪。故A项不当选。

B项，乙将房屋出售给赵某但尚未进行所有权转移登记，乙仍然是房屋的所有权人，对房屋具有处分权，其一房二卖的行为不构成侵占罪。如果可以证明乙在卖房之前就具有非法占有的目的，则乙对赵某构成诈骗罪。故B项不当选。

C项，侵占罪的犯罪对象主要包含委托物、脱离占有物（遗忘物或埋藏物）。灾区居民来不及带走的贵重财物并没有脱离占有，房屋中的财物仍然由居民占有。丙取走他人财物的行为构成盗窃罪。故C项不当选。

D项，分期付款购物的场合，约定车款付清前车辆所有权归卖方所有，买方在付清车款前处分车辆的，属于对委托物的侵占行为。故D项当选。

参考答案 D

✎ 主客命题点

侵占罪中的财产损失：如果认为刑法和民法中关于财产损失的理解应当保持一致，那么被害人必须在民法上对财物有返还请求权，才能认定存在财产损失，从而成立侵占。如果认为刑法和民法中关于财产损失的理解可以不一致，即便被害人对财

物在民法上没有返还请求权，只要在事实上有财产损失，就属于刑法上的财产损失，那就可以成立侵占。例如，甲、乙两人盗窃，约好五五分成，但最后甲独吞所窃之财物。按照第一种观点，乙对财物没有民法上的返还请求权，甲不成立侵占罪；而按照第二种观点，乙遭受了事实上的财物损失，甲成立侵占罪。因此，如果张某欲向县长钱某行贿，委托甲代为将5万元贿赂款转交钱某。甲给钱某，但钱某拒收，甲后将钱据为己有。在本案中，如果按照事实损失说，甲构成侵占罪；但按照法律损失说，由于行贿款要上交国家，张某没有遭受财物损失，所以甲不构成侵占罪。

374. 某小区五楼刘某家的抽油烟机发生故障，王某与李某上门检测后，决定拆下搬回维修站修理。刘某同意。王某与李某搬运抽油烟机至四楼时，王某发现其中藏有一包金饰，遂暗自将之塞入衣兜。（事实一）

王某与李某将抽油烟机搬走后，刘某想起自己此前曾将金饰藏于其中，追赶前来，见王某神情可疑，便要其返还金饰。王某为洗清嫌疑，乘乱将金饰转交李某，李某心领神会，接过金饰藏于裤兜中。刘某确定王某身上没有金饰后，转身再找李某索要。李某突然一拳击倒刘某，致其倒地重伤。李某与王某随即逃走。（事实二）

后王某建议李某将金饰出售，得款二人平分，李某同意。李某明知金饰价值1万元，却向亲戚郭某谎称金饰为朋友委托其出售的限量版，售价5万元。郭某信以为真，花5万元买下金饰。拿到钱后，李某心生贪念，对王某称金饰仅卖得1万元，分给王某5000元。（事实三）（2017/2/86~88-任）

（1）关于事实一的分析，下列选项正确的是：

A. 王某从抽油烟机中窃走金饰，破除刘某对金饰的占有，构成盗窃罪

B. 王某未经李某同意，窃取李某与其共同占

有的金饰，应构成盗窃罪

C. 刘某客观上已将抽油烟机及机内金饰交给王某代为保管，王某取走金饰的行为构成侵占罪

D. 刘某将金饰遗忘在抽油烟机内，王某将其据为己有，是非法侵占他人遗忘物，构成侵占罪

选项 解析 刘某住在 5 楼，王某窃走金饰时刚刚行至 4 楼，此时刘某对于金饰仍具有紧密的占有状态，金饰仍为刘某占有，不属于刘某的脱离占有物，王某只是辅助占有人，此时从抽油烟机中将金饰窃走的行为构成盗窃罪。故 A 项正确，B、C、D 项错误。

参考 答案 A

(2) 关于事实二的分析，下列选项正确的是：

A. 李某接过金饰，协助王某拒不返还他人财物，构成侵占罪的帮助犯

B. 李某帮助王某转移犯罪所得的金饰，构成掩饰、隐瞒犯罪所得罪

C. 李某为窝藏赃物将刘某打伤，属事后抢劫，构成抢劫（致人重伤）罪

D. 王某利用李某打伤刘某的行为顺利逃走，也属事后抢劫，构成抢劫罪

选项 解析 王某的行为已经构成盗窃罪，而非侵占罪。故 A 项错误。

王某窃取金饰的行为构成盗窃罪的既遂，为了躲避刘某追查将赃物转移给李某。李某明知金饰为赃物而窝藏、转移的行为构成掩饰、隐瞒犯罪所得罪。同时，李某的行为并非盗窃的共同犯罪，其窝藏赃物的行为与王某缺乏犯意联络，所以李某和王某都不属于事后抢劫。故 B 项正确，C、D 项错误。

参考 答案 B

主客命题点

转化型抢劫与共同犯罪的认定：

(1) 甲、乙共同实施盗窃，甲望风，乙在盗窃结束后为抗拒抓捕将被害人打伤。甲不构成抢劫罪，只有乙成立转化型抢劫。

(2) 甲实施盗窃后，在逃跑过程中，知

道真相的乙在甲的授意下，对被害人实施暴力，帮助甲逃跑。甲、乙都成立转化型抢劫。

(3) 甲实施盗窃后，在逃跑过程中向被害人投掷石块，知道真相的乙在甲不知情的情况下，用石块将被害人砸伤，帮助甲逃跑，甲以为是自己砸中被害人。甲、乙成立转化型抢劫，其中，甲有抗拒抓捕的目的，而目的是一种主观超过要素，并不需要相匹配的客观内容；乙属于转化型抢劫的片面帮助犯。

(4) 甲实施盗窃后，在逃跑过程中，知道真相的乙在甲不知情的情况下，对被害人实施暴力（致人重伤），帮助甲逃跑。甲、乙都不成立转化型抢劫，乙构成故意伤害罪和窝藏罪的想象竞合。

(3) 关于事实三的分析，下列选项正确的是：

A. 李某对郭某进行欺骗，导致郭某以高价购买赃物，构成诈骗罪

B. 李某明知金饰是犯罪所得而出售，构成掩饰、隐瞒犯罪所得罪

C. 李某欺骗王某放弃对剩余 2 万元销赃款的返还请求，构成诈骗罪

D. 李某虽将金饰卖得 5 万元，但王某所犯财产犯罪的数额为 1 万元

选项 解析 李某明知金饰价值 1 万元，却以欺骗的方式向郭某谎称金饰价值 5 万元，致使郭某支付价款，遭受财产损失的行为，构成诈骗罪。故 A 项正确。

王某为躲避刘某追查将赃物转移给李某，李某明知金饰为赃物而窝藏、转移的行为构成掩饰、隐瞒犯罪所得罪，之后出售的行为属于事后不可罚的行为。故 B 项错误。

王某并未遭受财产损失，李某对王某不构成诈骗罪。故 C 项错误。

王某的行为构成盗窃罪，犯罪数额是 1 万元；李某的行为构成掩饰、隐瞒犯罪所得罪，犯罪数额为 5 万元。故 D 项正确。

参考 答案 AD

375. 老板甲春节前转移资产，拒不支付农民工工资。劳动部门下达责令支付通知书后，甲故意失踪。公安机关接到报警后，立即抽调警力，迅速将甲抓获。在侦查期间，甲主动支付了所欠工资。起诉后，法院根据《刑法修正案（八）》拒不支付劳动报酬罪认定甲的行为，甲表示认罪。关于此案，下列哪一说法是错误的？（2012/2/1-单）

A. 《刑法修正案（八）》增设拒不支付劳动报酬罪，体现了立法服务大局、保护民生的理念

B. 公安机关积极破案解决社会问题，发挥了保障民生的作用

C. 依据《刑法修正案（八）》对欠薪案的审理，体现了惩教并举，引导公民守法、社会向善的作用

D. 甲已支付所欠工资，可不再追究甲的刑事责任，以利于实现良好的社会效果

选项解析 拒不支付劳动报酬，尚未造成严重后果，在提起公诉前支付劳动者的劳动报酬，并依法承担相应赔偿责任的，可以减轻或者免除处罚，而非不再追究刑事责任。故 D 项错误，当选。

参考答案 D

解题思路 在我国《刑法》中，使用不予追究刑事责任的表述只有两个：

（1）中华人民共和国公民在中华人民共和国领域外犯本法规定之罪的，适用本法，但是按本法规定的最高刑为 3 年以下有期徒刑的，可以不予追究。（《刑法》第 7 条第 1 款，属人管辖的例外）

（2）（有逃税犯罪）行为，经税务机关依法下达追缴通知后，补缴应纳税款，缴纳滞纳金，已受行政处罚的，不予追究刑事责任；但是，5 年内因逃避缴纳税款受过刑事处罚或者被税务机关给予 2 次以上行政处罚的除外。（《刑法》第 201 条第 4 款）

376. 甲用乙的购物网站的账号和密码购物，用自己的银行卡付款，填的自己的地址，但是购物网站确认地址时打电话给乙，乙改成了自己的地址，购物网站将货物寄给了乙。如果不考虑数额，乙的行为应该如何定性？（2018-回忆版-单）

A. 乙的行为构成盗窃罪

B. 乙的行为构成诈骗罪

C. 乙的行为应当以盗窃罪和诈骗罪从一重罪论处

D. 乙的行为构成侵占罪

选项解析 这是典型的三角诈骗，被害人与被骗人不一致，作为被骗人的购物网站有处分权，作为被害人的甲遭受了财物损失，所以构成诈骗罪，不构成盗窃罪。同时，乙的非法占有意图产生在占有之前，所以不构成侵占罪。故 B 项当选。

参考答案 B

377. 邮政快递员陆某把传送带上不属于自己配送范围的快递件从快递站点取走后，打开该快递，拿走里面的东西。如果不考虑数额，这该当何罪？（2018-回忆版-单）

A. 盗窃罪　　　　　　B. 诈骗罪

C. 职务侵占罪　　　　D. 侵占罪

选项解析 陆某的行为构成盗窃罪。快递站并非自愿交付财物，所以陆某不构成诈骗罪。同时，陆某对不属于自己配送范围的快递件也没有支配权，所以不构成职务侵占罪。另外，陆某的非法占有目的产生于占有财物之前，所以不构成侵占罪。

参考答案 A

378. 如果不考虑数额，下列成立盗窃罪的有：（2018-回忆版-多）

A. 甲与乙骑乙的摩托车出去玩，路不好，乙说推过去，甲说自己来骑，但甲骑着车跑了

B. 公安机关将乙的车长期扣留在停车场里，乙骗停车场管理人员说自己是公安机关的人，付了停车费把车开走了

C. 张某拿着包坐在公园长椅上，丙默默坐他旁边。张某离开时忘记拿自己的包，丙见

状拿了张某的包就跑。张某走出 10 米想起了自己的包，但已无法寻回

D. 丁打电话欺骗在家休息的老人："您的女儿在前面马路上出车祸了，您赶快去。"老人连门也没有锁便急忙赶到马路边，丁趁机取走了老人的财物

选项解析 甲是辅助占有人，没有占有乙的摩托车，所以其行为构成盗窃罪。故 A 项当选。

停车场对长期停放的车辆有占有权，这属于三角诈骗，所以乙的行为构成诈骗罪。故 B 项不当选。

张某离开不远，在社会观念上依然占有财物，丙的行为系平和取财，构成盗窃罪。故 C 项当选。

丁的行为也构成盗窃，被害人并未自愿交付财物。故 D 项当选。

参考答案 ACD

379. 乙在某民营银行领取办理的银行卡与 U 盾，银行大厅经理甲在假意指导乙如何使用 U 盾时偷换了乙的 U 盾并骗乙说："只能在一周之后使用 U 盾。"乙信以为真，后甲利用乙的 U 盾将其卡内 3 万元转入自己的银行卡。关于甲的行为性质，下列说法正确的是：（2019-回忆版-单）

A. 甲成立职务侵占罪

B. 甲成立盗窃罪

C. 甲成立诈骗罪

D. 甲成立信用卡诈骗罪

选项解析 甲通过他人的 U 盾，把财物转移至自己的名下，乙属于被迫处分财物，这是典型的盗窃行为，甲的行为没有给银行造成财物损失，不构成职务侵占罪。

参考答案 B

380. 甲、乙共谋盗窃渔网，乙给甲提供了渔船，甲盗窃成功并出卖渔网获利，结果盗窃的渔网是乙的。不考虑数额，甲、乙的行为如何定性？（2019-回忆版-单）

A. 甲、乙均成立盗窃罪既遂

B. 甲成立盗窃罪既遂，乙不成立盗窃罪既遂

C. 甲成立盗窃罪既遂，乙成立盗窃罪预备

D. 甲、乙均成立盗窃罪未遂

选项解析 盗窃罪的对象是他人的财产，因此，在本案中，甲的行为构成盗窃罪，乙的行为属于主观上想盗窃，但客观上对象不能，因为偷自己的东西不属于偷，所以不构成盗窃罪的既遂。

参考答案 B

381. 甲乘坐公交车，看见旁边的乙口袋露出手机，甲趁公交车停靠到站，把手机顺走，刚好被乙发现，于是乙下车追甲。此时，执勤的民警丙看见后与乙共同追甲。三人扭打，手机掉落地上，甲顾不上捡手机，就跑到马路对面，丙追赶途中不小心被过往车辆撞死。甲的行为如何定性？（2019-回忆版-多）

A. 甲的行为与丙的死亡之间具有因果关系，甲构成抢劫致人死亡，并且属于在公共交通工具上抢劫

B. 甲的行为与丙的死亡之间不具有因果关系，但考虑到丙的死亡与甲的行为存在联系，因此，对甲可以从重处罚

C. 如果甲抢夺的手机没有达到数额较大，则抢夺行为无法达到既遂，那么也就不可能构成抢劫罪

D. 甲的行为还触犯妨害公务罪

选项解析 甲并没有创造丙死亡的危险，丙是被车辆撞死，甲对丙的死亡不承担责任。同时，暴力发生在公交车以外，也不属于在公共交通工具上抢劫。故 A 项不当选。

虽然甲对丙的死亡不承担责任，但是丙的死亡与甲的行为存在事实上的客观联系，具备条件关系，所以可以酌情从重处罚。故 B 项当选。

最高人民法院《关于审理抢劫、抢夺刑事案件适用法律若干问题的意见》第 5 条规定，行为人实施盗窃、诈骗、抢夺行为，未达到"数额较大"，为窝藏赃物、抗拒抓捕或者毁灭罪证当场使用暴力或者以暴力相威胁，情节较轻、危害不大的，一般不以犯罪论处；但具有下列情节之一的，可依照《刑法》第 269 条的规定，以抢劫罪定罪处罚：①盗窃、诈骗、抢

夺接近"数额较大"标准的；②入户或在公共交通工具上盗窃、诈骗、抢夺后在户外或交通工具外实施上述行为的；③使用暴力致人轻微伤以上后果的；④使用凶器或以凶器相威胁的；⑤具有其他严重情节的。根据这个意见，甲在公共交通工具上抢夺后在交通工具外抗拒抓捕，即便抢夺没有达到数额较大，也可以转化为抢劫罪。故 C 项不当选。

甲和执行公务的民警扭打在一起，这符合妨害公务罪的构成要件，因此触犯了妨害公务罪。故 D 项当选。

参考答案 BD

382. 甲是某民营快递公司快递员，公司规定与其他公司签约快递服务将有 20% 的提成。甲让朋友乙冒充高校领导与快递公司签订快递服务协议，费用年结，金额 30 万元。于是，按照规定，甲拿到了 6 万元提成。但公司在年底要求高校付款时，甲无奈用自己的信用卡透支 10 万元还给公司，仍然欠着 20 万元。事后银行三次催收，甲无法偿还欠款。甲的行为如何定性？（2019-回忆版-单）

A. 甲虚报业绩获得提成，构成职务侵占罪

B. 甲、乙冒充高校领导骗取公司财物，构成合同诈骗罪

C. 甲仍然拖欠 20 万元快递费，对公司造成了损害，构成故意毁坏财物罪

D. 甲明知无法偿还信用卡而恶意透支 10 万元，构成信用卡诈骗罪

选项解析 公司没有遭受财物损失，所以不构成职务侵占罪和合同诈骗罪，但行为人明知自己无法偿还信用卡而恶意透支 10 万元，具有非法占有的目的，构成信用卡诈骗罪。

参考答案 D

383. 甲冒充家电厂家工作人员想骗乙家高端电视，敲门时乙家保姆丙开门。甲以为丙是乙而进行了欺骗。丙以为甲是雇主乙商量好来拿电视的，故将电视机给了甲。关于甲的行为定性，下列说法正确的是：（2019-回

忆版-单）

A. 甲属于打击错误

B. 甲未认识到是三角诈骗，成立诈骗罪未遂

C. 甲的行为属于事实认识错误中的因果关系错误

D. 甲成立诈骗罪既遂

选项解析 本案属于三角诈骗，保姆丙是受骗人，主人是被害人，由于丙有处分权，所以甲构成诈骗罪的既遂。同时，甲把保姆误认为主人，这是典型的对象错误，但不影响故意犯罪的成立。

参考答案 D

384. 甲公司的司机徐某负责把货物运到乙公司，乙公司就将货款交给徐某，让其交给老板。后徐某辞职。甲公司聘请李某为司机，但老板对李某不太放心，让其只交货物，不用拿货款，货款通过银行转账。但甲公司老板忘了和乙公司交代此事。乙公司还按以前的惯例将 8 万元货款交给李某，李某拿钱后逃跑。下列说法正确的有：（2018-回忆版-多）

A. 李某的行为构成侵占罪，他将为本单位保管的财物占为己有

B. 李某的行为构成职务侵占罪，他让单位遭受了财物损失

C. 李某的行为构成诈骗罪，他没有利用职务之便

D. 李某的行为不构成盗窃罪，他没有采取窃取的手段

选项解析 李某的非法占有目的产生在占有之前，所以不构成侵占罪；李某没有拿货款的职务之便，所以不构成职务侵占罪。但李某利用了乙公司的认识错误，将本单位的财物占为己有，同时也给单位造成了财产损失，乙公司是自愿交付财物，所以构成诈骗罪，而非盗窃罪。

参考答案 CD

385. 甲、乙约定结伴爬山，在大巴上，甲看到乙睡着，将乙的手机偷出来，将乙微信钱包的金额转到自己银行卡上，然后把乙的手机放

进自己的背包，打算下车后扔掉。下车后，乙问甲是否看到自己的手机了，甲谎称是不是落在车上了。乙自认倒霉。后来，甲没有扔掉乙的手机，而是谎称手机是自己的，卖给不知情的丙。下列说法正确的有：（2020-回忆版-多）

A. 甲对手机构成盗窃罪

B. 甲对手机和微信余额构成不同种罪名

C. 甲对手机和微信余额构成相同罪名

D. 甲对丙可能构成诈骗罪

选项解析 A项，乙睡着，但手机归乙占有，甲以平和的手段将乙的手机偷出来改变占有，并具有排除意思和利用意思，直接针对手机认定为盗窃罪即可。故 A 项正确。

B、C项，微信钱包不属于信用卡，也不属于信用卡信息资料，甲将他人微信钱包的余额转到自己银行卡，针对该"余额"理应构成盗窃罪。故 B 项错误，C 项正确。

D项，甲欺骗了丙，使丙花钱买到了赃物，由于赃物不适用善意取得，按照法律损失说，会导致丙遭受财产损失，因此，甲对丙构成诈骗罪。故 D 项正确。

参考答案 ACD

386. 甲、乙、丙等人经预谋后，从淘宝店购买了某品牌的最新款手机 30 部，收到手机后拆下手机主板，换上废旧主板，然后利用 7 天无条件退货规则，将手机退货，从店主处获得全额退款。关于甲等人的刑事责任，哪一选项说法是正确的（不考虑数额）？（2020-回忆版-单）

A. 就手机主板构成诈骗罪

B. 就手机主板构成盗窃罪

C. 就手机整体构成诈骗罪

D. 就退货款构成诈骗罪

选项解析 本案中，甲、乙、丙等人经预谋后，为了获取他人手机的主板，在占有财物之前就产生了非法占有的目的，淘宝店自愿交付了手机，同时对手机主板遭受了财物损失，所以是典型的诈骗行为，诈骗数额为手机主板的数额。故 A 项正确。

参考答案 A

387. 王某和他表哥同名同姓。王某拿着他表哥的户口本去办理了身份证，后又用办下来的身份证注册了一个支付宝账号。登录支付宝之后，王某发现该支付宝账号绑定了一张银行卡。王某猜测可能是他表哥的银行卡，于是去商场消费了 3 万元，结果他表哥收到了 3 万元的扣款短信。王某的行为构成以下哪个罪？（2021-回忆版-单）

A. 盗窃罪　　　　B. 信用卡诈骗罪

C. 诈骗罪　　　　D. 侵占罪

选项解析 本题考查盗窃罪、诈骗罪、侵占罪、信用卡诈骗罪的区别。

A、C、D 项，王某把他表哥占有的 3 万元转变为自己占有，该 3 万元既非占有委托物，也非占有脱离物，所以王某不构成侵占罪。而且，王某的表哥并未被骗，未基于错误认识处分财物，所以王某不构成诈骗罪。但是，王某的表哥遭受 3 万元财产损失，所以王某构成盗窃罪。故 A 项正确，C、D 项错误。

B项，王某妨害的是支付宝公司的管理秩序，冒用他人的支付宝账号，而且让银行支付的指令来自支付宝，并不是犯罪分子直接地跟银行卡进行关联，所以不能认定为信用卡诈骗罪。绑定的银行卡内的资金对于犯罪嫌疑人来说就是一个"钱袋子"，银行卡的相关属性被无限弱化，银行卡只是被害人财产的一种承载物，不能因为银行卡的出现而适用信用卡诈骗罪的规定。故 B 项错误。

参考答案 A

388. 甲在网上购买手机，手机到达快递站后，甲在快递站私自将购买的手机取走。然后，甲谎称未收到件，向卖家索赔手机款，卖家向甲退还手机款，之后卖家向快递点索赔。关于本案，以下哪一选项是正确的？（2021-回忆版-单）

A. 仅就手机款定诈骗罪

B. 对手机及手机款整体定诈骗罪

C. 就手机定盗窃罪，手机款定诈骗罪，数罪并罚

D. 甲构成盗窃罪

选项 解析 本题考查诈骗罪、盗窃罪。

本案中，快递点遭受财物损失，所以甲构成盗窃罪。因为卖家没有遭受财物损失，所以甲对其不构成诈骗罪。即便认为甲就手机构成盗窃罪，甲向卖家索赔手机款，使卖家陷入错误认识向甲退还手机款，就手机款构成诈骗罪，择一重罪处罚，盗窃罪也比诈骗罪处罚更重，所以构成盗窃罪。本案不能数罪并罚，否则就是双重评价。故 D 项正确，A、B、C 项错误。

参考 答案 D

389. 关于盗窃罪和诈骗罪（不考虑数额），下列说法正确的是：(2021-回忆版-单)

A. 甲吃喝之后发现没带钱，对服务员谎称去门口送朋友，趁服务员不注意时逃跑。甲构成诈骗罪

B. 乙大量用电，电表正常计数，在电力公司人员即将按电表收取电费时，产生不缴电费之念，使用不法手段将电表显示数调至极小额度，收费人员以为乙没有用电而未收取电费。乙构成盗窃罪

C. 丙将箱子里的普通饮料换成高档白酒，收银员按普通饮料的价格结账。丙构成盗窃罪

D. 丁租用 B 公司的机动车后，使用欺骗手段将机动车作为自己的机动车质押给 C，从 C 处"借得"30 万元人民币，随后又窃回机动车归还给 B 公司，但不返还"借款"。丁仅触犯诈骗罪

选项 解析 A 项，甲吃喝之后发现没带钱，对服务员谎称去门口送朋友，趁服务员不注意时逃跑。服务员没有处分意识，甲不构成诈骗罪。故 A 项错误。

B 项，乙正常大量用电后，在电力公司人员即将按电表收取电费时，产生不缴电费之念，使用不法手段将电表显示数调至极小额度，使收费人员误以为乙没有用电，从而免除乙的电费缴纳义务的，构成诈骗罪。因为在这种场合，电力公司不存在电力返还请求权，只有货款（电费）请求权。故 B 项错误。另外，乙所骗取的不是电力本身，而是对方的电费请求权这一财产性利益。若乙为了不缴或者少缴电费，事

先采用不法手段，使电表停止运行，所窃取的是电力本身，则构成盗窃罪。

C 项，丙将箱子里的普通饮料换成高档白酒，收银员按普通饮料的价格结账，无论按照抽象处分说还是具体处分说，收银员没有处分意识，丙构成盗窃罪。故 C 项正确。

D 项，丁租用 B 公司的机动车后，使用欺骗手段将机动车作为自己的机动车质押给 C，从 C 处"借得"30 万元人民币，随后又窃回机动车，但不返还"借款"，对"借款"构成诈骗罪。同时，因为机动车由 C 合法占有，对机动车构成盗窃罪。丁并非仅触犯诈骗罪。故 D 项错误。

参考 答案 C

390. 甲以黑社会名义，给乙寄了一份恐吓信，要求乙将现金放进某个垃圾桶，乙放入现金，甲一直没有露面，现金被拾荒人丙拿走。下列说法正确的是：(2021-回忆版-单)

A. 甲构成敲诈勒索罪未遂

B. 甲构成敲诈勒索罪中止

C. 丙构成盗窃罪

D. 丙构成侵占罪

选项 解析 本题考查敲诈勒索罪、盗窃罪、侵占罪。

A、B 项，虽然甲并未从指定的垃圾桶取走现金，但其先前的恐吓行为持续地发生作用，乙完成了交付行为，最终现金被丙拿走，乙的财产损失能够归属于甲的行为，甲成立敲诈勒索罪的既遂。另外，在这种情况下，倘若甲要避免结果的发生就必须采取积极措施（如主动告诉乙不需要交付现金等），否则就不能认定甲实施了中止行为。故 A、B 项错误。

C、D 项，乙的现金是非基于乙的意志而脱离占有的财物，是遗忘物，丙把现金拿走，是将遗忘物据为己有，构成侵占罪，而非盗窃罪。故 C 项错误，D 项正确。

参考 答案 D

391. 关于财产犯罪的认定，正确的有：(2021-回忆版-多)

A. 甲将乙的银行卡和微信绑定，然后把乙微

信上的钱转到自己微信，构成信用卡诈骗罪

B. 家长在家长群里发学生生活费的红包，学生家长甲在老师没接收红包前，抢先将学生的生活费接收，构成抢夺罪

C. 甲趁着乙熟睡，将乙微信上的钱转给自己，构成盗窃罪

D. 甲趁着乙熟睡，将乙银行卡的钱转到微信，再将乙微信上的钱转给自己，构成盗窃罪

选项解析 本题考查信用卡诈骗罪、盗窃罪、抢夺罪。

C、D项，甲将乙微信上的钱转给自己，妨害的是微信公司的管理秩序，因为冒用他人的微信账号，而且让银行支付的指令来自微信，并不是甲直接地跟银行卡进行关联，所以不能认定为信用卡诈骗罪。绑定的银行卡内的资金对于甲来说就是一个"钱袋子"，银行卡的相关属性被无限弱化，银行卡只是乙财产的一种承载物，不能因为银行卡的出现而适用信用卡诈骗罪的规定。所以，无论是甲直接将乙微信上的钱转给自己，还是将乙银行卡的钱转到微信，再将乙微信上的钱转给自己，甲均构成盗窃罪。故C、D项正确。

A项，题目中没有说明甲是通过窃取、收买、骗取或者以其他非法方式获取他人信用卡信息资料，而是直接说了甲将乙的银行卡和微信绑定，然后把乙微信上的钱转到自己微信，所以也不构成信用卡诈骗罪，构成盗窃罪。故A项错误。

B项，家长在家长群里发学生生活费的红包，学生家长甲在老师没接收红包前，抢先将学生的生活费接收，这是平和地将他人占有的财物转移为自己占有，没有对物使用暴力，构成盗窃罪，不构成抢夺罪。故B项错误。

参考答案 CD

392. 李某未经许可闯入他人家中，看见床上躺着一位90岁不能行动的老太太，二人四目相对，李某泰然自若地取走其财物（未达到数额较大）。关于本案，下列说法正确的有：（2021-回忆版-多）

A. 如果不承认公开盗窃，李某不构成犯罪

B. 李某没有压制他人反抗，不构成抢劫罪

C. 如果承认公开盗窃，李某构成盗窃罪

D. 李某取财未达到数额较大，不构成抢夺罪

选项解析 本题考查盗窃罪、抢夺罪。

D项，抢夺公私财物，数额较大的，或者多次抢夺的，构成抢夺罪。所以，李某取财未达到数额较大，不构成抢夺罪。故D项正确。

C项，盗窃公私财物，数额较大的，或者多次盗窃、入户盗窃、携带凶器盗窃、扒窃的，构成盗窃罪。李某在老太太的注视下取走其财物，如果承认公开盗窃，李某虽然未达到数额较大，但是属于入户盗窃，构成盗窃罪。故C项正确。

A项，如果不承认公开盗窃，李某在老太太的注视下取走其财物，不构成盗窃罪。而且，李某取财未达到数额较大，不构成抢夺罪。但是，李某未经许可闯入他人家中，构成非法侵入住宅罪。故A项错误。

B项，李某在老太太的注视下取走其财物，但是没有压制他人反抗，不构成抢劫罪。故B项正确。

参考答案 BCD

393. 甲在网络购物平台以卖真酒的名义卖假酒，乙购买并支付3万元，3万元进入平台账户，到货后乙发现是假货遂退货，平台退给乙3万元。关于本案，下列说法正确的是：（2021-回忆版-任）

A. 甲对乙构成诈骗罪既遂，后来乙退货的行为不影响诈骗罪既遂的成立

B. 甲对平台构成诈骗罪既遂

C. 甲对乙构成诈骗罪未遂

D. 甲对平台构成诈骗罪未遂

选项解析 本题考查诈骗罪。

A、C项，甲用假酒冒充真酒，使乙陷入错误认识并支付3万元，甲构成诈骗罪。但3万元进入平台账户而未被甲取得，甲的诈骗罪未达到既遂，甲对乙构成诈骗罪未遂。故C项正确，A项错误。

B、D项，甲对平台没有诈骗的故意，平台既没有陷入错误认识，也没有财产损失，甲对

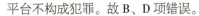

平台不构成犯罪。故 B、D 项错误。

参考答案 C

394. 关于财产犯罪，下列说法正确的是：(2021-回忆版-任)

A. 甲盗窃王某手机（价值 3000 元），发现其微信账户余额 1 万元，遂将 1 万元转入自己的微信账户。甲成立盗窃罪一罪，犯罪数额为 1.3 万元

B. 甲盗窃张某手机（价值 2000 元），发现其微信账户没有余额，但绑定了信用卡，遂使用微信账户直接给自己微信账户转账 1 万元。甲成立盗窃罪一罪，犯罪数额为 1.2 万元

C. 甲盗窃李某手机（价值 4000 元），发现其微信账户没有余额，也没有绑定信用卡，遂将李某的信用卡绑定了该微信账户，并将李某信用卡中的 1 万元转入李某微信账户，然后再将 1 万元转入自己微信账户。甲成立盗窃罪一罪，犯罪数额为 1.4 万元

D. 甲盗窃刘某手机（价值 2000 元），发现其微信账户没有余额，也没有绑定信用卡，遂将刘某的信用卡绑定了该微信账户，然后去商场使用微信账户扫码消费了 1 万元。甲成立盗窃罪一罪，犯罪数额为 1.2 万元

选项解析 本题考查盗窃罪。

A 项，甲盗窃王某手机，价值 3000 元，构成盗窃罪，盗窃数额为 3000 元。甲将王某微信账户余额 1 万元转入自己的微信账户，也构成盗窃罪，盗窃数额为 1 万元。数额累计计算，甲成立盗窃罪一罪，犯罪数额为 1.3 万元。故 A 项正确。

B 项，甲盗窃张某手机，价值 2000 元，构成盗窃罪，盗窃数额为 2000 元。甲使用张某的微信账户从微信绑定的信用卡中转走 1 万元，也构成盗窃罪，盗窃数额为 1 万元。数额累计计算，甲成立盗窃罪一罪，犯罪数额为 1.2 万元。故 B 项正确。

C 项，甲盗窃李某手机，价值 4000 元，构成盗窃罪，盗窃数额为 4000 元。甲将李某的信用卡绑定了该微信账户，然后利用李某微信再将 1 万元转入自己微信账户，也构成盗窃罪。因

为甲将李某微信上的钱转给自己，妨害的是微信公司的管理秩序，是冒用他人的微信账号，而且让银行支付的指令来自微信，并不是甲直接跟银行卡进行关联，所以不能认定为信用卡诈骗罪。绑定的银行卡内的资金对于甲来说就是一个"钱袋子"，银行卡的相关属性被无限弱化，银行卡只是李某财产的一种承载物，不能因为银行卡的出现而适用信用卡诈骗罪的规定。数额累计计算，甲成立盗窃罪一罪，犯罪数额为 1.4 万元。故 C 项正确。

D 项，甲去商场使用微信账户扫码消费了 1 万元和直接将 1 万元转入自己微信账户对被害人来说没有区别，甲成立盗窃罪一罪，犯罪数额为 1.2 万元。故 D 项正确。

参考答案 ABCD

395. 乙公司购买新稻谷交给甲公司加工出米，甲公司加工完成后用陈年大米冒充新大米（含新米 70%，陈米 30%）交给乙公司。不考虑数额，关于本案，下列说法正确的是：(2022-回忆版-单)

A. 甲公司对新稻谷构成盗窃罪，对乙公司构成诈骗罪

B. 甲公司对新稻谷构成侵占罪，对乙公司不构成诈骗罪

C. 甲公司对新稻谷构成侵占罪，对乙公司构成诈骗罪

D. 甲公司对新稻谷构成盗窃罪，对乙公司不构成诈骗罪

选项解析 侵占行为既可以是作为，也可以是不作为，具体表现为将自己代为保管的财物出卖、赠与、消费、抵偿债务等等。本案中，甲公司通过"以旧换新"的方式拒不交付新米，属于占有变所有，在占有财物之后产生不法所有的意图，构成侵占罪，数额即为新米所有的价值。甲公司用陈年大米冒充新大米的行为属于侵占的一部分，不再单独认定为诈骗罪。因此，甲公司仅构成侵占罪。故 B 项正确，A、C、D 项错误。

参考答案 B

396. 下列选项正确的有：(2022-回忆版-

多）

A. 甲公司购买房屋后，将房屋登记在员工乙的名下，乙谎称房产证丢失补办了房产证，并且把房屋出售给不知情的丙。乙的行为构成盗窃罪

B. 快递员错将快递（洗衣机）送给收件人的邻居甲，甲明知快递是对门的，仍将快递拿回家。甲的行为构成盗窃罪既遂

C. 乙去朋友甲家中喝酒做客，并偷了甲的自行车，甲因喝多帮乙一起偷自己的自行车。甲的行为构成盗窃罪

D. 甲在无人售货的超市将高价的标签换成低价的，然后刷低价的标签买走高价的商品。甲的行为可能构成盗窃罪

选项解析 A项中，乙对丙有欺骗行为，构成诈骗罪。故 A 项错误。

B项中，当财物的主人就在附近，应当推定归主人占有，因此甲没有占有权，甲窃取他人财产，构成盗窃罪。故 B 项正确。

C项中，由于盗窃自己的自行车没有侵犯特定法益，不构成盗窃罪既遂。故 C 项错误。

D项中，被害人对数额没有认识，由于是无人售货，如果认为机器不能被骗，那么就构成盗窃罪。故 D 项正确。

参考答案 BD

397. 下列选项正确的有：（2022-回忆版-多）

A. 甲偷偷地从快递员的车上把自己的快递拿走，然后立马虚构说自己快递丢了，找商家退赔。商家进行了赔偿。商家赔偿以后，去找快递公司进行索赔。甲构成盗窃罪

B. 甲点了外卖，趁外卖小哥不注意，偷走了自己的外卖，随即向饭店说外卖没了，要求退钱。饭店退款后，向外卖配送公司追偿。甲对外卖小哥构成诈骗罪

C. 甲借用他人电话，趁机拿走。甲构成盗窃罪，不构成诈骗罪

D. 甲对王某的母亲谎称王某生病，将其骗走，取走王某母亲财物。甲不构成诈骗罪

选项解析 A项中，实际遭受财物损失的是快递公司，因为商家已经找快递公司索赔，因此构成盗窃罪。故 A 项正确。

B项中，外卖小哥没有处分行为，甲对其构成盗窃罪。故 B 项错误。

C项中，不存在被害人处分，甲构成盗窃罪。故 C 项正确。

D项中，王某的母亲只是离开现场，但没有处分财物，甲构成盗窃罪。故 D 项正确。

参考答案 ACD

398. 乘客坐的士时手机落在车上，司机看着乘客远去（没提醒乘客）。司机获得手机后用微信付款的方式网购了 3 万元货品。关于本案，下列说法正确的是：（2023-回忆版-单）

A. 乘客离开之际，司机未告知乘客手机落在车里，构成不作为的盗窃罪

B. 若乘客打电话，司机接到电话后谎称是路人捡到的手机，然后挂断电话，构成诈骗罪

C. 司机看到乘客走了，拿走手机的行为仅构成侵占罪

D. 若司机破解手机密码后将银行卡里的钱转到自己的微信，不可能构成盗窃罪

选项解析 本题考查不作为犯、盗窃罪、诈骗罪、侵占罪、信用卡诈骗罪的内容。

A、C 项，司机明知乘客遗漏手机的，有提醒义务，当为而不为，构成不作为的盗窃罪。故 A 项正确，C 项错误。

B 项，司机不构成诈骗罪，乘客并未自愿处分手机。故 B 项错误。

D 项，盗窃他人手机并使用微信付款的，强有力的观点认为构成盗窃罪。故 D 项错误。

参考答案 A

399. 甲负责乙租赁公司的招商事宜，但不负责收租。现甲仿制公章向租户丙收取了 8 万元租金据为己有。关于甲的行为，下列说法正确的有：（2023-回忆版-多）

A. 即使不认为甲构成职务侵占罪，也不影响

甲诈骗罪的认定

B. 即使甲构成职务侵占罪，也不影响甲针对租户丙构成诈骗罪

C. 即使不认为甲构成表见代理，也不影响甲诈骗罪的认定

D. 即使丙未再向乙租赁公司支付租金，也不影响甲诈骗罪的认定

选项解析 本题考查职务侵占罪和诈骗罪。

甲并不具有收取租金的职务便利，但租户丙受骗将 8 万元租金交付给甲，导致乙租赁公司最终遭受财产损失，甲构成诈骗罪，系三角诈骗。

A 项，本题正是因为甲构成诈骗罪而不构成职务侵占罪。故 A 项正确。

B 项，职务侵占罪是一种特殊的诈骗罪，在成立职务侵占罪之后，则针对租户丙不构成诈骗罪。故 B 项错误。

C 项，如果认为甲构成表见代理，则丙的财物损失可以找乙租赁公司求偿，乙租赁公司遭受实际的财物损失，甲可能构成三角诈骗；如果认为甲不构成表见代理，则丙遭受财物损失，甲属于对丙的直接欺骗。故无论如何都不影响甲诈骗罪的认定。故 C 项正确。

D 项，即使丙未再向乙租赁公司支付租金，也不影响甲诈骗罪的认定，因为如前所述，本案系三角诈骗，被骗人系租户丙，受害人系乙租赁公司。故 D 项正确。

参考答案 ACD

第 *18* 讲　妨害社会管理秩序罪

 48 专题　扰乱公共秩序罪

400. 下列哪一行为应以妨害公务罪论处？（2016/2/19-单）

A. 甲与傅某相互斗殴，警察处理完毕后让各自回家。傅某当即离开，甲认为警察的处理不公平，朝警察小腿踢一脚后逃走

B. 乙夜间入户盗窃时，发现户主戴某是警察，窃得财物后正要离开时被戴某发现。为摆脱抓捕，乙对戴某使用暴力致其轻微伤

C. 丙为使其弟逃跑，将前来实施行政拘留的警察打倒在地，其弟顺利逃走

D. 丁在组织他人偷越国（边）境的过程中，以暴力方法抗拒警察检查

选项解析 本罪主观上限于故意，即行为人必须明知上述人员正在依法执行公务而加以阻碍，才能构成本罪。

A 项，甲踢警察的行为系出于报复而非阻碍警察执行公务，不构成妨害公务罪。故 A 项不当选。

B 项，戴某的行为并非执行公务行为，乙为抗拒抓捕伤害戴某的行为构成转化型抢劫罪。故 B 项不当选。

C 项，丙为帮助其弟逃走，对正在执行公务的警察实施暴力，构成典型的妨害公务罪，应当从重处罚。根据《刑法修正案（十一）》的规定，丙的行为构成袭警罪，不再以妨害公务罪论处。但按照从旧兼从轻的原则，仍适用当年的法律，丙构成妨害公务罪。故 C 项当选。

D 项，在组织他人偷越国（边）境中以暴力、威胁方法抗拒检查的，构成组织他人偷越国（边）境罪的情节加重犯，不构成妨害公务罪。故 D 项不当选。

参考答案 C

 主客命题点

> **妨害公务罪的数罪并罚问题：**
> 在走私、贩卖、运输、制造毒品罪，组织、运送他人偷越国（边）境罪中使用暴力抗拒检查的，属于这些罪的加重情节。除此以外，对于其他所有犯罪，如果犯罪后又抗拒检查，均应以各该罪与妨害公务罪实施数罪并罚。

401. 2016 年 4 月，甲利用乙提供的作弊器材，安排大学生丙在地方公务员考试中代替自己参加考试。但丙考试成绩不佳，甲未能进入复试。关于本案，下列哪些选项是正确的？（2016/2/60-多）

A. 甲组织他人考试作弊，应以组织考试作弊罪论处

B. 乙为他人考试作弊提供作弊器材，应按组织考试作弊罪论处

C. 丙考试成绩虽不佳，仍构成代替考试罪

D. 甲让丙代替自己参加考试，构成代替考试罪

选项解析 组织作弊，是指组织、指挥、策划进行考试作弊的行为，既包括构成犯罪集团的情况，也包括比较松散的犯罪团伙，还可以是个人组织他人进行作弊的情况。组织者可以是一个人，也可以是多人；可以有比较严密的组织结构，也可以是为了进行一次考试作弊行为临时纠集在一起；既包括组织一个考场内的考生作弊的简单形态，也包括组织大范围的集体作弊的复杂情形。显然，乙并未组织作弊，只是为他人作弊提供个别化的帮助。需要注意的是，只有为组织作弊行为提供作弊器材或其他帮助行为的才构成组织考试作弊罪，如果只是为他人作弊行为提供上述帮助的，不构成本罪。代替考试罪，是指代替他人或者让他人代替自己参加法律规定的国家考试的行为。本案中，甲和丙均构成代替考试罪，乙不构成组织考试作弊罪。故 A、B 项错误，C、D 项正确。

参考答案 CD

402. 首要分子甲通过手机指令所有参与者"和对方打斗时，下手重一点"。在聚众斗殴过程中，被害人被谁的行为重伤致死这一关键事实已无法查明。关于本案的分析，下列哪一选项是正确的？（2014/2/20-单）

A. 对甲应以故意杀人罪定罪量刑

B. 甲是教唆犯，未参与打斗，应认定为从犯

C. 所有在现场斗殴者都构成故意杀人罪

D. 对积极参加者按故意杀人罪定罪，对其他参加者按聚众斗殴罪定罪

选项解析 聚众斗殴致人重伤、死亡的，以故意伤害罪、故意杀人罪定罪处罚。这一规定属于法律拟制。行为人在斗殴过程中即使没有杀人的故意，但只要客观上致人重伤、死亡的，就应认定为故意伤害罪、故意杀人罪。另外，只应对直接造成死亡的斗殴者和首要分子认定为故意杀人罪，对其他参与者不宜认定为故意杀人罪；在不能查明死亡原因的情况下，也不宜将所有的斗殴者均认定为故意杀人罪，仅应对首要分子以故意杀人罪论处。故 A 项正确，C、D 项错误。首要分子是起组织、策划、指挥作用的犯罪分子，即属于起主要作用的犯罪分子，

应认定为主犯。故 B 项错误。

参考答案 A

403. 甲潜入某公安交通管理局会计室盗窃，未能打开保险柜，却意外发现在该局工作的乙的警官证，随即将该证件拿走。随后，甲到偏僻路段，先后向 9 个驾车超速行驶的司机出示警官证，共收取罚款 900 元。对于本案，下列哪些选项是正确的？（2008 延/2/56-多）

A. 甲潜入会计室盗窃的行为，成立盗窃未遂

B. 甲收取罚款的行为，构成敲诈勒索罪

C. 甲收取罚款的行为，构成招摇撞骗罪

D. 甲收取罚款的行为，构成诈骗罪

选项解析 招摇撞骗罪和诈骗罪的区别：招摇撞骗罪必须以冒充国家机关工作人员的方式行骗，再者，招摇撞骗罪不仅可以谋取物质性的利益，也可以谋取非物质性的利益。甲意欲窃取保险柜内的财物，在着手后因客观原因而未能得逞（其窃取的警官证作为财物价值较小，没有达到盗窃罪既遂的起刑点），这属于针对数额巨大的财物进行盗窃的情形，构成盗窃罪未遂。甲冒充警察对他人罚款的行为，既符合诈骗的行为模式，也符合招摇撞骗的行为模式。由于诈骗罪的起刑点为 2000 元，所以甲收取罚款 900 元的行为只能定性为招摇撞骗罪。

参考答案 AC

404. 关于利用计算机网络的犯罪，下列哪一选项是正确的？（2007/2/18-单）

A. 通过互联网将国家秘密非法发送给境外的机构、组织、个人的，成立故意泄露国家秘密罪

B. 以营利为目的，在计算机网络上建立赌博网站，或者为赌博网站担任代理，接受投注的，属于《刑法》第 303 条规定的"开设赌场"

C. 以牟利为目的，利用互联网传播淫秽电子信息的，成立传播淫秽物品罪

D. 组织多人故意在互联网上编造、传播爆炸、生化、放射威胁等虚假恐怖信息，严重扰

乱社会秩序的，成立聚众扰乱社会秩序罪

选项解析 最高人民法院《关于审理为境外窃取、刺探、收买、非法提供国家秘密、情报案件具体应用法律若干问题的解释》第6条规定，通过互联网将国家秘密或者情报非法发送给境外的机构、组织、个人的，依照《刑法》第111条的规定（为境外窃取、刺探、收买、非法提供国家秘密、情报罪）定罪处罚；将国家秘密通过互联网予以发布，情节严重的，依照《刑法》第398条的规定（故意泄露国家秘密罪、过失泄露国家秘密罪）定罪处罚。据此，A项成立为境外非法提供国家秘密罪而非故意泄露国家秘密罪。故A项错误。

最高人民法院、最高人民检察院《关于办理赌博刑事案件具体应用法律若干问题的解释》第2条规定，以营利为目的，在计算机网络上建立赌博网站，或者为赌博网站担任代理，接受投注的，属于《刑法》第303条规定的"开设赌场"。这属于对"开设赌场"进行了扩大解释。故B项正确。

最高人民法院、最高人民检察院《关于办理利用互联网、移动通讯终端、声讯台制作、复制、出版、贩卖、传播淫秽电子信息刑事案件具体应用法律若干问题的解释（一）》第1条第1款规定，以牟利为目的，利用互联网、移动通讯终端制作、复制、出版、贩卖、传播淫秽电子信息，具有下列情形之一的，依照《刑法》第363条第1款的规定，以制作、复制、出版、贩卖、传播淫秽物品牟利罪定罪处罚：……据此，C项应当成立传播淫秽物品牟利罪而非传播淫秽物品罪。故C项错误。

D项中的行为构成编造、故意传播虚假恐怖信息罪。故D项错误。

参考答案 B

405. 甲、乙两村因水源发生纠纷。甲村20名村民手持铁锹等农具，在两村交界处强行修建引水设施。乙村18名村民随即赶到，手持木棍、铁锹等与甲村村民互相谩骂、互扔石块，甲村3人被砸成重伤。因警察及时疏导，两村村民才逐渐散去。关于本案，下列哪些选

项是正确的？（2013/2/62-多）

A. 村民为争水源而斗殴，符合聚众斗殴罪的主观要件
B. 不分一般参加斗殴还是积极参加斗殴，甲、乙两村村民均触犯聚众斗殴罪
C. 因警察及时疏导，两村未发生持械斗殴，属于聚众斗殴未遂
D. 对扔石块将甲村3人砸成重伤的乙村村民，应以故意伤害罪论处

选项解析 聚众斗殴的动机不影响本罪的成立，构成本罪可以事出有因，也可以事出无因，甲、乙两村村民为争夺水源而聚集多人斗殴，符合聚众斗殴的主观要件。故A项正确。

聚众斗殴罪只处罚首要分子和其他积极参加者，不处罚一般参加者。故B项错误。

聚众斗殴不要求必须是持械斗殴，只要有聚集多人攻击对方身体或者相互攻击对方身体的行为，即为本罪既遂。本题中，双方已经打了起来，互扔石块，已经成立本罪的既遂。故C项错误。

聚众斗殴致人重伤、死亡的，转化为故意伤害罪、故意杀人罪。所以，对扔石块将甲村3人砸成重伤的乙村村民，应以故意伤害罪论处。故D项正确。

参考答案 AD

406. 甲在公园游玩时遇见仇人胡某，顿生杀死胡某的念头，便欺骗随行的朋友乙、丙说："我们追逐胡某，让他出洋相。"三人捡起木棒追逐胡某，致公园秩序严重混乱。将胡某追到公园后门偏僻处后，乙、丙因故离开。随后甲追上胡某，用木棒重击其头部，致其死亡。关于本案，下列哪些选项是正确的？（2015/2/58-多）

A. 甲触犯故意杀人罪与寻衅滋事罪
B. 乙、丙的追逐行为是否构成寻衅滋事罪，与该行为能否产生救助胡某的义务是不同的问题
C. 乙、丙的追逐行为使胡某处于孤立无援的境地，但无法预见甲会杀害胡某，不成立

过失致人死亡罪

D. 乙、丙属寻衅滋事致人死亡，应从重处罚

选项解析 寻衅滋事与故意杀人和故意伤害等罪都可能出现竞合问题。甲的行为符合故意杀人罪的构成要件，同时，甲的追赶行为导致公园秩序大乱，也符合寻衅滋事罪的犯罪构成。故 A 项正确。

乙、丙的追赶行为可能构成寻衅滋事罪，这解决的是其行为导致公园秩序混乱应如何评价的问题，只有当乙、丙二人和甲将胡某追到公园偏僻处，导致胡某被甲杀害的危险增加时，才可能涉及作为义务的问题，显然单纯的追赶行为与乙、丙是否成立不作为犯无关。故 B 项正确。

乙、丙对胡某的死亡缺乏过失，所以不构成过失致人死亡罪。故 C 项正确。

同时，乙、丙与胡某的死亡无因果关系。故 D 项错误。

参考答案 ABC

407. 根据有关司法解释，关于利用互联网实施的犯罪行为，下列哪些说法是正确的？（2017/2/51-多）

A. 在网络上建立赌博网站的，属于开设赌场

B. 通过网络传播淫秽视频的，属于传播淫秽物品

C. 在网络上传播电子盗版书的，属于复制发行他人文字作品

D. 盗用他人网络账号、密码上网，造成他人电信资费损失的，属于盗窃他人财物

选项解析 最高人民法院、最高人民检察院《关于办理赌博刑事案件具体应用法律若干问题的解释》第 2 条规定："以营利为目的，在计算机网络上建立赌博网站，或者为赌博网站担任代理，接受投注的，属于刑法第 303 条规定的'开设赌场'。"故 A 项正确。

最高人民法院、最高人民检察院《关于办理利用互联网、移动通讯终端、声讯台制作、复制、出版、贩卖、传播淫秽电子信息刑事案件具体应用法律若干问题的解释（一）》第 3 条规定："不以牟利为目的，利用互联网或者移动通

讯终端传播淫秽电子信息，具有下列情形之一的，依照刑法第 364 条第 1 款的规定，以传播淫秽物品罪定罪处罚：……"故 B 项正确。

最高人民法院、最高人民检察院《关于办理侵犯知识产权刑事案件具体应用法律若干问题的解释》第 11 条第 3 款规定："通过信息网络向公众传播他人文字作品、音乐、电影、电视、录像作品、计算机软件及其他作品的行为，应当视为刑法第 217 条规定的'复制发行'。"故 C 项正确。

最高人民法院《关于审理扰乱电信市场管理秩序案件具体应用法律若干问题的解释》第 8 条规定："盗用他人公共信息网络上网账号、密码上网，造成他人电信资费损失数额较大的，依照刑法第 264 条的规定，以盗窃罪定罪处罚。"故 D 项正确。

参考答案 ABCD

📝 主客命题点

> 网络犯罪是一种不纯正的非实行行为的实行化，它并未完全排除总则的适用。比如，为他人开设赌场提供网络支持的，构成帮助信息网络犯罪活动罪和开设赌场罪的帮助犯，从一重罪论处。

408. 下列关于黑社会性质组织犯罪的说法正确的有：（2018-回忆版-多）

A. 黑社会性质组织的首要分子一定比其他参与人的刑罚要重

B. 黑社会性质组织的首要分子一定比实行犯刑罚要重

C. 黑社会性质组织是一种集团犯罪

D. 是一种有组织犯罪，但是经过确认不是黑社会性质组织，其中的首要分子离开该组织，就不再对该组织之后的犯罪行为负责

选项解析 黑社会性质组织是一种集团犯罪。有两种犯罪集团是刑法分则专门规定的，一是恐怖活动组织，二是黑社会性质组织。集团犯罪的首要分子属于主犯，但是其他起主要作用的人也是主犯，因此首要分子的刑罚不一定就比其他参与人或实行犯更重。故 A、B 项错误，C

项正确。

对于集团犯罪的首要分子，应当按照集团所犯的全部罪行处罚。但是必须说明的是，如果集团犯罪的参与者实施了明显超出首要分子概括故意的行为，根据共同犯罪的定义，对这些行为，首要分子不应承担责任。因此，当首要分子离开该组织，对该组织之后的犯罪行为就不再负责。故 D 项正确。

参考答案 CD

409. 关于计算机犯罪，下列说法正确的有：
（2019-回忆版-多）

A. 销售游戏外挂程序，该程序可以避开网络游戏具有的计算机信息系统安全的技术保护措施的，构成提供侵入、非法控制计算机信息系统程序、工具罪

B. 偷取他人花费重金购买的游戏皮肤后卖掉获利的，可能构成盗窃罪

C. 修改别人手机程序，每次开机自动发送手机中的信息的，构成非法获取计算机信息系统数据罪

D. 网络平台不履行作为义务的，可能构成拒不履行信息网络安全管理义务罪

选项解析 最高人民法院、最高人民检察院《关于办理危害计算机信息系统安全刑事案件应用法律若干问题的解释》第 2 条规定，具有下列情形之一的程序、工具，应当认定为《刑法》第 285 条第 3 款规定的"专门用于侵入、非法控制计算机信息系统的程序、工具"：①具有避开或者突破计算机信息系统安全保护措施，未经授权或者超越授权获取计算机信息系统数据的功能的；②具有避开或者突破计算机信息系统安全保护措施，未经授权或者超越授权对计算机信息系统实施控制的功能的；③其他专门设计用于侵入、非法控制计算机信息系统、非法获取计算机信息系统数据的程序、工具。

外挂程序属于具有避开或者突破计算机信息系统安全保护措施，未经授权或者超越授权对计算机信息系统实施控制的功能的工具。故 A 项正确。需要说明的是，如果使用这种程序提供游戏外挂服务，谋取利益，则属于未经著作

权人或者与著作权有关的权利人许可，故意避开或者破坏权利人为其作品、录音录像制品等采取的保护著作权或者与著作权有关的权利的技术措施的行为，根据《刑法修正案（十一）》的修改，构成侵犯著作权罪。

虚拟财产属于财产性利益，如果达到数额较大的标准，可以构成盗窃罪。故 B 项正确。

智能手机可以扩张解释为计算机，获取智能手机中的信息属于非法获取计算机信息系统数据罪。故 C 项正确。

网络服务提供者不履行法律、行政法规规定的信息网络安全管理义务，经监管部门责令采取改正措施而拒不改正的，构成拒不履行信息网络安全管理义务罪。故 D 项正确。

参考答案 ABCD

410. 王某发现乙公司的视频软件存在漏洞，只要使用特定手机型号就可以注册名为"888"的靓号，便故意使用这个漏洞，注册了大量的靓号，并出售谋取钱财。下列说法正确的是：
（2020-回忆版-单）

A. 王某影响乙公司服务器运营，构成非法侵入计算机信息系统罪

B. 王某利用乙公司服务器漏洞，大量注册靓号，构成非法获取计算机信息系统数据罪

C. 王某利用乙公司服务器漏洞，大量注册靓号，构成非法控制计算机信息系统罪

D. 王某利用乙公司服务器漏洞，影响了乙公司的计算机系统，构成破坏计算机信息系统罪

选项解析 非法侵入计算机信息系统罪，是指违反国家规定，侵入国家事务、国防建设、尖端科学技术领域的计算机信息系统的行为。乙公司的视频软件不属于上述领域的计算机信息系统，因此不构成该罪。故 A 项错误。

非法获取计算机信息系统数据罪，是指违反国家规定，侵入国家事务、国防建设、尖端科学技术领域以外的计算机信息系统或者采用其他技术手段，获取该计算机信息系统中存储、处理或者传输的数据，情节严重的行为。王某只是单纯利用乙公司服务器漏洞，大量注册靓

号，不构成非法获取计算机信息系统数据罪。故 B 项错误。

非法控制计算机信息系统罪，是指违反国家规定，侵入国家事务、国防建设、尖端科学技术领域以外的计算机信息系统或者采用其他技术手段，对该计算机信息系统实施非法控制，情节严重的行为。王某只是单纯利用乙公司服务器漏洞，大量注册靓号，不构成非法控制计算机信息系统罪。故 C 项错误。

根据《刑法》第 286 条的规定，破坏计算机信息系统罪其中一项行为是"违反国家规定，对计算机信息系统功能进行删除、修改、增加、干扰，造成计算机信息系统不能正常运行，后果严重"。王某故意利用系统漏洞，恶意注册大量靓号的行为，属于干扰计算机信息系统正常运行的行为，因此构成该罪。故 D 项正确。

参考答案 D

411. 甲购买乙公司的车，约定付完全款后所有权才归甲。乙公司为保障其权利，在车上安装了定位系统。甲不想履行义务，想把车卖掉，遂让丙利用信息网络干扰定位系统，导致车辆定位系统崩溃。后甲把车卖掉。丙构成何罪？（2021-回忆版-单）

A. 非法侵入计算机信息系统罪
B. 非法利用信息网络罪
C. 破坏计算机信息系统罪
D. 非法控制计算机信息系统罪

选项解析 本题考查破坏计算机信息系统罪、非法侵入计算机信息系统罪、非法控制计算机信息系统罪、非法利用信息网络罪的区别。

A 项，非法侵入计算机信息系统罪的成立，要求违反国家规定，侵入"国家事务、国防建设、尖端科学技术领域的计算机信息系统"。丙利用信息网络干扰乙公司车辆定位系统，不属于前述系统，不构成非法侵入计算机信息系统罪。故 A 项不当选。

B 项，非法利用信息网络罪包括三种行为：①设立用于实施违法犯罪活动的网站、通讯群组的；②发布违法犯罪信息的；③为实施违法犯罪活动发布信息的。丙利用信息网络干扰乙

公司车辆定位系统，不属于前述行为，不构成非法利用信息网络罪。故 B 项不当选。

C 项，破坏计算机信息系统罪要求对计算机信息系统功能进行删除、修改、增加、干扰，造成计算机信息系统不能正常运行，后果严重。丙利用信息网络干扰定位系统，导致车辆定位系统崩溃，不能正常运行，构成破坏计算机信息系统罪。故 C 项当选。

D 项，非法控制计算机信息系统罪要求对计算机信息系统实施非法控制，情节严重。丙没有对计算机信息系统实施非法控制，不构成非法控制计算机信息系统罪。故 D 项不当选。

参考答案 C

412. 关于高空抛物罪，下列说法正确的有：（2021-回忆版-多）

A. 行为人只有从高空抛物的，才会构成高空抛物罪
B. 行为人从建筑物内抛物不受"高空"的限制
C. 高空抛物罪的物件不用达到致人损伤或死亡的重量和体积
D. 行为人从平地抛起物件从高空落下的，构成高空抛物罪

选项解析 A、B 项，从建筑物或者其他高空抛掷物品，情节严重的，构成高空抛物罪。因此，行为人只有从高空抛物的，才会构成高空抛物罪。故 A 项正确。建筑物属于"高空"的一种，同样受"高空"的限制。故 B 项错误。

C 项，高空抛物罪的"物品"没有限定，不论体积、重量、数量，不用达到致人损伤或死亡的程度，只要属于"情节严重"就构成高空抛物罪。故 C 项正确。

D 项，行为人从平地抛起物件从高空落下的，不属于"从建筑物或者其他高空抛掷物品"，不构成高空抛物罪。故 D 项错误。

参考答案 AC

413. 下列行为不构成开设赌场罪的是：（2021-回忆版-单）

A. 甲开设网站，让参与者根据外汇的价格波

动来投钱。外汇价格上涨，参与者赚70%；外汇价格下降，参与者的本金归甲开设的网站所有

B. 乙在微信群中，以抢红包的方式赌博，每场抽成10%

C. 丙在内地组织旅行团，到境外旅游时进入当地合法开设的赌场赌博

D. 丁为赌博网站提供资金支付结算服务，收取服务费，并组织他人到该网站赌博

选项解析 A项，最高人民法院、最高人民检察院、公安部《关于办理网络赌博犯罪案件适用法律若干问题的意见》规定，利用互联网、移动通讯终端等传输赌博视频、数据，组织赌博活动，建立赌博网站并接受投注的，构成开设赌场罪。甲开设网站，让参与者根据外汇的价格波动来投钱，是建立赌博网站并接受投注的行为，构成开设赌场罪。故A项不当选。

B项，以营利为目的，通过邀请人员加入微信群，利用微信群进行控制管理，以抢红包方式进行赌博，在一段时间内持续组织赌博活动的行为，构成开设赌场罪。故B项不当选。

C项，丙在内地组织旅行团，到境外旅游时进入当地合法开设的赌场赌博，构成组织参与国（境）外赌博罪而非开设赌场罪。故C项当选。

D项，明知是赌博网站而为赌博网站提供资金支付结算服务，收取服务费的，属于开设赌场罪的共同犯罪。丁为赌博网站提供资金支付结算服务，收取服务费，并组织他人到该网站赌博，属于开设赌场罪的共同犯罪。故D项不当选。

参考答案 C

414. 关于帮助信息网络犯罪活动罪，下列说法正确的有：（2023-回忆版-多）

A. 甲以为他人借用银行卡是用于网络赌博，但实际他人却用于网络诈骗活动。甲同时构成诈骗罪的帮助犯与帮助信息网络犯罪活动罪，择一重罪论处

B. 乙以为他人借用银行卡是用于网络诈骗活动，但实际他人却用于网络洗钱活动。乙

仅构成帮助信息网络犯罪活动罪

C. 丙明知他人借用银行卡是用于网络诈骗活动，而实际他人也确实实施了网络诈骗行为。丙同时构成诈骗罪的帮助犯与帮助信息网络犯罪活动罪，择一重罪论处

D. 丁明知他人借用银行卡是在国外用于网络赌博活动，但此赌博活动在国外系合法行为。丁无罪

选项解析 本题考查帮助信息网络犯罪活动罪及其罪数问题。

A项，甲主观上知道他人要实施网络犯罪，客观上提供了网络帮助，符合帮助信息网络犯罪活动罪的犯罪构成。对于帮助信息网络犯罪活动罪，行为人的主观认识并不需要达到对具体罪名的认识，只要有概括性认识即可。但是甲主观上并无帮助诈骗的故意，所以不构成诈骗罪的帮助犯。故A项错误。

B项，乙主观上知道他人要实施网络犯罪，客观上提供了网络帮助，构成帮助信息网络犯罪活动罪。故B项正确。

C项，对于诈骗，丙主观上有共同故意，客观上实施了帮助行为，故同时构成帮助信息网络犯罪活动罪与诈骗罪的帮助犯，想象竞合，从一重罪论处。故C项正确。

D项，根据共犯从属性原理，由于实行犯实施的网络赌博在国外是合法行为，因此，作为帮助犯的丁不成立犯罪。故D项正确。

参考答案 BCD

415. 甲穿着林业部门工作人员的衣服，在没有采伐许可证的情况下砍伐他人林地的树木并拉走。当地围观群众均以为他是林业部门的工作人员，就没有制止。甲构成何罪？（2023-回忆版-单）

A. 盗窃罪
B. 盗伐林木罪
C. 滥伐林木罪
D. 招摇撞骗罪

选项解析 本题考查盗窃罪、盗伐林木罪、滥伐林木罪的区分。

A、B、C项，本案行为人有非法占有的目的，所以并不构成滥伐林木罪。同时，行为人既侵犯了他人的财产权，又侵犯了森林资源，

构成盗伐林木罪，而非单纯的盗窃罪。故 A、C 项不当选，B 项当选。

D 项，招摇撞骗罪有骗取利益的要素，而在本案中，行为人的行为方式是窃取，而非骗取。故 D 项不当选。

参考答案 B

416. 甲开办了一家旅游公司，为了赚钱，打算组织十几个人到境外打工。前期，甲派乙去探路，丙作为员工参与了境内的部分运送，在偷越国（边）境前，员工被分成 2 批，甲带领的 7 个人成功到了境外，员工丙带领的 5 个人在海关被抓获。下列说法正确的有：（2022-回忆版-多）

A. 乙虽然只是探路，但依然构成组织他人偷越国（边）境罪既遂

B. 丙虽然被抓，但甲仍然需要为丙的行为负责

C. 甲组织他人偷越国（边）境又妨害公务，只认定为组织他人偷越国（边）境罪

D. 单位也构成偷越国（边）境罪既遂

选项解析 A 项中，甲构成组织他人偷越国（边）境罪，乙属于此罪的帮助犯，所以也构成组织他人偷越国（边）境罪既遂。故 A 项正确。

B 项中，甲是组织者，丙的行为在甲的主观故意当中，因此甲需要为丙的行为负责。故 B 项正确。

C 项中，根据法律的规定，组织他人偷越国（边）境又妨害公务的，只认定为组织他人偷越国（边）境罪，加重处罚。故 C 项正确。

D 项中，单位不构成偷越国（边）境罪，因为本罪没有单位犯罪。故 D 项错误。

参考答案 ABC

妨害司法罪 专题  49

417. 甲杀丙后潜逃。为干扰侦查，甲打电话让乙将一把未留有指纹的斧头粘上丙的鲜血放到现场。乙照办后报案称，自己看到"凶手"杀害了丙，并描述了与甲相貌特征完全不同的"凶手"情况，导致公安机关长期未将甲列为嫌疑人。关于本案，下列哪一选项是错误的？（2016/2/20-单）

A. 乙将未留有指纹的斧头放到现场，成立帮助伪造证据罪

B. 对乙伪造证据的行为，甲不负刑事责任

C. 乙捏造事实诬告陷害他人，成立诬告陷害罪

D. 乙向公安机关虚假描述"凶手"的相貌特征，成立包庇罪

选项解析 帮助毁灭、伪造证据罪，是指在诉讼活动中，唆使、协助当事人隐匿、毁灭、伪造证据，情节严重的行为。诬告陷害罪，是指捏造事实，作虚假告发，意图陷害他人，使他人受刑事追究的行为。这里的他人指所有真实存在的人。窝藏、包庇罪，是指明知是犯罪的人而为其提供隐藏处所、财物，帮助其逃匿或者作

假证明包庇的行为。本案中，乙将未留有指纹的斧头放到现场冒充凶器，属于帮助伪造证据。甲指使乙实施该行为，但其目的在于帮助自己逃避法律追究，不具有期待可能性，因此甲不对此承担刑事责任。故 A、B 项正确，不当选。乙捏造事实诬告陷害一个并非真实存在的人，不能成立诬告陷害罪。故 C 项错误，当选。乙向公安机关虚假描述凶手相貌的行为，属于作假证明包庇的行为，构成包庇罪。故 D 项正确，不当选。

参考答案 C

418. 甲将车借给乙，乙交通肇事后，为逃避刑事责任，找到有驾照的丁，让丁去公安机关"自首"，谎称案发当晚是丁驾车。丁照办。公安机关找甲取证时，甲想到若说是乙造成事故，自己作为被保险人就无法从保险公司获得车损赔偿，便谎称当晚将车借给了丁。关于上述事实的分析，下列选项错误的是：（2016/2/87-任）

A. 伪证罪与包庇罪是相互排斥的关系，甲不可能既构成伪证罪又构成包庇罪

B. 甲的主观目的在于骗取保险金，没有妨害司法的故意，不构成妨害司法罪

C. 乙唆使丁代替自己承担交通肇事的责任，就此构成教唆犯

D. 丁的"自首"行为干扰了司法机关的正常活动，触犯包庇罪

选项解析 伪证罪，是指在刑事诉讼中，证人、鉴定人、记录人和翻译人对与案件有重要关系的情节，故意作虚假证明、鉴定、记录、翻译，意图陷害他人或者隐匿罪证的行为。包庇罪，是指明知是犯罪的人而为其作假证明包庇，使其逃脱法律的制裁。行为人完全可能同时构成上述两罪，如证人作假证明的行为就可能构成伪证罪和包庇罪的想象竞合犯。故 A 项错误，当选。

妨害司法罪，是指违反法律规定，使用各种方法妨害国家司法机关正常诉讼活动，破坏国家司法权的行使，情节严重的行为。其包括伪证罪、包庇罪、妨害作证罪等。甲作为证人，故意隐瞒将车借给没有驾照的乙使用的事实，已经妨害了司法机关正常的诉讼活动，构成伪证罪。故 B 项错误，当选。

乙出于直接故意，明知自己犯法但为逃避法律追究仍积极实施妨害作证行为。乙唆使他人陈述虚假事实，缺乏期待可能性，不构成包庇罪的教唆犯。故 C 项错误，当选。

丁的冒名顶替行为，符合包庇罪的法定构成要件，构成包庇罪。故 D 项正确，不当选。

参考答案 ABC

419. 甲杀人后将凶器忘在现场，打电话告诉乙真相，请乙帮助扔掉凶器。乙随即把凶器藏在自家地窖里。数月后，甲生活无着落准备投案自首时，乙向甲汇款 2 万元，使其继续在外生活。关于本案，下列哪一选项是正确的？（2015/2/20-单）

A. 乙藏匿凶器的行为不属毁灭证据，不成立帮助毁灭证据罪

B. 乙向甲汇款 2 万元不属帮助甲逃匿，不成

立窝藏罪

C. 乙的行为既不成立帮助毁灭证据罪，也不成立窝藏罪

D. 甲虽唆使乙毁灭证据，但不能认定为帮助毁灭证据罪的教唆犯

选项解析 帮助毁灭证据罪，是指帮助诉讼活动的当事人毁灭证据，情节严重的行为。毁灭证据并不限于从物理上使证据消失，而是包括妨碍证据显现（如隐匿证据），使证据的价值减少、消失的一切行为。乙藏匿凶器的行为属于妨碍证据显现的行为，完全可以评价为毁灭证据的行为，乙成立帮助毁灭证据罪。故 A 项错误。

帮助毁灭证据罪是帮助他人毁灭证据，毁灭自己是当事人的案件的证据的，因为缺乏期待可能性，不构成本罪。教唆他人毁灭自己作为当事人的犯罪证据的，也不成立帮助毁灭证据罪的教唆犯。故 D 项正确。

窝藏行为主要包括为犯罪的人提供隐藏处所、财物，帮助其逃匿。一切帮助犯罪分子逃匿的行为均属于窝藏。本案中，乙向甲汇款 2 万元，使其继续在外生活的行为，本质上就属于帮助犯罪分子逃匿的行为，构成窝藏罪。故 B、C 项错误。

参考答案 D

420. 甲的下列哪些行为成立帮助毁灭证据罪（不考虑情节）？（2014/2/61-多）

A. 甲、乙共同盗窃了丙的财物。为防止公安人员提取指纹，甲在丙报案前擦掉了两人留在现场的指纹

B. 甲、乙是好友。乙的重大贪污罪行被丙发现。甲是丙的上司，为防止丙作证，将丙派往境外工作

C. 甲得知乙放火致人死亡后未清理现场痕迹，便劝说乙回到现场毁灭证据

D. 甲经过犯罪嫌疑人乙的同意，毁灭了对乙有利的无罪证据

选项解析 毁灭自己是当事人的案件的证据的，因为缺乏期待可能性，不构成本罪。A 项中，甲、乙属于共同犯罪，甲毁灭的是两人留在现

场的指纹，属于既为本人也为其他共犯人毁灭证据，缺乏期待可能性，不构成本罪。故 A 项不当选。

帮助毁灭证据罪中的"证据"，应限于物证，书证，鉴定意见，勘验、检查笔录与视听资料，物体化（转化为书面或者视听资料）的证人证言，被害人陈述，犯罪嫌疑人、被告人供述和辩解等。隐匿证人与被害人的行为，符合妨害作证罪的构成要件（阻止证人作证），而不以本罪论处。B 项中，甲为防止丙作证，将丙派往境外的行为，属于隐匿证人的行为，不构成本罪。故 B 项不当选。

帮助毁灭证据罪包括：①行为人单独为当事人毁灭证据；②行为人与当事人共同毁灭证据，在这种情况下，行为人构成帮助毁灭证据罪，当事人则不构成此罪；③行为人为当事人毁灭证据提供各种便利条件，在这种情况下，行为人并不是帮助犯，而是正犯；④行为人唆使当事人毁灭证据，在这种情况下，行为人并不是教唆犯，而是正犯（实行犯）。C 项中，甲劝说乙回到现场毁灭证据的行为，属于帮助当事人毁灭证据的方式之一，构成本罪。事实上，根据不法共犯论，甲、乙在帮助毁灭证据罪的构成要件和违法性中成立共犯，但是由于乙缺乏期待可能性，责任阻却从而不构成帮助毁灭证据罪，但甲单独构成此罪。故 C 项当选。

被害人对社会法益的承诺无效。故 D 项当选。

参考答案 CD

421. 甲路过偏僻路段，看到其友乙强奸丙的犯罪事实。甲的下列哪一行为构成包庇罪？（2012/2/19-单）

A. 用手机向乙通报公安机关抓捕乙的消息

B. 对侦查人员的询问沉默不语

C. 对侦查人员声称乙、丙系恋人，因乙另有新欢遭丙报案诬陷

D. 经法院通知，无正当理由，拒绝出庭作证

选项解析 窝藏是帮助犯罪分子逃匿的行为。甲用手机向乙通报公安机关抓捕乙的消息，属于窝藏行为，构成窝藏罪，不构成包庇罪。故 A 项

不当选。

包庇，是指向公安、司法机关提供虚假证明掩盖犯罪的行为。需要注意的是，单纯知情不举的行为不构成窝藏、包庇罪。知道犯罪事实，在公安、司法机关调查取证时，单纯知情不举，不构成犯罪；但是拒不提供间谍犯罪，恐怖主义、极端主义犯罪证据的，则成立《刑法》第311 条规定的犯罪。甲对侦查人员的询问沉默不语不构成犯罪。故 B 项不当选。

C 项属于向公安、司法机关作假证明包庇的情况，构成包庇罪。故 C 项当选。

甲经法院通知，无正当理由，拒绝出庭作证的，由于不存在向公安、司法机关提供虚假证明的行为，不构成包庇罪。故 D 项不当选。

参考答案 C

422. 下列哪一选项的行为应以掩饰、隐瞒犯罪所得罪论处？（2011/2/17-单）

A. 甲用受贿所得 1000 万元购买了一处别墅

B. 乙明知是他人用于抢劫的汽车而更改车身颜色

C. 丙与抢劫犯事前通谋后代为销售抢劫财物

D. 丁明知是他人盗窃的汽车而为其提供伪造的机动车来历凭证

选项解析 财产犯罪之后本犯处分赃物的行为，一般不以犯罪论处。甲的行为仅成立受贿罪一罪。故 A 项不当选。

乙的行为可成立帮助毁灭、伪造证据罪。掩饰、隐瞒犯罪所得罪的犯罪对象为"犯罪所得"，而他人用于抢劫的汽车本身是犯罪工具，而非犯罪所得。故 B 项不当选。

与抢劫犯事前通谋后代为销售抢劫财物的，应以抢劫罪的共犯论处。赃物犯罪，包括洗钱罪和掩饰、隐瞒犯罪所得罪等，都是事前没有通谋的。故 C 项不当选。

最高人民法院、最高人民检察院《关于办理与盗窃、抢劫、诈骗、抢夺机动车相关刑事案件具体应用法律若干问题的解释》第 1 条第1 款规定，明知是盗窃、抢劫、诈骗、抢夺的机动车，实施下列行为之一的，以掩饰、隐瞒犯罪所得、犯罪所得收益罪定罪：①买卖、介绍买

卖、典当、拍卖、抵押或者用其抵债的；②拆解、拼装或者组装的；③修改发动机号、车辆识别代号的；④更改车身颜色或者车辆外形的；⑤提供或者出售机动车来历凭证、整车合格证、号牌以及有关机动车的其他证明和凭证的；⑥提供或者出售伪造、变造的机动车来历凭证、整车合格证、号牌以及有关机动车的其他证明和凭证的。故 D 项当选。

参考答案 D

---

423. 下列哪些行为构成包庇罪？（2009/2/62-多）

A. 甲帮助强奸罪犯毁灭证据

B. 乙（乘车人）在交通肇事后指使肇事人逃逸，致使被害人因得不到救助而死亡

C. 丙明知实施杀人、放火犯罪行为是恐怖组织所为，而作假证明予以包庇

D. 丁系歌舞厅老板，在公安机关查处卖淫嫖娼违法行为时为违法者通风报信，情节严重

选项解析 A 项中，甲并没有向司法机关作伪证，仅成立帮助毁灭、伪造证据罪。包庇罪是指向司法机关作假证明予以包庇。包庇罪针对的是犯罪的人，而本案中针对的是物，所以不构成包庇罪。故 A 项不当选。

B 项符合最高人民法院《关于审理交通肇事刑事案件具体应用法律若干问题的解释》第 5 条第 2 款的规定，交通肇事后，单位主管人员、机动车辆所有人、承包人或者乘车人指使肇事人逃逸，致使被害人因得不到救助而死亡的，以交通肇事罪的共犯论处。故 B 项不当选。

根据《刑法》第 310 条第 1 款的规定，明知是犯罪的人而为其提供隐藏处所、财物，帮助其逃匿或者作假证明包庇的，构成包庇、窝藏罪。C 项中，丙明知恐怖组织的行为而作假证明包庇，构成包庇罪。但是如果国家机关工作人员包庇黑社会性质组织，则单独构成包庇黑社会性质组织罪，不再成立包庇罪。故 C 项当选。

《刑法》第 362 条规定："旅馆业、饮食服务业、文化娱乐业、出租汽车业等单位的人员，在公安机关查处卖淫、嫖娼活动时，为违法犯罪分子通风报信，情节严重的，依照本法第 310 条

的规定定罪处罚。"这是一个拟制规定，因为包庇罪所包庇的是"犯罪行为"，而本条所针对的是"卖淫、嫖娼行为"，是一般行政违法行为。所以 D 项中，丁的行为构成包庇罪。故 D 项当选。

参考答案 CD

---

424. 甲抢劫出租车，将被害司机尸体藏入后备箱后打电话给堂兄乙，请其帮忙。乙帮助甲把尸体埋掉，并把被害司机的证件、衣物等烧掉。两天后，甲把抢来的出租车送给乙。乙的行为构成何罪？（2009/2/63-多）

A. 抢劫罪

B. 包庇罪

C. 掩饰、隐瞒犯罪所得罪

D. 帮助毁灭证据罪

选项解析 乙是在甲实施抢劫罪结束之后才加入进来的，不可能成立抢劫罪的共同犯罪。故 A 项不当选。

本案中，乙根本没有作假证明包庇，所以不构成包庇罪。故 B 项不当选。

甲把抢来的出租车送给乙，乙实际上是帮助甲掩饰、隐瞒犯罪所得，构成掩饰、隐瞒犯罪所得罪。接受犯罪分子赠与的赃物实际上也是帮助犯罪分子隐瞒犯罪所得，妨害司法机关的正常活动。故 C 项当选。

乙帮助甲把尸体埋掉，并把被害司机的证件、衣物等烧掉，构成帮助毁灭证据罪。故 D 项当选。

参考答案 CD

---

425. 王某担任辩护人时，编造了一份隐匿罪证的虚假证言，交给被告人陈小二的父亲陈某，让其劝说证人李某背熟后向法庭陈述，并给李某 5000 元好处费。陈某照此办理。李某收受 5000 元后，向法庭作了伪证，致使陈小二被无罪释放。后陈某给陈小二 10 万美元，让其逃往国外。关于本案，下列哪些选项是错误的？（2007/2/64-多）

A. 王某的行为构成辩护人妨害作证罪

B. 陈某劝说李某作伪证的行为构成妨害作证

C. 李某构成辩护人妨害作证罪的帮助犯

D. 陈某让陈小二逃往国外的行为构成脱逃罪的共犯

选项解析 辩护人妨害作证罪，是指在刑事诉讼中，辩护人威胁、引诱证人违背事实改变证言或者作伪证的行为。王某的行为构成辩护人妨害作证罪。故 A 项正确，不当选。

陈某劝说李某作伪证的行为应构成妨害作证罪的实行犯，妨害作证罪是伪证教唆的正犯化，被独立成罪，不以伪证罪教唆犯论处。故 B 项错误，当选。

伪证罪，是指在刑事诉讼中，证人、鉴定人、记录人、翻译人对与案件有重要关系的情节，故意作虚假证明、鉴定、记录、翻译，意图陷害他人或者隐匿罪证的行为。因此，李某不构成妨害作证罪的帮助犯，而是构成伪证罪。故 C 项错误，当选。

脱逃罪，是指依法被关押的罪犯、被告人、犯罪嫌疑人脱逃的行为。本罪的主体是依法被关押的罪犯（已决犯）、被告人与犯罪嫌疑人，未被关押的罪犯、被告人与犯罪嫌疑人不是本罪主体。本题中，陈小二被无罪释放，没有被关押，不是脱逃罪的主体，因此，陈某让陈小二逃往国外的行为也不构成脱逃罪的共犯。故 D 项错误，当选。

参考答案 BCD

426. 《刑法》第 310 条第 1 款规定了窝藏、包庇罪，第 2 款规定："犯前款罪，事前通谋的，以共同犯罪论处。"《刑法》第 312 条规定了掩饰、隐瞒犯罪所得罪，但没有规定"事前通谋的，以共同犯罪论处。"关于上述规定，下列哪一说法是正确的？（2017/2/19-单）

A. 若事前通谋之罪的法定刑低于窝藏、包庇罪的法定刑，即使事前通谋的，也应以窝藏、包庇罪论处

B. 即使《刑法》第 310 条没有第 2 款的规定，对于事前通谋事后窝藏、包庇的，也应以共同犯罪论处

C. 因缺乏明文规定，事前通谋事后掩饰、隐

瞒犯罪所得的，不能以共同犯罪论处

D. 事前通谋事后掩饰、隐瞒犯罪所得的，属于想象竞合，应从一重罪处罚

选项解析 事前通谋事后实施窝藏、包庇行为的，行为人与事前通谋之罪的犯罪人构成共同犯罪，应以事前通谋之罪论处。故 A 项错误。

即使《刑法》第 310 条没有第 2 款的规定，对于事前通谋事后窝藏、包庇的，也应以共同犯罪论处。故 B 项正确。

事前通谋事后掩饰、隐瞒犯罪所得的行为，成立事前通谋之罪的共同犯罪，应结合其在共同犯罪中的责任承担刑事责任。故 C、D 项错误。

参考答案 B

427. 甲于 2011 年 8 月 31 日借给乙 50 万元，1 年后乙通过银行转账将 50 万元还给甲。乙因为有银行转账证明遂未索要欠条。后甲将欠条日期涂改为 2017 年 8 月 31 日借款，并于 2017 年 9 月 1 日向法院起诉乙，请求其归还本息共 62 万元。乙以银行转账记录为证提出抗辩，但法官未能查明，作出乙向甲归还欠款本息 62 万元的判决。乙向当地公安报案。关于本案，下列说法正确的有：（2019-回忆版-多）

A. 甲成立虚假诉讼罪与诈骗罪，在一审判决作出时即既遂

B. 甲成立虚假诉讼罪，法官是受骗人，乙是受害人

C. 甲成立虚假诉讼罪与诈骗罪，想象竞合

D. 法官虽然受骗，但不成立民事枉法裁判罪

选项解析 甲的行为既构成虚假诉讼罪，又构成诈骗罪，这属于想象竞合，应当从一重罪论处。故 C 项正确。

同时，这种诈骗是三角诈骗，法官是被骗人，乙是受害人。故 B 项正确。

行为人以捏造的事实提起民事诉讼并被法院受理时，就构成虚假诉讼罪的既遂。但是在判决未生效之前，不可能成立诈骗罪的既遂。故 A 项错误。

民事枉法裁判罪是故意犯罪。故 D 项正确。

参考答案 BCD

📝 主客命题点

　　诉讼诈骗的既遂标准，这取决于如何理解诈骗对象与财产损失。例如，甲伪造乙署名的欠条后，向法院提起民事诉讼，要求乙归还100万元欠款。倘若法院支持了甲的请求，且判决发生法律效力，就意味着甲已经获得了财产性利益。但是，只有执行判决后，甲才可能获得相应的100万元现金。所以，相对于100万元现金而言，判决发生法律效力时，还没有既遂。因此，如果承认财产性利益是诈骗罪的对象，那么，在判决发生法律效力时，就应当认定为诈骗既遂。〔1〕

428. 甲、乙、丙三人合谋放火制造事故后越狱，最后只有丙越狱成功。下列哪一说法是错误的？（2018-回忆版-单）

A. 甲、乙、丙三人的行为均构成脱逃罪既遂

B. 丙的行为属于脱逃罪既遂，甲、乙的行为是未遂

C. 甲、乙的帮助、鼓励，对丙的脱逃成功起了作用，即便甲、乙没有脱逃成功，甲、乙的行为也构成脱逃罪既遂

D. 认定甲、乙构成脱逃罪既遂与甲、乙没有成功越狱并不矛盾，因为甲、乙的行为与丙的越狱成功有因果关系

选项解析 甲、乙、丙三人合谋越狱，此时应当遵循一人既遂，全体既遂的原理，甲、乙对丙的越狱成功有贡献力，也没有撤回物理性和心理性影响，因此只有B项的说法是错误的，当选。

参考答案 B

429. 甲答应乙杀人后帮助其脱罪潜逃，后甲后悔，但是没有告诉乙，乙杀人后，甲没有帮助其脱罪潜逃。关于本案，下列说法正确的是：（2021-回忆版-单）

A. 甲构成故意杀人罪和窝藏罪，数罪并罚

B. 甲构成故意杀人罪和窝藏罪，择一重罪处罚

C. 甲构成故意杀人罪，不构成窝藏罪

D. 甲构成窝藏罪，不构成故意杀人罪

选项解析 本题考查故意杀人罪、窝藏罪。

　　甲答应乙杀人后帮助其脱罪潜逃，为乙提供了心理上的帮助，乙杀人，甲和乙是故意杀人罪的共同犯罪。甲没有帮助乙脱罪潜逃，没有为乙提供物理上的帮助，不影响故意杀人罪共同犯罪的成立。甲没有帮助乙脱罪潜逃，不构成窝藏罪。故C项正确，A、B、D项错误。

参考答案 C

430. 关于窝藏罪，下列表述正确的有：（2023-回忆版-多）

A. 犯罪分子乙不想逃跑，乙的妻子甲在乙的食物中投放安眠药，趁乙睡着，带乙逃往外地。甲不构成窝藏罪

B. 犯罪分子乙原本不想逃跑，乙的朋友甲劝说乙逃跑，乙遂逃匿。甲不构成窝藏罪

C. 犯罪分子乙逃匿，拜托甲照顾自己的妻子，在乙逃匿期间，甲一直给乙的妻子打生活费。甲不构成窝藏罪

D. 在犯罪分子乙逃匿期间，其妻子甲相随相伴，常年照顾乙的生活起居。甲不构成窝藏罪

选项解析 本题考查窝藏罪。

　　根据《刑法》第310条第1款的规定，明知是犯罪的人而为其提供隐藏处所、财物，帮助其逃匿的，构成窝藏罪。因此成立窝藏必须是提供了物理意义上的帮助。最高人民法院、最高人民检察院《关于办理窝藏、包庇刑事案件适用法律若干问题的解释》第1条第1款规定："明知是犯罪的人，为帮助其逃匿，实施下列行为之一的，应当依照刑法第310条第1款的规定，以窝藏罪定罪处罚：①为犯罪的人提供房屋或者其他可以用于隐藏的处所的；②为犯罪的人提供车辆、船只、航空器等交通工具，或者提供手机等通讯工具的；③为犯罪的人提供金钱的；④其他为犯罪的人提供隐藏处所、财

---

〔1〕 参见 ［日］山口厚：《刑法各论》（第2版），有斐阁2010年版，第263页。

物，帮助其逃匿的情形。"

A项，带着丈夫逃跑属于物理性帮助，甲构成窝藏罪。故A项错误。

B项，甲的行为是一种精神性帮助，不构成窝藏罪。故B项正确。

C项，窝藏罪的对象是犯罪人，而乙的妻子并不是犯罪人，故甲提供生活费的行为不构成窝藏罪。故C项正确。

D项，照顾生活起居不属于物理性帮助，同时也缺乏期待可能性，因此，甲不构成窝藏罪。故D项错误。

参考答案 BC

毒品犯罪和其他 专题

431. 关于毒品犯罪，下列哪些选项是正确的？（2016/2/61-多）

A. 甲无牟利目的，为江某代购仅用于吸食的毒品，达到非法持有毒品罪的数量标准。对甲应以非法持有毒品罪定罪

B. 乙为蒋某代购仅用于吸食的毒品，在交通费等必要开销之外收取了若干"劳务费"。对乙应以贩卖毒品罪论处

C. 丙与曾某互不知情，受雇于同一雇主，各自运输海洛因500克。丙将海洛因从一地运往另一地后，按雇主吩咐交给曾某，曾某再运往第三地。丙应对运输1000克海洛因负责

D. 丁盗窃他人200克毒品后，将该毒品出卖。对丁应以盗窃罪和贩卖毒品罪实行数罪并罚

选项解析 A项，甲没有贩卖毒品的主观故意，其为江某代购毒品的行为过程中未谋取利益，且其代购的毒品系供江某吸食，因此其行为构成非法持有毒品罪而非贩卖毒品罪。故A项正确。

B项，乙代购毒品过程中收取了"劳务费"，乙的行为实质上属于贩卖毒品获利的行为，乙构成贩卖毒品罪。故B项正确。

C项，丙对于曾某运输500克海洛因的行为并不知情，两人缺乏犯罪意图的联络，按照共同犯罪理论和主客观相一致的原则，不能要求丙对曾某运输的500克海洛因承担刑事责任。2015年《全国法院毒品犯罪审判工作座谈会纪要》规定，受雇于同一雇主同行运输毒品，但受

雇者之间没有共同犯罪故意，或者虽然明知他人受雇运输毒品，但各自的运输行为相对独立，既没有实施配合、掩护他人运输毒品的行为，又分别按照各自运输的毒品数量领取报酬的，不应认定为共同犯罪。受雇于同一雇主分段运输同一宗毒品，但受雇者之间没有犯罪共谋的，也不应认定为共同犯罪。故C项错误。

D项，盗窃毒品又贩卖的行为构成盗窃罪和贩卖毒品罪，应当数罪并罚。故D项正确。

参考答案 ABD

432. 关于毒品犯罪的论述，下列哪些选项是错误的？（2012/2/62-多）

A. 非法买卖制毒物品的，无论数量多少，都应追究刑事责任

B. 缉毒警察掩护、包庇走私毒品的犯罪分子的，构成放纵走私罪

C. 强行给他人注射毒品，使人形成毒瘾的，应以故意伤害罪论处

D. 窝藏毒品犯罪所得的财物的，属于窝藏毒赃罪与掩饰、隐瞒犯罪所得罪的法条竞合，应以窝藏毒赃罪定罪处刑

选项解析 根据《刑法》第347条第1款的规定，在毒品犯罪中，只要走私、贩卖、运输、制造毒品，无论数量多少，都应当追究刑事责任。其他毒品犯罪，根据法律和司法解释的规定，通常有相应的数量要求，如非法持有毒品罪、非法买卖制毒物品罪等。故A项错误，当选。

根据《刑法》第349条第2款的规定，缉毒人员或者其他国家机关工作人员掩护、包庇走

私、贩卖、运输、制造毒品的犯罪分子的，以包庇毒品犯罪分子罪从重处罚。所以，B项构成包庇毒品犯罪分子罪，而不是放纵走私罪。放纵走私罪的主体是海关工作人员。故B项错误，当选。

根据《刑法》第353条第2款的规定，强迫他人吸食、注射毒品的，构成强迫他人吸毒罪。所以，强行给他人注射毒品，只是使人形成毒瘾，但并没有伤害他人身体，应以强迫他人吸毒罪论处，而不构成故意伤害罪。故C项错误，当选。当然，如果题目中明确说明，强迫他人吸食毒品造成他人身体伤害或者死亡，则构成强迫他人吸毒罪与故意伤害罪、故意杀人罪的想象竞合犯，从一重罪论处。

窝藏毒赃罪与掩饰、隐瞒犯罪所得罪属于法条竞合，法条竞合时一般按照特别法优于普通法的规则处理，故应认定为窝藏毒赃罪。另外，虽然最高人民法院《关于审理掩饰、隐瞒犯罪所得、犯罪所得收益刑事案件适用法律若干问题的解释》第7条规定，明知是犯罪所得及其产生的收益而予以掩饰、隐瞒，构成《刑法》第312条规定的犯罪，同时构成其他犯罪的，依照处罚较重的规定定罪处罚，但窝藏毒赃罪的处罚也是更重的。所以无论如何，D项都正确，不当选。

参考答案 ABC

433. 关于非法持有毒品罪，下列哪一选项是正确的？（2011/2/18-单）

A. 非法持有毒品的，无论数量多少都应当追究刑事责任

B. 持有毒品不限于本人持有，包括通过他人持有

C. 持有毒品者而非所有者时，必须知道谁是所有者

D. 因贩卖而持有毒品的，应当实行数罪并罚

选项解析 非法持有毒品罪有数量的要求，否则不成立非法持有毒品罪。故A项错误。

持有包括直接持有，也包括间接持有，通过他人代持也是持有。故B项正确。

持有毒品行为本身就构成犯罪，如果能查清

持有者是帮助其他毒品犯罪（如贩卖毒品罪、走私毒品罪等）的行为人持有毒品，应以贩卖毒品罪、走私毒品罪的共同犯罪论处。故C项错误。

因贩卖而持有毒品的行为属于吸收犯。故D项错误。

参考答案 B

解题思路 无论数量多少，只在走私、贩卖、运输、制造毒品罪中才追究刑事责任，其他毒品犯罪都需要达到数量标准。

434. 甲盗掘国家重点保护的古墓葬，窃取大量珍贵文物，并将部分文物偷偷运往境外出售牟利。司法机关发现后，甲为毁灭罪证将剩余珍贵文物损毁。关于本案，下列哪些选项是错误的？（2010/2/63-多）

A. 运往境外出售与损毁文物，属于不可罚的事后行为，对甲应以盗掘古墓葬罪、盗窃罪论处

B. 损毁文物是为自己毁灭证据的行为，不成立犯罪，对甲应以盗掘古墓葬罪、盗窃罪、走私文物罪论处

C. 盗窃文物是盗掘古墓葬罪的法定刑升格条件，对甲应以盗掘古墓葬罪、走私文物罪、故意损毁文物罪论处

D. 盗掘古墓葬罪的成立不以盗窃文物为前提，对甲应以盗掘古墓葬罪、盗窃罪、走私文物罪、故意损毁文物罪论处

选项解析 甲盗掘古墓葬，从中窃取大量珍贵文物，构成盗掘古墓葬罪一罪，适用升格的法定刑；将部分文物偷偷运往境外，侵犯了新的法益，另构成走私文物罪，需要与盗掘古墓葬罪数罪并罚；被司法机关发现后，为了毁灭罪证而故意损毁珍贵文物，属于另起犯意，另构成故意损毁文物罪。所以，对甲应以盗掘古墓葬罪、走私文物罪、故意损毁文物罪数罪并罚。故C项正确，不当选；A、B、D项错误，当选。

参考答案 ABD

435. 医生甲退休后，擅自为人看病2年多。

某日，甲为乙治疗，需注射青霉素。乙自述以前曾注射过青霉素，甲便未做皮试就给乙注射青霉素，乙因青霉素过敏而死亡。关于本案，下列哪一选项是正确的？（2013/2/18-单）

A. 以非法行医罪的结果加重犯论处

B. 以非法行医罪的基本犯论处

C. 以过失致人死亡罪论处

D. 以医疗事故罪论处

选项解析 非法行医造成就诊人死亡的，属于结果加重犯。非法行医罪的主体是未取得医生执业资格的人，包括采取非法手段取得医师资格的人，还包括取得了医生执业资格但未经注册取得医师执业证书的人。甲虽然之前是医生，但其退休后，没有办理变更注册手续，所以也属于"未取得医生执业资格的人"，其擅自为人看病2年多，构成非法行医罪，由于过失导致乙过敏死亡，属于非法行医罪的结果加重犯。故A项正确，B项错误。

过失致人死亡罪与其他特殊的过失致人死亡的犯罪之间是法条竞合关系，属于一般和特殊的关系，符合特别法条的，优先适用特别法。非法行医造成就诊人死亡的，属于非法行医罪的结果加重犯，此时应优先定非法行医罪，而不以过失致人死亡罪论处。故C项错误。

医疗事故罪的主体是医务人员，甲已经退休，不再是医务人员，不构成医疗事故罪。故D项错误。

参考答案 A

436. 甲公司竖立的广告牌被路边树枝遮挡，甲公司在未取得采伐许可的情况下，将遮挡广告牌的部分树枝砍掉，所砍树枝共计6立方米。关于本案，下列哪一选项是正确的？（2013/2/19-单）

A. 盗伐林木包括砍伐树枝，甲公司的行为成立盗伐林木罪

B. 盗伐林木罪是行为犯，不以破坏林木资源为要件，甲公司的行为成立盗伐林木罪

C. 甲公司不以非法占有为目的，只成立滥伐林木罪

D. 不能以盗伐林木罪判处甲公司罚金

选项解析 盗伐林木罪要求主观上具有非法占有的目的。甲公司不具有非法占有的目的，不成立盗伐林木罪。故A、B项错误。

滥伐林木罪，侵犯的法益是国家的森林资源，所以，行为的对象应是树木，如果行为人只是砍掉部分树枝，而没有针对树木，对森林资源并不会构成实质的损害，不构成滥伐林木罪。故C项错误，D项正确。

参考答案 D

437. 甲在强制戒毒所戒毒时，无法抗拒毒瘾，设法逃出戒毒所。甲径直到毒贩陈某家，以赊账方式买了少量毒品过瘾。后甲逃往乡下，告知朋友乙详情，请乙收留。乙让甲住下。（事实一）

甲对陈某的毒品动起了歪脑筋，探知陈某将毒品藏在厨房灶膛内。某夜，甲先用毒包子毒死陈某的2条看门狗（价值6000元），然后翻进陈某院墙，从厨房灶膛拿走陈某50克纯冰毒。（事实二）

甲拿出40克冰毒，让乙将40克冰毒和80克其他物质混合，冒充120克纯冰毒卖出。（事实三）

请回答第（1）~（3）题。（2014/2/89~91-任）

（1）关于事实一，下列选项正确的是：

A. 甲是依法被关押的人员，其逃出戒毒所的行为构成脱逃罪

B. 甲购买少量毒品是为了自吸，购买毒品的行为不构成犯罪

C. 陈某出卖毒品给甲，虽未收款，仍属于贩卖毒品既遂

D. 乙收留甲的行为构成窝藏罪

选项解析 脱逃罪是指依法被关押的罪犯、被告人、犯罪嫌疑人脱逃的行为。甲是被强制戒毒的人员，不属于依法被关押的罪犯、被告人、犯罪嫌疑人，故不构成脱逃罪。故A项错误。

为了自己吸食而购买少量毒品的行为，既不构成贩卖毒品罪，也不构成非法持有毒品罪（因为非法持有毒品罪要求持有毒品数量较大），也不构成其他犯罪。故B项正确。

贩卖毒品罪以毒品实际上转移给买方为既遂，转移毒品后行为人是否已经获取了利益，则并不影响既遂的成立。本题中，由于陈某已经将毒品出卖给甲，即使尚未收款，也是既遂。故 C 项正确。

窝藏的对象是犯罪的人，如上所述，甲不是犯罪的人，所以，乙收留甲的行为不构成窝藏罪。故 D 项错误。

参考 答案 BC

（2）关于事实二的判断，下列选项正确的是：

A. 甲翻墙入院从厨房取走毒品的行为，属于入户盗窃

B. 甲进入陈某厨房的行为触犯非法侵入住宅罪

C. 甲毒死陈某看门狗的行为是盗窃预备与故意毁坏财物罪的想象竞合

D. 对甲盗窃 50 克冰毒的行为，应以盗窃罪论处，根据盗窃情节轻重量刑

选项 解析 甲翻墙入院从厨房取走毒品的行为，属于入户盗窃。故 A 项正确。

对于"住宅"，应从本质意义上理解，只要侵犯他人住宅安宁权，均为非法侵入住宅。故甲未经主人同意，进入陈某厨房的行为，触犯了非法侵入住宅罪。故 B 项正确。

入户盗窃以进入户内开始物色财物为着手。故为了盗窃毒死陈某的看门狗时，尚未着手，属于盗窃的预备行为；狗属于主人的财物，甲将陈某的狗毒死，也同时触犯了故意毁坏财物罪。甲毒死陈某的看门狗的一个行为同时触犯盗窃预备与故意毁坏财物罪，属于想象竞合犯。故 C 项正确。

违禁品（毒品、假币等）可以成为财产犯罪的对象，在量刑时，不是根据违禁品的经济价值计算数额，而是根据情节轻重量刑。故 D 项正确。

参考 答案 ABCD

解题思路 当出现"触犯"一词，一般都是正确选项。

（3）关于事实三的判断，下列选项正确的是：

A. 甲让乙卖出冰毒应定性为甲事后处理所盗

赃物，对此不应追究甲的刑事责任

B. 乙将 40 克冰毒掺杂、冒充 120 克纯冰毒卖出的行为，符合诈骗罪的构成要件

C. 甲、乙既成立诈骗罪的共犯，又成立贩卖毒品罪的共犯

D. 乙在冰毒中掺杂使假，不构成制造毒品罪

选项 解析 甲盗窃毒品后又让乙出卖的行为，构成贩卖毒品罪，并与前面的盗窃罪数罪并罚。故 A 项错误。

乙将 40 克冰毒掺杂、冒充 120 克纯冰毒卖出的行为，一方面构成贩卖毒品罪，数量是 120 克；另一方面，其行为也属于隐瞒真相，使买方陷入错误认识而处分财物的行为，符合诈骗罪的构成要件，构成诈骗罪。故 B 项正确。

甲让乙在冰毒中掺杂，冒充纯冰毒卖出的行为，既构成贩卖毒品罪，又构成诈骗罪，二人成立两罪的共犯。故 C 项正确。

为便于隐蔽运输、销售、使用、欺骗购买者，或者为了增重，对毒品掺杂使假，添加或者去除其他非毒品物质的，不属于制造毒品的行为。故乙的行为不属于制造毒品。故 D 项正确。

参考 答案 BCD

438. 甲于某晚 9 时驾驶货车在县城主干道超车时，逆行进入对向车道，撞上乙驾驶的小轿车，乙被卡在车内无法动弹，乙车内黄某当场死亡、胡某受重伤。后查明，乙无驾驶资格，事发时略有超速，且未采取有效制动措施。（事实一）

甲驾车逃逸。急救人员 5 分钟后赶到现场，胡某因伤势过重被送医院后死亡。（事实二）

交警对乙车进行切割，试图将乙救出。此时，醉酒后的丙（血液中的酒精含量为 152mg/100ml）与丁各自驾驶摩托车"飙车"经过此路段。（事实三）

丙发现乙车时紧急刹车，摩托车侧翻，猛烈撞向乙车左前门一侧，丙受重伤。20 分钟后，交警将乙抬出车时，发现其已死亡。现无法查明乙被丙撞击前是否已死亡，也无法查明乙被丙撞击前所受创伤是否为致命伤。（事实四）

丁离开现场后，找到无业人员王某，要其假冒飙车者去公安机关投案。（事实五）

王某虽无替丁顶罪的意思，但仍要丁给其5万元酬劳，否则不答应丁的要求，丁只好付钱。王某第二天用该款购买100克海洛因藏在家中，用于自己吸食。5天后，丁被司法机关抓获。（事实六）

请回答第（1）~（6）题。（2013/2/86~91—任）

（1）关于事实一的分析，下列选项错误的是：

A. 甲违章驾驶，致黄某死亡、胡某重伤，构成交通肇事罪

B. 甲构成以危险方法危害公共安全罪和交通肇事罪的想象竞合犯

C. 甲对乙车内人员的死伤，具有概括故意

D. 乙违反交通运输管理法规，致同车人黄某当场死亡、胡某重伤，构成交通肇事罪

选项解析 甲在公共交通管理范围内，违反交通运输管理法规，逆行进入对方车道，发生重大事故，导致一死一伤，负事故主要责任，符合交通肇事罪的构成要件，构成交通肇事罪。故A项正确，不当选。

甲虽然是故意违章驾驶的，但对被害人的伤亡却没有故意，所以，甲不构成以危险方法危害公共安全罪这一故意犯罪，也不构成故意伤害罪、故意杀人罪。故B、C项错误，当选。

乙虽然也违反交通运输管理法规，无证驾驶，而且略有超速，未采取有效制动措施，并致同车人一死一伤，但在本案中，与甲在晚上逆行相比，显然甲负的责任要更大一些，甲应负主要责任，乙负次要责任。相关司法解释规定，交通肇事具有下列情形之一的，构成犯罪：①死亡1人或者重伤3人以上，负事故全部或者主要责任的；②死亡3人以上，负事故同等责任的；③造成公共财产或者他人财产直接损失，负事故全部或者主要责任，无能力赔偿数额在30万元以上的。所以，负次要责任的乙不构成交通肇事罪。故D项错误，当选。

参考答案 BCD

（2）关于事实二的分析，下列选项正确的是：

A. 胡某的死亡应归责于甲的肇事行为

B. 胡某的死亡应归责于甲的逃逸行为

C. 对甲应适用交通肇事"因逃逸致人死亡"的法定刑

D. 甲交通肇事后逃逸，如数日后向警方投案如实交待罪行的，成立自首

选项解析 逃逸致人死亡是逃逸导致被害人得不到救助而死亡。事实二中，甲虽然驾车逃逸，但急救人员"5分钟"后就赶到现场，在时间上并没有耽误，胡某是因"伤势过重"，被送往医院后死亡，而不是由于逃逸延误救治，导致胡某死亡。也就是说，即使甲不逃逸，胡某也会因伤势过重而死亡，所以，甲的逃逸行为和胡某死亡结果之间没有因果关系，甲不属于"因逃逸致人死亡"，对甲不能适用交通肇事"因逃逸致人死亡"的法定刑。胡某的死亡结果是由甲之前的肇事行为引起的，应归责于甲的肇事行为。故A项正确，B、C项错误。

犯罪以后自动投案，如实供述自己的罪行的，即可成立自首。甲虽然在交通肇事后逃逸了，但在被抓获之前，自动投案，将自己置于司法机关的合法控制之下，并如实交待自己的罪行，仍能够成立自首。故D项正确。

参考答案 AD

（3）关于事实三的定性，下列选项正确的是：

A. 丙、丁均触犯危险驾驶罪，属于共同犯罪

B. 丙构成以危险方法危害公共安全罪，丁构成危险驾驶罪

C. 丙、丁虽构成共同犯罪，但对丙结合事实四应按交通肇事罪定罪处罚，对丁应按危险驾驶罪定罪处罚

D. 丙、丁未能完成预定的飙车行为，但仍成立犯罪既遂

选项解析 根据《刑法》第133条之一的规定，危险驾驶罪包括在道路上驾驶机动车追逐竞驶，情节恶劣，或者在道路上醉酒驾驶机动车的行为。在事实三中，丙醉酒后与丁在道路上飙车，无论是醉驾还是飙车，都属于危险驾驶行为，构成危险驾驶罪，而且，丙、丁属于二人共同故意犯罪，构成危险驾驶罪的共同犯罪。故A

项正确。

事实三中，丙只是普通的醉驾和飙车，其对公共安全造成的危险尚没有达到与放火、爆炸等方法相当的程度，故对丙不能认定为以危险方法危害公共安全罪。故 B 项错误。

结合事实四，如果要认定丙构成交通肇事罪，必须认定丙的行为和乙的死亡结果之间存在因果关系，但现无法查明乙被丙撞击前是否已死亡，对事实有疑问时要作有利于行为人的推定，因此要推定乙在丙撞击之前已经死亡，丙的行为与乙的死亡结果之间没有因果关系，进而也就不能认定丙构成交通肇事罪。故 C 项错误。

危险驾驶罪为抽象危险犯，就"飙车"而言，只要行为人在道路上驾驶机动车追逐竞驶，情节恶劣，就构成本罪的既遂，不要求必须完成飙车。故 D 项正确。

参考答案 AD

（4）关于事实四乙死亡的因果关系的判断，下列选项错误的是：

A. 甲的行为与乙死亡之间，存在因果关系

B. 丙的行为与乙死亡之间，存在因果关系

C. 处置现场的警察的行为与乙死亡之间，存在因果关系

D. 乙自身的过失行为与本人死亡之间，存在因果关系

选项解析 刑法上的因果关系是危害行为与危害结果之间的因果关系。处置现场的警察并没有实施危害行为，故警察与乙的死亡结果之间没有因果关系。乙虽然自身存在过失行为，但在本案中，乙自身的过失行为对本人的死亡并不起决定作用，所以，乙的行为和本人的死亡结果之间没有因果关系。甲、丙没有意思联络，不是共同犯罪，而根据事实四，在证据上，现无法查明乙被丙撞击前是否已死亡，也无法查明乙被丙撞击前所受创伤是否为致命伤。换句话说，就是不能证明乙是被甲撞死的，还是被丙撞死的。由于过失犯罪不成立共同犯罪，因此因果关系必须分别判断，有疑问时要作有利的推定。所以不能认定甲、丙的行为和乙的死

亡结果之间存在因果关系。综上，甲、丙、处置现场的警察、乙本人和乙的死亡结果之间均不存在因果关系。

参考答案 ABCD

（5）关于事实五的定性，下列选项错误的是：

A. 丁指使王某作伪证，构成妨害作证罪的教唆犯

B. 丁构成包庇罪的教唆犯

C. 丁的教唆行为属于教唆未遂，应以未遂犯追究刑事责任

D. 对丁的妨害作证行为与包庇行为应从一重罪处罚

选项解析 根据《刑法》第 307 条第 1 款的规定，以暴力、威胁、贿买等方法阻止证人作证或者指使他人作伪证的，构成妨害作证罪。事实五中，丁指使王某作伪证，构成妨害作证罪的实行犯，这是伪证教唆的独立成罪现象，不构成妨害作证罪的教唆犯。故 A 项错误，当选。

包庇罪，是指明知是犯罪的人而向公安司法机关作假证明包庇的行为。包庇罪的主体不含本犯，让别人包庇自己的犯罪的，不构成包庇罪，也就不可能构成包庇罪的教唆犯。故 B 项错误，当选。

既然丁不构成包庇罪，也就谈不上和妨害作证罪从一重罪处罚的问题。故 D 项错误，当选。

既然丁不构成教唆犯，就不适用刑法总则关于教唆犯的规定，也就不存在"教唆未遂"的问题了。故 C 项错误，当选。

参考答案 ABCD

（6）关于事实六的定性，下列选项错误的是：

A. 王某乘人之危索要财物，构成敲诈勒索罪

B. 丁基于不法原因给付 5 万元，故王某不构成诈骗罪

C. 王某购买毒品的数量大，为对方贩卖毒品起到了帮助作用，构成贩卖毒品罪的共犯

D. 王某将毒品藏在家中的行为，不构成窝藏毒品罪

选项解析 在事实六中，丁让王某为自己顶罪，王某向丁索要报酬，这实质上是一种交易，王

某并没有威胁丁交付财物，不符合敲诈勒索罪的构成要件，不构成敲诈勒索罪。故 A 项错误，当选。

王某本没有为丁顶罪的意思，但却欺骗丁，如果给钱，可以为丁顶罪，使丁信以为真，陷入错误认识，处分了 5 万元，王某的行为完全符合诈骗罪的构成要件，应认定为诈骗罪。故 B 项错误，当选。

王某为了吸食而购买毒品，没有贩卖毒品的犯罪故意，不构成贩卖毒品罪。故 C 项错误，当选。

窝藏毒品的对象是他人的毒品，不包括自己的毒品。自己为了吸食购买大量毒品放在家里，可以构成非法持有毒品罪，不构成窝藏毒品罪。故 D 项正确，不当选。

参考答案 ABC

439. 关于毒品犯罪，下列哪些选项是正确的？（2010/2/60-多）

A. 明知他人实施毒品犯罪而为其居间介绍，代购代卖的，即使没有牟利目的，也成立贩卖毒品罪

B. 为便于隐蔽运输，对毒品掺杂使假的行为，或者为了销售，去除毒品中的非毒品物质的行为，不成立制造毒品罪

C. 甲认为自己管理毒品不安全，将数量较大毒品委托给乙保管时，甲、乙均成立非法持有毒品罪

D. 行为人对同一宗毒品既走私又贩卖的，量刑时不应重复计算毒品数量

选项解析 贩卖毒品，是指有偿转让毒品（不需要以营利为目的）或者以贩卖为目的而非法收购毒品，即卖或者为卖而买，包括出售毒品、为出售而购买毒品、居间介绍买卖毒品，不要求营利目的。故 A 项正确。

2008 年 12 月 1 日《全国部分法院审理毒品犯罪案件工作座谈会纪要》规定，制造毒品不仅包括非法用毒品原植物直接提炼和用化学方法加工、配制毒品的行为，也包括以改变毒品成分和效用为目的，用混合等物理方法加工、配制毒品的行为，如将甲基苯丙胺或者其他苯

丙胺类毒品与其他毒品混合成麻古或者摇头丸。为便于隐蔽运输、销售、使用、欺骗购买者，或者为了增重，对毒品掺杂使假，添加或者去除其他非毒品物质，不属于制造毒品的行为。换言之，制造毒品罪要求必须制造出新的东西。故 B 项正确。

非法持有毒品罪中的持有既包括直接持有，也包括间接持有。故 C 项正确。

走私、贩卖、运输、制造毒品罪中，选择性罪名，对象同一不累加。故 D 项正确。

参考答案 ABCD

440. 关于盗伐林木罪，下列哪一选项是正确的？（2017/2/20-单）

A. 甲盗伐本村村民张某院落外面的零星树木，如果盗伐数量较大，构成盗伐林木罪

B. 乙在林区盗伐珍贵林木，数量较大，如同时触犯其他法条构成其他犯罪，应数罪并罚

C. 丙将邻县国有林区的珍贵树木移植到自己承包的林地精心养护使之成活的，不属于盗伐林木

D. 丁在林区偷扒数量不多的具有药用价值的树皮，致使数量较大的林木枯死的，构成盗伐林木罪

选项解析 盗伐林木是指盗伐森林或者其他林木，数量较大的行为。偷砍他人房前屋后、自留地种植的零星树木，数额较大的，应认定为盗窃罪。故 A 项错误。

乙在林区盗伐珍贵林木，数量较大，触犯了盗伐林木罪和非法采伐国家重点保护植物罪两个罪名，对此应从一重论处。故 B 项错误。

丙将国有林区的珍贵树木移植到自己承包林地养护的行为属于将国家所有的林木窃为己有的行为，构成盗伐林木罪。故 C 项错误。

最高人民法院《关于审理破坏森林资源刑事案件具体应用法律若干问题的解释》（法释〔2005〕15 号）第 15 条规定："非法实施采种、采脂、挖笋、掘根、剥树皮等行为，牟取经济利益数额较大的，依照刑法第 264 条的规定，以盗窃罪定罪处罚。同时构成其他犯罪的，依照处罚较重的规定定罪处罚。"D 项中，由于盗窃

数额不大，所以不构成盗窃罪，但由于剥树皮造成林木大量死亡，严重侵犯了林业资源，所以应认定为盗伐林木罪。故D项正确。虽然上述司法解释已经失效，但新司法解释并未排除盗伐林木罪的成立。新司法解释，即最高人民法院《关于审理破坏森林资源刑事案件适用法律若干问题的解释》第11条第2款规定："非法实施采种、采脂、掘根、剥树皮等行为，符合刑法第264条规定的，以盗窃罪论处。在决定应否追究刑事责任和裁量刑罚时，应当综合考虑对涉案林木资源的损害程度以及行为人获利数额、行为动机、前科情况等情节；认为情节显著轻微危害不大的，不作为犯罪处理。"当然，本题为单选题，通过排除法，也可得出D项为最佳选项。

参考答案 D

441. 关于毒品犯罪，下列哪些选项是正确的？（2017/2/61-多）

A. 甲容留未成年人吸食、注射毒品，构成容留他人吸毒罪

B. 乙随身携带藏有毒品的行李入关，被现场查获，构成走私毒品罪既遂

C. 丙乘广州至北京的火车运输毒品，快到武汉时被查获，构成运输毒品罪既遂

D. 丁以牟利为目的容留刘某吸食毒品并向其出卖毒品，构成容留他人吸毒罪和贩卖毒品罪，应数罪并罚

选项解析《刑法》第354条规定："容留他人吸食、注射毒品的，处3年以下有期徒刑、拘役或者管制，并处罚金。"A项，甲容留未成年人吸食、注射毒品，构成容留他人吸毒罪。故A项正确。

《刑法》第347条第1款规定："走私、贩卖、运输、制造毒品，无论数量多少，都应当追究刑事责任，予以刑事处罚。"B项，根据司法解释的规定，在海关监管现场被查获的，构成走私罪的既遂。故B项正确。

运输毒品是采用携带、邮寄、利用他人或者使用交通工具等方法在我国领域内转移毒品。故C项正确。

D项，丁以牟利为目的容留刘某吸食毒品并向其出卖毒品的行为，同时构成容留他人吸毒罪和贩卖毒品罪，应数罪并罚。2016年4月6日最高人民法院《关于审理毒品犯罪案件适用法律若干问题的解释》第12条第2款也明确规定："向他人贩卖毒品后又容留其吸食、注射毒品，或者容留他人吸食、注射毒品并向其贩卖毒品，符合前款规定的容留他人吸毒罪的定罪条件的，以贩卖毒品罪和容留他人吸毒罪数罪并罚。"故D项正确。

参考答案 ABCD

442. 村主任甲欺骗林业部门获得采伐许可证，然后欺骗购树人丙，把乙的300棵香樟树卖给丙，并让丙自己砍伐。甲的行为如何定性？（2019-回忆版-单）

A. 甲构成诈骗罪和盗伐林木罪，从一重罪论处

B. 丙没有财产损失，所以甲不构成诈骗罪

C. 甲构成盗窃罪、盗伐林木罪、滥伐林木罪想象竞合

D. 甲构成盗窃罪的间接正犯和诈骗罪的直接正犯，数罪并罚

选项解析甲将丙当作盗伐林木罪的工具，破坏了林业资源，对于乙而言，甲构成盗伐林木罪的间接正犯；同时，甲还骗取了丙的财物，对于丙而言，甲构成诈骗罪的直接正犯。但由于只有一个行为，所以属于想象竞合，应当从一重罪论处。

参考答案 A

443. 甲从乙处买枪支，用自己持有的毒品抵了部分价款，后甲在过安检时被公安机关当场查获，甲交代了自己买卖枪支的行为，并提供了乙的电话、住址。关于甲、乙的行为定性，下列说法正确的有：（2019-回忆版-多）

A. 乙构成非法买卖枪支罪和非法持有毒品罪

B. 甲提供乙的电话、住址经确认属实，构成立功

C. 甲只是供述买卖枪支的事实，只构成自首

D. 乙构成非法买卖枪支罪、贩卖毒品罪和非法持有毒品罪，前两罪想象竞合

[选项]解析 甲用毒品交换枪支，其行为构成贩卖毒品罪和非法买卖枪支罪，这存在买卖两种行为，应当数罪并罚。乙出售枪支的行为构成非法买卖枪支罪，获得毒品的行为构成非法持有毒品罪，应当数罪并罚。故 A 项正确。

同时，甲因非法持有枪支被发现，但其交代了自己购买枪支的事实，针对非法买卖枪支行为可以成立自首。由于非法买卖枪支是对合犯，对同案犯的交代属于如实供述，不属于立功（不是检举揭发或协助抓捕）。故 C 项正确。

[参考]答案 AC

444.
甲制造海洛因 50 克，运输甲基苯丙胺 30 克，贩卖鸦片 500 克。关于甲的行为性质，下列说法错误的有：（2019-回忆版-多）

A. 需将鸦片折算为海洛因或者甲基苯丙胺定罪处罚
B. 无论是否折算，都以 580 克毒品量刑
C. 甲虽然有走私、贩卖、运输毒品的行为，但不能并罚
D. 若甲被判处 10 年以上有期徒刑、无期徒刑，则不能假释

[选项]解析 在认定鸦片、吗啡等毒品犯罪数额的时候，应当折算为海洛因或者甲基苯丙胺定罪处罚。故 A 项正确，不当选；B 项错误，当选。

走私、贩卖、运输、制造毒品罪是选择性罪名，不能数罪并罚。故 C 项正确，不当选。

对累犯以及因故意杀人、强奸、抢劫、绑架、放火、爆炸、投放危险物质或者有组织的暴力性犯罪被判处 10 年以上有期徒刑、无期徒刑的犯罪分子，不得假释。这并不包括毒品犯罪。故 D 项错误，当选。

[参考]答案 BD

445.
甲把 300 克毒品稀释到 1000 克，交给乙，欺骗乙说是足量毒品，让乙把它卖掉，乙不知情卖给丙。关于甲、乙的行为，下列说法正确的有：（2020-回忆版-多）

A. 甲、乙均构成诈骗罪
B. 甲、乙均构成贩卖毒品罪

C. 甲构成诈骗罪的教唆犯与贩卖毒品罪的教唆犯，乙构成贩卖毒品罪
D. 甲构成诈骗罪的间接正犯与贩卖毒品罪的教唆犯，乙构成贩卖毒品罪

[选项]解析 针对贩卖毒品罪而言，实行犯是乙，教唆犯是甲，两人最终均认定为贩卖毒品罪；针对诈骗罪而言，甲属于间接正犯，而非教唆犯，只是由于乙无故意，因此不构成诈骗罪，只认定甲一人构成诈骗罪的间接正犯即可。综上，B、D 项正确。

[参考]答案 BD

446.
关于运输毒品罪，下列选项正确的是：（2022-回忆版-单）

A. 甲运送毒品去卖，但没有交易成功。甲构成运输毒品罪既遂
B. 乙出差，发现毒品便宜，为了自己吸食，买了带回家（没有达到非法持有毒品罪的数量要求）。乙构成运输毒品罪
C. 运输毒品罪是数额犯，因此必须要达到一定数额才构成犯罪
D. 甲在网上购买毒品，乙寄出，甲成功收货。甲、乙构成运输毒品罪的共犯

[选项]解析 A 项中，只要有运输的动作，就构成运输毒品罪既遂。A 项正确。

B 项中，为了吸食运输毒品的，不构成运输毒品罪。B 项错误。

C 项中，运输毒品不需要数额，因此本罪不是数额犯，而是抽象危险犯。C 项错误。

D 项中，甲没有和乙达成合谋，不构成运输毒品罪的共犯。D 项错误。

[参考]答案 A

447.
关于犯罪形态，下列说法正确的是：（2023-回忆版-单）

A. 刘某种植了大量罂粟，但在观看法制频道后，将罂粟铲除。刘某构成非法种植毒品原植物罪中止
B. 武某在杀人案件中让刘某作伪证，并给了刘某 2 万元，刘某收了 2 万元，但因害怕

承担责任，未出庭作证。武某构成妨害作证罪未遂，刘某构成伪证罪未遂

C. 刘某非法运输成品油，且已运输至我国境内，但在海关监管过程中被查获。刘某构成走私普通货物、物品罪未遂

D. 赵某欲杀妻骗保，但在将把妻子推下悬崖之际，担心罪行败露，遂放弃杀妻。赵某同时构成故意杀人罪中止和保险诈骗罪中止

选项解析 本题考查犯罪形态。

A项，刘某种植大量罂粟的行为已经构成了非法种植毒品原植物罪既遂，其事后的铲除行为不影响既遂的定性，但可以作为量刑情节酌情考虑。故A项错误。

B项，在妨害作证罪中，只有向司法机关作出了错误的叙述，才可能侵犯司法机关的正常秩序，因此，武某构成妨害作证罪未遂。在伪证罪中，只有开始向司法机关作伪证，才着手

犯罪，因此，刘某属于犯罪预备阶段的中止。故B项错误。

C项，最高人民法院、最高人民检察院《关于办理走私刑事案件适用法律若干问题的解释》第23条规定，实施走私犯罪，具有下列情形之一的，应当认定为犯罪既遂：①在海关监管现场被查获的；②以虚假申报方式走私，申报行为实施完毕的；③以保税货物或者特定减税、免税进口的货物、物品为对象走私，在境内销售的，或者申请核销行为实施完毕的。刘某的走私对象已运输至我国境内，虽然在海关监管过程中被查获，但仍构成走私普通货物、物品罪既遂。故C项错误。

D项，对故意杀人罪，赵某成立实行阶段的中止；但对保险诈骗罪，其仍在预备阶段，成立预备阶段的中止。故D项正确。

参考答案 D

贪污犯罪　专题 **51**

448. 国有 A 公司总经理甲发现 A 公司将从 B 公司购进的货物转手卖给某公司时，A 公司即可赚取 300 万元。甲便让其妻乙注册成立 C 公司，并利用其特殊身份，让 B 公司与 A 公司解除合同后，再将货物卖给 C 公司。C 公司由此获得 300 万元利润。关于甲的行为定性，下列哪一选项是正确的？（2013/2/20－单）

A. 贪污罪

B. 为亲友非法牟利罪

C. 诈骗罪

D. 非法经营同类营业罪

选项解析　甲作为国有 A 公司的总经理，利用职务上的便利，将本公司的盈利业务，交由妻子成立的 C 公司经营，使 C 公司获得 300 万元的利润，完全符合为亲友非法牟利罪的构成要件。公共财物包括公共财产性利益。在本题中，可以认为甲将 A 公司确定可以获得的财产性利益、确定可以获得的预期利益，利用职务之便让与自己的妻子开设的 C 公司，相当于非法占有了公共财物，从这个角度说，甲构成贪污罪。甲的一个行为既构成了为亲友非法牟利罪，又构成了贪污罪，属于想象竞合犯，应从一重罪论处，贪污罪较重，最终应以贪污罪论处。

参考答案　A

449. 下列哪些行为应当以贪污罪论处？（2008 延/2/65－多）

A. 国家工作人员甲在国内公务活动中收受礼物，依照国家规定应当交公而不交公，数额较大

B. 乙受国家机关的委托经营某小型国有企业，利用职务上的便利，将该国有企业的资产转移到个人名下

C. 国家工作人员丙利用职务上的便利，挪用公款数额巨大不能退还

D. 国家工作人员丁利用职务之便，将依法扣押的陈某私人所有的汽车据为己有

选项解析　根据《刑法》第 394 条的规定，国家工作人员在国内公务活动或者对外交往中接受礼物，依照国家规定应当交公而不交公，数额较大的，构成贪污罪。故 A 项当选。

　　根据《刑法》第 382 条第 2 款的规定，受国家机关的委托经营国有资产的人员，利用职务上的便利，将该国有资产侵吞的，构成贪污罪。故 B 项当选。

　　根据《刑法》第 384 条第 1 款的规定，挪用公款数额巨大不退还的，仍以挪用公款罪定罪处罚。故 C 项不当选。

　　根据《刑法》第 91 条第 2 款的规定，在国家机关管理中的私人财产，以公共财产论，因此国家工作人员利用职务之便侵吞此种财产的，构成贪污罪。故 D 项当选。

参考答案　ABD

450. 根据《刑法》与司法解释的规定，国家工作人员挪用公款进行营利活动、数额达到1万元或者挪用公款进行非法活动、数额达到5000元的，以挪用公款罪论处。国家工作人员甲利用职务便利挪用公款1.2万元，将8000元用于购买股票，4000元用于赌博，在1个月内归还1.2万元。关于本案的分析，下列哪些选项是错误的？（2014/2/62-多）

A. 对挪用公款的行为，应按用途区分行为的性质与罪数；甲实施了两个挪用行为，对两个行为不能综合评价，甲的行为不成立挪用公款罪

B. 甲虽只实施了一个挪用公款行为，但由于既未达到挪用公款进行营利活动的数额要求，也未达到挪用公款进行非法活动的数额要求，故不构成挪用公款罪

C. 国家工作人员购买股票属于非法活动，故应认定甲属于挪用公款1.2万元进行非法活动，甲的行为成立挪用公款罪

D. 可将赌博行为评价为营利活动，认定甲属于挪用公款1.2万元进行营利活动，故甲的行为成立挪用公款罪

选项解析 挪用公款归个人使用分为三种类型，之间存在竞合，营利活动型和非法活动型在营利活动型范围内重合，如果营利活动型和非法活动型都超过3个月未归还，也与超期未还型在超期未还型范围内重合。

本案中，国家工作人员甲利用职务便利挪用公款1.2万元，将8000元用于购买股票，4000元用于赌博，在1个月内归还1.2万元。如上所述，由于可以将挪用公款进行非法活动评价为营利活动，将挪用公款进行非法活动的数额计入营利活动的数额，故可以认为甲挪用公款1.2万元进行营利活动，构成挪用公款罪。故A、B项错误，当选；D项正确，不当选。

C项，购买股票属于营利活动，不属于非法活动，由于营利活动的法益侵犯性轻于非法活动，故不能将挪用公款进行营利活动的数额计入非法活动的数额，对甲不能认定为挪用公款1.2万元进行非法活动。故C项错误，当选。需

要说明的是，根据2016年的司法解释的规定，挪用公款罪的数额标准已经上提，超期未还型和营利活动型的数额标准都是5万元，非法活动型的数额标准是3万元。

参考答案 ABC

451. 甲恳求国有公司财务主管乙，从单位挪用10万元供他炒股，并将一块名表送给乙。乙做假账将10万元交与甲，甲表示尽快归还。20日后，乙用个人财产归还单位10万元。关于本案，下列哪一选项是错误的？（2012/2/20-单）

A. 甲、乙勾结私自动用公款，构成挪用公款罪的共犯

B. 乙虽20日后主动归还10万元，甲、乙仍属于挪用公款罪既遂

C. 乙非法收受名表，构成受贿罪

D. 对乙不能以挪用公款罪与受贿罪进行数罪并罚

选项解析 本题中，使用人甲指使国家工作人员乙挪用本单位公款供自己炒股，构成挪用公款罪的共犯。故A项正确，不当选。

乙挪用公款供甲炒股，二人属于挪用公款进行营利活动，只要数额较大即可，不受挪用时间和是否归还的限制，故即使乙20日便归还了这笔公款，甲、乙仍构成挪用公款罪既遂。故B项正确，不当选。

乙作为国家工作人员利用职务上的便利，非法收受财物，为他人谋取利益，构成受贿罪。故C项正确，不当选。

乙因挪用公款而受贿，应数罪并罚。故D项错误，当选。

参考答案 D

452. 甲找到某国有企业出纳乙称自己公司生意困难，让乙想办法提供点资金，并许诺给乙好处。乙便找机会从公司账户中拿出15万借给甲。甲从中拿了2万元给乙。之后，甲因违法行为被公安机关逮捕，乙害怕受牵连，携带100万元公款潜逃。关于乙的全部犯罪行为，

下列哪些说法是错误的？（2008 延/2/64-多）

A. 挪用公款罪与受贿罪，应择一重罪从重处罚

B. 应以挪用资金罪、职务侵占罪论处，实行数罪并罚

C. 应以挪用公款罪、贪污罪论处，实行数罪并罚

D. 应以挪用公款罪、贪污罪、受贿罪论处，实行数罪并罚

选项解析 乙收受甲的贿赂为其谋取利益，构成受贿罪。因为甲"生意困难"，乙利用职务之便挪用公款给甲进行营利活动，构成挪用公款罪。根据最高人民法院《关于审理挪用公款案件具体应用法律若干问题的解释》第 7 条第 1 款的规定，因挪用公款索取、收受贿赂构成犯罪的，实行数罪并罚。根据《刑法》第 382 条关于贪污罪的规定，乙携带 100 万元公款潜逃的行为构成贪污罪。因此，对乙应以挪用公款罪、贪污罪、受贿罪论处，实行数罪并罚。

参考答案 ABC

453. 关于贪污罪的认定，下列哪些选项是正确的？（2011/2/63-多）

A. 国有公司中从事公务的甲，利用职务便利将本单位收受的回扣据为己有，数额较大。甲行为构成贪污罪

B. 土地管理部门的工作人员乙，为农民多报青苗数，使其从房地产开发商处多领取 20 万元补偿款，自己分得 10 万元。乙行为构成贪污罪

C. 村民委员会主任丙，在协助政府管理土地征用补偿费时，利用职务便利将其中数额较大款项据为己有。丙行为构成贪污罪

D. 国有保险公司工作人员丁，利用职务便利编造未发生的保险事故进行虚假理赔，将骗取的 5 万元保险金据为己有。丁行为构成贪污罪

选项解析 本单位收受的回扣属于单位的财产，即公共财产。A 项中，甲利用职务上的便利据为己有，构成贪污罪。故 A 项正确。

贪污罪的构成要求国家工作人员利用了其主管、支配、经手公共财物的职务便利。所以，即使行为人利用了职务上的便利，但非法占有的财产并非其主管、管理、经营、经手的财物，也不构成贪污罪。故 B 项错误，该行为构成诈骗罪。

村委会成员原则上不是国家工作人员，不构成贪污罪。但是，村民委员会等村基层组织人员协助人民政府从事行政管理工作的，属于《刑法》第 93 条第 2 款规定的"其他依照法律从事公务的人员"。C 项中，村民委员会主任可以构成贪污罪。故 C 项正确。

国有保险公司的人员骗取保险金是典型的贪污。故 D 项正确。

参考答案 ACD

✎ 主客命题点

> 村民委员会主任如果利用村务管理之便侵吞村集体财产，构成职务侵占罪。

454. 下列哪一情形不属于"挪用公款归个人使用"？（2010/2/20-单）

A. 国家工作人员甲，将公款借给其弟炒股

B. 国家机关工作人员甲，以个人名义将公款借给原工作过的国有企业使用

C. 某县工商局长甲，以单位名义将公款借给某公司使用

D. 某国有公司总经理甲，擅自决定以本公司名义将公款借给某国有事业单位使用，以安排其子在该单位就业

选项解析 单位挪用公款不成立挪用公款罪，其中的自然人也不构成挪用公款罪，总之，挪用公款罪必须是追求自然人利益，而非单位利益。

A 项中，甲是将公款给其弟使用，即给自然人使用，故属于挪用公款归个人使用。故 A 项不当选。

B 项中，甲是以个人名义将公款给其他单位使用，属于挪用公款归个人使用。故 B 项不当选。

C 项中，甲以单位名义将公款给其他单位使用，但没有交代其是否是个人决定以及谋取个人利益，所以 C 项可看成是为了谋取单位利益，

不属于挪用公款归个人使用。故C项当选。

D项中，甲"擅自"决定，说明是个人决定，以单位名义，将公款给其他单位使用，"以安排其子在该单位就业"说明谋取了个人利益，故D项所述行为属于挪用公款归个人使用。故D项不当选。

另外，需要提示的是，如果经单位领导集体研究决定将公款给个人使用，或者单位负责人为了单位的利益，决定将公款给个人使用，不以挪用公款罪定罪处罚（但可能涉嫌渎职犯罪）。

参考答案 C

📝 **主客命题点**

> 国家工作人员为单位利益挪用公款不构成挪用公款罪，同理，非国家工作人员为单位利益将单位资金借贷给他人也不构成挪用资金罪。

455. 国有甲公司领导王某与私企乙公司签订采购合同，以10万元的价格向乙公司采购一批设备。后王某发现，丙公司销售的相同设备仅为6万元。王某虽有权取消合同，但却与乙公司老总刘某商议，由王某花6万元从丙公司购置设备交给乙公司，再由乙公司以10万元的价格卖给甲公司。经王某签字批准，甲公司将10万元货款支付给乙公司后，刘某再将10万元返给王某。刘某为方便以后参与甲公司采购业务，完全照办。关于本案的分析，下列哪一选项是正确的？（2017/2/21-单）

A. 王某利用职务上的便利套取公款，构成贪污罪，贪污数额为10万元

B. 王某利用与乙公司签订合同的机会谋取私利，应以职务侵占罪论处

C. 刘某为谋取不正当利益，事后将货款交给王某，刘某行为构成贪污罪

D. 刘某协助王某骗取公款，但因其并非国家工作人员，故构成诈骗罪

选项解析 王某作为国有公司的领导，属于国有公司中从事公务的人员，其通过签订虚假合同

骗取公款的行为，不构成职务侵占罪，而应构成贪污罪。贪污的数额应扣除设备实际款项6万元，应认定为4万元。故A、B项错误。

刘某在王某的贪污犯罪行为中起帮助作用。刘某虽非国家工作人员，但其协助王某骗取国有公司公款的行为应认定为贪污罪共同犯罪。故C项正确，D项错误。

参考答案 C

456. 某企业要拆迁，甲为了多获土地补偿款，找到负责核定土地面积的国家机关工作人员乙，让其核定面积时多写面积，并且送了10万元感谢费给乙。乙答应照办，甲因此多获了40万元的土地补偿款。乙的行为应如何定性？（2018-回忆版-多）

A. 乙触犯贪污罪

B. 乙触犯诈骗罪

C. 乙触犯滥用职权罪

D. 乙触犯受贿罪

选项解析 乙利用职务之便收受财物，这构成受贿罪。同时，他的行为并未造成本单位公共财产的损失，所以不构成贪污罪，但构成诈骗罪的帮助犯。甲的行为则构成行贿罪和诈骗罪，应当数罪并罚。另外，乙的行为也是一种滥用职权的渎职行为。

参考答案 BCD

457. 某国有单位年终过节，违反国家规定将企业结余的200万元经费分给了所有的高管。经查，该分配协议经过了高管的集体决定。该行为应如何定性？（2018-回忆版-单）

A. 不构成犯罪

B. 构成私分国有资产罪

C. 属于贪污罪的共同犯罪

D. 属于贪污罪和私分国有资产罪的想象竞合

选项解析 这属于利益独吞行为，并非单位集体意志的体现，而是高管们的私自决定，且将经费只分给了高管，而非所有员工，所以构成贪污罪，并非单位犯罪。如果结余经费违反规定

分给了所有职工，那就构成私分国有资产罪。

参考答案 C

---

458. 李某是某国有单位员工，其利用职务之便实施的下列有关挪用行为的定性，正确的有：（2022-回忆版-多）

A. 李某将抢险救灾的钱转用于装修办公大楼，群众利益受到巨大损害，不构成挪用公款罪

B. 李某长期将单位应急管理的车作为私用，直至报废，不构成挪用公款罪

C. 李某挪用公款 500 万元投资原油股，潜逃外地，不构成挪用公款罪

D. 李某指使某民营企业的人员挪用该民营企

业 100 万元资金，不构成挪用公款罪

选项解析 A 项中，用于装修办公大楼不是公款私用，不构成挪用公款罪，构成挪用特定款物罪。故 A 项正确。

B 项中，李某是挪用公物而非"挪用公款"，不构成挪用公款罪。另外，应急管理并非一律属于抢险救灾物资，不宜过度解释。故 B 项正确。

C 项中，"潜逃外地"属于有非法占有目的，构成贪污罪。故 C 项正确。

D 项，教唆他人挪用也属于挪用的一种行为，李某构成挪用资金罪的共同犯罪。故 D 项正确。

参考答案 ABCD

贿赂犯罪 专题 52

459. 根据《刑法》规定，国家工作人员利用本人职权或者（1）形成的便利条件，通过其他（2）职务上的行为，为请托人谋取（3），索取请托人财物或者收受请托人财物的，以（4）论处。这在刑法理论上称为（5）。将下列哪一选项内容填充到以上相应位置是正确的？（2015/2/21-单）

A.（1）地位（2）国家机关工作人员（3）利益（4）利用影响力受贿罪（5）间接受贿

B.（1）职务（2）国家工作人员（3）利益（4）受贿罪（5）斡旋受贿

C.（1）职务（2）国家机关工作人员（3）不正当利益（4）利用影响力受贿罪（5）间接受贿

D.（1）地位（2）国家工作人员（3）不正当利益（4）受贿罪（5）斡旋受贿

选项解析《刑法》第 388 条规定，国家工作人员利用本人职权或者地位形成的便利条件，通过其他国家工作人员职务上的行为，为请托人谋取不正当利益，索取请托人财物或者收受请托人财物的，以受贿论处。这在刑法理论上称为斡旋受贿。

参考答案 D

460. 交警甲和无业人员乙勾结，让乙告知超载司机"只交罚款一半的钱，即可优先通行"；司机交钱后，乙将交钱司机的车号报给甲，由在高速路口执勤的甲放行。二人利用此法共得 32 万元，乙留下 10 万元，余款归甲。关于本案的分析，下列哪一选项是错误的？（2014/2/21-单）

A. 甲、乙构成受贿罪共犯

B. 甲、乙构成贪污罪共犯

C. 甲、乙构成滥用职权罪共犯

D. 乙的受贿数额是 32 万元

选项解析 本案中，交警甲作为国家工作人员与无业人员乙勾结，利用职务上的便利，通过乙向超载司机索取财物，二人构成受贿罪的共犯。根据共同犯罪部分行为承担全部责任的原则，二人犯罪数额均为 32 万元。从民众朴素的情感出发，司机也自认为给予乙的是好处费，而好处费是典型的贿赂款。故 A、D 项正确，不当选。

根据《刑法》第 397 条第 1 款的规定，滥用职权罪，是指国家机关工作人员滥用职权，致使公共财产、国家和人民利益遭受重大损失的行为。交警甲身为国家工作人员，滥用职权，与乙勾结，向超载司机索取财物后，违规放行，

一方面会导致国家公路受到损坏，同时又使国家遭受罚没收入的损失，二人构成滥用职权罪的共犯，给给国家造成了64万元的财产损失。故C项正确，不当选。

根据《刑法》第382条第1款的规定，贪污罪，是指国家工作人员利用职务上的便利，侵吞、窃取、骗取或者以其他手段非法占有公共财物的行为。贪污罪的对象必须是公共财物。本案中，甲、乙二人向超载司机索取的财物并非公共财物，故不构成贪污罪的共犯。故B项错误，当选。

参考答案 B

解题思路 本题是选错误的，很明显，如果认为本案构成贪污罪，则A项错误，那么D项也错误。但本题是单选题，所以本案不构成贪污罪。

461. 关于受贿罪的判断，下列哪些选项是错误的？（2007/2/65-多）

A. 公安局副局长甲收受犯罪嫌疑人家属10万元现金，允诺释放犯罪嫌疑人，因为局长不同意未成。由于甲并没有为他人谋取利益，所以不构成受贿罪

B. 国家机关工作人员乙在退休前利用职务便利为钱某谋取了不正当利益，退休后收受了钱某10万元。尽管乙与钱某事前并无约定，仍应以受贿罪论处

C. 基层法院法官丙受被告人孙某家属之托，请中级法院承办法官李某对孙某减轻处罚，并无减轻情节的孙某因此被减轻处罚。事后，丙收受孙某家属10万元现金。丙不具有制约李某的职权与地位，不成立受贿罪

D. 海关工作人员丁收受10万元贿赂后徇私舞弊，放纵走私，触犯受贿罪和放纵走私罪。由于具有牵连关系，应从一重罪论处

选项解析 "为他人谋取利益"包括许诺。A项中，甲收受钱财后承诺为他人谋取利益，已经构成受贿罪。故A项错误，当选。

根据司法解释的规定，国家工作人员在退休前为他人谋取利益，并与他人相约退休后获取财物的，也构成受贿罪。但是B项中，乙事前未与钱某相约而是在退休后接受财物，不是事

先有约定的事后受贿，不构成受贿罪。故B项错误，当选。

C项中，丙和李某虽然没有权力制约关系，但是丙利用自己职务形成的便利条件，通过其他国家工作人员的职务行为，为请托人谋取不正当利益，属于斡旋受贿的受贿罪。故C项错误，当选。

D项中，海关工作人员收受贿赂又放纵走私的，应以受贿罪和放纵走私罪数罪并罚。故D项错误，当选。

参考答案 ABCD

✎主客命题点

事后受贿的认定：

根据司法解释的规定，履职时未被请托，但事后基于该履职事由收受他人财物的，这也可以构成受贿。换言之，在职人员只要有权钱交易的事实，即便履行职务时没有收受贿赂的想法，但只要办事之后基于该履职行为收受贿赂，一律以受贿罪论处。但是，这里有一个例外，那就是离退休人员离退休之后收受财物，必须要在在职期间有事后收钱的约定。

462. 国家工作人员甲听到有人敲门，开门后有人扔进一个包就跑。甲发现包内有20万元现金，推测是有求于自己职务行为的乙送的。甲打电话问乙时被告知"不要问是谁送的，收下就是了"（事实上是乙安排丙送的），并重复了前几天的请托事项。甲虽不能确定是乙送的，但还是允诺为乙谋取利益。关于本案，下列哪一选项是正确的？（2016/2/21-单）

A. 甲没有主动索取、收受财物，不构成受贿罪

B. 甲没有受贿的直接故意，间接故意不可能构成受贿罪，故甲不构成受贿罪

C. 甲允诺为乙谋取利益与收受20万元现金之间无因果关系，故不构成受贿罪

D. 即使认为甲不构成受贿罪，乙与丙也构成行贿罪

选项解析 本案中，尽管甲没有主动索取财物，但受贿罪的成立本来也不需要主动索取贿赂。

至于甲发现包内现金后选择收下的行为是否构成受贿罪需要根据本案的具体情况作细致分析，如果甲事后及时上交，那么就不构成受贿罪，但如果事后没有上交，则构成受贿罪。故 A 项错误。

间接故意同样可以构成受贿罪。故 B 项错误。

甲给乙打电话确认，说明甲已经猜测到可能是乙所送，乙也并没有否认，甲允诺为乙谋取利益与收到 20 万元之间有因果关系。故 C 项错误。

即便在认定甲行为的性质时存在疑难，但乙和丙向甲行贿的行为和主观故意非常清楚，应当认定乙和丙构成行贿罪。行贿和受贿是对合犯，对合犯的意义在于，一方构成犯罪，但另一方也可能不构成犯罪，如 10 岁的小孩为救父亲向公安局局长行贿。故 D 项正确。

参考答案 D

463. 关于贿赂犯罪的认定，下列哪些选项是正确的？（2016/2/62-多）

A. 甲是公立高校普通任课教师，在学校委派其招生时，利用职务便利收受考生家长 10 万元。甲成立受贿罪

B. 乙是国有医院副院长，收受医药代表 10 万元，承诺为病人开处方时多开相关药品。乙成立非国家工作人员受贿罪

C. 丙是村委会主任，在村集体企业招投标过程中，利用职务收受他人财物 10 万元，为其谋利。丙成立非国家工作人员受贿罪

D. 丁为国有公司临时工，与本公司办理采购业务的副总经理相勾结，收受 10 万元回扣归二人所有。丁构成受贿罪

选项解析 A 项，开展招生工作属于公务活动，甲的行为构成受贿罪。故 A 项正确。

B 项，处方权是一种技术性权力，所以乙构成非国家工作人员受贿罪。故 B 项正确。

C 项，村委会主任不属于国家工作人员，村集体企业招投标是村务管理，丙收受贿赂的行为构成非国家工作人员受贿罪。故 C 项正确。

D 项，国有公司临时工只要代行公务，都可以解释为国家工作人员。另外，按照共同犯罪理论，丁与副总经理也可构成受贿罪的共同犯罪。故 D 项正确。

参考答案 ABCD

464. 大学生甲为获得公务员面试高分，送给面试官乙（某机关领导）2 瓶高档白酒，乙拒绝。次日，甲再次到乙家，偷偷将一块价值 1 万元的金币放在茶几上离开。乙不知情。保姆以为乙知道此事，将金币放入乙的柜子。对于本案，下列哪一选项是错误的？（2011/2/19-单）

A. 甲的行为成立行贿罪

B. 乙的行为不构成受贿罪

C. 认定甲构成行贿罪与乙不构成受贿罪不矛盾

D. 保姆的行为成立利用影响力受贿罪

选项解析 甲为了谋取不正当利益，送给他人 1 万元的金币，构成行贿罪。故 A 项正确，不当选。

乙的行为不构成受贿罪，乙已经拒绝了甲第一次送的两瓶高档白酒，甲第二次送的 1 万元金币，乙并不知情，没有受贿的故意，也不构成受贿罪。故 B 项正确，不当选。

行贿与受贿犯罪并非一一对应关系，换言之，并不是只要有人犯行贿罪就有人犯受贿罪。故 C 项正确，不当选。

保姆并没有利用乙的影响力为请托人谋取不正当利益的意思，只是认为乙已经收受了贿赂，帮他把金币放入柜子，故保姆不构成利用影响力受贿罪。故 D 项错误，当选。

参考答案 D

465. 根据《刑法》有关规定，下列哪些说法是正确的？（2009/2/64-多）

A. 甲系某国企总经理之妻，甲让其夫借故辞退企业财务主管，而以好友陈某取而代之，陈某赠甲一辆价值 12 万元的轿车。甲构成犯罪

B. 乙系已离职的国家工作人员，请接任处长为缺少资质条件的李某办理了公司登记，收取李某 10 万元。乙构成犯罪

C. 丙系某国家机关官员之子，利用其父管理之便，请其父下属将不合条件的某企业列入政府采购范围，收受该企业 5 万元。丙构成犯罪

D. 丁系国家工作人员，在主管土地拍卖工作时向一家房地产公司通报了重要情况，使其如愿获得黄金地块。丁退休后，该公司为表示感谢，自作主张送与丁价值 5 万元的按摩床。丁构成犯罪

选项解析 如果甲是与其丈夫共谋这件事情，或者说如果甲的丈夫知道甲收受别人财物，二人成立受贿罪的共同犯罪。如果甲的丈夫并不知道甲收受了他人财物，甲的丈夫不被定罪，甲成立利用影响力受贿罪。总之，甲构成犯罪。故 A 项正确。

乙是离退休的工作人员，利用职务上的便利为他人谋取了不正当的利益，并且在离退休的时候收受了他人的财物，乙的行为成立利用影响力受贿罪。故 B 项正确。

丙的行为属于典型的利用影响力受贿罪。故 C 项正确。

在职时为他人谋取利益，但是在退休后收受他人财物，事先没有约定的，不成立受贿罪。故 D 项错误。

参考答案 ABC

466. 乙的孙子丙因涉嫌抢劫被刑拘。乙托甲设法使丙脱罪，并承诺事成后付其 10 万元。甲与公安局副局长丁早年认识，但多年未见面。甲托丁对丙作无罪处理，丁不同意，甲便以揭发隐私要挟，丁被迫按甲的要求处理案件。后甲收到乙 10 万元现金。关于本案，下列哪一选项是错误的？（2013/2/21-单）

A. 对于"关系密切"应根据利用影响力受贿罪的实质进行解释，不能仅从形式上限定为亲朋好友

B. 根据 A 项的观点，"关系密切"包括具有制约关系的情形，甲构成利用影响力受贿罪

C. 丁构成徇私枉法罪，甲构成徇私枉法罪的教唆犯

D. 甲的行为同时触犯利用影响力受贿罪与徇私枉法罪，应从一重罪论处

选项解析 利用影响力受贿罪中有密切关系的人应当作扩张解释，只要一切有实质影响力的人皆可理解为有密切关系的人，制约关系也属于密切关系。甲利用对丁的制约关系，通过丁的职务便利，为请托人乙谋取不正当利益，收受乙的财物，构成利用影响力受贿罪。故 A、B 项正确，不当选。

丁作为司法工作人员，徇私枉法，对明知有罪的人故意包庇不使他受追诉，构成徇私枉法罪。丁本没有徇私枉法的犯罪故意，甲采取胁迫的方式教唆丁徇私枉法，甲构成徇私枉法罪的教唆犯。故 C 项正确，不当选。

甲构成利用影响力受贿罪、徇私枉法罪，数行为侵犯数法益，应数罪并罚，而非从一重罪论处。故 D 项错误，当选。

需要特别提示的是，《刑法》第 399 条第 4 款规定，司法工作人员收受贿赂，构成受贿罪，又有徇私枉法，民事、行政枉法裁判等犯罪的，依照处罚较重的规定处罚。这是一个特别规定，甲的行为并非受贿罪，所以不属于此款规定的情形。

参考答案 D

467. 何经理为了销售本公司经营的医疗器械，安排公司监事刘某在与某市立医院联系销售业务过程中，按销售金额 25% 的比例给医院四位正、副院长回扣共计 25 万余元。本案中，该公司提供回扣的行为构成何罪？（2009/2/20-单）

A. 行贿罪

B. 对非国家工作人员行贿罪

C. 单位行贿罪

D. 对单位行贿罪

选项解析 本题中，何经理为销售本公司的医疗器械，安排公司监事刘某给某市立医院四位正、副院长回扣共计 25 万元，属于单位犯罪。根据《刑法》第 393 条的规定，单位为谋取不正当利益而行贿，或者违反国家规定，给予国家工作人员以回扣、手续费，情节严重的，构成单位

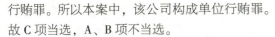

行贿罪。所以本案中，该公司构成单位行贿罪。故 C 项当选，A、B 项不当选。

何经理行贿的对象是自然人而非单位。故 D 项不当选。

参考答案 C

✏ 主客命题点

> 如果把此题的市立医院修改为"私立医院"，则性质就发生了变化，何经理就构成对非国家工作人员行贿罪的单位犯罪。

468. 国家工作人员甲与民办小学教师乙是夫妻。甲、乙支出明显超过合法收入，差额达 300 万元。甲、乙拒绝说明财产来源。一审中，甲交代 300 万元系受贿所得，经查证属实。关于本案，下列哪些选项是正确的？（2012/2/63-多）

A. 甲构成受贿罪
B. 甲不构成巨额财产来源不明罪
C. 乙不构成巨额财产来源不明罪
D. 乙构成掩饰、隐瞒犯罪所得罪

选项解析 根据《刑法》第 395 条第 1 款的规定，巨额财产来源不明罪，是指国家工作人员的财产、支出明显超过合法收入，差额巨大，不能说明来源的行为。如果能够查明财产的来源，并可以认定为其他犯罪，则直接按照其他犯罪定罪处罚即可。本题中，甲在一审中交代了 300 万元是受贿所得，并经查证属实，则直接认定甲构成受贿罪即可，不能再认定甲构成巨额财产来源不明罪。故 A、B 项正确。

巨额财产来源不明罪的主体是国家工作人员，乙是民办小学教师，不符合巨额财产来源不明罪的主体要件，故不构成巨额财产来源不明罪。故 C 项正确。

根据《刑法》第 312 条第 1 款的规定，掩饰、隐瞒犯罪所得、犯罪所得收益罪，是指明知是犯罪所得及其产生的收益而予以窝藏、转移、收购、代为销售或者以其他方法掩饰、隐瞒的行为。务必注意，构成本罪要求行为人有积极的掩饰、隐瞒的行为，单纯知情不举的行为，除了拒绝提供间谍犯罪、恐怖主义犯罪、

极端主义犯罪证据罪外，在其他情况下，一般不构成犯罪。本题中，乙并没有实施积极的掩饰、隐瞒的行为，只是单纯的知情不举，故乙不构成犯罪。故 D 项错误。

参考答案 ABC

469. 甲是 A 公司（国有房地产公司）领导，因私人事务欠蔡某 600 万元。蔡某让甲还钱，甲提议以 A 公司在售的商品房偿还债务，蔡某同意。甲遂将公司一套价值 600 万元的商品房过户给蔡某，并在公司财务账目上记下自己欠公司 600 万元。3 个月后，甲将账作平，至案发时亦未归还欠款。（事实一）

A 公司有工程项目招标。为让和自己关系好的私营公司老板程某中标，甲刻意安排另外两家公司与程某一起参与竞标。甲让这两家公司和程某分别制作工程预算和标书，但各方约定，若这两家公司中标，就将工程转包给程某。程某最终在 A 公司预算范围内以最优报价中标。为感谢甲，程某花 5000 元购买仿制古董赠与甲。甲以为是价值 20 万元的真品，欣然接受。（事实二）

甲曾因公务为 A 公司垫付各种费用 5 万元，但由于票据超期，无法报销。为挽回损失，甲指使知情的程某虚构与 A 公司的劳务合同并虚开发票。甲在合同上加盖公司公章后，找公司财务套取"劳务费"5 万元。（事实三）

请回答第（1）~（3）题。（2016/2/89~91-任）

（1）关于事实一的分析，下列选项正确的是：

A. 甲将商品房过户给蔡某的行为构成贪污罪
B. 甲将商品房过户给蔡某的行为构成挪用公款罪
C. 甲虚假平账，不再归还 600 万元，构成贪污罪
D. 甲侵占公司 600 万元，应与挪用公款罪数罪并罚

选项解析 甲为了归还个人债务，将国有公司一套价值 600 万元的商品房过户给蔡某，并在公司财务账目上记下自己欠公司 600 万元，这种行为属于变相挪用，甲实际上是将公司应得的 600 万元用于归还自己的债务。挪用公款所挪用的必

须是单位现实性支配的款项，不包括挪用公物，这种行为就不宜认定为挪用公款罪，而只能认定为国有公司人员滥用职权罪。另外，甲事后实施了平账行为，可以推定其主观心态发生了变化，其行为已转化为贪污罪。

参考答案 C

（2）关于事实二的分析，下列选项正确的是：

A. 程某虽与其他公司串通参与投标，但不构成串通投标罪

B. 甲安排程某与他人串通投标，构成串通投标罪的教唆犯

C. 程某以行贿的意思向甲赠送仿制古董，构成行贿罪既遂

D. 甲以受贿的意思收下程某的仿制古董，构成受贿罪既遂

选项解析 串通投标罪，是指投标人相互串通投标报价，损害招标人或者其他投标人利益，或者投标人与招标人串通投标，损害国家、集体、公民的合法权益，情节严重的行为。

本案首先不属于投标人相互串通，那么是否属于投标人与招标人串通呢？显然，这类行为只有当损害国家、集体、公民的合法权益时才构成犯罪，但是程某的行为并未损害招标人利益（程某在 A 公司预算范围内以最优报价中标），也没有损害其他招标人利益，因此不构成串通投标罪。故 A 项正确。甲也不构成教唆犯。故 B 项错误。

程某向甲赠送仿制古董的行为，因仿制古董的价值未达到行贿罪起刑点，不构成犯罪。故 C 项错误。

甲有受贿的主观故意，实施了受贿行为，但客观上收受的贿赂的价值未达到受贿罪起刑点，甲的行为不构成受贿罪既遂。故 D 项错误。

参考答案 A

主客命题点
买标行为的定性：
投标人花钱让其他人退标，投标人也不构成串通投标罪，但可能构成对非国家工作人员行贿罪。但是如果采取暴力威胁手段强迫他人退标，则构成强迫交易罪。

（3）关于事实三的分析，下列选项错误的是：

A. 甲以非法手段骗取国有公司的财产，构成诈骗罪

B. 甲具有非法占有公共财物的目的，构成贪污罪

C. 程某协助甲对公司财务人员进行欺骗，构成诈骗罪与贪污罪的想象竞合犯

D. 程某并非国家工作人员，但帮助国家工作人员贪污，构成贪污罪的帮助犯

选项解析 甲因公务垫付费用 5 万元，由于票据超期无法报销，甲实际为公司支出了 5 万元。甲虽指使程某虚构劳务合同并虚开发票，但其主观上并没有占有公共财物的非法目的，既不构成贪污罪也不构成诈骗罪。故 A、B 项错误，当选。

程某协助甲实施欺骗行为，由于甲不构成犯罪，程某自然也不能构成贪污罪的帮助犯，同样程某也不再另外成立诈骗罪。故 C、D 项错误，当选。

参考答案 ABCD

470. 甲送给国有收费站站长吴某 3 万元，与其约定：甲在高速公路另开出口帮货车司机逃费，吴某想办法让人对此不予查处，所得由二人分成。后甲组织数十人，锯断高速公路一侧隔离栏、填平隔离沟（恢复原状需 3 万元），形成一条出口。路过的很多货车司机知道经过收费站要收 300 元，而给甲 100 元即可绕过收费站继续前行。甲以此方式共得款 30 万元，但骗吴某仅得 20 万元，并按此数额分成。请回答第(1)～(3)题。（2015/2/86～88-任）

（1）关于甲锯断高速公路隔离栏的定性，下列分析正确的是：

A. 任意损毁公私财物，情节严重，应以寻衅滋事罪论处

B. 聚众锯断高速公路隔离栏，成立聚众扰乱交通秩序罪

C. 锯断隔离栏的行为，即使得到吴某的同意，也构成故意毁坏财物罪

D. 锯断隔离栏属破坏交通设施，在危及交通

安全时，还触犯破坏交通设施罪

选项解析 寻衅滋事罪是兜底罪，如果符合其他犯罪构成，一般不以此罪论处。本案中，甲是为了和吴某勾结，非法占有通行费而锯断高速公路隔离栏，并不是无事生非，也没有严重破坏社会秩序，不构成寻衅滋事罪。甲的行为没有聚众堵塞交通，也没有严重破坏交通秩序，不符合聚众扰乱交通秩序罪的构成要件，不构成聚众扰乱交通秩序罪。故 A、B 项错误。

C 项考查被害人承诺。被害人只能对自己的部分法益进行承诺，对国家利益、公共利益、第三人利益无权承诺。高速公路隔离栏属于公共财物，吴某虽为收费站站长，但其无权同意第三人对公共财物进行毁坏；即使吴某同意，该同意也是无效的，甲依然构成故意毁坏财物罪。故 C 项正确。

D 项考查破坏交通设施罪。破坏交通设施罪是危害公共安全的犯罪，隔离栏属于交通设施，当破坏隔离栏危及交通安全时，当然可构成破坏交通设施罪。故 D 项正确。

参考答案 CD

(2) 关于甲非法获利的定性，下列分析正确的是：

A. 擅自经营收费站收费业务，数额巨大，构成非法经营罪

B. 即使收钱时冒充国有收费站工作人员，也不构成招摇撞骗罪

C. 未使收费站工作人员基于认识错误免收司机过路费，不构成诈骗罪

D. 骗吴某仅得 20 万元的行为，构成隐瞒犯罪所得罪

选项解析 甲的行为不属于严重扰乱市场秩序的非法经营行为，故不构成非法经营罪。故 A 项错误。

招摇撞骗罪是指冒充国家机关工作人员进行招摇撞骗的行为。国有收费站虽然属于国有单位，但不属于国家机关，国有收费站的工作人员虽然属于国家工作人员，但不属于"国家机关"工作人员。故 B 项正确。

构成诈骗罪要求行为人使对方产生错误认

识处分财物。处分包括两个要素，处分能力和处分意识。本案中，收费站的工作人员并没有陷入免除司机过路费的错误认识，即没有处分意识，所以，甲不构成诈骗罪。故 C 项正确。

掩饰、隐瞒犯罪所得罪的犯罪主体不包括本犯。自己掩饰自己的犯罪所得，因缺乏期待可能性而不构成本罪。甲骗吴某仅得 20 万元的行为，属于隐瞒自己犯罪所得的情形，不构成隐瞒犯罪所得罪。故 D 项错误。

参考答案 BC

(3) 围绕吴某的行为，下列论述正确的是：

A. 利用职务上的便利侵吞本应由收费站收取的费用，成立贪污罪

B. 贪污数额为 30 万元

C. 收取甲 3 万元，利用职务便利为甲谋利益，成立受贿罪

D. 贪污罪与受贿罪成立牵连犯，应从一重罪处断

选项解析 吴某作为国家工作人员，利用职务上的便利，与甲共同侵吞公共财物（本应由收费站收取的费用），符合贪污罪的构成要件，成立贪污罪的共同犯罪，数额均为 30 万元。故 A、B 项正确。

吴某作为国家工作人员，利用职务上的便利，收取甲 3 万元，为甲谋取利益，符合受贿罪的构成要件，成立受贿罪。故 C 项正确。

对吴某应当以贪污罪、受贿罪数罪并罚。故 D 项错误。

参考答案 ABC

471. 甲为某国有企业出纳，为竞争公司财务部主任职位欲向公司副总经理乙行贿。甲通过涂改账目等手段从公司提走 20 万元，委托总经理办公室秘书丙将 15 万元交给乙，并要丙在转交该款时一定为自己提升一事向乙"美言几句"。乙收下该款。8 天后，乙将收受钱款一事报告了公司总经理，并将 15 万元交到公司纪检部门。

1 个月后，甲得知公司委任其他人担任财务部主任，恼羞成怒找到乙说："还我 15 万

元，我去把公司钱款补上。你还必须付我10万元精神损害赔偿，否则我就将你告到检察院。"乙反复向甲说明钱已上交不能退还，但甲并不相信。数日后，甲携带一桶汽油闯入乙办公室纵火，导致室内空调等财物被烧毁。请回答第(1)～(4)题。(2009/2/91～94-任)

(1) 关于甲从公司提出公款20万元并将其中一部分行贿给乙的行为，下列选项错误的是：

A. 甲构成贪污罪，数额是20万元；行贿罪与贪污罪之间是牵连关系，不再单独定罪

B. 甲构成贪污罪、行贿罪，数罪并罚，贪污数额是5万元，行贿15万元

C. 甲构成贪污罪、行贿罪，数罪并罚，贪污数额是20万元，行贿15万元

D. 甲对乙说过要"去把公司钱款补上"，应当构成挪用公款罪，数额是20万元，再与行贿罪并罚

选项解析 甲通过涂改账目等手段（已表明其存在非法占有的目的）从其所在国有公司提走20万元的行为构成贪污罪，贪污数额为20万元。而对于甲将其中15万元委托丙送给乙的行为，依据《刑法》第389条的规定，甲构成行贿罪，行贿数额为15万元。故C项正确，不当选；A、B、D项错误，当选。

参考答案 ABD

(2) 关于乙的行为，下列选项错误的是：

A. 乙构成受贿罪既遂

B. 乙构成受贿罪中止

C. 乙犯罪以后上交赃物的行为，属于酌定从轻处罚情节

D. 乙不构成犯罪

选项解析 最高人民法院、最高人民检察院《关于办理受贿刑事案件适用法律若干问题的意见》第9条规定，国家工作人员收受请托人财物后及时退还或者上交的，不是受贿。若行为人是由于自身或者与其受贿有关联的人、事被查处，为掩饰犯罪而退还或者上交贿赂款，仍构成受贿罪。本题中，乙收下贿赂款8天后，将收受贿赂款一事报告了公司总经理并将15万元贿赂款交到公司纪检部门，且题中表明"1个月后，甲

得知公司委任其他人担任财务部主任"，这意味着乙的退回行为是在甲请托事项决策前作出的，属于主动、及时说明情况、退回钱款的"拒贿"行为，该行为符合上述法条第1款的规定，不构成受贿罪。故D项正确，不当选；A、B、C项错误，当选。

参考答案 ABC

(3) 关于丙的行为，下列选项正确的是：

A. 丙构成受贿罪共犯

B. 丙构成介绍贿赂罪

C. 丙构成行贿罪共犯

D. 丙没有实行行为，不构成犯罪

选项解析 介绍贿赂罪的适用应排除贿赂共犯的情形，丙应构成行贿罪的共犯，即丙是为请托人谋取不正当利益而进行的一种帮助行为。故C项正确。

参考答案 C

(4) 关于甲得知财务部主任由他人担任后实施的行为，下列选项错误的是：

A. 甲的行为只构成放火罪

B. 甲索要10万元"精神损害赔偿"的行为不构成敲诈勒索罪

C. 甲的行为是敲诈勒索罪与放火罪的想象竞合犯

D. 甲的行为是敲诈勒索罪与放火罪的吸收犯

选项解析 首先，甲携带一桶汽油闯入乙办公室的纵火行为，导致室内空调等财物被烧毁，且已危害到了公共安全，因此甲构成放火罪。其次，甲在放火前对乙索要10万元"精神损害赔偿"并以去检察院告发乙相威胁的行为，符合《刑法》第274条规定的敲诈勒索罪的犯罪构成。这两罪属于两个独立行为，因此应对甲以敲诈勒索罪与放火罪数罪并罚。

参考答案 ABCD

472. 关于受贿相关犯罪的认定，下列哪些选项是正确的？(2013/2/63-多)

A. 甲知道城建局长张某吸毒，以提供海洛因为条件请其关照工程招标，张某同意。甲

中标后，送给张某 50 克海洛因。张某构成受贿罪

B. 乙系人社局副局长，乙父让乙将不符合社保条件的几名亲戚纳入社保范围后，收受亲戚送来的 3 万元。乙父构成利用影响力受贿罪

C. 国企退休厂长王某（正处级）利用其影响，让现任厂长帮忙，在本厂推销保险产品后，王某收受保险公司 3 万元。王某不构成受贿罪

D. 法院院长告知某企业经理赵某"如给法院捐赠 500 万元办公经费，你们那个案件可以胜诉"。该企业胜诉后，给法院单位账户打入 500 万元。应认定法院构成单位受贿罪

选项解析 A 项考查受贿罪。受贿罪，是指国家工作人员，利用职务上的便利，索取他人财物的，或者非法收受他人财物，为他人谋取利益的行为。其中，受贿的对象是财物，包括财产性利益。财物既包括合法财物，也包括非法财物，赃款、赃物、违禁品也能够成为受贿的对象。张某身为国家工作人员（城建局局长），利用职务之便，为他人谋取利益，收受请托人毒品，构成受贿罪。故 A 项正确。

B、C 项考查利用影响力受贿罪。

B 项，乙父利用国家工作人员乙的影响力，为请托人（几名亲戚）谋取不正当利益，收受请托人财物，构成利用影响力受贿罪。故 B 项正确。

C 项，王某作为离职的国家工作人员，利用其原职权形成的便利条件，通过其他国家工作人员（现任厂长）职务上的行为，为保险公司谋取不正当利益，收受保险公司财物 3 万元，构成利用影响力受贿罪，不构成受贿罪。故 C 项正确。

D 项考查单位受贿罪。单位受贿罪，是指国家机关、国有公司、企业、事业单位、人民团体，索取、非法收受他人财物，为他人谋取利益，情节严重的行为。法院院长代表法院向赵某索要财物，为赵某所在企业谋取利益，使赵某所在企业胜诉，符合单位受贿罪的构成要件，构成单位受贿罪，赵某构成对单位行贿罪。故 D

项正确。

参考答案 ABCD

473. 关于受贿罪，下列哪些选项是正确的？（2017/2/62-多）

A. 国家工作人员明知其近亲属利用自己的职务行为受贿的，构成受贿罪

B. 国家工作人员虚假承诺利用职务之便为他人谋利，收取他人财物的，构成受贿罪

C. 国家机关工作人员实施渎职犯罪并收受贿赂，同时构成渎职罪和受贿罪的，除《刑法》有特别规定外，以渎职罪和受贿罪数罪并罚

D. 国家工作人员明知他人有请托事项而收受其财物，视为具备"为他人谋取利益"的构成要件，是否已实际为他人谋取利益，不影响受贿的认定

选项解析 国家工作人员明知其近亲属利用自己的职务行为受贿的，构成受贿罪的共同犯罪。故 A 项正确。

国家工作人员具有为他人谋取利益的职权或职务条件，在他人有求于自己的职务行为时，并不打算为他人谋取利益，但收受财物后作虚假承诺的，财物与所许诺的职务行为之间形成了对价关系，构成受贿罪。故 B 项正确。

国家机关工作人员实施渎职犯罪并收受贿赂，同时构成渎职罪和受贿罪的行为，属于侵犯不同法益的不同行为，除《刑法》有特别规定外，应该按照渎职罪和受贿罪数罪并罚。故 C 项正确。

国家工作人员明知他人有请托事项而收受其财物的，视为具备"为他人谋取利益"的构成要件，至于事后是否已实际为他人谋取利益，不影响受贿的认定。故 D 项正确。

参考答案 ABCD

474. 某地政府为村民发放扶贫补贴，由各村村委会主任审核本村申请材料并分发补贴款。某村村委会主任王某、会计刘某以及村民陈某合谋伪造申请材料，企图每人套取 5 万

元补贴款。王某任期届满，周某继任村委会主任后，政府才将补贴款拨到村委会。周某在分发补贴款时，发现了王某、刘某和陈某的企图，便只发给三人各 3 万元，将剩余 6 万元据为己有。三人心知肚明，但不敢声张。（事实一）

后周某又想私自非法获取土地征收款，欲找县国土局局长张某帮忙，遂送给县工商局局长李某 10 万元，托其找张某说情。李某与张某不熟，送 5 万元给县财政局局长胡某，让胡某找张某。胡某找到张某后，张某碍于情面，违心答应，但并未付诸行动。（事实二）

周某为感谢胡某，从村委会账户取款 20 万元购买玉器，并指使会计刘某将账做平。周某将玉器送给胡某时，被胡某拒绝。周某只好将玉器退还商家，将退款 20 万元返还至村委会账户，并让刘某再次平账。（事实三）

请回答第（1）～（3）题。（2017/2/89～91-任）

（1）关于事实一的分析，下列选项正确的是：

A. 王某拿到补贴款时已经离任，不能认定其构成贪污罪

B. 刘某参与伪造申请材料，构成贪污罪，贪污数额为 3 万元

C. 陈某虽为普通村民，但参与他人贪污行为，构成贪污罪

D. 周某擅自侵吞补贴款，构成贪污罪，贪污数额为 6 万元

选项解析 全国人大常委会《关于〈中华人民共和国刑法〉第九十三条第二款的解释》规定："村民委员会等村基层组织人员协助人民政府从事下列行政管理工作，属于刑法第 93 条第 2 款规定的'其他依照法律从事公务的人员'：①救灾、抢险、防汛、优抚、扶贫、移民、救济款物的管理；……"

村主任王某、会计刘某以及村民陈某合谋伪造申请材料骗取扶贫补贴的行为，构成贪污罪的共同犯罪。王某拿到补贴款时虽然已经离任，但是依然构成贪污罪。故 A 项错误。

刘某参与伪造申请材料，其贪污罪的犯罪数额应认定为 15 万元。故 B 项错误。

陈某虽然为普通村民，但其参与王某和刘某的贪污犯罪，并起帮助作用，构成共同贪污。故 C 项正确。

周某发现伪造的申报材料以后擅自侵吞补贴款，构成贪污罪，其贪污数额为 15 万元。故 D 项错误。

参考答案 C

（2）关于事实二的分析，下列选项正确的是：

A. 周某为达非法目的，向国家工作人员行贿，构成行贿罪

B. 李某请托胡某帮忙，并送给胡某 5 万元，构成行贿罪

C. 李某未利用自身职务行为为周某谋利，但构成受贿罪既遂

D. 胡某收受李某财物进行斡旋，但未成功，构成受贿罪未遂

选项解析 本案考查的是非常复杂的连环斡旋。在一般的斡旋受贿罪中，斡旋人利用的是职权或地位的便利，而实际办事人（被斡旋人）则是通过"职务行为"。职权包括事实上的职权和法律上的职权，而职务则只是一种法律上的职权。比如，孩子想上名校，找公安局局长办事，公安局局长利用的是事实职权（职权之便）；但朋友被抓，找公安局局长捞人，公安局局长利用的就是法律职权（职务之便）。斡旋人利用的是事实上的影响力（事实职权），而实际办事人利用的却是法律上的权力（法律职权），因此利用职务上有隶属、制约关系的其他国家工作人员的职权来办事，或者担任单位领导职务的国家工作人员通过不属于自己主管的下级部门的国家工作人员的职务为他人谋取利益的，都是"利用职务上的便利"（法律职权）为他人谋取利益，属于《刑法》第 385 条规定的普通受贿罪（可以谋取正当利益，也可谋取不正当利益），而不是斡旋受贿型受贿罪（仅限于不正当利益）。

本案关系表示如下：周（不正当利益）——李（事实职权）——胡（事实职权，非职务之便）——张（法律职权，职务之便）。

因此，一方面，李某收受周某的财物，构成

斡旋受贿型受贿罪；另一方面，李某给予胡某财物，构成对胡某的行贿罪。由于胡某并未通过职务办事，而是利用事实职权来找张某办事，所以胡某也属于斡旋受贿型受贿；张某属于普通的受贿罪（收受贿赂）。当然，周某也构成行贿罪。

总之，周某为谋取非法利益，向李某提供10万元，意图请李某联系张某帮助其获取土地征收款的行为，构成行贿罪。故 A 项正确。李某请托胡某帮忙联系张某并送给胡某 5 万元的行为，构成行贿罪。故 B 项正确。李某虽然未直接利用自身职务行为为周某谋利，但是其利用本人的职权和地位形成的便利条件，通过其他国家工作人员职务上的行为，为请托人谋取不正当利益而收取财物，构成受贿罪。故 C 项正确。受贿罪不以为他人谋取了非法利益为既遂条件，胡某收受了李某的钱款以后，受贿罪已经既遂。故 D 项错误。

参考答案 ABC

主客命题点

谋取正当利益的斡旋受贿之定性：

例如，张三为某公立学校承包工程，工程按质按量完成后，学校一直拖欠工程款。张三送送给甲（公安局局长）15 万元，请求甲帮忙找人，于是甲找教育局局长乙，给乙 5 万元，乙找校长丙帮忙解决，丙将工程款给付张三。在本案中，张三为谋取正当利益而行贿，不构成行贿罪，甲利用职权和地位的便利联系收受贿赂，但谋取的是正当利益，所以不构成受贿罪，行贿行为由于谋取的是正当利益，所以也不构成行贿罪。但是乙利用的是职权之便（法律职权）收受财物，虽然谋取了正当利益，但也构成受贿罪。

（3）关于事实三的分析，下列选项正确的是：

A. 周某挪用村委会 20 万元购买玉器行贿，属挪用公款进行非法活动，构成挪用公款罪

B. 周某使用村委会 20 万元购买玉器，属贪污行为，但后又将 20 万元还回，构成犯罪中止

C. 刘某第一次帮周某将账面做平，属于帮周某成功实施犯罪行为，与周某构成共同犯罪

D. 刘某第二次帮周某将账面做平，属于作假证明掩护周某的犯罪行为，构成包庇罪

选项解析 挪用公款罪，是指国家工作人员利用职务上的便利挪用公款归个人使用，进行非法活动的，或者挪用公款数额较大、进行营利活动的，或者挪用公款数额较大、超过 3 个月未还的行为。周某挪用村委会 20 万元购买玉器行贿不具有归还意思，主观上不是挪用的目的而是非法占有的目的，构成贪污罪。故 A 项错误。

周某将村委会 20 万元取出后即构成贪污罪的既遂，犯罪既遂以后不再有犯罪中止。故 B 项错误。

刘某第一次帮助周某做假账的行为与周某构成贪污罪的共同犯罪。故 C 项正确。

刘某第二次帮周某将账面做平的行为与周某构成共同犯罪而不是包庇罪。故 D 项错误。

参考答案 C

475. 陆某为谋取不正当利益向公安局局长张某之妻王某（非国家工作人员）行贿 10 万元，王某收后告知张某，张某说钱不能要，让王某退回。王某说钱已经花光，要退自己退。张某无奈，只能作罢。关于本案，下列说法正确的有：（2018-回忆版-多）

A. 陆某的行为只构成对有影响力的人行贿罪

B. 王某的行为只构成利用影响力受贿罪

C. 王某的行为构成受贿罪

D. 张某的行为构成受贿罪

选项解析 最高人民法院、最高人民检察院《关于办理贪污贿赂刑事案件适用法律若干问题的解释》第 16 条第 2 款规定，特定关系人索取、收受他人财物，国家工作人员知道后未退还或者上交的，应当认定国家工作人员具有受贿故意。张某知道妻子王某收受他人财物，他有退还的义务，在本案中，贿赂款客观上没有退还，因此张某构成受贿罪，王某成立受贿罪的共同犯罪。王某虽然还构成利用影响力受贿罪，但应和受贿罪（共犯）从一重罪论处。所以，B

项说其只构成利用影响力受贿罪是错误的。至于陆某的行为，如果他对张某可能知情存在放任心态，那么应该构成行贿罪；但如果他不可能知道张某会知情，则构成对有影响力的人行贿罪。A 项说他的行为只构成对有影响力的人行贿罪也是错误的。

参考答案 CD

476. 某国有企业经理乙曾为私企经理丙谋取过利益，后来担心监察委查到自己，所以就找到监察委工作人员甲，让其疏通关系以免被调查并有事及时通知自己。甲向乙要 50 万元"疏通费"，因乙手头没钱，遂商量由丙支付给甲 50 万元。后来甲并未进调查小组，于是甲找到调查小组成员丁，给其 20 万元让其帮忙，结果丁坚决拒绝。甲、乙、丙的行为如何定性？（2019-回忆版-单）

A. 甲、丙成立行贿罪的共同犯罪
B. 甲、乙成立受贿罪的共同犯罪
C. 乙成立受贿罪与行贿罪的想象竞合
D. 虽然丁拒绝帮忙，但是甲依然构成受贿罪既遂

选项解析 甲利用职权和地位所形成的便利联系，为他人谋取不正当利益，收受财物，构成（斡旋）受贿罪，乙和丙成立行贿罪的共同犯罪。同时，甲给丁 20 万元遭到拒绝，这构成行贿罪未遂。

参考答案 D

477. 甲之弟因故意伤害被刑拘，甲找到时任财政局副局长的远房亲戚乙，让乙向公安局局长丙说情给予治安处罚。事成之后，甲给乙 50 万元以表感谢。乙收下后自己留下 30 万元，给丙 20 万元，对此甲不知情。乙、丙的行为如何定性？（2019-回忆版-单）

A. 乙只构成受贿罪，金额为 50 万元；丙构成受贿罪，金额为 20 万元
B. 乙构成侵占罪，金额为 30 万元；丙构成受贿罪，金额为 20 万元
C. 乙构成受贿罪，金额为 50 万元，构成行贿

罪，金额为 20 万元；丙构成受贿罪，金额为 20 万元
D. 乙与丙构成受贿罪共犯，金额为 50 万元

选项解析 乙利用职权和地位的便利联系，通过公安局局长的职务之便，为他人谋取不正当利益，收受他人财物，乙构成（斡旋）受贿罪，数额为 50 万元；同时，乙给予丙 20 万元的行为，属于使用贿赂款的行贿行为，还构成行贿罪，应当实行数罪并罚。丙利用职务之便收受财物，也构成受贿罪，数额为 20 万元。甲的行为构成行贿罪。

参考答案 C

478. 甲给乙送 100 万元，让乙找其哥哥丙（国家工作人员）说说情，帮忙办点事。乙收了钱后将此事告知丙，丙说："钱你拿着，事我会帮忙办的。"甲、乙、丙分别构成何罪？（2019-回忆版-多）

A. 乙、丙成立受贿罪的共同犯罪
B. 乙构成利用影响力受贿罪，丙无罪
C. 乙构成利用影响力受贿罪与受贿罪的想象竞合，丙无罪
D. 若甲并不知道乙、丙之间的沟通事宜，甲构成对有影响力的人行贿罪

选项解析 最高人民法院、最高人民检察院《关于办理贪污贿赂刑事案件适用法律若干问题的解释》第 16 条第 2 款规定："特定关系人索取、收受他人财物，国家工作人员知道后未退还或者上交的，应当认定国家工作人员具有受贿故意。"因此，丙和乙成立受贿罪的共同犯罪。同时，乙还构成利用影响力受贿罪，和受贿罪从一重罪论处。若甲并不知道乙、丙之间的沟通事宜，甲构成对有影响力的人行贿罪，但如果甲存在明知的情形，则构成行贿罪。

参考答案 AD

479. 甲、乙合伙开公司，注册资本 1000 万元。甲、乙向国家工作人员丙行贿，送给其 10% 的股份，并进行登记。之后丙持有的股份的价格涨到了 200 万元。乙又有其他事项

有求于丙，以 600 万元的价格回购了丙的股份。丙的受贿金额共计是多少？（2020-回忆版-单）

A. 100 万元　　　　B. 200 万元
C. 500 万元　　　　D. 600 万元

【选项解析】司法解释规定，国家工作人员利用职务上的便利为请托人谋取利益，收受请托人提供的干股的，以受贿论处。进行了股权转让登记，或者相关证据证明股份发生了实际转让的，受贿数额按转让行为时股份价值计算，所分红利按受贿孳息处理。股份未实际转让，以股份分红名义获取利益的，实际获利数额应当认定为受贿数额。同时，国家工作人员收受财物后所获得的孳息，不应计入受贿数额。基于此，甲、乙送给丙 10% 的股份，并进行登记，当时的股份价值是 100 万元，因此，此时丙的受贿金额是 100 万元。此后，丙的股份涨到 200 万元，多的 100 万元属于犯罪所得的收益，但不属于受贿犯罪所得的数额。之后丙的股份行情价是 200 万元。乙有事相求，以 600 万元的价格购买丙的股份，乙属于行贿，丙属于受贿，金额是 400 万元。前后两次相加，丙的受贿金额共计是 500 万元。综上，A、B、D 项不当选，C 项当选。

【参考答案】C

480. 甲欲对国家工作人员刘某行贿，苦于不认识刘某，于是找到刘某的妻子乙（非国家工作人员）。甲谎称与刘某协商好了，让乙把 20 万元转交刘某，乙把这笔钱交给刘某时，被刘某一顿批评并让其退回。乙并未归还，私下花掉，用于购买奢侈品。甲、乙的行为如何定性？（2020-回忆版-单）

A. 甲构成行贿罪未遂
B. 乙构成非国家工作人员受贿罪
C. 乙构成利用影响力受贿罪
D. 乙构成行贿罪未遂

【选项解析】行贿罪在国家工作人员客观上接收了财物时便既遂。本案中，甲虽然欲向刘某行贿，但是实际上刘某并未接收该财物，且其让妻子退还该财物，说明刘某并无受贿罪的故意，甲构成行贿罪未遂，刘某无罪。故 A

项当选。

针对乙而言，一方面，作为非国家工作人员，其并未实施利用自己的职务便利，索取他人财物或者非法收受他人财物，为他人谋取利益，数额较大的行为，因此，乙不构成非国家工作人员受贿罪。故 B 项不当选。另一方面，虽然乙对国家工作人员刘某具有影响力，但是国家工作人员刘某至少并未口头承诺为甲谋取利益，因此，乙也不构成利用影响力受贿罪。故 C 项不当选。

本案中，乙只是以为在代为转交钱款，并未与甲形成行贿罪的共同故意，因此，乙不构成行贿罪，更不构成行贿罪未遂。故 D 项不当选。

【参考答案】A

481. 关于贿赂犯罪的认定，下列哪些说法是正确的？（2020-回忆版-多）

A. 甲向国家工作人员乙行贿，携带 100 万元现金到乙办公室，欲交给乙。乙对甲说："钱先放你那儿吧！"甲遂将钱带回，保存于自己的保险箱内，直至案发。甲构成行贿罪既遂，数额是 100 万元。乙构成受贿罪既遂，数额是 100 万元

B. 甲向国家工作人员乙行贿，给乙一张空白支票，让乙随意写数字支取，上限为 999 万元。甲为确保乙能够支取，在自己相应账户上存有数千万元资金。案发时，乙未填写及支取。甲构成行贿罪既遂，数额是 999 万元。乙构成受贿罪，数额是 999 万元

C. 乙欲经营彩票业务，知道自己不符合条件，找到国家工作人员甲。甲违规审批，授权乙在当地经营彩票业务，并欺骗乙需要交 10 万元审批费，乙便向甲交了 10 万元。甲构成受贿罪既遂，数额为 10 万元

D. 甲向乙行贿，送乙一张银行卡，告知乙卡内有 500 万元。乙收下，未查看也未使用。至案发时，卡内本息共 600 万元。甲构成行贿罪既遂，数额为 500 万元。乙构成受贿罪既遂，数额为 600 万元

【选项解析】A 项，一般认为，受贿罪以取得财物

为既遂标准，而行贿罪在国家工作人员客观上接收（占有）了财物时便既遂。本项中，乙对甲说："钱先放你那儿吧!"表明乙已经接收了财物，因此乙构成受贿罪既遂，甲也构成行贿罪既遂，数额都是100万元。故A项正确。

B项，在财产犯罪中，对于不记名、不挂失的有价支付凭证、有价证券，不论能否即时兑现，均按票面数额和案发时的应得利息一并计算；对于记名的有价证券、有价凭证、有价票证，如果票面价格已定并能即时兑现，如活期存折、已到期的定期存折和已填好金额的支票，以及不需要证明手续即可提取货物的提货单等，应按票面数额和案发时间应得的利息或可提货的价值计算，如果是票面价值未定，但能即时兑现（如已盖好印章的空白支票等），则以实际兑现的财物计算。因此，乙的受贿数额不能包括未兑换数额。故B项错误。

C项，受贿罪的本质是权钱交易，侵犯了职务行为的廉洁性。受贿罪中的索贿，只要主动要求即可，请托方也知道这笔钱是用于职务行为的不正当报酬。本项中，甲构成受贿罪，而不构成诈骗罪，因为乙明确知道该笔钱财用于甲职务行为的不正当报酬，并未受骗。甲构成受贿罪，金额是10万元；乙构成行贿罪，金额为10万元。故C项正确。

D项，国家工作人员收受财物后所获得的孳息，不应计入受贿数额。乙收下银行卡，即使未查看也未使用，也构成受贿罪既遂，金额是500万元，另外的100万元利息属于犯罪所得的收益，即孳息，不应计入受贿数额。故D项错误。

参考答案 AC

---

482. 赵某老公被留置，甲让赵某给他50万元，其帮忙把赵某的老公"捞出"。其实甲用了40万元还债，仅用10万元托乙办此事。结果，乙去找了监察委工作人员孙某，被拒绝。关于本案，下列说法正确的是：（2021-回忆版-任）

A. 甲、乙构成行贿罪未遂
B. 甲构成诈骗罪，数额为40万元
C. 赵某构成行贿未遂
D. 如果孙某收到钱款以后立即上缴，甲、乙犯罪未遂

选项解析 本题考查行贿罪、诈骗罪。

B项，甲让赵某给他50万元，其帮忙把赵某的老公"捞出"，其实仅用了其中的10万元托乙办此事。甲隐瞒真相使赵某陷入错误认识并多交付40万元财物，构成诈骗罪，数额为40万元。故B项正确。

A、C项，赵某、甲、乙为谋取不正当利益，给予国家工作人员以财物，构成行贿罪，但孙某拒绝，三人都是行贿罪未遂。故A、C项正确。

D项，即使孙某收到钱款以后立即上缴，甲、乙也构成行贿罪既遂，只是孙某不再构成受贿罪。故D项错误。

参考答案 ABC

---

483. 李某教唆国有企业财务人员梁某挪用企业300万元用于投资，对梁某说300万元会上涨到500万元，届时300万元用于归还，剩下200万元每人100万元。后来，李某将200万元用于投资，100万元用于个人购置房产，2个月时将300万元归还企业。李某和梁某挪用公款的数额分别认定为多少？（2021-回忆版-单）

A. 都是300万元
B. 李某是300万元，梁某是200万元
C. 都是200万元
D. 李某是200万元，梁某是300万元

选项解析 A、B、C项，国家工作人员利用职务上的便利，挪用公款归个人使用，进行非法活动的，或者挪用公款数额较大、进行营利活动的，或者挪用公款数额较大、超过3个月未还的，构成挪用公款罪。李某和梁某共挪用企业300万元，200万元用于投资，属于进行营利活动；100万元用于李某个人购置房产，不属于进行营利活动，也不属于进行非法活动。2个月时将300万元归还企业。因此，对用于李某个人购置房产的100万元，不构成挪用公款罪；对用于投资的200万元，构成挪用公款罪。李某、梁某二人对于挪用用于投资的200万元均有原因力，

因此二人挪用公款的数额都是 200 万元。故 C 项当选，A、B 项不当选。

D 项，虽然梁某主观上挪用企业 300 万元用于投资，但是客观上就用于李某个人购置房产的 100 万元并不构成挪用公款罪，所以梁某挪用公款的数额也是 200 万元。故 D 项不当选。

参考答案 C

484. 下列案件中，甲构成行贿罪的有：（2021-回忆版-多）

A. 乙是国家工作人员，其配偶公司经营不善，已不能扭亏为盈，甲为了谋取不正当利益，明知上述事实，仍向该公司投资 500 万元，后公司破产

B. 乙不具有原始股申购资格，甲为了谋取不正当利益，为乙获得申购资格，后乙申购并出售原始股，获利 2000 万元

C. 乙利用职务之便为甲谋取不正当利益，并利用休息时间为甲提供技术帮助，甲为了感谢这两个行为向乙支付 500 万元

D. 乙是国家工作人员，为了购房向甲借款，约定 2 年后还本付息，后甲为了谋取不正当乙，告知乙无需还本付息

选项解析 A 项，在区分受贿罪与合理接受投资时，除了判断投资与国家工作人员的职务行为有无对价关系外，还需要根据公司的经营状况、投资人的获利情况等进行具体判断：①公司根本不经营的，应将投资全额认定为受贿数额。②公司明显亏损，投资后不可能有回报，事实上也没有回报的，投资数额就是受贿数额；公司明显亏损，投资后形式上有少量回报的，也可以认定为受贿，投资额减去回报额就是受贿数额。③公司经营状况一般或者较好的，需要调查投资人的获利情况。应当分红而不分红的，其实也相当于将投资款送给特定关系人，应将投资款全部认定为受贿数额。少量分红的，则需要调查实际应当分红多少，再判断受贿数额。④名义上是投资，但实际上借款，事后仅归还本金的，则可以将利息认定为受贿数额。乙是国家工作人员，其配偶公司经营不善，已不能扭亏为盈，甲为了谋取不正当利益，明知仍投

资该公司 500 万元，后公司破产。这属于公司明显亏损，投资后不可能有回报，事实上也没有回报的情形，投资数额就是受贿数额，因此甲构成行贿罪。故 A 项当选。

B 项，行贿罪要求为谋取不正当利益，给予国家工作人员以财物。甲为了谋取不正当利益，为乙获得原始股申购资格，并不是给乙财物或者财产性利益。同时，甲也没有直接为乙申购原始股，因此甲不构成行贿罪。故 B 项不当选。

C 项，乙利用职务之便为甲谋取不正当利益，甲为了感谢该行为给乙财物，构成行贿罪。故 C 项当选。但是，国家工作人员在法律允许的范围内，利用业余时间，以自己的劳动为他人提供某种服务，从而获得报酬的，不构成受贿罪，因此，乙利用休息时间为甲提供技术帮助，甲为了感谢该行为给乙财物的，不构成行贿罪。

D 项，甲为了谋取不正当利益，告知乙无需还本付息，属于给予国家工作人员以财产性利益，构成行贿罪。故 D 项当选。

参考答案 ACD

485. 甲用银行卡向国家工作人员乙行贿。若不考虑金额，下列选项正确的是：（2022-回忆版-单）

A. 只要收到银行卡，乙就构成受贿罪既遂

B. 虽然乙收到银行卡并知道密码，但是由于钱是定期储蓄不是活期储蓄，乙构成受贿罪未遂

C. 即使收到的银行卡里面没有钱，乙仍然构成受贿罪既遂

D. 乙收到银行卡后可支配使用才属于受贿罪既遂

选项解析 受贿罪构成既遂要求必须实际控制贿赂款。如果只收到银行卡，并不知道密码或卡中并无资金，就无法支配贿赂款，自然不构成受贿罪既遂。故 A、C 项错误，D 项正确。

对于定期储蓄款，持卡人仍然对于其中财物有部分的可支配权，定期存款可以提前取出来。故 B 项错误。

参考答案 D

486. 吴某（甲国有企业的派遣员工）、王某（乙建筑公司员工）和刘某（丙监理公司的员工）共谋，王某以虚构使用水泥数量的方式使得甲国有企业多付款200万元给乙建筑公司，吴某和刘某确认签字，然后王某从中取出60万元分别给吴某、刘某和自己各20万元，其余140万元用于乙建筑公司运营。关于对吴某、王某和刘某三人的行为的评价，下列哪一选项是正确的？（2022-回忆版-单）

A. 王某即使不是国家工作人员，也仍然构成贪污罪，金额200万元

B. 刘某即使不是国家工作人员，也仍然构成受贿罪，金额20万元

C. 吴某即使不是国家工作人员，也仍然构成受贿罪，金额40万元

D. 吴某虽然不是乙建筑公司工作人员，但是仍然构成职务侵占罪，金额60万元

选项解析 吴某（甲国有企业的派遣员工）、王某（乙建筑公司员工）和刘某（丙监理公司的员工）三人共同实施了贪污的行为，均构成贪污罪。根据"部分实行，全部责任"的原则，三人均对200万元的数额负责。

参考答案 A

487. 公司股东甲知道股东乙的儿子丙是市领导秘书，为申请贷款，其向乙请求，让丙帮忙找关系批贷款，并承诺事成后给乙10%的回扣。乙告知丙回扣事宜，请其帮忙。丙找国有银行负责人丁帮忙，丁不知其真实目的，但想到和丙有工作上的联系，便违规给甲的公司发放贷款，并未收取好处。关于本案，下列说法正确的有：（2023-回忆版-多）

A. 甲对乙构成对有影响力的人行贿罪

B. 乙构成对有影响力的人行贿罪

C. 丙构成利用影响力受贿罪

D. 丙构成斡旋受贿

选项解析 本题考查职务犯罪。

本题中，国家工作人员丙利用了自己的职权或者地位形成的便利条件，通过其他国家工作人员丁职务上的行为，为请托人甲谋取不正当利益，且其明知其父乙收受他人财物，构成受贿罪，系斡旋受贿。甲托乙办事，并给乙回扣，因此甲对乙构成对有影响力的人行贿罪，乙构成利用影响力受贿罪和行贿罪共犯的想象竞合。故A、D项正确。

参考答案 AD

488. 甲向国家工作人员乙行贿，交给乙一张银行卡，并提供了银行卡密码。卡内存有100万元。第二天，甲为了帮助在银行工作的朋友完成业绩，将银行卡中的100万元改成定期，需要甲的身份证方可取出。截止案发，乙未能取出卡里的分毫钱财。关于本案，下列分析正确的有：（2023-回忆版-多）

A. 乙构成受贿罪既遂

B. 甲构成诈骗罪既遂

C. 甲构成行贿罪既遂

D. 甲"将银行卡中的100万元改成定期"构成盗窃罪

选项解析 本题考查行贿罪和受贿罪内容。

A项，受贿罪的既遂标准是国家工作人员取得了对财物的占有，无需进行消费和处分。乙在收到银行卡时完全可以马上将钱全部取出，所以其实现了对财物的占有，构成受贿罪既遂。故A项正确。

B项，甲的行为并非以欺骗乙为目的，乙也未陷入错误认识并处分个人财产，故甲的行为不符合诈骗罪的行为模式。故B项错误。

C项，行贿罪的既遂标准是国家工作人员客观上接收了财物，故甲构成行贿罪既遂。故C项正确。

D项，甲在主观上没有非法占有的目的，客观上也没有采取窃取的行为方式，不符合盗窃罪的构成要件。故D项错误。

参考答案 AC

滥用职权罪与玩忽职守罪　专题 53

489. 关于渎职犯罪，下列哪些选项是正确的？（2016/2/63-多）

A. 县财政局副局长秦某工作时擅离办公室，其他办公室人员操作电炉不当，触电身亡并引发大火将办公楼烧毁。秦某触犯玩忽职守罪

B. 县卫计局执法监督大队队长武某，未能发现何某在足疗店内非法开诊所行医，该诊所开张三天即造成一患者死亡。武某触犯玩忽职守罪

C. 负责建房审批工作的干部柳某，徇情为拆迁范围内违规修建的房屋补办了建设许可证，房主凭此获得补偿款 90 万元。柳某触犯滥用职权罪

D. 县长郑某擅自允许未经环境评估的水电工程开工，导致该县水域内濒危野生鱼类全部灭绝。郑某触犯滥用职权罪

选项解析 A 项，县财政局副局长秦某擅离办公室的行为与其他办公室人员操作电炉不当的行为之间没有因果关系，且防止他人操作电炉不当也不属于秦某的工作职责，因此不能认定秦某构成犯罪。故 A 项错误。

B 项，武某作为县卫计局执法监督大队队长，防止他人非法行医是其职责所在，但何某刚刚开始非法行医 3 天即造成严重后果，无法认定武某严重不负责任，武某不构成玩忽职守罪。故 B 项错误。

C 项，负责建房审批的柳某为他人违规补办建设许可证，属于典型的滥用职权行为，最终造成国家损失，构成滥用职权罪。故 C 项正确。

D 项，郑某作为县里的一把手，擅自允许不符合制度要求的水电工程开工，属于滥用职权行为，造成严重损失，构成滥用职权罪。故 D 项正确。

参考答案 CD

490. 丙实施抢劫犯罪后，分管公安工作的副县长甲滥用职权，让侦办此案的警察乙想办法使丙无罪。乙明知丙有罪，但为徇私情，采取毁灭证据的手段使丙未受追诉。关于本案的分析，下列哪些选项是正确的？（2014/2/63-多）

A. 因甲是国家机关工作人员，故甲是滥用职权罪的实行犯

B. 因甲居于领导地位，故甲是徇私枉法罪的间接正犯

C. 因甲实施了两个实行行为，故应实行数罪并罚

D. 乙的行为同时触犯徇私枉法罪与帮助毁灭证据罪、滥用职权罪，但因只有一个行为，应以徇私枉法罪论处

选项解析 甲作为国家机关工作人员，滥用职权，指使下级对明知是有罪的人，故意包庇不使他受追诉，属于滥用职权罪的实行犯。故 A 项正确。

徇私枉法罪的主体是司法工作人员，所以，要构成徇私枉法罪的正犯（包括间接正犯），行为人必须具有司法工作人员的身份。本案中，甲虽然是分管公安工作的副县长，属于国家机关工作人员，但其不是司法工作人员，故不能构成徇私枉法罪的间接正犯，而属于徇私枉法罪的教唆犯。故B项错误。

本案中，甲只有一个行为，而不是两个行为，不能数罪并罚。故C项错误。

本案中，乙作为警察，属于司法工作人员。乙明知丙有罪，但为徇私情，采取毁灭证据的手段使丙未受追诉，其行为既构成徇私枉法罪，又构成滥用职权罪，还构成帮助毁灭证据罪。其中，徇私枉法罪和滥用职权罪属于法条竞合关系，是特殊和一般的关系，二者竞合时，应按特别罪名徇私枉法罪论处。徇私枉法罪和帮助毁灭证据罪属于想象竞合关系，应从一重罪论处，二者相比，徇私枉法罪比较重，故最终对乙应以徇私枉法罪论处。故D项正确。

参考答案 AD

491. 下列哪一行为应以玩忽职守罪论处？
（2012/2/21-单）

A. 法官执行判决时严重不负责任，因未履行法定执行职责，致当事人利益遭受重大损失

B. 检察官讯问犯罪嫌疑人甲，甲要求上厕所，因检察官违规打开械具后未跟随，致甲在厕所翻窗逃跑

C. 值班警察与女友电话聊天时接到杀人报警，又闲聊10分钟后才赶往现场，因延迟出警，致被害人被杀、歹徒逃走

D. 市政府基建负责人因听信朋友介绍，未经审查便与对方签订建楼合同，致被骗300万元

选项解析 玩忽职守罪与其他玩忽职守犯罪之间是法条竞合关系，是一般与特殊的关系，当一个行为既符合玩忽职守罪又符合其他特殊玩忽职守犯罪时，优先适用特殊规定。

根据《刑法》第399条第3款的规定，A项法官的行为构成执行判决、裁定失职罪，不以玩忽职守罪论处。故A项不当选。

根据《刑法》第400条第2款的规定，B项

检察官的行为构成失职致使在押人员脱逃罪，不以玩忽职守罪论处。故B项不当选。

根据《刑法》第397条第1款的规定，国家机关工作人员玩忽职守，致使公共财产、国家和人民利益遭受重大损失的，构成玩忽职守罪。C项值班警察的行为符合普通的玩忽职守罪的规定，也不构成其他特殊玩忽职守犯罪，故应以玩忽职守罪论处。故C项当选。

根据《刑法》第406条的规定，D项市政府基建负责人的行为构成国家机关工作人员签订、履行合同失职被骗罪，不另认定为玩忽职守罪。故D项不当选。

参考答案 C

492. 下列哪种行为可以构成玩忽职守罪？
（2007/2/20-单）

A. 在安全事故发生后，负有报告职责的人员不报或者谎报情况，贻误事故抢救，情节严重的

B. 国有公司工作人员严重不负责任，造成国有公司破产，致使国家利益遭受重大损失的

C. 负有环境保护监督管理职责的国家机关工作人员严重不负责任，导致发生重大环境污染事故，造成人身伤亡的严重后果的

D. 负有管理职责的国家机关工作人员发现他人非法从事天然气开采、加工等违法活动而不予查封、取缔，致使国家和人民利益遭受重大损失的

选项解析 根据《刑法》第139条之一的规定，在安全事故发生后，负有报告职责的人员不报或者谎报事故情况，贻误事故抢救，情节严重的，按照不报、谎报安全事故罪处理。故A项不当选。

玩忽职守罪的主体是国家机关工作人员，而非国有公司人员。根据《刑法》第168条的规定，B项不当选。

根据《刑法》第408条的规定，负有环境保护监督管理职责的国家机关工作人员严重不负责任，导致发生重大环境污染事故，致使公私财产遭受重大损失或者造成人身伤亡的严重后果的，按照环境监管失职罪处理。该罪与玩

忽职守罪是法条竞合关系，根据特殊法优于一般法的原则，只成立环境监管失职罪。故 C 项不当选。

国家机关工作人员有管理职责而严重不负责任，造成重大后果的，构成玩忽职守罪。故 D 项当选。

参考答案 D

493. 朱某系某县民政局副局长，率县福利企业年检小组到同学黄某任厂长的电气厂年检时，明知该厂的材料有虚假、残疾员工未达法定人数，但朱某以该材料为准，使其顺利通过年检。为此，电气厂享受了不应享受的退税优惠政策，获取退税 300 万元。黄某动用关系，帮朱某升任民政局局长。检察院在调查朱某时发现，朱某有 100 万元财产明显超过合法收入，但其拒绝说明来源。在审查起诉阶段，朱某交代 100 万元系在澳门赌场所赢，经查证属实。请回答第(1)~(3)题。（2015/2/89~91-任）

(1) 关于朱某帮助电气厂通过年检的行为，下列说法正确的是：

A. 其行为与国家损失 300 万元税收之间，存在因果关系
B. 属滥用职权，构成滥用职权罪
C. 属徇私舞弊，使国家税收遭受损失，同时构成徇私舞弊不征、少征税款罪
D. 事后虽获得了利益（升任局长），但不构成受贿罪

选项解析 由于朱某滥用职权，使本不该顺利通过年检的电气厂顺利通过年检，进而使电气厂享受了本不应享受的退税优惠，使国家遭受 300 万元的税收损失，所以，朱某的行为和国家损失 300 万元税收之间存在因果关系。故 A 项正确。

滥用职权罪，是指国家机关工作人员滥用职权，致使公共财产、国家和人民利益遭受重大损失的行为。朱某作为国家机关工作人员（民政局副局长），滥用职权，使国家遭受 300 万元的税收损失，符合滥用职权罪的构成要件，构成滥用职权罪。故 B 项正确。

徇私舞弊不征、少征税款罪，是指税务机关

的工作人员徇私舞弊，不征或者少征应征税款，致使国家税收遭受重大损失的行为。朱某不是税务机关工作人员，不构成本罪。故 C 项错误。

受贿罪的对象是财物或者财产性利益。黄某动用关系，帮朱某升任民政局局长，不属于财产性利益，朱某不构成受贿罪。故 D 项正确。

参考答案 ABD

(2) 关于朱某 100 万元财产的来源，下列分析正确的是：

A. 其财产、支出明显超过合法收入，这是巨额财产来源不明罪的实行行为
B. 在审查起诉阶段已说明 100 万元的来源，故不能以巨额财产来源不明罪提起公诉
C. 在澳门赌博，数额特别巨大，构成赌博罪
D. 作为国家工作人员，在澳门赌博，应依属人管辖原则追究其赌博的刑事责任

选项解析 巨额财产来源不明罪，是指国家工作人员的财产、支出明显超过合法收入，差额巨大，不能说明来源的行为。财产、支出明显超过合法收入并不是本罪的实行行为，只是本罪的前提条件。故 A 项错误。

巨额财产来源不明罪以行为人不能说明财产来源为要件，如果在审查起诉阶段说明了来源，并且查证属实，当然不能再以本罪提起公诉。故 B 项正确。

赌博罪是营业犯，必须以此为业，才构成犯罪。故 C、D 项错误。

参考答案 B

(3) 关于黄某使电气厂获取 300 万元退税的定性，下列分析错误的是：

A. 具有逃税性质，触犯逃税罪
B. 具有诈骗属性，触犯诈骗罪
C. 成立逃税罪与提供虚假证明文件罪，应数罪并罚
D. 属单位犯罪，应对电气厂判处罚金，并对黄某判处相应的刑罚

选项解析 黄某及其所代表的电气厂并不存在虚假纳税申报或者不申报的逃税行为，同时，其骗取的 300 万元退税也不属于出口退税款，不存

在《刑法》规定的逃税行为，不构成逃税罪。故 A 项错误，当选。

诈骗罪，是指以非法占有为目的，使用虚构事实或者隐瞒真相的方法，骗取数额较大的公私财物的行为。本案中，电气厂厂长黄某明知电气厂不符合退税优惠政策而故意隐瞒真相，骗取了国家 300 万元的退税款，符合诈骗罪的构成要件，构成诈骗罪。故 B 项正确，不当选。

提供虚假证明文件罪，是指承担资产评估、验资、验证、会计、审计、法律服务保荐、安全评价、环境影响评价、环境监测等职责的中介组织或者中介组织的人员，故意提供虚假证明文件，情节严重的行为。本案中，黄某并不是中介组织人员，不符合提供虚假证明文件罪的主体要件；同时，如上所述，黄某的行为也不构成逃税罪，当然也就谈不上以这两罪数罪并罚的问题了。故 C 项错误，当选。

诈骗罪的主体只能是自然人，不能是单位，单位不可能成立诈骗罪，所以，本案中，只能对电气厂厂长黄某追究诈骗罪的刑事责任，而不能对电气厂追究诈骗罪的刑事责任，电气厂不构成单位犯罪。故 D 项错误，当选。

参考答案 ACD

54 专题 其他渎职罪

494. 刘某以赵某对其犯故意伤害罪，向法院提起刑事附带民事诉讼。因赵某妹妹曾拒绝本案主审法官王某的求爱，故王某在明知证据不足、指控犯罪不能成立的情况下，毁灭赵某无罪证据，认定赵某构成故意伤害罪，并宣告免予刑罚处罚。对王某的定罪，下列哪一选项是正确的？（2011/2/20-单）

A. 徇私枉法罪
B. 滥用职权罪
C. 玩忽职守罪
D. 帮助毁灭证据罪

选项解析 本案是特殊主体（司法工作人员）毁灭证据，即在刑事诉讼过程中不按法律规定处理案件，因此构成徇私枉法罪。如果不是特殊主体，则可能构成帮助毁灭证据罪。另外，滥用职权罪、玩忽职守罪是一般性的罪名，如果构成不了其他的罪名，就可能构成滥用职权罪、玩忽职守罪。

参考答案 A

495. 关于徇私枉法罪，下列哪些选项是正确的？（2009/2/65-多）

A. 甲（警察）与犯罪嫌疑人陈某曾是好友，在对陈某采取监视居住期间，故意对其放任不管，导致陈某逃匿，司法机关无法对其追诉。甲成立徇私枉法罪

B. 乙（法官）为报复被告人赵某对自己的出言不逊，故意在刑事附带民事判决中加大赵某对被害人的赔偿数额，致使赵某多付 10 万元。乙不成立徇私枉法罪

C. 丙（鉴定人）在收取犯罪嫌疑人盛某的钱财后，将被害人的伤情由重伤改为轻伤，导致盛某轻判。丙不成立徇私枉法罪

D. 丁（法官）为打击被告人程某，将对程某不起诉的理由从"证据不足，指控犯罪不能成立"擅自改为"可以免除刑罚"。丁成立徇私枉法罪

选项解析 警察在采取刑事诉讼的强制措施期间，对被告人放任不管，导致被告人逃匿的，成立徇私枉法罪。故 A 项正确。

刑事附带民事诉讼也可看成是刑事诉讼，故乙的行为是发生在刑事诉讼过程中，成立徇私枉法罪。需要说明的是，刑事审判包括附带民事审判活动，但不包括执行期间的审判。例如，在假释、减刑、暂予监外执行中徇私枉法的，成立《刑法》第401条的徇私舞弊减刑、假释、暂予监外执行罪。故 B 项错误。

C 项，丙作为鉴定人，不属于司法工作人员，不成立徇私枉法罪，其行为成立《刑法》第305条规定的伪证罪。故 C 项正确。

司法工作人员在刑事诉讼过程中的枉法行为，成立徇私枉法罪。故 D 项正确。

参考答案 ACD

主客命题点

受贿与徇私枉法等罪的罪数问题：

例1：甲想缓刑，让律师想办法，律师给法官行贿 10 万元，希望法官行个方便，法官违反规定判决甲缓刑。法官构成受贿罪和徇私枉法罪，从一重罪论处。律师一方面构成行贿罪，另一方面构成徇私枉法罪的教唆犯，但只有一个行为，所以也只能从一重罪论处。

例2：甲想缓刑，让律师想办法，律师找到朋友王某，给了王某 10 万元，王某和法官是大学同学，王某希望法官行个方便，法官违反规定判决甲缓刑。王某构成利用影响力受贿罪和徇私枉法罪的教唆犯，应当数罪并罚。

例3：甲想保外就医，让律师想办法，律师给法官行贿 10 万元，希望法官行个方便，法官违反规定判决甲保外就医。法官构成受贿罪和徇私舞弊暂予监外执行罪，应当数罪并罚。

496. 关于渎职罪，下列哪些选项是正确的？（2017/2/63-多）

A. 省渔政总队验船师郑某，明知有 8 艘渔船存在套用船号等问题，按规定应注销，却为船主办理船检证书，船主领取国家柴油补贴 640 万元。郑某构成滥用职权罪

B. 刑警曾某办理冯某抢劫案，明知冯某被取保候审后未定期到派出所报到，曾某也未依法传唤冯某或将案件移送起诉或变更强制措施。期间，冯某再次犯罪。曾某构成徇私枉法罪

C. 律师于某担任被告人马某的辩护人，从法院复印马某贪污案的案卷材料，允许马某亲属朱某查阅。朱某随后游说证人，使数名证人向于某出具了虚假证明材料。于某

构成故意泄露国家秘密罪

D. 公安局协警闫某，在协助抓捕行动中，向领导黑社会性质组织的李某通风报信，导致李某等主要犯罪分子潜逃。闫某构成帮助犯罪分子逃避处罚罪

选项解析 滥用职权罪，是指国家机关工作人员故意逾越职权，不按或违反法律决定、处理其无权决定、处理的事项，或者违反规定处理公务，致使公共财产、国家和人民利益遭受重大损失的行为。A 项，省渔政总队验船师郑某的行为违反国家规定，造成了国家财产的重大损失，构成滥用职权罪。故 A 项正确。

B 项，刑警曾某作为司法工作人员，明知被取保候审的犯罪嫌疑人冯某违反相关规定，应将案件移送起诉或变更强制措施而未移送起诉或变更强制措施，使冯某未及时受到追诉的行为属于一般的玩忽职守行为，不属于"明知有罪的人不使其受追诉"的徇私枉法罪。故 B 项错误。

C 项，故意泄露国家秘密罪虽可以由非国家机关工作人员构成，但律师向家属披露案卷材料是否构成故意泄露国家秘密罪，非常值得研究。本案原型是河南省沁阳市人民检察院诉于萍故意泄露国家秘密案（《最高人民法院公报》2004 年第 2 期），本案一审法院认为于萍构成故意泄露国家秘密罪，但二审法院撤销了一审判决。二审判决书指出："本案中上诉人于萍让马明刚亲属查阅的案卷材料，是其履行律师职责时，通过合法手续，在法院从马明刚贪污案的案卷中复印的。这些材料，虽然在检察机关的保密规定中被规定为机密级国家秘密，但当案件进入审判阶段后，审判机关没有将检察机关随案移送的证据材料规定为国家秘密。于萍不是国家机关工作人员，也不属于检察机关保密规定中所指的国家秘密知悉人员。作为刑事被告人的辩护人，于萍没有将法院同意其复印的案件证据材料当作国家秘密加以保守的义务。检察机关在移送的案卷上，没有标明密级；整个诉讼活动过程中，没有人告知于萍，马明刚贪污案的案卷材料是国家秘密，不得泄露给马明刚的亲属，故也无法证实于萍明知这些材料

是国家秘密而故意泄露。因此，于萍在担任辩护人期间，将通过合法手续获取的案卷材料让当事人亲属查阅，不构成故意泄露国家秘密罪。"根据权威判例，C项错误。

帮助犯罪分子逃避处罚罪，是指有查禁犯罪活动职责的国家机关工作人员，向犯罪分子通风报信、提供便利，帮助犯罪分子逃避处罚的行为。D项，闫某为协警，属于依法从事公务的人员，其通风报信的行为构成帮助犯罪分子逃避处罚罪。故D项正确。

参考答案 AD

---

497. 关于渎职罪，下列说法正确的有：（2020-回忆版-多）

A. 监狱管理人员看到逃犯逃跑未阻止的，构成私放在押人员罪

B. 国家机关工作人员未解救被拐卖的儿童的，构成不解救被拐卖的儿童罪

C. 税务机关的工作人员过失少征税款的，构成徇私舞弊不征、少征税款罪

D. 集体研究决定后，具体执行人无需承担渎职罪的刑事责任

选项解析《刑法》第400条第1款规定，司法工作人员私放在押的犯罪嫌疑人、被告人或者罪犯的，处5年以下有期徒刑或者拘役；情节严重的，处5年以上10年以下有期徒刑；情节特别严重的，处10年以上有期徒刑。所以，监狱管理人员应当阻止而未阻止，构成私放在押人员罪的不作为犯。故A项正确。

《刑法》第416条第1款规定，对被拐卖、绑架的妇女、儿童负有解救职责的国家机关工作人员，接到被拐卖、绑架的妇女、儿童及其家属的解救要求或者接到其他人的举报，而对被拐卖、绑架的妇女、儿童不进行解救，造成严重后果的，处5年以下有期徒刑或者拘役。所以，国家机关工作人员构成不解救被拐卖、绑架妇女、儿童罪。故B项正确。

《刑法》第404条规定，税务机关的工作人员徇私舞弊，不征或者少征应征税款，致使国家税收遭受重大损失的，处5年以下有期徒刑或者拘役；造成特别重大损失的，处5年以上有期

徒刑。因此，徇私舞弊不征、少征税款罪是故意犯罪。故C项错误。

最高人民法院、最高人民检察院《关于办理渎职刑事案件适用法律若干问题的解释（一）》第5条第2款规定，以"集体研究"形式实施的渎职犯罪，应当依照刑法分则第九章的规定追究国家机关负有责任的人员的刑事责任。对于具体执行人员，应当在综合认定其行为性质、是否提出反对意见、危害结果大小等情节的基础上决定是否追究刑事责任和应当判处的刑罚。故D项错误。

参考答案 AB

---

498. 关于滥用职权罪与相关犯罪，下列说法正确的有：（2021-回忆版-多）

A. 警察甲逮捕正在哺乳期的犯罪嫌疑人，明知其家中有婴儿无人喂养而置之不理，最后导致婴儿饿死。甲构成滥用职权罪和故意杀人罪的想象竞合

B. 政府工作人员乙滥用职权为犯罪人出具办理虚假身份证件所需的证明材料，窝藏犯罪人。乙构成滥用职权罪和窝藏罪的想象竞合

C. 国家机关工作人员丙滥用职权，对举报人实行报复陷害，致使举报人的利益遭受重大损失。丙构成滥用职权罪与报复陷害罪的想象竞合

D. 国家机关工作人员丁滥用职权，帮助他人骗取县财政补贴。丁构成诈骗罪与滥用职权罪的想象竞合

选项解析 滥用职权罪保护的法益是国家机关公务的合法、公正有效执行行为。《刑法》第397条将"致使公共财产、国家和人民利益遭受重大损失"规定为构成要件要素，只是为了限制滥用职权罪的处罚范围，不意味着国家机关工作人员滥用职权实施的伤害、杀人等行为也仅成立滥用职权罪。滥用职权的同时触犯故意伤害、故意杀人、侵犯财产等罪的犯罪构成的，属于典型的想象竞合，应当从一重罪处罚。国家机关工作人员滥用职权，以作为方式杀害他人的，应按故意杀人罪处罚。国家机关工作人

员有义务救助他人而不救助，导致他人死亡，符合不作为的故意杀人罪的犯罪构成的，也构成故意杀人罪。警察甲逮捕正在哺乳期的犯罪嫌疑人，明知其家中有婴儿无人喂养而置之不理，最后导致婴儿饿死的，构成滥用职权罪和故意杀人罪。故 A 项正确。政府工作人员乙滥用职权为犯罪人出具办理虚假身份证件所需要的证明材料，窝藏犯罪人的，构成滥用职权罪

和窝藏罪。故 B 项正确。国家机关工作人员丙滥用职权，对举报人实行报复陷害，致使举报人的利益遭受重大损失的，构成滥用职权罪与报复陷害罪。故 C 项正确。国家机关工作人员丁滥用职权，帮助他人骗取县财政补贴的，构成诈骗罪与滥用职权罪。故 D 项正确。上述都是一行为触犯数罪名，故系想象竞合犯。

参考答案 **ABCD**

答案速查表

题号	答案	题号	答案	题号	答案
1	C	28	ACD	55	ACD
2	C	29	C	56	ABC
3	D	30	C	57	ABCD
4	C	31	BD	58	BCD
5	D	32	BC	59	BC
6	BCD	33	C	60	C
7	B	34	ACD	61	D
8	ACD	35	BCD	62	C
9	A	36	B	63	D
10	D	37	BC	64	BCD
11	ABCD	38	ABC	65	ABCD
12	AD	39	AB	66	C
13	B	40	A	67	ACD
14	CD	41	AB	68	A
15	AB	42	B	69	D
16	CD	43	BC	70	ABC
17	C	44	D	71	AC
18	ABD	45	D	72	ABCD
19	B	46	C	73	C
20	D	47	C	74	AB
21	ABCD	48	CD	75	D
22	ACD	49	D	76	AD
23	ABCD	50	ABC	77	A
24	ACD	51	D	78	A
25	C	52	D	79	B
26	C	53	ABCD	80	ABCD
27	D	54	D	81	A

题号	答案	题号	答案	题号	答案
82	AD	114	ABD	146	BC
83	A	115	D	147	BCD
84	D	116	B	148	C
85	B	117	AB	149	D
86	A	118	AD	150	ABCD
87	BC	119	CD	151	D
88	CD	120	B	152	ABC
89	C	121	D	153	A
90	ACD	122	BC	154	D
91	B	123	B	155	D
92	C	124	B	156	D
93	A	125	ACD	157	A
94	D	126	AB	158	C
95	CD	127	CD	159	/
96	BD	128	AC	160	C
97	D	129	A	161	B
98	D	130	ACD	162	ACD
99	D	131	D	163	D
100	C	132	BC	164	ABD
101	D	133	A	165	ACD
102	B	134	C	166	ABD
103	D	135	AB	167	BCD
104	B	136	ABCD	168	AB
105	D	137	ABCD	169	AD
106	D	138	AB	170	D
107	C	139	B	171	A
108	D	140	ABD	172	CD
109	A	141	AB	173	AC
110	B	142	AC	174	ACD
111	A	143	A	175	BD
112	C	144	C	176	ABCD
113	C	145	BC	177	AD

题号	答案	题号	答案	题号	答案
178	B	208	ABC	238	D
179	D	209	ABCD	239	ABCD
180	BD	210	D	240	A
181	C	211	ABCD	241	D
182	ABCD	212	AB	242	ABCD
183	C	213	B	243	AB
184	C	214	D	244	AB
185	AD	215	C	245	D
186	A	216	ABCD	246	C
187	A	217	ABD	247	A
188	BD	218	ABCD	248	D
189	D	219	C	249	D
190	A	220	C	250	C
191	A	221	B	251	C
192	B	222	ABC	252	BCD
193	ABC	223	D	253	A
194	ACD	224	BCD	254	ACD
195	B	225	B	255	B[1]
196	D	226	ABD	256	BC
197	B	227	D	257	B
198	B	228	AC	258	AD
199	C	229	ABCD	259	ACD
200	AD	230	B	260	AB
201	A	231	C	261	A
202	ACD	232	B	262	C
203	B	233	B	263	A
204	AD	234	D	264	D
205	AC	235	C	265	B
206	AC	236	C	266	C
207	AB	237	C	267	AC

---

〔1〕 司法部原答案为AB。

题号	答案	题号	答案	题号	答案
268	ABC	293	B	320	C
269	D	294	ABC	321	B
270	C	295	AC	322	B
271	B	296	A	323	B
272	C	297	CD	324	D
273	B	298	C	325	ABCD
274	C	299	ABD	326	ABCD
275	A	300	B	327	ABC
276	ABCD	301	AC	328	C
277	ABD	302（1）	CD	329	ABC
278	B	302（2）	BCD	330	ABCD
279	ACD	302（3）	B	331	B
280	A	302（4）	ABCD	332	ABC
281	D	303	C	333	C
282	BD	304	ACD	334	ABCD
283	B	305	ABC	335	ABD
284	D	306	ABC	336（1）	ABCD
285（1）	AD	307	D	336（2）	ABCD
285（2）	BC	308	ABD	336（3）	ABCD
285（3）	ABC	309	BD	337	A
285（4）	D	310	B	338	B
285（5）	BC	311	ABCD	339	B
285（6）	AB[1]	312	ABD	340	AC
286	D	313	BD	341	BCD
287	D	314	C	342	ABD
288	B	315	C	343	CD
289	D	316	BC	344	BC
290	C	317	BCD	345	D
291	B	318	A	346	ABCD
292	D	319	BC	347	A

[1] 司法部原答案为 ABC。

题号	答案	题号	答案	题号	答案
348	D	377	A	409	ABCD
349	ABCD	378	ACD	410	D
350	CD	379	B	411	C
351	C	380	B	412	AC
352	BC	381	BD	413	C
353	ACD	382	D	414	BCD
354	B	383	D	415	B
355	ABD	384	CD	416	ABC
356	D	385	ACD	417	C
357（1）	BCD	386	A	418	ABC
357（2）	AB	387	A	419	D
358	ABC	388	D	420	CD
359	AB	389	C	421	C
360	D	390	D	422	D
361	B	391	CD	423	CD
362	A	392	BCD	424	CD
363	D	393	C	425	BCD
364	AD	394	ABCD	426	B
365	C	395	B	427	BCD
366	B	396	BD	428	B
367	ABCD	397	ACD	429	C
368	D	398	A	430	BC
369	BCD	399	ACD	431	ABD
370	ABCD	400	C	432	ABC
371	B	401	CD	433	B
372	A	402	A	434	ABD
373	D	403	AC	435	A
374（1）	A	404	B	436	D
374（2）	B	405	AD	437（1）	BC
374（3）	AD	406	ABC	437（2）	ABCD
375	D	407	ABCD	437（3）	BCD
376	B	408	CD	438（1）	BCD

题号	答案	题号	答案	题号	答案
438（2）	AD	460	B	477	C
438（3）	AD	461	ABCD	478	AD
438（4）	ABCD	462	D	479	C
438（5）	ABCD	463	ABCD	480	A
438（6）	ABC	464	D	481	AC
439	ABCD	465	ABC	482	ABC
440	D	466	D	483	C
441	ABCD	467	C	484	ACD
442	A	468	ABC	485	D
443	AC	469（1）	C	486	A
444	BD	469（2）	A	487	AD
445	BD	469（3）	ABCD	488	AC
446	A	470（1）	CD	489	CD
447	D	470（2）	BC	490	AD
448	A	470（3）	ABC	491	C
449	ABD	471（1）	ABD	492	D
450	ABC	471（2）	ABC	493（1）	ABD
451	D	471（3）	C	493（2）	B
452	ABC	471（4）	ABCD	493（3）	ACD
453	ACD	472	ABCD	494	A
454	C	473	ABCD	495	ACD
455	C	474（1）	C	496	AD
456	BCD	474（2）	ABC	497	AB
457	C	474（3）	C	498	ABCD
458	ABCD	475	CD		
459	D	476	D		

图书在版编目（CIP）数据

真题卷.刑法498题/罗翔编著.—北京：中国政法大学出版社，2024.2
ISBN 978-7-5764-1241-3

Ⅰ.①真… Ⅱ.①罗… Ⅲ.①刑法－中国－资格考试－习题集 Ⅳ.①D92-44

中国国家版本馆 CIP 数据核字(2024)第 002685 号

出 版 者	中国政法大学出版社
地　　址	北京市海淀区西土城路 25 号
邮寄地址	北京 100088 信箱 8034 分箱　邮编 100088
网　　址	http://www.cuplpress.com (网络实名：中国政法大学出版社)
电　　话	010-58908285(总编室) 58908433 （编辑部） 58908334(邮购部)
承　　印	三河市华润印刷有限公司
开　　本	787mm×1092mm　1/16
印　　张	15.75
字　　数	470 千字
版　　次	2024 年 2 月第 1 版
印　　次	2024 年 2 月第 1 次印刷
定　　价	59.00 元

厚大法考（郑州）2024年客观题面授教学计划

班次名称		授课模式	授课时间	标准学费（元）	阶段优惠（元） 11.10前	12.10前	1.10前	2.10前	备注
尊享系列	尊享一班（180+108）	全日制集训	3.28～主观题	39800	主客一体、协议保障。报班即可享受班主任监督学习服务、教辅答疑服务；正课开始一对一抽背纠偏，知识点梳理讲解，名辅辅导、作业检查，主观化思维训练；心理疏导，定期班会，指纹打卡记录考勤。2024年客观题未通过，退25800元；主观题未通过，退10800元。				本班次配套图书及随堂讲义
	尊享二班（180+108）	全日制集训	5.12～主观题	36800	主客一体、协议保障。报班即可享受班主任监督学习服务、教辅答疑服务；正课开始一对一抽背纠偏，知识点梳理讲解，名辅辅导、作业检查，主观化思维训练；心理疏导，定期班会，指纹打卡记录考勤。2024年客观题未通过，退24800元；主观题未通过，退10800元。				
高端系列	大成VIP班A班（视频+面授）	全日制集训	3.28～主观题	29800	主客一体、协议保障。小组辅导，指纹打卡记录考勤，量身打造个性化学习方案；高强度、多轮次、全方位消除疑难，环环相扣不留死角。2024年客观成绩合格，凭成绩单上主观题短训班；客观题未通过，退20000元。				
	大成VIP班B班（视频+面授）	全日制集训	3.28～8.31	15800	10300	10800	11300	11800	
	大成集训班A班（视频+面授）	全日制集训	5.12～主观题	28800	主客一体、协议保障。小组辅导，指纹打卡记录考勤，量身打造个性化学习方案；高强度、多轮次、全方位消除疑难，环环相扣不留死角。2024年客观题成绩合格，凭成绩单上主观题短训班；客观题未通过，退20000元。				
	大成集训班B班（视频+面授）	全日制集训	5.12～8.31	14800	9300	9800	10300	10800	
周末系列	周末长训班A班（视频+面授）	周末+暑期集训	3.23～主观题	13800	主客一体、无优惠。2024年客观题成绩合格，凭成绩单上主观题短训班（1月1号前报名）；客观题未通过，退6800元。				
	周末长训班B班（视频+面授）	周末+暑期集训	3.23～8.31	13800	8300	8800	9300	9800	
轩成系列	轩成集训班A班（视频+面授）	全日制集训	6.18～主观题	12800	主客一体、无优惠。2024年客观题成绩合格，凭成绩单上主观题短训班。				
	轩成集训班B班（视频+面授）	全日制集训	6.18～8.31	12800	7800	8300	8800	9300	
暑期系列	暑期主客一体班（面授）	全日制集训	7.10～主观题	11800	主客一体、无优惠。2024年客观题成绩合格，凭成绩单上主观题短训班。				
	暑期全程班A班（面授）	暑期	7.10～主观题	18800	主客一体、无优惠。指纹打卡记录考勤，座位前三排，督促辅导、定期抽背纠偏，心理疏导。2024年客观题成绩合格，凭成绩单上主观题短训班；客观题未通过，退12000元。				
	暑期全程班B班（面授）	暑期	7.10～8.31	11800	7300	7800	8300	8800	
冲刺系列	考前密训冲刺A班	集训	8.22～8.31	6680	2024年客观题成绩合格，凭成绩单上主观题密训班；客观题未通过，退6000元。				
	考前密训冲刺B班	集训	8.22～8.31	4580	3600			4100	

其他优惠：

1. 多人报名可在优惠价格基础上再享团报优惠：2人（含）以上报名，每人优惠200元；3人（含）以上报名，每人优惠300元。
2. 厚大面授老学员在阶段优惠价格基础上再优惠600元（冲刺班次和协议班次除外），不再享受其他优惠。

【郑州分校地址】河南省郑州市龙湖镇（南大学城）泰山路与107国道交叉叉口向东50米路南厚大教学

咨询电话：杨老师 17303862226　李老师 19939507026

厚大法考APP　　厚大法考官微　　厚大法考官博　　郑州厚大法考QQ服务群　　郑州厚大法考面授分校官博　　郑州厚大法考面授分校官微

厚大法考（南京）2024年客观题面授教学计划

班次名称		授课时间	标准学费（元）	阶段优惠（元）			备注
				11.10前	12.10前	1.10前	
双考系列	集训联考A班	7.9~9.5（法考客观题）+9.25~12.10（法硕秋季集训班）	32800	22800	23800	24800	本班配套图书及内部资料
	集训联考B班	7.9~主观题考前+10.23~12.10（法硕接力班）	26800	16800	17800	18800	
大成系列	大成集训主客一体班	5.18~主观题考前	25800	主客一体，签订协议，无优惠。2024年客观成绩合格，凭客观成绩单上2024年主观题决胜班；2024年客观题意外未通过，退15000元。			
	大成集训班	5.18~9.5	25800	13800	14800	15800	
暑期系列	暑期主客一体尊享班	7.9~主观题考前	21800	无优惠，座位前三排，主客一体，签订协议，专属辅导。2024年客观成绩合格，凭客观成绩单上2024年主观题决胜班（赠送专属辅导，一对一批阅）；2024年客观题意外未通过，退10000元；2024年主观题意外未通过，免学费重读2025年主观题决胜班。			
	暑期主客一体班	7.9~主观题考前	13800	主客一体，签订协议，无优惠。2024年客观成绩合格，凭客观题成绩单上2024年主观题决胜班；2024年客观题意外未通过，退8000元。			
	暑期VIP班	7.9~9.5	13800	无优惠，座位前三排，专属辅导。2024年客观题意外未通过，退10000元。			
	暑期全程班	7.9~9.5	11800	5980	6480	6980	
	大二长训班	7.9~9.5（2024年）	15800	8480	8980	9480	一年学费读2年，本班次只针对在校法本大二学生
		7.9~9.5（2025年）					
周末系列	周末通关班	3.30~9.5	15800	协议模式，无优惠。2024年客观题意外未通过，免学费重读2025年客观题周末全程班。			本班配套图书及内部资料
	周末主客一体班	3.30~主观题考前	13800	主客一体，签订协议，无优惠。2024年客观成绩合格，凭成绩单上2024年主观题点睛冲刺班；2024年客观题意外未通过，退6000元。			
	周末全程班	3.30~9.5	11800	5980	6480	6980	
	周末精英班	3.30~8.25	7980	4480	4980	5480	
	周末特训班	7.6~9.5	8980	4180	4580	4980	
	系统强化班	3.30~6.30	5980	3280	3580	3880	
	周末长训班	3.30~6.30（周末）	15800	7480	7980	8480	
		7.9~9.5（脱产）					
	周末长训主客一体班	3.30~6.30（周末）	13800	主客一体，签订协议，无优惠。2024年客观成绩合格，凭成绩单上2024年主观题决胜班。			
		7.9~主观题考前（脱产）					
冲刺系列	点睛冲刺班	8.26~9.5	4580	2980			本班内部资料

其他优惠：

1. 多人报名可在优惠价格基础上再享团报优惠（协议班次除外）：3人（含）以上报名，每人优惠200元；5人（含）以上报名，每人优惠300元；8人（含）以上报名，每人优惠500元。

2. 厚大面授老学员报名（2024年3月10日前）再享9折优惠（VIP班次和协议班次除外）。

备注：面授教室按照学员报名先后顺序安排座位。部分面授班次时间将根据2024年司法部公布的考试时间进行微调。

【南京分校】南京市江宁区宏运大道1890号厚大法考南京教学基地
咨询热线：025-84721211

厚大法考APP

厚大法考官博

南京厚大法考官博

厚大法考（成都）2024年客观题面授教学计划

班次名称		授课模式	授课时间	标准学费（元）	阶段优惠（元）11.10前	12.10前	1.10前	配套资料
大成系列	尊享班	线下视频+面授	3.30~10.7	28800	主客一体、协议保障；座位优先，全程享受VIP高端服务；量身打造个性化学习方案，一对一抽背，学科个性化规划，让备考更科学、复习更高效、提分更轻松。2024年客观题成绩合格，凭成绩单免学费读主观题短训班；2024年客观题意外未通过，免学费重读2025年大成集训班；2024年主观题意外未通过，免学费重读2025年主观题短训班。限招10人！			理论卷 真题卷 随堂内部讲义
	大成集训班	线上直播+面授	5.18~9.1	19800	12080	12280	12580	
	主客一体集训班	线上直播+面授	5.18~10.7	22800	主客一体、协议保障、无优惠。2024年客观题成绩合格，赠送2024年主观题短训班；2024年客观题意外未通过，免学费重读2025年客观题大成集训班。限招20人！			
暑期系列	大三先锋班	线上视频+面授	3.25~9.1	15800	3~6月每周一至周五，晚上线上授课，厚大内部精品课程，内部讲义。			
					7900	8500	8700	
	暑期全程班	面授	7.11~9.1	12800	7280	7580	7780	
	暑期主客一体冲关班	面授	7.11~9.1	15800	主客一体、协议保障、无优惠。2024年客观题成绩合格，凭成绩单免学费读主观题短训班；2024年客观题意外未通过，免学费重读2025年暑期全程班。限招30人！			
		面授	9.19~10.7					
	私塾班	线下视频+面授	3.30~6.30(周末)	14800	8580	8780	8980	
			7.11~9.1(全日制)					
周末系列	周末长训班A模式	线下视频+面授	3.30~9.1	11800	7280	7580	7780	
	周末长训班B模式	线下视频+面授	3.30~10.7	15800	主客一体、协议保障、无优惠。2024年客观题成绩合格，凭成绩单免学费读主观题短训班；2024年客观题意外未通过，免学费重读2025年周末长训班A模式。限招30人！			

其他优惠：

1. 3人以上报名，每人优惠200元；5人以上报名，每人优惠300元；8人以上报名，每人优惠400元。

2. 厚大老学员（直属面授）报名享9折优惠，协议班除外；厚大老学员（非直属面授）报名优惠200元。

3. 公、检、法工作人员凭工作证报名享阶段性优惠500元。

【成都分校地址】四川省成都市成华区锦绣大道5547号梦魔方广场1栋1318室

咨询热线：028-83533213

厚大法考APP　　　　厚大法考官博　　　　成都厚大法考官微

2024年厚大学习包私教课

专为使用学习包+免费课件的考生量身定制

有书有免费课程

但是，不会学、不自律、记不住、做不对

怎么办?

报名私教课

有专人为你制订学习计划+帮你管理时间，让你无负担、高效学

有名师授课+讲师指导，让你听得懂、学得会

有人带你多轮记忆+刷足够的题，让你记得住、做得对

应试有方法、有套路、有人管、有效果

专属化学习规划 谋

可视化时间管理 动

智能化监管平台 监

小班化教学督导 管

主观化思维训练 招

谋定而动 行且坚毅

听练问记 行之有效

精准减负 + 营养增效

有招有料 核心保障

听 双师融合授课

练 多轮进阶练习

问 学不会随时问

记 抗遗忘反复记

料 课后营养小资料

2023年私教课客观题通过率：全职备考高达88%、在职法学76%、在职非法学65%

2024年课程设置

 主客一体学习包私教课

 主客一体学习包私教课（不过退费模式）

 客观题学习包私教课

报了班，除了学习，你什么都不用管!

2024赛季我们带你1年，让你成为真正的"过儿"

扫码咨询客服，免费领取2024年备考资料

电话咨询4009-900-600-转1-再转1